北京市社會科學基金項目

北京市文物局科研成果出版項目

孔廟和國子監博物館組織編纂

新編國子監志

高彦　王琳琳 等◎編著

中國社會科學出版社

圖書在版編目（CIP）數據

新編國子監志 / 高彥等編著 . —北京：中國社會科學出版社，
2016. 12

ISBN 978 - 7 - 5161 - 9486 - 7

Ⅰ . ①新⋯　Ⅱ . ①高⋯　Ⅲ . ①國子監—歷史—1912 - 1956
Ⅳ . ①G239. 29

中國版本圖書館 CIP 數據核字（2016）第 308876 號

出 版 人　趙劍英
責任編輯　孫　萍
責任校對　石春梅
責任印製　王　超

出　　版　中國社會科學出版社
社　　址　北京鼓樓西大街甲 158 號
郵　　編　100720
網　　址　http://www.csspw.cn
發 行 部　010 - 84083685
門 市 部　010 - 84029450
經　　銷　新華書店及其他書店

印刷裝訂　北京君昇印刷有限公司
版　　次　2016 年 12 月第 1 版
印　　次　2016 年 12 月第 1 次印刷

開　　本　710 × 1000　1/16
印　　張　35. 5
字　　數　601 千字
定　　價　168. 00 元

《新編國子監志》編委會

總　顧　問：閻崇年

主　　編：吳志友

顧　　問：馬法柱　牛潤珍　劉　高　孟　超

副　主　編：陳　静　李超英　高樹榮

執行主編：高　彦　王琳琳

執行副主編：常會營

修　撰　人：高　彦　王琳琳　常會營　鄒　鑫　董艷梅
　　　　　　李曉頓

編委會委員(以姓氏筆畫為序)：

王琳琳	孔　喆	白雪松	呂會東	李永康
李超英	李　斌	李瑞振	李曉頓	吳志友
吳　純	金漫江	胡曉容	紀捷晶	馬天暢
袁碧榮	徐政宗	高　彦	高樹榮	郭　韡
陳　静	常會營	崔立新	張　璟	董艷梅
程　式	喬　雷	鄒　鑫	鄭曉峰	燕　京
繩　博				

序

閻崇年

　　"國子學"自漢以來，源遠流長。北京國子監的設立，在金海陵王完顏亮時期。先是，遼會同元年（938 年）為南京，開泰元年（1012 年）號燕京。金海陵王貞元元年（1153 年）定都南京，但"以燕乃列國之名，不當為京師號，遂改為中都。"① 從此，中都（今北京）成為金朝的都城。這是北京第一次成為北中國的政治中心。金天德三年（1151 年），在中都設置國子監。《金史》記載：天德三年（1151 年）"正月，初置國子監"。② 《金史》又記載："凡養士之地曰國子監，始置於天德三年，後定制"。③ 是為北京設立國子監之始。④ 金大定十三年（1173 年），"始設女直國子學"。⑤ 就是始設女真國子學。但金代記載國子監的史料散碎、殘缺，也沒有留下國子監志。在元代，大都成為全中國的政治中心、教育中心，在大都設立國子監。至元二十四年（1287 年）閏二月，《元史》記載："設國子監，立國學監官"。⑥ 是為大都設國子監之始。元朝還設立蒙古國子監，並曾設立回回國子監。但都沒有留下國子監志。明永樂元年（1403 年）正月，永樂帝以北平為北京；二月，即決定在北京設國子監。⑦

---

　　① 《金史・地理志上》第 24 卷，中華書局校點本 1975 年版，第 572 頁。

　　② 《金史・海陵王紀》第 5 卷，中華書局校點本 1975 年版，第 96 頁。

　　③ 《金史・選舉志》第 51 卷，中華書局校點本 1975 年版，第 1131 頁。

　　④ 《金史・孔璠傳附子拯傳》卷一百五記載："拯，字元濟，天德二年（1150 年），定襲封衍聖公俸格，有加于常品。是歲立國子監。"此處，"天德二年，……是歲立國子監"誤。

　　⑤ 《金史・選舉志》第 51 卷，中華書局校點本 1975 年版，第 1133 頁。

　　⑥ 《元史・世祖本紀》第 14 卷，中華書局校點本 1976 年版，第 296 頁。

　　⑦ 《明太宗實錄》第 17 卷，永樂元年二月庚戌（初三日），臺灣"中央"研究院歷史語言研究所校勘本，1962 年。

明朝留下三部國子監志書，即《國子監通志》（成化刻本）、《國子監續志》（弘治刻本）和《皇明太學志》（嘉靖刻本）。在清朝，有兩部國子監志書，一部是乾隆《欽定國子監志》，另一部是道光《欽定國子監志》。

因此，編纂《國子監志》，在明、清兩代，形成了優良的纂修傳統。但自道光十三年（1833年）至宣統三年（1911年），沒有纂修《國子監志》。孔廟與國子監博物館於2015年出版《續修國子監志》，填補了這一空白。清光緒三十一年（1905年）八月，清廷宣佈廢止科舉制度："茲據該督等奏稱＇科舉不停，民間相率觀望，欲推廣學堂，必先停科舉＇等語，所陳不為無見。著即自丙午為始，所有鄉試、會試一律停止。各省歲科考試，亦即停止。"① 一千餘年的科舉制度，至此宣告廢止。隨之，國子監的性質、功能、作用、地位發生了根本的變化。王國維在《觀堂集林》中，於清代學術做出概括："國初之學大，乾嘉之學精，而道（光）咸（豐）以降之學新。"這裡的"新"，其內容之一是廢舊學、興新學。六年之後，辛亥鼎革。中國歷史進入新的時期，中國教育體制也隨之進入新的時期。

科舉制度雖然廢止，孔廟和國子監尚在，但其性質和作用發生了根本性變化。這段歷史研究起來，資料龐雜，頭緒紛繁。在這種繁難文化背景下，孔廟和國子監博物館吳志友館長，組織研究人員，克服困難，歷時五年，搜集百年來有關孔廟和國子監的大量檔案、文獻、報紙、期刊及論著等方面歷史資料，進行梳理、考據、探索和評述，結集出版新的研究成果——《新編國子監志》。

《新編國子監志》續寫國子監歷史，從民國初（1912年）至中華人民共和國成立初（1956年）這段歷史，結集為《新編國子監志》，而成為《續修國子監志》的姊妹篇。其主要內容，略分述如下：

第一，記述民國時期孔廟和國子監的管理，包括管理機構與管理人員、管理制度與管理事項、對外開放與古建維護以及研究與陳列等。

第二，記述民國年間孔廟和國子監的祭孔、講經，包括民國時期政府祭孔與社會賢達祭孔講經，民國時期祭孔講經史事，民國初年關於祭孔問題的爭議，民國時期的祭孔政令、禮儀、樂舞和服飾等，進行了分門別類

---

① 《清德宗景皇帝實錄》第548卷，光緒三十一年八月甲辰（初四日），中華書局影印本1987年版。

的詳細論述。

第三，記述民國時期孔廟和國子監的文物狀況，包括金石、匾額（民國石刻、十件彝器、匾額）等，進行了認真整理和詳細論述。

第四，增設"人物志"一章，薈萃民國年間與孔廟和國子監相關的歷史人物，包括著名學者嚴復、梁啟超、蔡元培、夏曾佑、胡玉縉、魯迅等的思想著述、生平事蹟，特別是對魯迅先生與孔廟和國子監的淵源等做了較為詳盡的論述。

第五，對1949年至1956年孔廟和國子監管理、古建文物遺存、堂舍佔用及古建文物損壞情況及古建文物的保護與修繕進行了分類統計，還對1957年以後孔廟和國子監古建文物的使用、保護概況進行了資料彙整。

第六，旁及古建築史、金石學、文物學，且包括了相關政策方針、行政管理、機構實施等方面的內容。在這一百年多年的動盪與變革中，廟舍建築，歷次變遷，許多歷史資料早已湮沒，但著述者上下求索，流覽抄錄，爬羅剔抉，在研究的廣度和深度上，既有突破，也有創新。

《新編國子監志》一書，於傳承與弘揚中華優秀傳統文化，資料充實，體例統一，事以類聚，依時敘事，內容豐富，結構合理，撰寫規範，是一項優秀的學術成果，填補了孔廟和國子監百年歷史的一項空白。

此前，《續修國子監志》已經出版，受到社會各界好評。而今，孔廟和國子監博物館研究部研究人員，勤奮研究，再接再厲，《新編國子監志》已完稿並將付梓，可喜可賀。祈望本館全體研究人員，弘揚優秀傳統文化，挖掘孔廟和國子監的文化內涵，開展學術研究，做出新的貢獻。

是為序。

（作者為孔廟和國子監博物館名譽館長）

編輯說明（凡例）

1. 北京國子監正式修志，始見於明代，有《皇明太學志》《國子監通志》等。清代乾隆敕修國子監志，名曰《欽定國子監志》，被收入《四庫全書》。其後道光年間續修，時間下限為道光十三年（1833 年）。清末光緒年間據道光版補刻重印，沒有續寫新的內容。2015 年出版的《續修國子監志》續寫道光十四年（1834 年）至宣統三年（1911 年）北京孔廟國子監這段歷史。在此基礎上，本志編修民國初年至中華人民共和國成立初（1912—1956 年）這段歷史。

2. 1912 年國家政體發生變化，原有志書體例不可再用。雖無先例可循，我們根據國子監孔廟實際情況，編製體例，數易其稿。

3. 本志以古籍史料、檔案資料為主要依據，參閱相關文獻、著述等，科學查證，謹慎採錄，嚴加核實，力求真實可靠。

4. 本志紀年，清代採用中國歷史紀年與公元紀年對照方式，年號及農曆月、日用漢字書寫；說明文字採用公元紀年方式，公曆月、日用阿拉伯數字書寫。

5. 為符合史料和檔案資料的時代特徵，本志用字採用繁體字。標點符號按照中華人民共和國國家質量監督檢驗檢疫總局和中國國家標準化管理委員會公佈的《標點符號用法》標點。

6. 本志中數字計量單位，以當時的計量單位書寫。

目　　录

第一章　民國時期孔廟國子監的管理 ………………………………（1）

　第一節　管理機構與管理人員 …………………………………（1）

　　一　管理機構 …………………………………………………（1）

　　二　管理人員 …………………………………………………（3）

　第二節　管理制度與管理事項 …………………………………（5）

　　一　管理制度 …………………………………………………（5）

　　二　管理事項 …………………………………………………（10）

　第三節　對外開放 ………………………………………………（15）

　　一　開放政策和措施 …………………………………………（15）

　　二　參觀情況統計 ……………………………………………（17）

　第四節　古建築維護 ……………………………………………（23）

　　一　中華民國北洋政府時期(1912—1928年)報修及

　　　　修繕狀況 …………………………………………………（24）

　　二　中華民國國民政府時期(1927—1938年)報修及

　　　　修繕狀況 …………………………………………………（24）

　　三　日偽統治時期(1938—1945年)報修及修繕狀況 …………（34）

　　四　中華民國國民政府時期(1945—1948年)報修及

　　　　修繕狀況 …………………………………………………（35）

　第五節　研究與展覽 ……………………………………………（36）

　　一　拓印碑刻 …………………………………………………（36）

　　二　文物展示與交流 …………………………………………（37）

　　三　相關文章論述 ……………………………………………（39）

第二章　民國時期孔廟國子監祭孔、講經 ……………………… (41)

第一節　民國時期政府祭孔 ……………………………………… (41)

一　民國初年關於祭孔問題的爭議 …………………………… (42)

二　民國時期祭孔政令 ………………………………………… (56)

三　民國時期祭孔禮儀 ………………………………………… (120)

四　民國時期祭孔樂舞 ………………………………………… (197)

五　民国時期祭孔服饰 ………………………………………… (225)

第二節　民國社會賢達祭孔講經 ……………………………… (252)

一　中華民國北洋政府時期(1912—1928年)的民間

祭孔講經 …………………………………………………… (252)

二　中華民國國民政府時期(1927—1938年)的民間

祭孔講經 …………………………………………………… (259)

三　日偽統治時期(1938—1945年)的民間

祭孔講經 …………………………………………………… (259)

第三章　民國時期孔廟國子監文物狀況 ……………………… (260)

第一節　文物遺存與變遷 ……………………………………… (260)

一　民國五年(1916年)孔廟國子監建築、館藏狀況 ……… (261)

二　民國十七年(1928年)物品清冊 ………………………… (264)

三　孔廟崇聖祠、國子監等處殿宇樹株碑匾器物清冊

(1937—1940年) …………………………………………… (273)

四　國子監擬栽樹木種類株數地區清單 …………………… (284)

五　民國三十二年(1943年)三月二十四日孔廟國子監

駐軍損失清單 …………………………………………… (284)

第二節　歷史博物館徵收保存孔廟國子監文物 ……………… (286)

第三節　金石匾額 ……………………………………………… (290)

一　民國石刻 …………………………………………………… (290)

二　十件彝器 …………………………………………………… (351)

三　匾額 ………………………………………………………… (382)

第四章　人物志 ………………………………………………… (407)

第五章　中華人民共和國成立初期的孔廟和國子監

　　（1949—1956 年）…………………………………………（435）

　第一節　管理 ……………………………………………………（435）

　　一　中央管理機構 ……………………………………………（437）

　　二　北京市管理機構 …………………………………………（439）

　第二節　古建文物的遺存情況 …………………………………（443）

　　一　回收東北大學及後來華北大學因戰事來京學生佔用的

　　　　文物和其他物品 …………………………………………（444）

　　二　孔廟國子監古建文物清理情況（1950 年）………………（446）

　　三　孔廟庫存物品情況（1951 年）……………………………（458）

　　四　孔廟國子監樹株情況 ……………………………………（472）

　　五　孔廟國子監部分珍貴文物的遷移和歸屬 ………………（475）

　第三節　中華人民共和國成立初期孔廟國子監被佔用及

　　　　古建文物損壞情況 ………………………………………（484）

　　一　被軍隊佔用及古建文物損壞情況 ………………………（484）

　　二　企業、學校佔用對古建文物的損壞情況 ………………（485）

　　二　孔廟國子監古建文物被佔用的狀況最終得以解決 ………（492）

　第四節　古建文物的保護、規劃與修繕 ………………………（495）

　　一　相關政令與法規 …………………………………………（495）

　　二　對孔廟國子監文物古建的具體保護措施 ………………（496）

　　三　規劃與修繕 ………………………………………………（497）

　附記：1957 後孔廟國子監碑刻保護與变迁………………………（506）

附　錄 …………………………………………………………………（515）

　一　國子監訪問記 ………………………………………………（515）

　二　孔廟國子監紀略 ……………………………………………（532）

　三　孔聖廟宇 ……………………………………………………（544）

參考文獻 ………………………………………………………………（548）

後　記 …………………………………………………………………（554）

第一章

民國時期孔廟國子監的管理

　　北京孔廟國子監歷經元、明、清三代遺存至今。國子監是國家設立的最高學府，孔廟是國子監的重要組成部分，並且承擔著封建帝王每年春秋兩季祭祀先師孔子的重要典禮，這一雙重身份使其成為規格最高的皇家廟宇之一。孔廟國子監的管理由朝廷委派專門機構負責，實行封閉式管理。古建、器物例有歲修，使用有章，保護得當。中華民國時期，孔廟國子監功用有所轉變，孔廟繼續作為祭孔的場所，國子監則曾經創設歷史博物館籌備處，南學設立京師圖書館。孔廟國子監逐漸成為民眾參觀遊覽的公共場所。民國時期是孔廟國子監歷史發展的重要環節。隨著社會的變遷，孔廟國子監的職能和管理也發生了很大變化。本章從管理角度彙集相關資料，記述了孔廟國子監這一時期較為復雜的歷史，分為管理機構與管理人員、管理制度與管理事項、對外開放、古建築維護、研究與展覽五節。

第一節　管理機構與管理人員

一　管理機構

　　國子監是元、明、清三朝設立的最高學府和管理教育的行政機構，也是歷代皇帝視學臨雍的地方；京師孔廟的日常管理由國子監祭酒和司業等負責，每逢帝王親祭或遣官釋奠，則由專門機構負責。元代肇建，國子監"統於集賢院"。① 明代併學於監，即監學合一，隸屬禮部。清代"順治元年……監中事宜，俱禮部總之。十五年，命監事專屬之國子監。康熙二年，復隸禮部。十年，仍專屬國子監"②。雍正三年（1725年）設"監管國子監事大臣，總理本監一切事物"③。自此，國子監成為朝廷的直屬機構直至清末。光緒二十九年（1903年）十一月，改管學大臣為學務大臣。光緒三十一年（1905年）十月，學務大臣監管翰林院、國子監。同年准設立學部，國子監歸併學部，設監丞一員，秩正四品，總司文廟、辟雍殿一切禮儀事務。至此，國子監結束了作為最高學府和管理教育的職能。

1911年，清政府設典禮院主管祭祀事務及壇廟管理事宜，孔廟的祭祀事宜也歸屬典禮院管理。

1912年1月9日，南京臨時政府教育部正式成立。教育部設一廳三司，即承政廳、普通教育司、專門教育司和社會教育司。社會教育司下設三個科。第一科負責宗教、禮俗，第二科負責科學、博物院、動植物園、圖書館、美術館、演藝會等，第三科負責通俗教育、演講會、通俗圖書館等。時供職於教育部的魯迅先生在民國元年（1912年）6月25日視察了安定門內國子監之後，商得司長同意，即於7月9日決定在此成立國立歷史博物館籌備處。"委派兩次東渡日本考察政學的元和（今吳縣）胡玉縉為主任，成襄其事者，有羅庸、裘子元等人。"④

國子監南學位於國子監街（原名成賢街）南方家胡同，是清朝雍正皇帝欽賜給國子監的官房，共有一百多間。清代中、後期南學為國子監學生肄業的主要學舍，是國子監的一部分。清末，國子監歸併學部，光緒三十二年（1906年）在南學原址創辦"京師第一師範學堂"。民國元年（1912年）由教育部接管，經改組後更名為"北京師範學校"並遷址西

---

① （清）文庆、李宗昉等纂修，郭亞南等校點：《欽定國子監志》，北京古籍出版社2000年版，第646頁。

② 同上書，第642頁。

③ 同上書，第648頁。

④ 傅振倫：《北京國立歷史博物館史略》，《博物館研究》1988年第1期。（此時魯迅為第二科科長，主管文、教、博、圖、藝等事業）

城豐盛胡同。魯迅先生於民國二年（1913 年）就參與了"京師圖書館"的籌建工作，由於原館舍在後海廣化寺，地域狹小潮濕，不利於藏書和借閱工作，魯迅擔負起新館選址的勘察工作，提出並上報以國子監南學為新館址。

北洋政府時期的孔廟國子監先後歸屬教育部和內務部管轄，主要作為祭祀孔子禮儀場所，也成為袁世凱復辟和軍閥專制宣揚正統的重要歷史舞臺。在北伐戰爭勝利後，北洋政府倒臺，國民政府接管北平。孔廟國子監歸屬內政部壇廟管理處，並於 1928 年正式對外開放。

1934 年 12 月，南京國民政府決定將原屬國民政府管轄的北平各壇廟移交北平市政府。1935 年 1 月，北平市市長袁良派遣楊珠山等人接管了壇廟管理處，並更其名為"北平特別市管理壇廟事務所"。

"七七事變"後，日偽政府成立壇廟管理機構，設"北京特別市公署管理壇廟事務所"，維持對北京各處壇廟的管理。

日本投降後，北京恢復稱北平。1945 年 9 月，北平市政府社會局接收管理壇廟事務，稱"北平市社會局管理壇廟事務所"，孔廟國子監一直歸其管轄至 1949 年年初。

二　管理人員

明清時期孔廟國子監均設專員管理，自有一套完備的管理制度和人員。民國時期孔廟延續祭祀事務，除了政府專派的管理員外，還有從前清接收的部分伕役，這些人在孔廟的稱為廟戶和殿戶，在國子監的稱為堂役和皂役。廟戶實際是護院的，也打理日常的打掃、修路、割草等事務，孔廟四角都有"戶房"，就是廟戶住的地方。而殿戶只管祭孔時佈置大成殿及前期的準備工作。廟戶和殿戶多為世襲的職業，在清代薪金是每月 6 錢銀子，民國初期每月 4 塊錢。清代孔廟歸國子監官員管理，進入民國以後，歸屬壇廟管理體系，因此以管理孔廟為主，專設孔廟管理員並負責兼管國子監事務。另外，由於孔廟國子監管理人員的系統資料未能查尋到，只能從相關呈文、報告中摘錄，因此不免有疏漏之處。為便於了解，現將民國時期各個階段上級主管單位和孔廟國子監管理人員的簡要情況見表 1—1。

表 1—1　　　　　　　民國時期孔廟國子監歷任管理機構和人員

時期	主管機構和主要管理人員	孔廟國子監管理人員
民國元年（1912 年）至民國三年（1914 年）	教育部社會教育司代管 夏曾佑、魯迅等	
民國三年（1914 年）至民國五年（1916 年）	內務部典禮司 專門負責祭祀事宜	
民國五年（1916 年）至民國十七年（1928 年）	內務部壇廟管理處正式接手管理 處長李昇培	
民國十七年（1928 年）	內政部北平壇廟管理處	孔廟事務員徐之鈞、辛為楨
民國十八年（1929 年）	內務部壇廟管理處 股長何澤穌、股員高貴蔭	孔廟事務員徐之鈞、幫辦孔廟事務楊正冠
民國十九年（1930 年）	內政部北平壇廟管理所 所長趙連半、張松函	孔廟事務員徐之鈞、幫辦孔廟事務趙屬師
民國二十年（1931 年）	內政部北平壇廟管理所 股長高貴蔭、股員溫利時、辦事員王德津	國子監兼孔廟事務員趙法參、趙屬師、朱玉鐘，孔廟辦事員徐秀斌、售票員韓炳武、于成龕
民國二十一年（1932 年）	內政部北平壇廟管理所	孔廟辦事員張清遠
民國二十二年（1933 年）	內政部北平壇廟管理所 主任付浴華、股長王廷治、高貴蔭，股員王德津、涂世治，辦事員田守禮（1933 年，壇廟管理所主管稱謂一度由“所長”改稱“主任”。1935 年恢復稱“所長”）	孔廟辦事員張清遠，售票員藍鳳占、溫多雲
民國二十三年（1934 年）	內政部北平壇廟管理所 所長張俊捷、股員杜舍車	孔廟辦事員張清遠、廟戶劉忠、黃榮
民國二十四年（1935 年）至民國二十五年（1937 年）	北平特別市管理壇廟事務所 所長楊珠山（1935 年 6 月卸任）、所長陶履敦、副所長劉德明；股長李仲駒、陳枚巧；保管股股長陳枚功；股員張楚珍、張正華	孔廟管理員張清遠，孔廟世襲廟戶計有黃、高、劉、袁四姓

續表

時期	主管機構和主要管理人員	孔廟國子監管理人員
民國二十六年（1937 年）至民國二十八年（1939 年）	北京特別市公署管理壇廟事務所（日偽政權）所長車慶麟（1937 年 8 月被日偽機構留任），總務股股長王某、保管股股長賀某、總務股股員王○○、保管股股員徐海山，票務兼統計員李鳴鶴、稽查員李玉生	孔廟管理員王振綱、張清遠、劉公鑑，孔廟售票員姜逢瑞
民國二十九年（1940 年）	北京特別市公署管理壇廟事務所（日偽政權）所長車慶麟、保管股股員徐海山、庶務助理員孫耀東、	孔廟管理員謝亞安、孔廟售票員姜逢瑞孔廟戶役：高輯五、李鴻貴、劉長祿、田萬春、吳靜學、袁福、黃榮、高瀛、劉志、劉瑞。本所調孔廟伕役：侯川柏、張照俊、邵慶義、範貽恒、張春榮、張寶鈞
民國三十年（1941 年）至民國三十四年（1945 年）	北京特別市公署管理壇廟事務所（日偽政權）所長車慶麟、股員徐海山	孔廟管理員王振綱、董玉璣、售票員姜逢瑞
民國三十四年（1945 年）八月至民國三十七年（1948 年）	北平市社會局管理壇廟事務所所長梁秉鏌	孔廟管理員王鬱如

第二節　管理制度與管理事項

一　管理制度

明清時期，孔廟國子監與北京其他壇廟一樣屬於皇家禁地，由朝廷設官管理，制定了詳盡的制度禁令，一切事宜皆有章可循。

民國初立，政府接管了舊政權遺留的各壇廟建築場所，也制定頒佈了一系列制度法令，以適應新形勢下的壇廟管理。

民國元年（1912 年），教育部以行政命令的形式規定：學校不准讀經，不許祀孔。廣東、江蘇、四川、湖南等地的學校停止了祀孔典禮，廢除了尊孔讀經，改孔廟為學校或習藝所。但社會的傳統力量、康有為等復古主義者的堅守，袁世凱之流標榜正統、鞏固統治的需要等複雜的社會因素使祭孔之風並沒有徹底偃息。這一時期祭孔活動在袁世凱復辟的野心中重啟，民國三年（1914年），袁世凱親臨孔廟祭祀先師孔子，標榜正統，恢復傳統。其倒行逆施雖遭天譴民伐，但孔廟的祭孔活動卻延續了下來。

民國元年（1912年）七月，教育部擬就國子監舊署籌設歷史博物館，以立博物之基礎。民國三年（1914年）六月二十八日，教育總長湯化龍呈報

查文廟及國子監兩處，自民國元年經本部接管，當以國子監一處所有辟雍等建築……在前清時迭經儒臣考訂，宏此規模，關係於歷史學術者甚巨，於歷史博物館性質甚為合宜，是以前經國務會議議定改國子監為歷史博物館，並由本部先就地設立籌辦處在案。……至文廟為尊師重地，現令籌辦處暫行敬謹兼管，將來應否開放，應俟歷史博物館正式成立後再行酌量辦理。所有呈明舊國子監業經改辦歷史博物館並兼管文廟情形，謹乞大總統鈞鑒，訓示施行。謹呈。

批令：准如所擬辦理。此批。

中華民國三年六月二十八日

國務卿　徐世昌[1]

民國三年（1914年）六月，袁世凱發佈《通令尊崇孔聖文》，宣稱以孔子之道正人心、立民極。同年，正式發佈《祭孔令》，恢復祭孔制度，並親自參祭。此後，孔廟的祭孔活動因時局的變化時斷時續，也隨時代發展不斷演變，直至1948年舉辦了最後一次祭孔儀式。（民國時期的祭祀活動說見本書第二章）

民國十八年（1929年）六月，內政部、財政部、教育部會同公佈《孔廟財產保管辦法》，內容如下：

---

[1]　《教育總長請撥國子監籌設歷史博物館呈並大總統批令》，《中華民國檔案史料彙編·北洋政府·文化》，中國第二歷史檔案館編，江蘇古籍出版社1991年版。

（一）本辦法所稱孔廟財產系指孔廟之房屋、田地及其他一切產款而言。

（二）孔廟財產均應撥充各地方辦理教育文化事業之經費，不得移作他用。

（三）孔廟財產之保管，依左列（下列）之規定：

甲：省有者，由大學區或教育廳保管之；

乙：舊府、廳、州所有者，由大學區或教育廳保管之。但其財產應辦理舊府、廳、州範圍內之教育文化事業。

丙：縣有者，由各縣教育局保管之。其未設教育局者，由縣政府教育行政者保管之。

（四）孔廟房屋應由各該保管孔廟之教育行政機關以時修繕，其原有之大成殿仍應供奉孔子遺像，於孔子誕辰開會紀念。

（五）孔廟位址應充分利用，以辦理學校或圖書館、民眾學校等。

（六）地方紳士不得藉故佔用孔廟財產，其原設有禮樂局等機關者，應視其有無價值分別存廢。其存者，應由主管教育行政機關管轄之。所有經費，並應按照預算實報實銷。

（七）在本辦法未頒佈以前，已經指定辦理某種教育之孔廟產款應維持原議。未經教育行政核定，不得變更。

本辦法由教育部、內政部、財政部商定，公佈施行。

民國二十一年（1932年）七月二十七日北平壇廟管理所制定了《內政部租借壇廟辦法》，發函各租借單位："今各區署：准北平壇廟管理所函送《內政部租借壇廟辦法》，仰知照由。案准內政部北平壇廟管理所函開案奉內政部禮字第五三號訓令，內開為令尊事案查改所經營之北平各壇廟為君主時代所建立用以祭祀天地日月山川社稷之用……古跡之價值較之普通廟宇自屬特別貴重。本部負有監督保管之責，不容稍有忽視……茲將制定各機關各學校租借北平壇廟辦法……知照此令。"[1]

民國二十二年（1933年）四月十二日，國民政府軍事委員會北平分會佈告：

---

[1]　《北平市政府公報》1932 年第 59 期。

本市國子監及孔廟原系國有文化機關，亟應嚴加保護，以重古跡，近自各部隊調防以來，時有佔用國子監及孔廟情事，殊失公家保持文化本旨。茲自佈告之日起，無論任何部隊採擇防所，概不准佔用國子監及孔廟房所，以重文化。如敢故違令，予究懲，決不姑寬。除已令本市公安局嗣後代部隊尋覓房間，不得佔用文化機關外，仰即遵照勿違切切。此佈。蔣中正、何應欽。中華民國二十二年四月十二日。①

民國二十三年（1934 年）三月十九日，北平市政府公安局局令：奉令《各省市之孔廟一律嚴禁軍隊駐扎其已扎軍隊即日遷出》：

案奉：蔣委員長元秘渝電內閒　國於天地必有興立。孔子之道，昭垂二千余年，為我國民族一切文化之中心。凡忠孝仁愛禮義廉恥之各種固有美德莫不秉其淵源，受其化育，後世建廟崇祀理宜永承勿替。嗣後各省市之孔廟一律嚴禁軍隊駐扎，其已駐有軍隊者即責令即日遷出。如廟內規模業有損毀，各省市縣各級政府尤應設法修葺，務須恢復舊觀，俾人民護資瞻仰。因以砥礪淳風，立國化民，所關實大務，希深體此旨，切實照辦，並轉飭所屬一體遵照為要。等因奉此，除將本市孔廟現在實況先行電復並分令外，合行令仰該局知照，並轉飭所屬一體知照等因。奉此，除分行外，合行令仰該科知照！中華民國二十四年三月十九日局長：余晉龢。②

民國二十五年（1936 年）五月二十七日，財政部、內政部、教育部三部會令公佈了修訂後的《孔廟財產保管辦法》：

---

① 《國民政府軍事委員會北平分會關於禁止在國子監孔廟內駐軍的佈告》，1933年，北京市檔案館藏，檔案號：J057 - 001 - 00312。

② 《北平公安局關於孔廟嚴禁軍隊駐扎已駐者即日遷出的訓令》，1934 年，北京市檔案館藏，檔案號：J181 - 020 - 20155。

第一條：本規則所稱孔廟財產系指孔廟之房屋、田地及其他一切產款而言。

第二條：孔廟財產之保管依左列（下列）之規定。

甲：國有者由內政部保管之；

乙：省或直隸行政院之市所有者（省市內舊府學宮）由省民政廳或市社會局保管之；

丙：縣或隸屬省政府之市所有者由縣政府或市政府保管之；

丁：特殊行政區（如威海衛管理公署設治局等）所有者由各該官署保管之。

第三條：孔廟財產應由保管機關切實清查整理。前項財產之收益應充作紀念孔子，修繕孔廟及撥充辦理各該地方教育文化事業之用。

第四條：孔廟房屋除經核准利用辦理教育文化事業外不得任意佔用。其原有之大成殿仍應供奉孔子遺像或牌位，專充紀念孔子之用。孔廟正門上之名稱匾額與廟內各項碑碣禮器等均須保留。

第五條：孔廟房屋應由保管機關負責修繕，其有使用者並由使用機關酌量負擔修繕費用。

第六條：孔廟財產須經保管機關核准方得使用。

第七條：孔廟之房屋田地非經內政部轉呈核准不得處分。

第八條：保管孔廟財產之機關應將保管實況依照內政部所定《孔廟實況調查表》填遞報內政部備案。如有變動並應隨時具報。

第九條：孔廟財產如在本規則公佈前經已撥充辦理各該地方教育文化事業之用者，不得再行變更，並應由當地保管機關清查整理後轉報內政教育兩部備案。

第十條：本規則自公佈日施行。

民國二十五年（1936年）六月六日，由北平市市長秦德純簽署的發送給北平市公安局的市政府訓令《准內政、教育、財政三部會咨抄同孔廟財產保管規則令仰遵照由》中提到："民國十八年六月間由內、財、教三部會令公佈之《孔廟財產保管辦法》與現在實際情形已有不相符合之處，似應仍由該三部商議修訂以利施行……參照原辦法一再會商，另擬孔廟財產保管規則草案呈奉。"①

二　管理事項

民國元年（1912 年）二月，民國政府內務部接管壇廟事務，但孔廟國子監由教育部代管和使用，在魯迅先生的推動下，七月九日國子監成立國立歷史博物館籌備處（今國家博物館前身），這是國子監作為博物館的最早記載。民國三年（1914 年），內務部設立典禮司，五年（1916 年），改為壇廟管理處，管轄各壇廟事宜，七年（1918 年），改為壇廟管理所。同年，國立歷史博物館籌備處遷至故宮午門和端門。民國十七年（1928 年），內政部北平壇廟管理處成立，後改稱"北平壇廟管理所"，總責天壇、地壇、孔廟等 19 處北平壇廟的事務。二十四年（1935 年），該所撥屬北平市政府，改稱"北平市政府管理壇廟事務所"。七七事變後，北京偽政府成立，改稱"北京特別市公署管理壇廟事務所"。日本投降後，該所由北平市社會局接管，改名為"北平市管理壇廟事務所"。②

民國元年（1912 年）二月十五日，袁世凱任中華民國臨時大總統，三月十日在北京就職，北洋政府開始掌控北京，雖然時局不穩，但國民文化的發展已初見端倪。六月，在教育總長蔡元培宣導下，教育部以"京師首都，四方是瞻，文物典司，不容闕廢"，部議"先設博物館於北京"，責成社會教育司籌建，委派周樹人（魯迅）勘選館址。③ 時任社會教育司第二科科長的周樹人，負責歷史博物館的選址工作。經過實地考察，他相中了曾是國家最高學府的國子監。"館址為國子監衙署一座，房屋 210 間，署東北隅有住房 304 間半；所接收的文物是國學舊有的禮器、書版、石刻等約 57127 件。"④ 聘請京師大學堂文科教授胡玉縉為國立歷史博物館籌備處主任。

民國四年（1915 年）八月，京師圖書館成立，該館設於方家胡同國

---

① 《北平市警察局令發維持治安緊急辦法、鐵路沿線保管協護交通及孔廟財產保管規則》，1936 年，北京市檔案館藏，檔案號：J181 - 014 - 00013。

② 《北京市檔案館指南》，北京市檔案館編，中國檔案出版社 1996 年版，第119 頁。

③ 《中國歷史博物館八十年紀事（1912—1992）》，《中國歷史博物館館刊》1992 年第 18—19 期，中國歷史博物館館刊編委會，文物出版社。

④ 同上。

子監南學房屋內。當時的報刊雜誌也刊發了關於國子監功用變遷的新聞報導。《教育雜誌·大事記》1915 年第 7 卷第 8 號《教育部籌設京師圖書館》："六月十九日，教育部籌設直轄京師圖書館，現經酌定即在前國子監南學先行籌設。除該館館長仍由社會教育司司長夏曾佑兼任外，應派本部主事戴克讓兼充圖書館館員辦理庶務，會計一切事宜。"《群強報》1915 年 6 月 21 日《教育部設立圖書館》："北京現有之圖書館規模狹小，教育部擬就安定門內國子監學地址另設一圖書館，已派該部社會司長夏會佑為館長，主持其事。"民國十七年（1928 年）更名為"國立北平圖書館"，次年一月十日遷至中南海居仁堂及附近房地開館。① 《晨鐘報》1917 年 2 月 2 日第 5 版《圖書館已開幕矣》："京師圖書館已於日前開幕，地址在安定門大街方家胡同。其中所藏有文津閣四庫全書六千一百十四函，敦煌石室唐人寫經八千卷。"

民國八年（1919 年）二月，內務部訓令第 96 號令：

> 京師員警總監吳炳湘為令行事，據壇廟管理處報稱：孔子廟等處看守員呈報國子監大門外右邊牌坊南北夾杆石上鐵箍二個，於本月八日夜間被竊，又方澤壇廣厚街牌坊南邊夾杆石鐵箍二道、北邊夾杆石鐵箍一道於本月六日夜間被竊，又夕月壇北柵欄內牌坊夾杆石西邊兩座之鐵箍三道於本月十一日夜間被竊。各等因合行令知該總監轉飭該管地方官警嚴行訪查竊犯，務獲究辦，以儆將來。此令。民國八年二月二十八日（署名）內務總長錢能訓。②

民國十七年（1928 年），九月十二日，內政部北平壇廟管理處收孔廟事務員呈報："國子監集賢門前西邊牌坊夾杆石木板被人竊取一塊，高四尺八寸，寬一尺一寸，厚三寸。"③

同年十一月二十日，壇廟管理處函復孔廟事務員徐之鈞關於北平四維

---

① 王祖彝：《京師圖書館回顧錄》，載《中華圖書館協會會報》。

② 《內務部關於國子監等處牌坊夾杆石上鐵箍前後被竊轉飭該管管警處追查的訓令》，1919 年，北京市檔案館藏，檔案號：J181 - 019 - 22465。

③ 《關於國子監牌坊夾杆石木板被竊的呈文》，1928 年，北京市檔案館藏，檔案號：J057 - 001 - 00176。

中學校欲借用國子監前面空院作為學生臨時球場的呈報："暫借並隨時報告情形。"①

民國十九年（1930年）五月二十九日，孔廟事務員徐之鈞、幫辦孔廟事務趙厲師呈報："北平特別市市立第五中學校事務主任王伯敏君持函來稱請在國子監門前空地練習體育希借用等語，理合呈請。"答復擬辦"查國子監門前空地前經四所中學校借作球場，如時間不相衝突可暫借"②。

同年七月十九日，壇廟管理所函復北平特別市籌備自治委員會關於內三自治區公所第十九兼第二十一街公所函請商借國子監太學院內西南房六間作為辦公之用的請求："此系瞻覽地方，礙難准予借用。"③

同年十一月，孔廟事務員呈報學生在太學門前拋球，"有將球踢至房上之時，長此以往，簷瓦樹木必被損傷，並恐稍一不慎，致觸參觀之人，擬請函致各該學校另覓拋球地點，以免有害牆垣瓦片"。答復"擬分函各該校將拋球地點設法遷移"④。

民國二十二年（1933年）三月二十日，"突有第二十五師官兵約2000餘人由兩副官帶領，占駐孔廟國子監，23日離去，其間因天寒，士兵將國子監繩愆廳、博士廳等處門窗拆除作木料燃燒取暖。經查，這些士兵系二十五師由前線退回，不相統屬，不服官長約束的散兵"⑤。

四月十二日，國民政府軍事委員會北平分會佈告："任何部隊概不准佔用國子監及孔廟房廳。"⑥

----

① 《北平四維中學關於借國子監空地作球場一事的函及壇廟管理處的復函》，1928年，北京市檔案館藏，檔案號：J057-001-00043。

② 《關於借國子監空地作球場一事的來往函》，1930年，北京市檔案館藏，檔案號：J057-001-00043。

③ 《北平特別市籌備自治會關於借國子監太學院房間作為辦公之用給壇廟管理所的公函》，1930年，北京市檔案館藏，檔案號：J057-001-00176。

④ 《關於借國子監空地作球場一事的來往函》，1930年，北京市檔案館藏，檔案號：J057-001-00043。

⑤ 《孔廟、天壇辦事員張清遠、王際森關於報孔廟、國子監、天壇駐軍損失情形和東北民眾抗日救國會旌勇祠撥建昭忠祠的呈文、函及壇廟管理所給內政部的呈》，1933年，北京市檔案館藏，檔案號：J057-001-00255。

⑥ 《國民政府軍事委員會北平分會關於禁止在國子監孔廟內駐軍的佈告》，1933年，北京市檔案館藏，檔案號：J057-001-00312。

　　民國二十三年（1934 年）四月，孔廟辦事員張清遠呈報國子監西廡後門箭廠二十二號有租戶石治民租住官地官房五間，"派廟戶劉忠前去催租，石姓已遷移他處，此房拆去"。據地產清理處稽查員閔旭庭云："石治民在地產處將此房地他自己留置。"①

　　三月七日，北平市公安局派警員四名"移駐孔廟，協助守護"②。

　　五月九日，孔廟辦事員張清遠呈報："孔廟大成殿內正位龕簾一件、裏圍一件、大幔帳裏一塊、四配龕簾四件被盜，翹頭案衣被撕去半幅。初步調查為七日夜，賊人由木庫後院越房過來，由正殿東旁門將窗櫺拆去一塊入內盜去。正殿前門鎖等均未動，別物並未遺失。該案報內三區署本段巡長，知會各當鋪如有當此物者注意扣留報案。"

　　民國二十六年（1937 年）五月始，北平各機關、大學、駐軍陸續回函定購十三經拓片。"流傳石經，發揚文化。"總計拓印十三經二百余部。③

　　五月十八日，北平市政府秘書處發函駐平各機關、學校、軍隊擬招商承辦拓印十三經，統計拓印數量。定價為："棉連紙墨拓，全部約需工料七十元；粉連紙全部六十元。"④

　　五月二十一日，孔廟管理員董玉璣呈報："國子監泮池內有朽槐木一段，前奉王（揖唐）委員長面諭，令將該木起出泮池，並將池旁槐樹上枯枝一節亦令鋸去，免自折時傷及石欄等。市長余晉龢批復：復查屬實，亟應遵辦。又孔廟照壁東側有半枯桑樹一株，大幹橫出，往往附近婦孺登壁採桑踩墜垣瓦且日久遇風亦恐危及垣頂……亟應酌量鋸除，以防未然。"⑤

---

　　①　《孔廟、天壇辦事員張清遠、王際森等人關於房屋修繕等問題給壇廟管理所的呈》，1934 年，北京市檔案館藏，檔案號：J057 - 001 - 00356。

　　②　《北平市壇廟事務所關於請派警駐守孔廟以資警衛給內三區公署、公安局的函及市政府的指令》，北京市檔案館，檔案號：J057 - 001 - 00377。

　　③　《拓印十三經碑》，1937 年，北京市檔案館藏，檔案號：J001 - 003 - 00098。

　　④　《關於招墨拓國子監石刻十三經的函》，1937 年，北京市檔案館藏，檔案號：J181 - 020 - 31565。

　　⑤　《北京特別市公署壇廟事務所關於修繕國子監先農壇樹木給北京特別市公署的呈及北京特別市公署的指令》，1937 年，北京市檔案館藏，檔案號：J057 - 001 - 00808。

六月十一日，偽北京特別市公署指令（令管理壇廟事務所）："呈為國子監孔廟門前及先農壇辦公室前院等處吹墜枯樹枝幹及有防建築樹幹，擬請派員視察規定取伐辦法，候核示由。呈悉，准予鋸伐，仰即遵照。此令。市長：余晉龢。"①

七月，偽北京特別市公署管理壇廟事務所呈文市公署："擬伐除先農壇、孔廟國子監內外樹木的危險枯枝。市公署指令：因年久風吹雨蝕已墜將墜的各種樹木枯枝亟應分別伐除，以免危險。"②

民國三十二年（1943 年）十月，偽北京特別市公署管理壇廟事務所為天壇、孔廟、先農壇三處壇廟建築配置消火彈用於消防，擬購置福中商會出品消火彈二十枚，每枚消火彈售價六元九角。孔廟配置的地點為大成殿並東西兩廡、庫房、辦公室。③

民國三十七年（1948 年）二月十九日上午十一時，通信學校第一通信技術員訓練班第一隊隊長牟世英、第四隊隊長賈鳳舞等來孔廟看房要佔用國子監太學門內南房四大間、西南角一大間（均懸有匾額）、鐘鼓樓各一間、東北角繩愆廳二大間、西北角博士廳二大間、博士廳南與紡毛工廠多用廚房一間，又十三經碑碣西南北頭大屋一座（在碑碣外作教室）作為新生培訓、住宿的地點。此事經呈報得到了市府的批准，為期一個月。直至四月，該培訓班才遷駐張自忠路一號營房。④

五月，國子監作為難民招待所收留了從東北地區避戰流離的難民，難民 5 人一組，共 38 組，每組有一名保人，均畫押切結（保證書）。民國三十七年（1948）六月八日，北平市社會局管理壇廟事務所報發放大米業已完畢，附《收發大米一覽表》一份，內載國子監難民招待所發放大米大袋 92 袋，小袋 97 袋，共計 28117 市斤。國子監還置辦 30 架紡毛機，

---

① 《北京特別市公署壇廟事務所關於修繕國子監先農壇樹木給北京特別市公署的呈及北京特別市公署的指令》，1937 年，北京市檔案館藏，檔案號：J057－001－00808。

② 同上。

③ 《孔廟大成殿等處配置消火彈》，1943 年，北京市檔案館藏，檔案號：J057－001－00856。

④ 《北平市政府社會局關於通信學校第一通信技術員訓練班佔用國子監房屋給管理壇廟事務所的訓令》，1948 年，北京市檔案館藏，檔案號：J002－007－01015。

招收難民工作，每日 35 人。①

一份民國三十七年（1948 年）七月二十日承辦的《北平警備總部呈文》顯示：孔廟留宿東北大學先修班學生 180 人、東北女子文理學院學生 69 人、遼寧省立師範專科學校學生 55 人；國子監留宿遼東學院學生 200 人，合計 504 人。這些學生是從東北戰區流亡而來，分宿在城區的古跡院落中，並常有強佔民房的事情發生，在北平市警察局備案。

八月二十日，北平市社會局管理壇廟事務所呈："案據孔廟管理員王鬱如報稱：查聯合社借用國子監彝倫堂、辟雍殿儲存玉米，在去年進倉時汽車將辟雍殿西面石柱撞折四段，已呈報在案。雖經用洋灰粘好，但不久最高之一段自動下來。現在玉米出倉，有泰順成糧店（住太僕寺街）汽車又將辟雍殿西面另一石柱撞折三段，已向該糧店負責人質問，允為負責修理。又太學門內至琉璃坊甬路早已將磚軋碎，已呈報在案。眼下因天雨連綿直將甬路軋成水坑磚塊，不問可知拉玉米汽車不僅一家糧店，無法追詢負責者，聯合社當有責任。玉米不久拉完將告結束，應請社會局飭聯合社負責修理並設法制止，以後不得再行破壞，以保古跡為要。"②

第三節　對外開放

孔廟國子監的社會職能在民國時期發生了歷史性的轉變，由明清時期服務於政治的，絕對封閉式管理逐步轉化成為服務於社會大眾的，對外開放的，展示中國傳統文化的名勝古跡。孔廟在民國時期繼續成為官方祭孔的場所，在經歷了短暫的罷祭後，應袁世凱復辟的需求，祭孔活動又在孔廟燃起了香火。無論北洋政府執政還是日偽政府掌權，孔廟的祭孔活動幾乎沒有間斷過。有關民國時期孔廟祭孔的具體內容在本書第二章詳述。

一　開放政策和措施

民國元年（1912 年）國立歷史博物館籌備處成立後，國子監作為籌

---

① 《關於國子監難民收容所難民聯名切呈》，1948 年，北京市檔案館藏，檔案號：J183 - 002 - 13914。

② 《國子監辟雍殿石柱被聯合社運米汽車撞斷》，1948 年，北京市檔案館藏，檔案號：J002 - 007 - 01016。

備處辦公駐地雖未正式開放，但已有條件地接待中外人士參觀，並由專人接待導覽。民國五年（1916年），孔廟恢復祀孔典禮，由教育部移交內務部管理。

民國十七年（1928年）一月，孔廟國子監正式對外開放，當時的主要報刊均刊發了消息。如《晨報》1928年1月10日第7版《孔廟國子監又將開放》："內務部所管之孔廟國子監及前清太廟，於新年開放三天，任人觀覽。聞陰曆新年，亦照此辦法。"《順天時報》1928年1月16日第7版《孔廟國子監已全部開放》："京師孔廟國子監現已全部開放，並繕具中英文字，分別說明。無論中外官紳，均可臨時購票，入內瞻覽。學生制服瞻覽，並予優待云。"按內政部規定：內政部壇廟管理所所屬天壇、孔廟等壇廟遇本市學校等社會團體參觀，票價減半，以示優待；本市或外省市來參觀的學校、團體持北平市政府公函均可免票；國子監隨同孔廟開放，不另售票，票價大洋四角，半價卷每張售大洋二角。售票時間為每日自午前九時至午後五時止。

民國二十二年（1933年）十一月，康星橋承租大成門和國子監門洞下地點，設置"美麗照相館"露天營業。租價定為每年60圓整。"承租期限定為一年，自二十二年十一月三日起之二十三年十一月三日止，期滿後如擬繼續承租，屆時再另議。"

民國二十三年（1934年）五月十七日，《北平市壇廟調查報告》"（孔廟及國子監）有壇廟管理所辦事員二人，售票員一人，負責保管並辦理售票事務。票價四角，可參觀孔廟及國子監兩處，每月收入自二十元至百元不等。"

民國二十四年（1935年）二月二日，《北平市管理壇廟事務所辦事細則》頒佈，規定分股辦公並細化了總務股、保管股、藝術股三股的辦事職責。同時制定了《壇廟參觀細則》《壇廟售票規則》。具體規定："孔廟售票時間每日自午前九時至午後五時止……孔廟瞻覽券每張售大洋四角，半價券每張售大洋二角。"[①]

民國二十五年（1936年）九月，北平市管理壇廟事務所發佈佈告："學校、團體事先函商，經本所核准知照管理售票員准予半價購票入門。單獨散行遊人盡無半價、免費之規定，凡屬遊人務須照章

---

① 《北平市壇廟售票規則》，《北平市市政公報》1935年第289期。

購票。"

民國三十年（1941 年）五月，北京特別市公署管理壇廟事務所致函社會局："天壇、國子監兩處入門券擬仿照日本名古屋城瞻覽券辦法，採用三聯式券，繪景精印，以供遊人保存，藉作遊覽紀念。國子監入門券繪製辟雍風景。"①

民國三十二年（1943 年）五月一日，呈市公署："孔廟售票室擬加蓋涼棚一座，進深二丈，面寬兩丈，柱高一丈三尺，西面坡席活卷一個，東面直垂卷席一個，估價洋肆拾柒元。"②

五月七日，北京特別市公署管理壇廟事務所呈報："本所及天壇、孔廟各種標示牌、遊人休息椅、兒童遊戲器械、圍欄、旗杆等設施需要修理和油飾。大小木牌 107 面、遊人休息椅 45 副、兒童遊戲器械 5 份、木欄杆 48 份、票房 3 座、旗杆 1 根。市公署派人勘察並作出指令：應就其中損壞較重者如滑梯軋板及折斷立柱之豎牌等先予修理，其不急需者可暫緩油飾。"③

二　參觀情況統計

孔廟國子監在民國時期是著名的文化古跡，是中華文明的象徵，對外開放後，吸引中外團體和個人來此參觀訪問，其中有學生、學者、外賓、政府官員等。孔廟國子監憑其悠久的歷史和深厚的文化成為展示中華文明的櫥窗。民國二十年（1931 年）九月三十日特規定北平壇廟雙十節半價。從目前掌握的史料可以了解民國十七年（1928 年）年至民國二十二年（1933 年）社會團體、個人、外賓的較為詳細的參觀情況，包括人數、人員、目的（見表 1—2、表 1—3）。其他時間段的資料沒有看到，但我們有理由相信孔廟國子監作為著名的歷史文化遺跡，自開放始，每年都接待了各類參觀訪問的人員。

---

① 《北京特別市公署壇廟事務所關於修繕國子監先農壇樹木給北京特別市公署的呈及北京特別市公署的指令》，1941 年，北京市檔案館藏，檔案號：J057 - 001 - 00808。

② 《北京特別市公署管理壇廟事務所關於申請修繕孔廟、天壇器具及房屋的呈及市公署的指令》，1943 年，北京市檔案館藏，檔案號：J057 - 001 - 00868。

③ 同上。

表 1—2　　　　社會團體及個人參觀情況統計表（1928—1933 年）①

時間	團體或個人	人數	目的	備註
民國十七年（1928年）十月十一日	北平基督教青年會	不詳	參觀學習	
民國十七年（1928年）十月十二日和十四日	貝滿女校學生	40 人	參觀學習	
民國十七年（1928年）十月二十九日	稅務專門學校	約 30 人	參觀學習	
民國十八年（1929年）四月七日	天津南開學校	30 余人	參觀考察	春假旅行遊故都名勝
民國二十年（1931年）	東北大學	不詳	參觀學習	教育學院博物、國文專修科學生
民國二十年（1931年）一月	周永治夫人	1 人	繪畫寫真	為期 1 年寫真北平古跡
民國二十年（1931年）一月二十九日	河北省女子蠶桑師範講習所	第五班全體畢業學生	文化參觀	
民國二十年（1931年）四月三日	中法大學溫泉中學校	40 余人	參觀學習	
民國二十年（1931年）四月五日	國立北平師範大學	243 人	遊覽	
民國二十年（1931年）四月七日	國立清華大學	40 余人	參觀學習	歷史學系學生
民國二十年（1931年）四月八日	河北省立第一中學校	42 人	參觀考察	

① 《北平市各機關關於參觀天壇、孔廟免費減費的函及壇廟事務所的復函》，1928—1933 年，北京市檔案館藏，J057 - 001 - 00335。

續表

時間	團體或個人	人數	目的	備註
民國二十年（1931年）四月十九日	北平市私立育英中學校	20人	參觀學習	
民國二十年（1931年）五月中旬	國立北京大學	約60人	參觀學習	史學系學生
民國二十年（1931年）六月三日	北平華文學校	約80人	參觀學習	
民國二十年（1931年）六月八日	華僑代表商業考察團	團長陳丙丁等17人	考察	實業部2人陪同
民國二十年（1931年）六月十一日	上海基督教青年會	30人	參觀學習	
民國二十年（1931年）七月	雲南省立東陸大學	不詳	考察	雲南省政府資助的學生考察團
民國二十年（1931年）七月二十一日	北平華文學校	30人	參觀學習	新生
民國二十年（1931年）八月十日	山東齊魯大學	16人	參觀	
民國二十年（1931年）八月十五日	張副司令①	隨員、女眷等30余人	參觀	原檔案未具人名，經考證為張學良
民國二十年（1931年）十一月六日	北平華文學校	約50人	參觀學習	新生
民國二十一年（1932年）三月	國立北京大學	20余人	參觀石鼓及石經等物	史學系學生

---

　　①　原檔案即"張副司令"未注實名。考證張學良此年正于協和醫院養病，極有可能來此參觀。

續表

時間	團體或個人	人數	目的	備註
民國二十一年（1932年）四月六日	國立清華大學	約 30 人	參觀瞻仰	國文學系學生
民國二十一年（1932年）四月十日至十六日	天津南開學校	百余人	參觀	
民國二十一年（1932年）五月二十日	國立北平師範大學	約 30 人	參觀	國文系四年級學生
民國二十一年（1932年）六月	北平市市立第三十七小學校	26 人	參觀	六年級畢業生
民國二十一年（1932年）七月二十六日	北平華文學校	40 余人	參觀學習	新生
民國二十一年（1932年）八月二十六日至二十七日	上海青年協會	約 120	遊覽	全國干事大會
民國二十一年（1932年）九月	私立北平協和醫學院	30 余人	參觀	護士學員
民國二十一年（1932年）九月三十日	北平市市立第七小學	約 240 人	參觀	
民國二十一年（1932年）十月二十五日	北平華文學校	40 人	參觀學習	新生
民國二十一年（1932年）十月	河南陽武修志館	2 人	學術研究	
民國二十一年（1932年）十一月五日	北平私立匯文中學校	20—30 人	參觀	
民國二十二年（1933年）三月二十一日	北平市私立育英中學校	20 余人	參觀學習	
民國二十二年（1933年）四月二日	國立北平師範大學	20 余人	參觀學習	國文系

續表

時間	團體或個人	人數	目的	備註
民國二十二年（1933年）五月十日	國立北平師範大學	約 40 人	考察	社會學系
民國二十二年（1933年）七月十八日	北平華文學校	40 餘人	參觀學習	新生
民國二十二年（1933年）九月一日	中華圖書館協會	120 餘人	參觀	第二次年會
民國二十二年（1933年）十月十四日	北平私立慕貞女子中學校	不詳	參觀	

表 1—3　　國際組織及外賓參觀情況統計表（1928—1933 年）①

時間	國別及名稱	人數	目的	備註
民國十七年（1928年）十月八日	日本	河上哲太等 15 人	參觀	日本眾議院議員
民國二十年（1931年）五月十一日	國際調查販賣婦孺團	該團委員長張森等 9 人	參觀	外交部 2 人陪同
民國二十年（1931年）八月	美國烏伯唐旅行團	80 餘人	參觀	
民國二十一年（1932）二月十九日至二十二日	大英皇后號世界旅行團	350 餘人	遊覽	分四批來孔廟遊覽
民國二十一年（1932年）四月	國聯調查團	不詳	遊覽	

---

① 《北平市各機關關於參觀天壇、孔廟免費減費的函及壇廟事務所的復函》，1928—1933 年，北京市檔案館，檔案號：J057 - 001 - 00335。

續表

時間	國別及名稱	人數	目的	備註
民國二十二年（1933年）七月二十九日	美國遠東觀光團	克魯斯教授等12人	參觀	
民國二十二年（1933年）九月五日	瑞典	卡爾親王	參觀	
民國二十二年（1933年）十月二十二日	波蘭	駐華公使渭澄濤夫婦	參觀	外交部1人陪同

　　目前收集到的史料只有 1928—1933 年的參觀情況，這期間以來自北京、河北、天津、山東、東北、上海、雲南的各類學校的師生為主體，是"研讀課業"或"研學旅行"的重要目的地。外賓主要是有政府背景的考察團、學者或官員。

　　另有民國三十一年（1942 年）一月至民國三十二年（1943 年）十二月的"北京特別市公署管理壇廟事務所"關於報送《天壇、孔廟等四處遊人數目、門券進款統計表》的公函資料。① "送達機關：市公署觀光股"，"附件：統計表四份"。統計表中分列了天壇內外壇、天壇內壇、天壇外壇、孔廟、先農壇、五塔寺的遊覽券票數、錢數（銀元）、普通平價券、優待券、團體收費、汽車券、人力車券、各項總計、遊覽人國籍的詳細專案。每張統計表均有所長、總務股長、保管股長、票務員的簽章。遺憾的是表中的統計數字已經完全辨識不清且統計表遺留不全。雖無法詳知當時的參觀人數和參觀狀況，但從中可以看出當時孔廟建立了嚴謹的遊客參觀人數和情況統計、匯總、上報制度。

---

　　① 《北京特別市公署管理壇廟事務所報送三十一年度天壇、孔廟遊人數目門券進款統計表與北京特別市觀光股來往函》，1942—1943 年，北京市檔案館藏，檔案號：J057 - 001 - 00837。

第四節　古建築維護

　　孔廟國子監始建於元代，歷經元、明、清三代，形成了傳承有序、規模宏大、保存完好的古代建築群。孔廟先師門斗拱碩大，保留了元代的建築風格，大成殿宏偉輝煌，重簷廡殿頂標誌其為最高的建築等級。孔廟分三進院落，由南至北主體建築依次為先師門、大成門、大成殿、崇聖門、崇聖祠。第一進院落中樹立著元、明、清三代進士題名碑；第二進院落以大成殿及東西兩廡構成莊重神聖的祭祀場所；第三進院落為獨立小院，以崇聖祠為主殿祭祀孔子五代先祖。孔廟院內還分佈著明、清御碑亭十四座，古樹名木點綴其中，名譽京城。國子監建築同樣沿南北中軸綫依次坐落集賢門、太學門、琉璃牌樓、辟雍大殿及環水、彝倫堂、敬一門、敬一亭。辟雍四周環水，形制獨特，是國內現存的唯一一座專為帝王臨雍講學而建的古代宮殿。東西六堂是國子監師生教學上課的地方，與博士廳、繩愆廳、典籍廳等建築形成了古代官學的建築特色。除孔廟崇聖祠東北側的御書樓不知何時塌毀（待考），國子監集賢門（大門）外影壁、敬一亭兩側的東廂和西廂於晚清民國年間損毀外，孔廟國子監古建築完整地保存下來。民國期間，相關機構對孔廟國子監的建築遺存進行了適當、有效的保護和修繕，使現存的孔廟國子監與清末遺存的古建築規模和佈局保持一致。

　　孔廟國子監作為傳統的中國古代建築群，需要歷代管理者的維護才能保持建築規模和原狀。清末光緒三十二年（1906年），祭孔典禮升為大祀，清政府擬對孔廟進行擴建和修繕。從禮部的奏請可以看出孔廟計劃通覆黃瓦，大成殿、大成門街門、御碑亭加以修飾，崇聖祠擴建，大成殿由七間拓展為九間。但工程尚未完成，清朝就被推翻，而修繕工程持續到1916年才完工。進入民國，孔廟國子監完整保存了清末擴修的原貌，雖然失去了正統地位，但對古建築的維護修繕並沒有停頓。

　　民國期間孔廟國子監的修繕狀況分為兩類，一類是列入古跡、市政整修計劃的較大規模和面積的修繕；一類是日常的局部搶修或維護性修繕。相關情形集中反映在孔廟國子監管理人員的呈文、報告、管理機關的批復、回文及修繕計劃書、勘驗報告中。

一　中華民國北洋政府時期（1912—1928 年）報修及修繕狀況

民國四年（1915 年）三月二十六日，內務部總長朱啓鈐呈報《京師孔子廟工程告竣及刊刻告令敬謹懸掛情形》報告中說："竊本部於上年十一月呈請遵諭估修京師孔子廟工程一案，奉大總統批令，此項工款應由本大總統特捐五千元。余款並交財政部迅速籌撥，早日興修等因，遵即飭令承做廠商按照原估單開各節，妥速修理。先將正殿瓦頂、天花板及神龕、木主、聯匾等項依式補齊，油飾加彩。並將大成殿門簷加罩罘罳，用符規制。此項工程於去歲冬底業已工竣，當由啓鈐親往履勘，見大成殿崔巍崇煥，頗壯觀瞻。而大成門、櫺星門等處黯淡特甚，若僅找補油飾，誠恐與大成殿未能一律，且復查出大成門東北桷梁杇折，石欄間有傾陷。其廟外牌樓彩色亦復年久剝落，自應全行修補，以期一律整齊。"①

二　中華民國國民政府時期（1927—1938 年）報修及修繕狀況

民國五年（1916 年）較大規模修繕後，到民國十七年（1928 年）時隔十幾年，各處古建不斷發生損壞，三十年代後更是日趨嚴重，時有建築局部損毀或牆體坍塌事情發生。

民國十七年（1928 年）八月十三日，孔廟事務員徐之鈞呈報："孔廟東圍牆臨街外坯坍塌一段，南北長二丈二尺，高一丈；又孔廟大門照壁東邊北牆臨街外坯坍塌一段，東西長一丈，高六尺；又致齋所房頂滲漏，南間前簷棚紙脫落，流水如注。"②

十一月一日，"孔廟西廡後房北屋西山牆外坯坍塌一段，南北長丈余，上下長八尺余。"③

民國二十年（1931 年）五月四日，孔廟事務員趙法參、趙曆師呈報：

---

① 《教育紀事：檔：三月二十六日內務部呈報京師孔子廟工程告竣及刊刻告令敬謹懸掛情形》，《中華教育界》1915 年第 4 卷第 4 期。

② 《北京孔廟事務員、稽查員徐之鈞、李耕田關於孔廟圍牆坍塌、修理圍牆工食料的呈文和壇廟管理所的令》，1928 年，北京市檔案館藏，檔案號：J057 - 001 - 00007。

③ 同上。

"國子監西口木柵欄門四扇均朽壞不堪，被風吹倒於地。"①

五月三十一日，孔廟事務員趙法參、朱玉鐘呈報："國子監外院西廡南端小房一間年久失修，磚瓦脫落，於昨夜頹倒，並壓倒該院南牆一段約兩丈。朽椽等現已收藏於國子監內，以便保存。"②

七月十二日，孔廟事務員趙法參呈報："國子監暨孔子廟兩處房屋經大雨，房屋內壁多有頹漏，博士廳南小屋西牆頹約一丈，修道堂西牆頹一丈，孔子廟明碑樓角一頹落，木庫東頭漏，致齋所漏，南大牆頹五尺一段。"③

八月，孔廟事務員徐秀斌呈報："孔廟國子監房屋漏者頗多，倒塌亦有，如孔廟外牆東南角內碑樓及國子監之東西廡十三經碑房等處急須修補。其他碎小地方在在皆是，不但觀瞻所系，於管理上亦有諸多滯礙，如不加修，頹壞將不堪設想。孔廟各通路兩旁石燈座頗多，外賓參觀似覺枯澀無味，擬請將各樣花卉發下若干加於石燈座上點綴。"④

八月三十一日，"孔廟致齋所及北山大門東南角梁折，勢甚危險"⑤。

民國二十一年（1932年）三月三日，孔廟事務員張清遠呈報："孔廟東更道東牆坍塌一段，計長一丈二尺，高七尺。"⑥

三月十五日，壇廟管理所呈報："孔廟東圍牆坍塌一段以及頂附柱子業已照做法修理竣工；國子監西房倒塌一間木料運至廟內庫房，其磚清理，地基隨修砌臨東西牆一道，計長四丈，高七尺；又砌南北卡牆一道，長一丈六尺，高七尺，外表全行修理整齊。"⑦

三月二十二日，孔廟事務員張清遠呈報："修理工程完竣。計修東更牆一段，坍塌長一丈二尺，高七尺；及木庫頂柱子兩根，及國子監西房坍塌一間，木料均運至國子監內保存，以及東西牆一道，計長四丈，高七

---

① 《方澤壇、孔廟、天壇事務員徐之鈞、徐秀斌、王際森等關於壇廟房牆坍塌修繕的呈文》，1928年，北京市檔案館藏，檔案號：J057 – 001 – 00224。

② 同上。

③ 同上。

④ 同上。

⑤ 《天壇辦事員王際森、孔廟辦事員張清遠、大和齋崔峻嶼關於派員修理圍牆給壇廟管理所的呈文》，1931年，北京市檔案館藏，檔案號：J057 – 001 – 00248。

⑥ 同上。

⑦ 同上。

尺；南北卡牆一道，計長一丈六尺，高七尺，現已全行修理整齊。計存木料數目：木柁三架、木檁二架（木庫支柱用二根）、木柱六根、椽子十三根。"①

三月二十八日，壇廟管理所呈報："因太學門西邊原有牆垣計坍塌一丈三尺，行人任意行走，實有不便，今擬用其磚照舊壘砌其頂上並安玻璃碴數丈。孔廟大門內校門裏修砌臺階，此項工程業已修理。"②

十月二十二日，孔廟事務員張清遠呈報："修理國子監大和齋（在雍和宮東側，原屬雍親王府花園）工竣，事計東西碑廊飛頭兩處、太學門、南學序飛頭兩處，計西碑廊禮記碑一統（通）以及大和齋東北角圍牆一段、北牆找補一段、東南角一段完全修理齊整。"③

十月二十六日，"本會（古物保管委員會）調查國子監石刻十三經被牆砸毀，請內政部撥款項修葺房屋，以保護古物。"④

民國二十二年（1933年）六月二十五日，孔廟事務員張清遠呈報："國子監因大雨致房間塌落數處，謹將房間塌落數目尺寸列清：東碑廊率性堂塌落裏外坯長三丈二尺，高一丈；西碑廊廣業堂塌落裏外坯長三丈，高九尺；正義堂上頂椽子塌落五根，修道堂裏坯塌落長一丈五尺，高六尺；博士廳上頂椽子塌落五根。"⑤

七月十三日，"國子監因雨塌落兩處，東碑廊、誠心堂後簷外坯牆塌落一段，長一丈二尺，高六尺；西碑廊正義堂後簷頂塌落椽子五根；修道堂後簷外坯牆又塌落一段長五尺，高九尺"⑥。

七月二十一日，"崇聖祠因大雨塌落東圍牆一段，計長一丈五尺，高

---

①　《天壇辦事員王際森、孔廟辦事員張清遠、大和齋崔峻嶼關於派員修理圍牆給壇廟管理所的呈文》，1931年，北京市檔案館藏，檔案號：J057-001-00248。

②　同上。

③　《天壇孔廟辦事員王際森、張清遠等人關於保護天壇壇牆禁掘牆磚、黃土調查箭廠空地承租事給壇廟管理所的呈》，1932年，北京市檔案館藏，檔案號：J057-001-00289。

④　古物保管委員會編：《古物保管委員會工作彙報》，大學出版社1935年版，第160頁。

⑤　《王際森、張清遠關於修理天壇、孔廟、國子監崇聖祠等殿宇情形給壇廟管理所的呈文》，1933年，北京市檔案館藏，檔案號：J057-001-00244。

⑥　同上。

七尺，日久恐有竊賊盜取物件"①。

七月二十八日，"國子監因大雨沖塌東碑廊率性堂裏坯牆一段，計長一丈五尺，高一丈二尺；又十三經碑二通現稍有歪斜，日久恐有損傷情形；又西碑廊修道堂前簷橡子塌落七根。擬辦：塌牆橡簷籌款招工修葺，歪碑告知事務員用木柱支援"。②

八月三日，"國子監外東西大牆現又塌落一段，計長三丈二尺，高七尺。前者呈報國子監東西碑廊所塌等處，東廊誠心、率性、西廊修道、廣業共五段，現已修理齊整"③。

八月三十一日，"國子監西廡因大雨致門樓完全塌落，所有之木料均存放國子監繩愆廳內。所塌落之處懇請修牆一段，以免院內房間損傷"④。

九月三日，"孔廟東圍牆外坯現損壞八處，方圓約二三尺；又孔廟先師門外影壁西隨牆損壞一段，長八尺，高三尺"⑤。

九月五日，"孔廟東圍牆外坯損壞八處；先師門外影壁西隨牆損壞一處；孔廟大成門內前者運去之周石鼓（之）石臺，現已修理齊整"⑥。

九月，"查孔廟國子監工程現已完竣，計修國子監東廊率性堂裏坯牆一段；又崇聖祠東圍牆一段；西廡隨牆門一段；國子監東西大牆一段；又孔廟東圍牆八處；先師門影壁隨牆一段，現已全行修理齊整"⑦。

九月十一日，"國子監率性堂、崇聖祠西廡等處工程現已修備。查孔廟國子監工程現已完竣，計修國子監東廊率性堂裏坯牆一段；又崇聖祠東圍牆一段、西廡隨牆門一段、國子監東西大牆一段；又孔廟東圍牆八處、

---

①　《王際森、張清遠關於修理天壇、孔廟、國子監崇聖祠等殿宇情形給壇廟管理所的呈文》，1933 年，北京市檔案館藏，檔案號：J057 - 001 - 00244。

②　同上。

③　同上。

④　同上。

⑤　同上。

⑥　同上。

⑦　同上。

先師門影壁隨牆一段，現已全行修理齊整"①。

十二月十四日，"國子監西碑廊正義堂後簷椽子塌落四根，修道堂前簷椽子塌落八根，博士廳後簷椽子塌落兩處共五根，博士廳西北角牆損傷兩段，彝倫堂連簷損傷兩處，東碑廊茶房東北角椽子塌落兩根，繩衍廳南廚房牆損傷一段，崇志堂連簷損傷一處，南學序東南角椽子損傷一處，孔廟水庫東南角椽子損傷三根"②。

民國二十年至二十二年（1931—1933 年）間，對孔廟國子監外圍牆坍塌、崇聖祠圍牆坍塌、六堂屋頂漏雨、塌落等局部情況進行了修補。壇廟管理所將是年孔廟事務員呈報坍塌牆垣等工程已修理及因經費不足擬後修理工程專案分列："已修工程專案：率性堂垣牆坍塌裏外兩面一段；率性堂垣牆裏坏坍塌一段；廣業堂垣牆坍塌裏坏一段；修道堂牆垣裏坏坍塌一段；誠心堂牆垣外垣坍塌一段；修道堂牆垣外垣坍塌一段；崇聖祠東圍牆坍塌一段；國子監外東西大牆坍塌一段；國子監後西廂門樓坍塌全部；孔廟東圍牆外垣損坏八處；先師門外影壁西隨牆坍塌一段；舊存周石鼓臺因移運石鼓拆毀，計東西兩處。未修工程專案：正義堂上頂椽子塌落五根；博士廳上頂椽子塌落五根；正義堂後頂椽子塌落五根；西廊修道堂前簷椽子塌落七根。"③

民國二十三年（1934 年）三月二十一日，孔廟辦事員張清遠呈報："國子監集賢門西南大牆於前十九日塌落一段，計長三丈二尺，高七尺；集賢門北大牆塌落一段，計長一丈，高四尺，又一段長三尺五寸，高三尺；孔廟東圍牆塌落二段共計方圓一丈余。擬辦：已將坍塌情形加入孔廟工程單內並案辦理。"④

七月八日，"孔廟圍牆東南角坍塌一段，長五尺，高七尺；又先師門外南大牆坍塌一段，長二丈，高七尺五寸；又崇聖祠內大牆一段，長一丈，高七尺；又東廂大門卡牆坍塌一段，長七尺，高七尺；又敬一亭內西

---

① 《王際森、張清遠關於修理天壇、孔廟、國子監崇聖祠等殿宇情形給壇廟管理所的呈文》，1933 年，北京市檔案館藏，檔案號：J057－001－00244。

② 同上。

③ 同上。

④ 《孔廟、天壇辦事員張清遠、王際森等人關於房屋修繕等問題給壇廟管理所的呈》，1934 年，北京市檔案館藏，檔案號：J057－001－00356。

北角牆坍塌一段，長六尺，高五尺"①（見圖1—1）。

圖1—1　20世紀30年代敬一亭東西院牆殘壞情形

圖片來源：中國文化遺產研究院。

九月，北平市政府制定《北平遊覽區建設計劃》，其中"北平遊覽區古跡名勝之第一期修葺計劃擬定如下：修葺費概算：孔廟二萬圓，修繕專案：滲漏殿廊分別修補或翻修。國子監二萬五千圓，修繕專案：與孔廟相同"②。

十月一日，孔廟辦事員張清遠呈報："國子監太學門外西配房五間因年久失修坍塌落架；國子監廣業堂後簷牆坍塌一段，高六尺，長七尺；率性堂後簷牆坍塌一段，高一丈，長八尺；誠心堂後簷牆坍塌二段，一高一丈，長二丈三尺，一高八尺，長一丈七尺。"③

民國二十四年（1935年）一月十一日，"故都文物整理委員會"成立。此委員會由北平市市長袁良、冀主席于學忠、察哈爾省主席宋哲元及

①　《孔廟、天壇辦事員張清遠、王際森等人關於房屋修繕等問題給壇廟管理所的呈》，1934年，北京市檔案館藏，檔案號：J057－001－00356。

②　北平市政府編印：《北平遊覽區建設計劃》，1934年9月，北京市檔案館藏，檔案號：J001－005－00116。

③　《孔廟、天壇辦事員張清遠、王際森等人關於房屋修繕等問題給壇廟管理所的呈》，1934年，北京市檔案館藏，檔案號：J057－001－00356。

中央相關部門代表擔任委員，聘請梁思成、關頌聲為專門委員，並聘請中國營造學社為顧問，協助勘查工作。委員會對北平城內及郊外公路和名勝古跡的情況進行勘查，論證制定整修方案，預算資金，分期修葺。孔廟國子監屬第二期工程，擬自 1936 年 4 月始至 9 月完成，預算經費為孔廟三萬圓，國子監三萬圓。①

圖 1—2　20 世紀 30 年代成賢街
西牌樓東面殘壞情形
圖片來源：中國文化遺產研究院。

圖 1—3　20 世紀 30 年代國子監
東廂門樓殘壞情形
圖片來源：中國文化遺產研究院。

　　在第二期維修工程中，孔廟大成殿標價數額為 34620 圓，工程費部分支付 31158 圓；國子監辟雍維修標價數額為 32807.9 圓，工程費部分支付 17896.81 圓；國子監東西六堂為 44952.9 圓，工程費部分支付 33714.68 圓。② 但是工程沒有竣工該機構就奉令裁撤，所有未完各項工程，呈由市公署轉交建設總署及工務局繼續完成。

　　六月，修理孔廟碑亭及東西廡殿內供桌③。

　　民國二十五年（1936 年），故都文物整理委員會擬定孔廟國子監文物整理的檔案中提到：“廟內大成殿及各建築皆已滲漏，琉璃瓦均已生草。國子監圜水辟雍之琉璃生草更多，滲漏更甚，如不妥加修葺，傾圮之期不

　　① 《市政評論：故都文物整理之一頁：第一期工程預算》，1935 年第 3 卷第 7 期，北京市檔案館藏。

　　② 舊都文物實施事務處編：《舊都文物整理實施事務處第十六次報告》，1938 年出版，第 17—18 頁。

　　③ 《北平市文整處關於修繕孔廟大成殿等處工程的來函及工務局的復函》，1935 年，北京市檔案館藏，檔案號：J017 - 001 - 01405。

遠矣。國子監博士廳瓦頂塌陷，已成漏天之房……西廊之修道堂，屋頂已坍塌數處。……整理除房屋修葺外，應將尊孔及講學之一切禮樂、設備整理而陳列之。"還特別提到大成殿前刻龍石階的保護，指出應該在石質尚固之時，"立鐵架，上覆帆布，則可免日曬風打"。①

四月二十四日，孔廟管理員張清遠呈報："崇聖祠二門內有古槐一株於本月二十三日下午二時余經狂風刮折三節，將附近圍牆砸塌一面。再大成殿西偏警衛室因年久失修柁梁離槽，勢將下墜，毗鄰之護士室情形亦同。"②

七月，舊都文物整理實施事務處第二科文整建築股查勘"大成殿內東北角上層一間天花板內帽兒梁兩根被風吹動脫榫降落一根，致將支條及天花板連帶墜落一間，其余一根西首脫榫，東首仍浮懸於上"③。

九月三日，北平市政府社會局訓令提到："孔廟國子監及天壇一部已列入本年保養工程範圍之內。先從拔除屋頂草樹及查補抅抹入手，不日即將次第施工。至其他修繕尚待斟酌情形，留待第二期續行。"④

九月七日，孔廟管理員張清遠呈報："本月五日終日淫雨，國子監東廡後牆上端坍塌三段總計約四丈余；又敬一亭後牆東北角坍塌一段，東西長約二丈，高五尺；又東廂北房西頭前簷倒塌半間以上。"⑤

十一月，舊都文物整理實施事務處公函（致工務局）："貴局二九三六號公函，以修理孔廟大成殿（天花板）及警衛室並崇聖祠等處一部分工程，擬定招標檔，送請查核。查孔廟工程已列二期案內整理，現在天氣又漸寒冷，應緩至明春計劃全部建築時，再行並案辦理。"⑥

---

① 《市政評論：故都文物整理之一頁：整理孔廟》1935 年第 3 卷第 4 期。
② 《關於孔廟、國子監房屋數木被損毀需修理的呈》，1936 年，北京市檔案館藏，檔案號：J057 - 001 - 00496。
③ 《北平市文整處關於修繕孔廟大成殿等處工程的來函及工務局的復函》，1936 年，北京市檔案館藏，檔案號：J017 - 001 - 01405。
④ 《孔廟國子監保養》，1936 年，北京市檔案館藏，檔案號：J057 - 001 - 00934。
⑤ 《關於孔廟、國子監房屋數木被損毀需修理的呈》，1936 年，北京市檔案館藏，檔案號：J057 - 001 - 00496。
⑥ 《北平市文整處關於修繕孔廟大成殿等處工程的來函及工務局的復函》，1936 年，北京市檔案館藏，檔案號：J017 - 001 - 01405。

圖1—4　20世紀30年代大成殿　　　　圖1—5　20世紀30年代大成殿
　　　　　　頂部梁架　　　　　　　　　　　　　頂部維修

圖片來源：中國文化遺產研究院。　　　圖片來源：中國文化遺產研究院。

　　民國二十六年（1937年）四月二十九日，舊都文物整理實施事務處
公函：“國子監整理工程擬分三步進行，以期妥速。第一步先行修繕辟
雍、彝倫堂、琉璃牌樓、太學門、東西碑亭、鐘鼓亭，成賢街牌樓等工
程，並經標由永興木廠承做，擬於本月三十日開工。相應函請查照轉知並
希予以便利為荷，此致管理壇廟事務所。”①

圖1—6　20世紀30年代辟雍工程　　　　圖1—7　20世紀30年代太學
　　　　　　開工　　　　　　　　　　　　　　門前堆放建材

圖片來源：中國文化遺產研究院。　　　圖片來源：中國文化遺產研究院。

---

① 《舊都文整實施處關於天壇、國子監等處伐樹、修繕事宜的公函及管理壇廟事務
所的轉呈以及市政府的指令》，1937年，北京市檔案館藏，檔案號：J057 - 001 - 01017。

五月四日，孔廟管理員張清遠呈報："永興建築廠來呈因承修國子監內各種工程在該院內東西碑亭迤北鑿打洋井共二眼，業於五月三日開始工作。"①

圖1—8 20世紀30年代維修中的東六堂

圖片來源：中國文化遺產研究院。

圖1—9 20世紀30年代先師門彩畫及修砌臺階

圖片來源：中國文化遺產研究院。

六月五日，舊都文物整理實施事務處公函："查國子監修繕工程，擬分三步進行。第一步工程標由永興木廠承做，業經函達查照在案，至第二步整理六堂、四廳、敬一亭等工程，現已標由廣茂木廠承修。"② 這次工程的具體修繕完工時間至今銘記在孔廟、國子監院中的牆壁上。孔廟先師廟門西側牆壁刻石銘文："孔廟大成殿、大成門、先師門及內外院碑亭十四座修繕工程於中華民國二十六年七月十三日開工，二十七年十二月二十九日完工。"國子監太學門內東側的牆壁上刻石銘文："國子監辟雍、彝倫堂、琉璃牌樓、太學門東西碑亭、鐘鼓亭等修繕工程及成賢街木牌樓改築鋼筋混凝土工程於中華民國二十六年四月三十日開工，二十八年二月六日完工。"西側牆壁上刻石銘文："國子監六堂四廳及敬一門、敬一亭等修繕工程於中華民國二十六年六月二日開工，二十七年十二月二十日完工。"

① 《舊都文整實施處關於天壇、國子監等處伐樹、修繕事宜的公函及管理壇廟事務所的轉呈以及市政府的指令》，1937年，北京市檔案館藏，檔案號：J057-001-01017。

② 同上。

圖 1—10　20 世紀 30 年代彝倫
堂揭瓦

圖片來源：中國文化遺產研究院。

圖 1—11　20 世紀 30 年代取出辟
雍寶頂內的鎮物

圖片來源：中國文化遺產研究院。

圖 1—12　20 世紀 30 年代辟雍搭架
維修

圖片來源：中國文化遺產研究院。

圖 1—13　20 世紀 30 年代敬一亭
釘望板

圖片來源：中國文化遺產研究院。

　　此次維修是民國年間最大規模的一次維修，從文字檔案和照片檔案來看，孔廟國子監主體建築得到了全面的修繕和維護。雖然歷經日本全面侵華戰爭、北平淪陷等時局干擾，但維修工程卻持續下去並最終按計劃完工。通過照片可以看到在維修中取出了辟雍大殿寶頂中的鎮物（見圖 1—11），相傳為"天下太平"銘文鍍金銅錢八枚、紅藍寶石三粒、小珍珠四粒、金、銀、銅、鐵、錫小元寶五錠、五色絲綢五方、五色絲線五縷、五穀少許。但鎮物最終不知去向。

　　三　日偽統治時期（1938—1945 年）報修及修繕狀況

　　民國三十二年（1943 年）五月三十一日，偽北京特別市公署指令

（令管理壇廟事務所）："國子監之敬一亭內西面圍牆外面斜落，勢將坍塌，亟應提前修葺，以免擴大。（偽）市長劉玉書批復：'呈悉查所請修復國子監敬一亭西面圍牆工程一節所估價款五十七圓五角應准撥發臨時費，即由該所交原估商承做'。"①

四　中華民國國民政府時期（1945—1948 年）報修及修繕狀況

民國三十五年（1946 年）年九月二十九日，孔廟國子監拔草抅抹工程進行，為期 25 天。②

九月和十二月，對孔廟國子監實施保養工程，從拔除屋頂草樹及補抹工程入手。③

民國三十六年（1947 年）十二月十四日，行政院北平文物整理委員會工程處公函："案查本年度北平文物整理工程預算案內孔廟及雍和宮保養工程業經本處勘估，孔廟方面為崇聖祠內拔草查補，業已標定德源營造廠承攬，日內即將開工。"④ 竣工日期為民國三十七年三月三十一日。⑤

民國三十七年（1948 年）七月，保管股員徐海山、孔廟管理員王鬱如呈報："奉派勘察孔廟前影壁及兩側花牆坍塌情形。遵查該處影壁瓦簷脫落塌毀約二丈余，東面花牆內外皮坍塌共約八丈，西面花牆內外皮坍塌共約四丈。"⑥

---

①　《北京特別市公署壇廟事務所關於修繕國子監先農壇樹木給北京特別市公署的呈及北京特別市公署的指令》，1943 年，北京市檔案館藏，檔案號：J057 - 001 - 00808。

②　《北平市工務局關於報送孔廟、國子監拔草抅抹工程的函文》，1946 年，北京市檔案館藏，檔案號：J017 - 001 - 03038。

③　《北平市社會局關於撥款修理各壇廟一事的訓令及管理壇廟事務所民國三十五年秋丁祀禮應用物品及儀式節略表冊》，1946 年，北京市檔案館藏，檔案號：J057 - 001 - 00934。

④　《北平市管理壇廟事務所關於修理天壇外牆、碑亭房屋的呈文及社會局的指令》，1947 年，北京市檔案館藏，檔案號：J057 - 001 - 00944。

⑤　《北平文物整理委員會第三十六年度工作報告》，北京市檔案館藏 1947 年版，第 2 頁。

⑥　《北平市管理壇廟事務所關於勘察孔廟裏壁和兩側花牆坍塌情形的呈文及社會局的訓令以及壇廟管理所、工務局與鑿井局訂立的鑿井工程合同》，1948 年，北京市檔案館藏，檔案號：J057 - 001 - 00396。

民國三十八年（1949 年）四月，正值解放戰爭，東北大學、華北大學部分來京學生占居孔廟，損毀了一些窗心、窗框。

從民國期間孔廟國子監建築、圍牆等損朽的報告和修繕情況可以看出古建築整體保存較好，局部構件腐朽，圍牆坍塌情況較多，也符合古建築需要常年維護的特點。

第五節　研究與展覽

一　拓印碑刻

民國時期遺存的資料顯示當時不時有機關或私人經批准來孔廟拓印碑刻，有的作為學術研究的資料，有的作為收藏。

民國二十五年（1936 年）九月十六日，孔廟管理員張清遠呈報："有遊覽人王汝霖欲拓孔廟碑文五座，業經陳報旋蒙核准在案。該王汝霖已招匠拓竣，計拓五份自存攜走，又五份呈送鈞所備查。"[1]

民國二十六年（1937 年）五月十六日，北平市政府秘書處函"本市國子監貯藏石刻十三經矗立兩廡計石林一百九十座，兩面鐫文可拓三百八十餘幅，為遜清蔣湘帆先生手書，迭經勘校勒為定本，有關一代文獻甚鉅。此項石刻海內流傳甚鮮，年來各處請求開拓者甚多。事關宣揚文化，允宜力為提倡。經飭主管公估棉連紙墨拓全部約需工料七十元，粉連紙全部六十元。如部數較多，則工價尚可酌減，茲假定為五十元至七十元（俟拓印數目確定後再行招標核實估計），特先函征同好，有願訂拓者，請於函到十五日內開示需要部數以便彙集計算、招商承辦、實際核數若干再行通知繳費。"此函發給了駐北平各機關、學校、駐軍、政務委員會等。公函發出後，共收到來自陸軍第二十九軍、綏靖公署、商會、衛生局、警察局、清華大學、中國學院、燕京大學、圖書館、故宮博物院、建設委員會、經濟委員會等團體（含個人）及宋哲元、張秀岩等個人的訂單計 162 部。[2]

民國二十七年（1938 年）二月二十一日，古物陳列所致函壇廟管理

---

① 《拓印孔廟石碑》，1936—1938 年，北京市檔案館藏，檔案號：J057 - 001 - 00476。

② 《拓印十三經碑》，1937 年，北京市檔案館藏，檔案號：J184 - 002 - 03646。

所："茲有美籍福開森博士欲拓印孔廟碑碣計元大德十一年、至順二年各一幀，事關流傳文化，可否予以便利，俾資研究用。特專函代為商請，務希慨允查酌見復為荷。"① 壇廟管理所批准了此事並要求多拓一份留所備案。

十月十八日，北京特別市公署社會局致函管理壇廟事務所"貴所管理之孔廟內大成門有元、明、清三朝題名碑為文化史珍貴參考資料，幾經雨淋日曝，損壞已多，本局為保留起見擬拓印二份，需費一百圓"②。並令管理壇廟事務所負責拓印題名碑188座。

二　文物展示與交流

（一）文物陳列展示

民國二十二年（1933年）二月二十日，內政部北平檔案保管處公函（字第54號）："內政部盧司長來函以洪憲寶座及祭孔禮服擬分別移交古物陳列所及壇廟管理所。已轉呈部（次）長核示，今奉部（次）長尤日代電已准如所請辦理等由，茲將祭孔祭服、祭冠、祭靴等件一併檢齊移交。貴所即希派員前來攜取，祈賜正式收據，相應函達，查照並請見復為荷，此致北平壇廟管理所。"管理所於二十一日派員前往照數點清，於二十三日搬運至所收存，清單如下：

祭服：衣共八十四件，其中有三章紋飾三十七件、五章紋飾四十三件、七章紋飾四件；

裳：共八十三件；

帶：共八十二件；

紳：共八十件，四種裝樟木箱一只；

祭冠：共一百零五頂，木帽箱三個、羅圈帽盒四十個、布製帽盒共九個、紙製三十二個、鐵製一個；

祭靴：共九十四只，共裝木箱一只；

附有：關、岳畫像各一幅、輿圖一幅、經十七本。

---

① 《拓印孔廟石碑》，1936—1938年，北京市檔案館藏，檔案號：J057－001－00476。

② 同上。

民國二十四年（1935 年）四月一日起，孔廟庫存禮樂祭器在大成殿陳列展出，展品均配以說明牌並譯成西文。展示期間為保護古物，特添守護士四名，著制服，輪流在殿內守護。①

民國二十五年（1936 年）九月，管理壇廟事務所致函歷史博物館"查民國五六年間，前内務部將孔廟大成殿內所懸匾聯卸下後移至午門樓上陳列。此項匾聯現在是否仍在午門樓上抑或移在何處存放，敬請詳細查明，見復為荷。"並附匾聯清單於後"匾九塊：萬世師表、生民未有、與天地參、聖集大成、聖協時中、德齊幬載、聖神天縱、斯文在茲、中和位育。聯兩副：氣備四時與天地鬼神日月合其德，教垂萬世繼堯舜禹湯文武作之師；齊家治國平天下信斯言也布在方策，率性修道致中和得其門者譬之宮牆"。歷史博物館回復："查本館保存孔廟匾聯核與貴所單列名稱相符，現仍在本館保存陳列中。"十月，市公署指令"准教育部函復，孔廟大成殿匾聯已令歷史博物館移交建設公署運回（孔廟）懸掛"。②

民國二十九年至民國三十一年（1940—1942 年），偽武廟祀典籌備處為舉行春秋二祭向孔廟借用樂器和祭器。樂器有：鎛鐘一、特磬一、編鐘一架、編磬一架、琴四、瑟二、簫四、笙四、篪四、塤二、建鼓一、搏拊二、柷一、敔一。祭器有：爵一百一十、登一、鉶三十四、簠四十二、簋四十二、籩一百七十二、豆一百七十二、俎三牲一具，兩牲四具、香爐五、燭臺十、尊五、帛筐一、祝筐一、祝桌一、饌盤六。③

（二）赴德國萊比錫參展

1914 年 5—8 月在德國萊比錫舉行"萬國書業雕刻及他種專藝賽會"，這次博覽會以展出墨跡、書籍為主，因我國紙墨印刷歷史悠久，被列為展

---

① 《北平市管理壇廟事務所關於孔廟庫存禮樂祭器等在大成殿陳列並添守護士四名的呈文及市政府准照的指令》，1935 年，北京市檔案館藏，檔案號：J057 – 001 – 01010。

② 《北平市管理壇廟事務所關於歷史博物館所存孔廟大成殿匾聯給市政府的呈及市政府的訓令》，1936 年，北京市檔案館藏，檔案號：J057 – 001 – 00456。

③ 《北京特別市公署關於武廟秋祀向孔廟借祭器的訓令》，1940—1942 年，北京市檔案館藏，檔案號：J057 – 001 – 00656。

出首位。歷史博物館籌備處提供了 13 種藏品作為文化交流的展品遠赴萊比錫參展，其中包括清乾隆玉刻十三經序文、表章經學之寶等器物。這是國子監的珍貴文物第一次走出國門，從當時的文獻資料可以了解國子監展品參展籌備情況和過程。

"（民國）二年（1913 年）三月，准外交部來函，准德國哈公使節略開德國一九一四年在來伯敘（萊比錫）城舉行'萬國書業雕刻及他種專藝賽會'。同年九月，據該會旅京委員米博士和伯到部面稱擬假（借）用歷史博物館內物品數件轉送到會陳列。嗣又函送擬假物品計十一種清單，並聲明所假各物陳列時均擬罩玻璃箱匣，以示珍護，且標明北京歷史博物館之物品，以彰中華珍品。當經復以擬假各件系貴重公物，須由該國公使作一介紹書送部方可照辦。十一月，准外交部公函德國哈使來函，德國來布其城（萊比錫）'萬國書業雕刻及他種專藝賽會'旅京委員米博士和伯擬借歷史博物館物品轉送該會陳列，請為代懇本大臣應如其請……茲將來函錄送請查核辦理等因到部，當即令行該館照米博士單開各件計十一種檢送到部，面交米博士領訖，並附送一說明書以使陳列時擇要標明，使閱覽者有所參考。現在此項物品尚未由該會辦事處交還，擬俟戰事稍平再請該國公使轉催從速寄還，以重公物。"①

在《魯迅日記》中也有相關記錄。魯迅當時負責調集展品工作，為了確保這些參展文物的安全，他在 1913 年 11 月 20 日的日記中寫道："歷史博物館送藏品十三種至部，借德人米和伯持至利俾瑟雕刻展覽會②者也，以其珍重，當守護，回寓取毯二枚，宿於部中。"第二天"上午米和伯來部取藏品去"③。

三　相關文章論述

以下收錄部分民國時期與孔廟國子監相關的研究論述、考察報告、旅行指南的題目、作者以供參考。

1. 《石鼓為秦刻石考》，馬衡，《國學季刊》，民國十二年，第一卷第

---

① 十洲古籍書畫社編：《歷史博物館》，《中國近代教育史料彙編·民國卷·法規資料彙編（三）》，全國圖書館文獻縮微復製中心 2006 年版。

② 即萬國書業雕刻及他種專藝賽會。

③ 《魯迅日記（1—3）》第 1 冊，人民文學出版社 2006 年版，第 87 頁。

一期。

　　2.《館藏周代彝器記》，《國立歷史博物館館刊》，民國十五年，第一期。

　　3.《北京第一大古董——孔廟石鼓》，《北京畫報》，民國十六年，第二卷第二期。

　　4.《京師孔廟紀略》，李升培（內務部禮俗司），民國十七年。

　　5.《孔廟國子監紀略》，內政部北平壇廟管理所編，民國二十一年。

　　6.《孔廟及國子監》，《北平市壇廟調查報告》，內政部調查，民國二十三年。

　　7.《故都孔廟巡禮》，《大公報》，民國二十三年八月二十八日。

　　8.《祀孔祝版》，《實報》，民國二十六年九月七日。

　　9.《北京孔廟及周代禮器》，《時言報》，民國二十九年九月十日、十一日、十三日（連載），第三版。

　　10.《國子監訪問記》，高厚德、許夢瀛，《教育學報（北平）》，民國二十九年，第五期。

　　11.《國子監》，《北京景觀》攝影集，（偽）北京特別市公署社會局觀光科編輯，（偽）北京特別市公署發行，民國二十九年。

　　12.《國子監》，《北京旅行指南》，馬芷庠編，新華書局，民國三十年。

　　13.《孔廟》，《北京旅行指南》，馬芷庠編，新華書局，民國三十年。

　　14.《國子監南學之沿革》，《晨報》，民國三十年七月十二日。

　　15.《國子監古槐稱孔子筆架》，《實報》，民國三十一年九月二十七日。

（修撰人：鄒鑫）

第二章

民國時期孔廟國子監祭孔、講經

第一節　民國時期政府祭孔

　　從元、明、清三朝到民國初，中央政府每年都在北京的孔廟舉辦"祭孔"典禮。民國時期的祭祀活動主要有祭孔子、祭關羽、祭文昌、祭名宦鄉賢。其中，以文廟祭孔、武廟祭關羽較為隆重。[①] 1911 年辛亥革命的勝利，摧毀了中國兩千多年的君主專制制度，實現了中國向現代社會的歷史飛躍。1912 年 1 月 1 日，中華民國臨時政府正式成立。孫中山先生就任中華民國臨時大總統。臨時政府宣佈定國號為"中華民國"，同時改用西曆紀年，以 1912 年為中華民國元年。1 月 2 日，各省代表會修正並頒佈了《中華民國臨時政府組織大綱》；3 日，選舉黎元洪為臨時副總統。5 日，孫中山舉行各部總長委任禮，其中陸軍部總長黃興，次長蔣作賓；教育部總長蔡元培，次長景耀月；實業部總長張謇，次長馬君武。1 月 28 日，臨時參議院正式成立，出席的議員為 17 省 38 人。孫中山以臨時大總統的身份，率政府官員蒞會祝賀。1 月 29 日，參議院選舉林森、陳陶怡為正副議長。2 月 12 日，清廷正式宣佈退位詔書。清王朝統治正式結束。3 月 11 日，頒行了帶有憲法性質的《中華民國臨時約法》。自 1912 年 1—3 月間，還先後制定並頒行了一系列政治法令、軍事法規、財政金融政策

---

① 參見李俊領《中國近代國家祭祀的歷史考察》，碩士學位論文，山東師範大學，2005 年。

及文化教育措施等。① 1912 年 2 月 13 日，孫中山鑒於清帝之宣佈退位，袁世凱也已宣佈贊成共和，決心踐履前言，推薦袁世凱為候選臨時大總統，並向參議院提出辭職咨文。3 月 10 日下午，北京舉行了袁世凱接任中華民國臨時大總統的就職儀式。② 民國年間的祭孔，由於政權更迭頻繁，故較諸以往，更為復雜。下文將逐一論述。

一　民國初年關於祭孔問題的爭議

1912 年 2 月，中華民國臨時政府內務部、教育部通令各省舉行丁祭。公報宣佈："查民國通禮，現在尚未頒行，在未頒以前，文廟應暫時照舊致祭。惟除去拜跪之禮，改行三鞠躬，祭服則用便服。其余前清祀典所載，凡涉於迷信者，應行廢止。"③ 此條規定應在臨時大總統孫文中山先生執政期間（1912 年 1—4 月）所規定。另 1912—1927 年，孔子誕辰紀念為陰曆八月二十七換算成陽曆對應日期。④

1912 年 4 月，蔡元培發表《對教育方針之意見》一文，認為"滿清時代，有所謂欽定教育宗旨者，曰忠君、曰尊孔、曰尚公、曰尚德、曰尚實。忠君與共和政體不合，尊孔與信教自由相違"。他說："孔子之學術與後世所謂儒教、孔教者當分別論之，嗣後教育界何以處孔子，及何以處孔教，當特別論之。"提出實施"軍國民教育、實利教育、公民道德、世界觀、美育"的新教育方針。他認為公民道德教育，就是"自由、平等、親愛（博愛）"，也就是孔、孟"仁""義""恕"的教育（《東方雜誌》第 8 卷第 8 號）。5 月，教育部通電各省改進小學教育各點中，重申"廢止讀經"的規定（《最近三十五年之中國教育》）。6 月，山西軍政要人趙戴文、景定成、張瑞等在太原成立"宗聖會"，聲稱："宗禮孔子以配上帝，誦讀經傳以學聖人。""以宗孔子及群聖先哲，闡明人道，輔助政教，促進人群進化，民族大同為宗旨。"（《孔教十年大事記》第 7 卷）王錫

---

① 參見張憲文等《中華民國史》第一卷，南京大學出版社 2005 年版，第 95—105 頁。

② 同上書，第 106—111 頁。

③ 《丁祭除去拜跪》，載《申報》1912 年 3 月 5 日。

④ 民國二年、三年、四年以陰曆八月二十八日為孔子誕辰，民國五年教育總長范源廉重又改回陰曆八月二十七日。

蕃、劉宗國、薛正清等在濟南成立"孔道會"，"以講明聖學，鼓勵行宜，陶淑人民道德，促進社會文明為宗旨"。次年，該會移北京，以直隸總督馮國璋、陝西都督張鳳翽為名譽會長，康有為為會長。①

1912 年 7 月，隨著小學教育"廢止讀經"的推行，蔡元培在第一次全國臨時教育會議上提出"學校不拜孔子案"，會議討論認為"孔子非宗教家，尊之自有其道；教育與宗教不能混合為一；且信教自由，為憲法公例，不宜固定一尊"②，但仍把"孔子誕日"列入學校自定儀式一條內，僅將其作為學校多種紀念會之一。③ 廣東、江蘇、安徽等省諸多地方在政府教育法令的暗示下更為激進，不僅停止祀孔，而且將文廟改成學校或講習所。

1912 年 9 月，南京政府教育部成立，蔡元培為第一任教育總長，19日教育部公佈《普遍教育暫行辦法》，規定"小學讀經科一律廢止"，"清學部頒行之教科書一律禁用"（《教育雜誌》第 3 卷第 10 期）。④ 同月，袁世凱發佈《崇孔倫常文》，宣稱："中華立國，以孝、悌、忠、信、禮、義、廉、恥為人道之大經，政體雖更，民彝無改。"並稱"八德""乃人群秩序之常，非帝王專制之規也。"命令"全國人民，恪循禮法，共濟時艱。"（《袁大總統文牘類編》）⑤

1912 年 10 月，北京教育部對地方官員紛紛致電詢問祀孔之事，發佈了頗顯謹慎意味的通令："近來各處關於祀孔一事，紛紛致電本部，各持

---

① 參見韓達編《評孔紀年》，山東教育出版社 1985 年版，第 3—4 頁。

② 舒新城編：《中國近代教育史資料》上，人民教育出版社 1961 年版，第296—297 頁。

③ 舒新城編：《中國近代教育史資料》上，第 302 頁。按：馬震東記載當時的情況說："帝制運動發生後，尊孔問題隨之而起，蓋前者目的也，後者手段也，兩者一而二二而一，其關係如輔車相依，不能分離。尊孔問題兆端於民元七月十三日，是日北京開臨時教育會學校管理規則編纂之際，關於孔子奉祀之儀典，曾討論一次。時革命黨勢力浩大，對於奉祀孔子，極端反對，臨時教育會委員等憚之，遂於學校管理規則之中，無何等規定。關於此等儀典，一任地方自然習慣。當時一部人士，頗憤慨不置。於是各地方組織孔道會、孔教會等，以抗革命之主張。實為尊孔問題之濫觴。"參見馬震東《袁氏當國史》，中華印書局民國十九年版，第 392 頁。以上轉引自李俊領《中國近代國家祭祀的歷史考察》，碩士學位論文，山東師範大學，2005 年。

④ 參見韓達編《評孔紀年》，山東教育出版社 1985 年版，第 2 頁。

⑤ 同上書，第 5 頁。

一說，竊以崇祀孔子問題，及祀孔如何訂定，事關民國前途至巨，非候將來正式國會議決後，不能草率從事”，並做出兩項規定：一為“孔子誕日舉行紀念會，以表誠敬”；二為“孔子誕日應以陰曆，就陽曆核算，本月陰曆八月二十七日，即陽曆十月十七日。自民國元年為始，即永以十月十七日為舉行紀念會之日”。陸軍部也通諮各省都督：“陸軍各學校於孔子誕日，應開紀念會，以表誠敬，所有開會禮節，應由各該校自行規定。”①附公文如下：

　　通告各中小學校　孔子誕日舉行紀念會日期各校均休課一日　中華民國元年九月二十四日

　　為通告事案照本年九月十三日

　　教育部通電內開：近年來各處關於祀孔一事紛紛致電本部，各持一議。竊以崇祀孔子問題及祀禮如何訂定，事關民國前途至巨。非俟將來正式國會議決後，不能草率從事。現本部規定各校於孔子誕日舉行紀念會，以表誠敬等因，通行各省，查照在案。查部令第六號，學校學年學期及休業日期規程第四條：紀念日有孔子誕日一項，自應遵照舉行。惟現在改用陽曆，每年孔子誕日，應以某月日為準。

　　部令並未規定。所有本年孔子誕日，暫以陽曆十月七日即陰曆八月二十七日舉行紀念會。各校均休假一日，以表誠敬。特此通告。

　　中小各學校

　　　　中華民國元年九月二十四日即壬子年八月十四日

　　教育部通電各省文

　　近來各處關於祀孔一事，紛紛致電本部，各持一議。竊以崇祀孔子問題及祀禮如何訂定，事關民國前途至巨。非俟將來正式國會議決後，不能草率從事。現本部規定各校於孔子誕日舉行紀念會，以表誠敬。希查照教育部　元印

　　　　元　九　十三　通行

　　為通告事，查本局前因部令第六號，《學校學年學期及休業日期

---

①　韓達編：《評孔紀年》，山東教育出版社1985年版，第9頁。

規程》第四條：紀念日有孔子誕日一項，暫以陽曆十月七日即陰曆八月二十七日舉行紀念會。各校均休業一日，以表誠敬。通告各學校在案。頃閱查九月二十六日政府公報公電內載，教育部致各省都督民政長電開：查孔子誕日應以陰曆就陽曆核算。本年陰曆八月二十七日即陽曆十月七日。自民國元年為始即永以十月七日為舉行紀念會之期，請即通飭遵照。等因。合亟案照通告各學校一體遵照。為此通告。

　　中小各學校

　　　　中華民國元年拾月一日即壬子年八月廿一日①

　　1912年10月7日，陳煥章、沈曾植、梁鼎芬、麥孟華等在上海發起成立"孔教會"，以"昌明孔教、救濟社會為宗旨"。推陳煥章為主任干事。該會有總會和分支會之設。總會初設上海，於1913年遷北京。1914年復由北京遷曲阜，上海北京各設總事務所，分支會遍及國內各縣、市、鄉及外洋要埠。(《孔教會雜誌》第1卷第1號)②

　　1912年12月23日，北京政府教育部批准孔教會立案，批文表揚說："當茲國體初更，異說紛起，該會闡明孔教，力挽狂瀾，以憂時之念，為衛道之謀，苦心孤詣，殊甚嘉許。"次年1月7日，內務部也相繼批准立案。其批文謂："該發起人鑒於世衰道微，慮法律之有窮，禮義之崩壞，欲樹尼山教義，以作民族精神⋯⋯並盡納其事於講習推行兩部，務去浮文，力求實際，見具保存國粹之苦心。"(《孔教會雜誌》第1卷第1號)

　　同年，康有為發表《中華救國論》，他以尊孔救國立論，主張在中國各地均設孔教會，以治人心，他說："今者保教中國之亟圖，在整紀綱⋯⋯孔子之為道，博大如天，兼備四時⋯⋯今在內地，欲治人心，定風俗，必宜遍立孔教會。⋯⋯選擇平世，大同之義，以教國民。自鄉達縣，上之于國，個設講師，男女同祀。"③

　　又《愛國白話報》1913年9月25日第3、第4版，第59號《聖誕仍

---

① 《京師學務局關於孔子誕辰日紀念活動的呈和教育部的指令、訓令》，1913年，北京市檔案館藏，檔案號：J004－001－00055。

② 參見韓達編《評孔紀年》，山東教育出版社1985年版，第5頁。

③ 同上書，第8頁。

依舊曆》：

　　教育部函知各機關，說共和國家首重道德。孔子道德，為世界萬世師表。祭祀典禮規定後，舊曆八月二十七日為孔子生日，夏正周考定為聖節。令現在各學校，是日均放假一日。民國改為陽曆，一切允宜遵從。惟孔子生日，永依舊曆八月二十七日行禮。則新舊曆永為互用。

在以上公文中還提到一點"自民國元年為始即永以十月七日為舉行紀念會之期，請即通飭遵照"。但這一條並未得到真正實施，之後的孔子誕辰慶祝並未在十月七日舉行。自民國二年起，民國政府採納了孔氏後裔孔廣牧的意見，孔子誕辰安排在陰曆八月二十八日舉行，其具體內容可以在相關公文中得以體現：

　　民國二年九月二十四日　京師學務局佈告第七三號
　　本月二十二日奉
　　教育部訓令第四十四號內開：為令行事，共和國家首重道德。孔子集群聖之大成，為生民所未有，其道德為世師表，其學說亦與世推移。故春秋大一統，譏世卿，未幾而秦漢混一，開布衣卿相之局。禮運尚大同，公天下。訖今日而中華民國遂定民主共和之局，綜其大要，務在撥亂世而反之正，尤在群斯民而盡其倫。故曰志在春秋行在孝經，迺者祀孔典禮尚在規定，而舊曆八月二十七日為孔子盛日，應定是日為聖節。令各學校放假一日，並在該校行禮，以維世道，以正人心，以固邦基而立民極。為此，令行該局，仰即傳知所屬各校一體遵照。孔子生日言人人殊，惟孔子七十世孫孔廣牧《先聖生卒年月考》折衷群言，演校各曆，年從史記，月從谷梁，日從公羊。谷梁斷為夏正八月二十七日毫無疑義。民國締造，改行陽曆，一切允宜遵從。惟孔子生日既從夏正考定，自不得溯從夏正，否則恒致抵牾，轉近誣妄。嗣後各校應永依舊曆八月二十七日行禮。逸周書周月解云夏數得天，百王所同，亦越我周，改正異械，以垂三統，至於敬授民時，巡狩祭享，猶自夏焉則新舊曆互用，在成周已有先例。條教號令從陽曆者，所以遵時制。孔子生日從夏正者，所以遵先師，道可並行，義非相悖，並仰曉諭各校知之。此令。等因。到局，合亟佈告各學校一體遵照。為此佈告。

中華民國二年九月二十四

（此文在中華民國二年九月廿二日　教育總長汪大燮　簽署）

教育部函《孔子誕日原擬孔廣牧說定八月二十八日為聖節，當時誤寫八字為七字》：

逕啟者案奉

教育部函開本部本月廿二日令，孔子誕日原據孔廣牧說，定八月二十八日為聖節。當時誤寫八字為七字用。特申明，希轉飭各學校於二十八日行禮為要。等因。相應函達

貴校查照。順頌

公祺

中華民國二年九月二十六日

學務局①

圖 2—1　民國初年祭孔大成殿前樂器陳設

① 《京師學務局關於孔子誕辰日紀念活動的呈和教育部的指令、訓令》，1913年，北京市檔案館藏，檔案號：J004 – 001 – 00055。（注：教育部文同）

圖 2—2　1912 年的京師文廟大成殿①

圖 2—3　京師文廟大成殿西序陳列之古樂器②

---

① 載《東方雜誌》1912 年第 12 卷第 3 號。

② 同上。

圖 2—4　京師文廟大成殿東序陳列之古樂器①

1913 年 6 月 22 日，臨時大總統袁世凱頒佈《飭照古義祀孔令》：

立國之本在於政治，而政治新舊之遞嬗，恒視學說為轉移。我國之尊孔子始于漢武帝，擯黜百氏，表章六經，自是學說遂統於一尊。顧孔學博大，與世推移，以正君臣為小康，以天下為公為大同。其後歷代人主專取其小康學派，鞏固君權，傳疏諸家，變本加厲，而專制之威，能使舉世學者不敢出其範圍。近自國體改革，締造共和，或謂孔子言制大一統而辨等威，疑其說與今之平等自由不合，淺妄者流至悍然倡為廢祀之說。此不獨無以識孔學之精微，即于平等自由之真相亦未有當也。孔子生貴族專制時代，憫大道之不行，哀斯民之昏墊，乃退而祖述堯舜，刪修六經、春秋，據亂之後為升平、太平之世，禮於小康之上，進以大同、共和之義，此其導源。遠如顏、曾、思、孟，近如顧、黃、王諸儒，多能發明總之，擇精語詳，大義微言，久而益著，醞釀鬱積。遂有今日民主之局。天生孔子為萬世師表，既結

---

① 載《東方雜誌》1912 年第 12 卷第 3 號。

皇煌帝諦之終，亦開選賢與能之始，所謂反之人心而安，放之四海而
準者。本大總統證以數千年之歷史、中外學者之論說，蓋灼然有以知
日月之無傷，江河之不廢也。惟民國以人民為主體，非任其自由信
仰，不足以證心理之同。前經國務院通電各省，徵集多數國民祀孔意
見，現在尚未復齊。茲據尹昌衡電稱：請令全國學校仍行釋奠之禮等
語。所見極為正大，應俟各省一律議復到京，即查照民國體制，根據
古義祀孔典禮，折衷至當，詳細規定，以表尊崇而垂久遠。值此詖邪
充塞，法守蕩然，以不服從為平等，以無忌憚為自由。民德如斯，國
何以立。本大總統維持人道，夙夜兢兢，每於古今治亂之源，政學會
通之故，反復研求，務得真理，以為國家強弱、存亡所系，惟此禮義
廉恥之防。欲遏橫流，在循正軌。總期宗仰時聖，道不虛行，以正人
心，以立民極，於以祈國命於無疆，鞏共和於不敝，凡我國民同有責
焉。此令。中華民國二年六月二十二日①

1913 年 6 月 25 日，上海《中華民報》為揭露袁世凱《尊孔祀孔
令》之陰謀，特發表社論《袁世凱命令書後》。指出袁世凱"所以如此
者，固孔子力倡尊王之說，欲利用之以恢復人民服從專制之心理"。認
為袁世凱所舉"計雖至巧，然明眼人多能辨之，由各方面觀之，袁世凱
近日之亂命，仍是愚民與防民之故智耳"。(《中華民報》1913 年 6 月
25 日)②

另外，參看 1913 年 9 月 17 日《教育部關於定孔子誕辰為聖節致各省
都督等電》：

　　各省都督、民政長暨各將軍、都統鑒：共和國家，首重道德。
孔子極群聖之大成，為生民所未有，其道德為萬世師表，其學說亦
與世推移。故春秋大一統，譏世卿，未幾而秦漢混一，開布衣卿相
之局。禮運尚大同、公天下，訖今日而中華民國遂定民主共和之
局。綜其大要，務在撥亂世而反正之，尤在群斯民而盡其倫，故

---

①　章伯鋒、李宗一主編：《北京軍閥 1912—1928》第二卷，中國史學會、中國
社會科學院近代史研究所編，武漢出版社 1990 年版。

②　參見韓達編《評孔紀年》，山東教育出版社 1985 年版，第 18 頁。

曰：志在春秋，行在孝經，道者祀孔典禮，尚待規定，而舊曆八月二十七日為孔子盛日，應定是日為聖節，令各學校放假一日，並在該校行禮，以維世道，以正人心，以固邦基，而立民極。請即轉飭所屬，一體遵照。孔子生日，言人人殊，惟孔子七十世孫孔廣牧《先聖生卒年月考》，折衷群言，演校各曆，年從史記，月從穀梁，日從公羊。谷梁斷為夏正八月二十七日，確無疑義。民國締造，改行陽曆，一切允宜遵從。惟孔子盛日既從夏正考定，自不得不溯從夏正，否則恒致牴牾，轉近誣妄。嗣後各校應永依舊曆八月二十七日行禮。逸周書周月解云：夏數得天，百王所同，亦越我周，改正異械，以垂三統。至於敬授民時，巡狩祭享，猶自夏焉。然則新舊曆互用，在成周已有先例，條教號令，從陽曆者，所以遵時制；從夏正者，所以遵先師，道可並行，義非相悖。學校中或有誤會，並希曉諭為幸。教育部。簽。印。

（《政府公報》第 499 號）①

眾議院議員羅永紹、鄭人康等質問書：

關於祀孔典禮之命令，以為違背約法之信教自由由

關於崇杞（祀）孔子一事，目前臨時大總統令襲取康有為孔子改制考各陳說，頗滋疑惑。又云：前經國務院通電各省，徵集意見，應俟各省電復到京，即查照民國禮制，根據古義，將祀孔典禮折衷至當，詳細規定，以表尊崇，而垂永久。云云。查上年九月十三號，教育部令以崇祀孔子問題，關係民國前途至巨，非俟將來正式國會議決後，不能草率從事，通行各省查照云云。夫信教自由，載在臨時約法，斷不能以總統命令稍加裁制。若云事關民國前途，不厭詳征民意，則代表民意機關之國會，理應正式交議。今於兩院開會期間，忽發命令，變更上年交院之通令，是名為徵集各省官廳之意見，而實欲妄逞政府獨斷之威權也。蔑視約法、蔑視民意機關，莫此為甚。查臨時約法第四十四條：國務員輔助臨時大總統，負其責任。大總統此項

---

① 中國第二歷史檔案館編：《中華民國檔案史料彙編·北洋政府·文化》，江蘇古籍出版社 1991 年版。

命令自有負責任之人。為此，援照國會組織法第十四條第二項提出質問書，請政府明白答覆。

眾議院議員　羅永紹　　鄭人康

于洪起　　王　傑

周之瀚　　黃格鷗

童啟曾　　徐秀鈞

吳壽田　　盧元弼

張於濤　　陳　策

張士才　　谷鐘秀

魏肇文　　高　杞

吳景濂　　易宗夔

詹潤元　　周　鈺

張治祥　　羅家衡

眾議院議員陳燮樞、胡翔青等質問書：

為祀孔典禮之命令，不交國會議決由。

本月二十日，臨時大總統令：前經國務員通電各省，徵集多數國民祀孔意見，現在尚未復齊，應俟各省一律議復到京，即查照國民體制，根據古意，將祀孔典禮折衷至當，詳細規定，以表尊崇，而垂久遠。等因。查孔子大同主義，實為共和學說之祖，宗仰時聖，率土同情，本員亦曾宣揚孔道，維持社會。惟孔經注疏，多與民主國體背馳，必需搜集古訓，證以世界大義，重加箋釋，方足煥發共和精神。若先儒故注，未經訂正，依舊推行，而共和時代復講專制學說，恐于國家行政阻礙叢生。近日各省孔教會設立如林，普通心理已視孔學為宗教。孔教應否合一進行，民國萬世之基，關係至大且重，乃不交由人民代表法定機關，正式討論，通電各省，徵集意見。各省議會與聞此事者，亦寥寥無幾。是等手續，惟前清未設資政院時，尋常議案，字寄各省，督撫復奏報可交部規定施行，乃有如此辦法。茲於民國代議政體，仍循各省議復手續，是法定機關，如同疣贅，人民代表可以蔑視，行政立法許可權混淆，政府是否別有作用，本員百思不得其解。謹依約法第十九條、國會組織法十四條提出質問，應請政府於三日內答覆。

眾議院議員 　　褚輔成　　司徒穎

　　　　　　　　張耀曾　　徐傳霖

　　　　　　　　張　浩　　俞　煒

　　　　　　　　杜士珍　　戚嘉謀

　　　　　　　　陳燮樞　　胡翔青

　　　　　　　　張傳保

（北洋政府內務部檔案）①

又 1913 年 9 月 29 日《內務部關於眾議員羅永紹等為祀孔典禮令未經國會議決違反約法信仰自由問題政國務院復函》：

逕啟者：前准國務院函交大總統發下眾議員陳燮樞、羅永紹等提出祀孔典禮之命令不交國會議決質問書二件，由院鈔錄原件，緘交本部核擬答覆，移送院轉諮前來。查祀孔典禮，為民國一重大問題，於政治進行，關係至切，須徵集多數國民之意見，方可定祀典之從違。前次，國務院通令各省，早經聲明，並無不合。至大總統所發之命令，亦稱查照，民國體制，折衷至當，並無侵及約法上信仰自由之意義，尤不能認為違法。所有前項質問書，無答覆之必要。相應函復貴院查照辦理可也。此致

國務院

中華民國二年九月二十九日②

民國二年（1913 年）孔子誕辰，民國政府又是如何慶祝的呢？我們可以參看中華民國二年九月二十六日京師學務局特別函發教育部令："教育部函開本部本月廿二日令，孔子誕日原據孔廣牧說，定八月二十八日為聖節。當時誤寫八字為七字用。特申明，希轉飭各學校於二十八日行禮為

---

① 中國第二歷史檔案館編：《中華民國檔案史料彙編·北洋政府·文化》，江蘇古籍出版社 1991 年版。

② 《京師學務局關於孔子誕辰日紀念活動的呈和教育部的指令、訓令》，1913 年，北京市檔案館藏，檔案號：J004 - 001 - 00055。

要。"教育部第二二號令京師學務局"本部擬定由總長率領部員恭詣聖廟行跪拜禮":

> 教育部指令第二二號
> 令京師學務局
>
> 據呈已悉孔子誕日,本部擬定由總長率領部員恭詣聖廟行跪拜禮。該局所屬各學校仰轉飭,暫時從宜酌行。此令。
>
> 　　　　　　教育總長　汪大燮
> 中華民國二年九月廿九日①

可見當時教育總長汪大燮對於祭祀孔子是非常重視的,也表明了民國初期政府對於祭孔的重視程度。據《群強報》1913 年 9 月 25 日第 3 版《尊孔禮節》:"教育總長汪大燮氏,昨通令全國各級學校,謂嗣後逢孔子聖誕日行禮時,須行三跪九叩禮,以表尊崇。"

又據《愛國白話報》1913 年 9 月 27 日第 5 版《無謂的舉動》:

> 二十七號為京師祭孔之期,京師各學校早已懸出牌示。二十六日晚間,各校有學務局公函,奉教育部指令,改於二十八日行禮。二十七日早間,學生具服到校,看見牌示改期,皆為大怒,有向校長教員質問理由者。內城某小學跟公立某小學均因此不值之事,停了一天的課。其余各學校,竟有鬧至摔毀牌示,撕毀局函的,您看這種舉動,夠多麼無謂啊!

可見教育部公文一字之差,將二十八日寫成二十七日,隨後又發文改變祭孔日期的事,引起了廣大學校學生的強烈不滿。

但據《魯迅全集·日記》②,魯迅先生對此次祭孔頗不以為然:

---

① 《京師學務局關於孔子誕辰日紀念活動的呈和教育部的指令、訓令》,1913年,北京市檔案館藏,檔案號:J004-001-00055。

② 人民文學出版社 1998 年版,第 75 頁。

二十八日星期休息。又云是孔子生日也。昨汪總長令部員往國子監，且須跪拜，眾已譁然。晨七時往視之，則至者僅三四十人，或跪或立，或旁立而笑，錢念敏又從旁大聲而罵，頃刻間便草率了事，真一笑話。聞此舉由夏穗卿主動，陰騭可畏也。

湖北、廣東、上海、港、澳、佛山等地慶祝孔子誕辰，舉行紀念大會，甚為熱烈。（《孔教會雜誌》第 1 卷第 8 號）[1]

10 月 31 日，《天壇憲法草案》經先發起草委員會三讀通過。該草案第十九條第二項規定：“國民教育，以孔子之道為修身大本。”（吳宗慈《中華民國憲法史》）

本月，茁海作《國教評》一文說：中國“誠能為無教國是二十周信仰自由三大文明國也”。“所謂信仰自由者久已，無代價而得之，是我先民之遺澤深厚，且食古大聖人孔子，不為宗教家之大德也。”他認為“忽有士大夫藉上流之勢，煽國教之焰”，是“擾亂我國平民二千年來天良上之治安”，嗚呼謬已！“增孔教之光華，不在倡教，而在政府諸公躬行道德，吾人民不因廢孔祀而道德墮地，也不因今日立孔教而道德崇朝而登天。”（《進步》第 4 卷第 6 號）[2]

12 月 2 日，康有為電請袁世凱：“釐定祀典。”學校要“增設經學課程”“注意考核德行”“規定道德方針”。（《時報》1913 年 12 月 4 日）[3]

章太炎在《雅言》雜誌上發表《駁建立孔教義》一文，反對康有為、陳煥章等建立教會，定孔教為國教的主張。他認為“宗教至鄙”。把孔學當作宗教，“猶素無瘡痏，無故灼以成瘢”。結果將“杜智慧三門，亂清甯之紀”（《雅言》第 1 年第 1 期）。

同年冬，嚴復在中央教育會發表演說：謂讀經當積極提倡。又謂：“學校讀經自應別立一科，而所佔時間不宜過多，寧可少讀，不宜刪節，亦不必悉求領悟。至於嘉言懿行，可另列修身課之中，與讀經不妨為兩事。蓋前者所以嚴古尊聖，而後者所以達用適時。……士生蛻化時代……依乎天理，執兩用中，無一定紀，法止於至善而已。”（王蘧常：《嚴幾道

---

① 參見韓達編《評孔紀年》，山東教育出版社 1985 年版，第 26 頁。
② 同上書，第 27 頁。
③ 同上書，第 29 頁。

年譜》）①

　　兩千年來帝制社會所獨尊的孔子及祀孔之禮，在民初已然走向式微。雖有政府之極力推行及康有為等建立孔教會，組織一力維護，在廣受西學影響、力主民主共和的眾議員，以及教育界諸賢達和先進知識分子眼里，孔子應該回到一位教育家的地位，祀孔也不應再作為一項國家體制，而應只是國家學校的各項紀念活動之一，不應再享受獨尊殊榮了。

二　民國時期祭孔政令

　　民國時期的祭孔政令，也是不斷發生變化的。由於執政者更替比較頻繁，有的時候比較注重祭孔，有的時候又對祭孔不是十分重視，體現了當時政界對孔子及儒家文化態度的變化與反復。

　　（一）中华民国北洋政府时期（1912—1928 年）

1. 袁世凱執政期間

1913 年 11 月 26 日，大總統發佈尊孔典禮令：

　　　　大總統令

　　　　孔子之道，如日月經天，江河行地，樹萬世之師表，亙百代而常新。凡有血氣，咸蒙復幬，聖學精美，莫與比倫。溯二千余年，歷史相沿，率循孔道，奉為至聖。現值新邦肇造，允宜益致尊崇。衍聖公孔令貽，以本大總統就任，禮成來京致祝，並親賷孔氏世譜，闕里聖廟碑碣拓文、前代冠服各物。瞻覽之余，益深欽仰。本大總統受任以來，夙夜兢兢，以守道飭俗為念，孔學擷道德之精，立人倫之極，源泉溥溥，沾被無垠，高山景行，響往彌篤。所有衍聖公暨配祀賢哲後裔，膺受前代榮典，祀典均仍其舊。惟尊聖典禮綦重應由主管部詳稽故事，博考成書，廣征意見，分別厘定，呈候布行。此令。

　　　　中華民國二年十一月二十六日

　　　　　　　　　　　　　　國務總理　熊希齡

　　　　　　　　　　　　　　內務總長　朱啟鈐

　　　　　　　　　　　　（《政府公報》第 563 號）②

---

①　參見韓達編《評孔紀年》，山東教育出版社 1985 年版，第 30 頁。
②　《大總統發佈尊孔典禮令》（1913 年 11 月 26 日），載中國第二歷史檔案館編《中華民國檔案史資料彙編·北洋政府·文化》，江蘇古籍出版社 1991 年版。

1914 年 2 月 7 日，大總統發佈規復祭孔令：

　　大總統祭孔令

　　據政治會議呈復：前奉諮詢祭孔典禮一案，經開會全體議決：僉以為崇祭孔子，乃因襲歷代之舊典，議以夏時春秋兩丁為祭孔之日，仍從大祭，其禮節服制祭品，當與祭天一律。京市文廟應由大總統主祭，各地方文廟應由長官主祭，如有不得已之事故，得於臨時遣員恭代。其他開學首日、孔子生日，仍聽各從習慣，自由致祭，不必特為規定等語。孔子性道文章，本生民所未有，馨香俎豆，更歷古而常新。民國肇興，理宜率舊，應准如議施行。此令。

　　中華民國三年二月七日

國務總理　　熊希齡

財政總長　　孫寶琦

外交總長

內務總長　　朱啟鈐

陸軍總長　　周自齊（兼）

交通總長　　周自齊

海軍總長　　劉冠雄

司法總長　　梁啟超

教育總長　　汪大燮①

1914 年 2 月 11 日，政治會議議長李經義為規復文廟祀孔呈並大總統批：

　　為呈請事：據本會議議員任福黎提出《規復文廟建議案》一件，內稱：伏讀大總統特交說帖祀孔案，內有孔子賅百家之精，立人倫之極，有國有家有身者，率其道則治而存，違其道則亂且亡，斷無廢祀之理。此次議禮儀節，似應與祭天一律，方昭隆重等語。伏查列代尊崇聖道，凡直省各州縣均設立文廟，以祀孔子，並設立學官主持祭祀，贊佐教育，典禮備極優隆。逮後科舉停廢，學官一職即被裁撤，

---

①　中國第二歷史檔案館編：《中華民國檔案史料彙編·北洋政府·文化》，江蘇古籍出版社 1991 年版。

然尚改為奉祀官，專理祭祀。誠以學校雖有變更，道德不容淪喪。福黎前在湖南內務司任內，見各處文廟，軍隊雜居，學生寄宿，或改作新劇團演唱戲劇，或占為女學校，晾曬穢汙，觸目傷心，令人流涕，均一律飭令遷移。湖南如此，他省可知。近年以來，類此事情當復不少。今大總統尊崇至聖，特議上儀，維持世道人心，功用至偉，欽服莫名。擬請由本會議呈請大總統令飭各省民政長並轉飭各地方行政長官，將原有文廟一律規復尊崇，不得任聽損壞。並每縣設奉祀官一員，管理廟務，敬司祀事。每月逢星期日，開明倫堂，集合人民宣講人倫道德，使人人知所興感，潛移默化，裨益世道人心，實非淺鮮，而于尊崇至聖精意，更覺周備無遺。再，此項奉祀官須在本縣用古者賓興之法，擇本縣之有學識道德堪為師表者，行鄉飲酒禮舉之。其年歲當在四十以上，由知事呈之內務、教育兩司，兩司核准後呈請民政長任用，即由民政長彙報內務、教育兩部備案查核。至於奉祀官俸薪，或在原有學田項下開支，或由地方另行籌備，均聽酌核辦理。如是，則人民知國家以道德為重，心目有所觀感，將見孝弟之心，油然而生，廉恥之道墜而復振，由都邑達於鄉曲，自優秀漸及愚頑，實於維持禮教，挽回風化大有關係。蓋今日人心之大患，皆由社會而起，浸淫醞釀，而後國家受之；欲圖補救，必先社會，未可以事蹈襲故常，而遂視為迂闊，伏請交議公決等語。到本會議，復經議員周易、廈忠、阿旺益喜、蘇乃鐯、周傳性、朱為潮、江贊桑布、朱文邵、夏孫桐、許鼎霖等之連署贊成。查本會議規則第二條有議員建議之規定，茲該議員任福黎等遵奉提出規復文廟建議案，核與大總統尊重聖道之宗旨尚屬相符，謹於一月二十九日議決祀孔諮詢案後提出併案討論，經議員大多數贊成。理合據情錄案，呈請裁度施行。謹呈。

批：據呈已悉。交內務部查核，分別令行各省民政長轉飭各地方官遵辦。此批。

中華民國三年二月十一日

國務總理　熊希齡

內務總長　朱啟鈐

（《政府公報》第 636 號）①

---

①　中國第二歷史檔案館編：《中華民國檔案史料彙編·北洋政府·文化》，江蘇古籍出版社 1991 年版。

　　民國三年（1914 年）7 月 9 日，京師學務局飭第一四號特別轉達了當時教育總長湯化龍的指示（教育部飭第四十八號），即 "以孔子之言為旨歸，統一教材"：

　　　案照本總長呈請，注重道德教育，擬於中小學校修身及國文教科書內採取經訓，務以孔子之言為旨歸。並審訂各教科書教授要目等辦法。奉大總統批，卓識偉論，由部即本斯旨，詳審修訂。等因。查編訂教授要目，審查教科書編纂剛要，業經本部另定規程，設會研究。至坊間所發行之修身國文教科書以及各學校現編教程，私人所纂課本節目，不無參差，取材未必悉合。自應由本部遵照大總統批行原案，宣示要旨，飭令改訂，以免家自為教，人自為學之弊。惟是本部所標尊孔要義，與時流所論者，微有不同，非慎思明辨無以折百家聚訟之紛非……本總長以為，國民不自知其特性之所在，則必漸失以至於亡國。民不知尊崇其特性所寄之模範人物，則必渙如散沙，終並失其國民性。孔子之道，夫婦之愚，可以與知。其微言大義，亦多散見群經之內。則於學校教科中採取其言行之切於倫常日用者，發揚吾民固有之秉彝，庶國民教育對於國民模範人物良知之信仰，乃蓋顯其效能。時賢有見於此，盛倡尊孔之義，以維教育用意之深，至堪敬佩。惟其中不可不辨者，一則尊孔與國教不能並為一設，一則讀經與尊孔不能牽為一事。立教為尊孔，於史無徵不信。不信，民弗從也。以讀經為尊孔，經籍浩繁，義旨淵博，兒童腦力有限，與其全經課讀，諸多扞格之虞，孰若折衷聖言，較得會通之益。本總長深維國民教育與國民特性之關係，不能不以數千年所奉為人倫師表者為道德之準繩。嗣後，各書坊各學校教員等編纂修身及國文教科書，採取經訓，務以孔子之言為旨歸，即或兼及他家亦必擇其與孔子同源之說。從前業經審定發行之本，如有違背斯義，或漏未列入者，並即妥慎改訂，呈部審查，以重教育。各該中小學校教員講解修身或國文時間有微引孔子言行之處，並各依於生徒年齡晨讀，循序漸進，更端指導，務令淺深各有所得，信仰積於無形。率所以往，甄陶薰育，迪其所固有，補其所不及。模範人物既為國民精神之所寄，國民道德自緣模範人物而日新，斯國民教育必有最良之效果。發見於全國，以競美於世界。較之

以國教尊孔，設專科讀經，其遠近廣狹為何如？斯又不待辨而明者
也。所有本部宣示尊孔要義，以定教育指標，暨飭行審訂教科書，編
纂教授要目，審查教科書編纂綱要，審查會編審處各員外，合行特飭
遵照。此飭，等因。奉此。合行轉飭所轄各學校及學區一體遵照，
此飭。

中華民國三年七月九日

（注：中華民國三年六月二十四日到局　教育部飭　事由：宣示尊
孔要義通飭遵照。教育部飭第四十八號　內容開篇云：教育部為飭知
事按照本總長呈請，注重道德教育，擬於中小學校修身及國文教科書
內採取經訓，務以孔子之言為旨歸……此飭。　　教育總長湯化龍
右飭京師學務局准此中華民國三年六月廿四日）[1]

1914 年 8 月 26 日，政事堂禮制館擬定《祀孔典禮》一卷，經國務卿
徐世昌核定，袁世凱明令公佈施行。（《政府公報》1914 年 8 月 29 日）[2]

1914 年註定是極不平凡的一年，特別是之於祭孔而言。《愛國白話
報》1914 年 9 月 11 日第 4 版第 399 號《祀孔典禮志聞》：

祀孔典禮，經前政治會議議決，復由禮制館詳訂禮節。茲聞內務
部典禮司刻正籌備本年秋祭一切事宜，按照典禮，大總統親詣行禮
時，總統府內史處，應派內史監一員，指揮處應派侍從文武官二員，
禮官處大禮官應充侍議，隨從致祭。各部院每處派陪祀官四人，屆期
同往與祭，惟外交部以部務殷繁，擬請免派，已奉大總統批准。

《愛國白話報》1914 年 9 月 23 日第 5 版刊登《命令》：

大總統令

……據政治會議呈復前奉諮詢祀孔典禮言，經開會全體議決，僉
以為崇祀孔子，乃因襲歷代之舊典，議以夏時春秋兩丁為祀孔之日，

---

①　《京師學務局關於孔子誕辰日紀念活動的呈和教育部的指令、訓令》，1913
年，北京市檔案館藏，檔案號：J004 - 001 - 00055。

②　參見韓達編《評孔紀年》，山東教育出版社 1985 年版，第 33 頁。

仍從大祀。其禮節服制祭品當與祭天一律。京師文廟應由大總統主
祭，各地方文廟應由該長官主祭。如有不得已之事，故得於臨時遣員
恭代。其他開學首日，孔子生日，仍聽各從習慣，自由致祭，不必特
為規定等語。孔子性道文章，本生民所未有，馨香俎豆更曆古而常
新。民國肇興，理宜率舊，應准如儀施行。此令信教自由為萬國之通
例，我中華民國本由漢滿蒙回藏五大族組織而成。其歷史習慣各有不
同，斯宗教信仰亦難一致。自未便推定國教，致戾群情。至先聖先
賢，歲時祭饗，載在前清典制，無關宗教問題。既于共和政體，初無
抵觸之嫌，自應賡續舊章，用昭馨香之報。惟是崇祀，垂為定制，觀
德系于四方，誠恐遐邇聞知。或疑尊崇先聖之禮文為提倡宗風之先
導，是用揭櫫大旨。豈切申明。須知尼山俎豆、璧水鼓鐘，實本於多
數人景仰之誠，亦以存數千載不刊之典。至於宗教崇尚，仍聽人民自
由。期共遊熙皞之天，以促進大同之治。勿滋誤會，咸使周知，
此令。

1914 年 9 月 25 日，大總統發佈親臨祀孔典禮令：

中國數千年來，立國根本在於道德。凡國家政治、家庭倫紀、社
會風俗，無一非先聖學說，發皇流衍。是以國有治亂，運有隆汙，惟
此孔子之道，亙古常新，與天無極。經明於漢，祀定于唐，俎豆馨
香，為萬世師表。國紀民彝，賴以不墜。隋唐以後，科舉取士，人習
空言，不求實踐，濡染醞釀，道德浸衰。近自國體變更，無識之徒，
誤解平等自由，踰越範圍，蕩然無守，綱常淪棄，人欲橫流，幾成為
土匪禽獸之國。幸天心厭亂，大難削平。而黌舍鞠為荊榛，鼓鐘委於
草莽，使數千年崇拜孔子之心理，缺而弗修，其何以固道德之藩籬，
而維持不敝？本大總統躬膺重任，早作夜思，以為政體雖取革新，而
禮俗要當保守。環球各國，各有所以立國之精神，秉諸先民，蒸為特
性。中國服循聖道，自齊家、治國、平天下，無不本于修身。語其小
者，不過庸德之行，庸言之謹，皆日用倫常所莫能外，如布帛菽粟之
不可離；語其大者，則可以位天地，育萬物，為往聖繼絕學，為萬世
開太平。苟有心知血氣之倫，胥在範圍曲成之內，故尊崇至聖，出於
億兆景仰之誠，絕非提倡宗教可比。前經政治會議議決，祀孔典禮，

業已公佈施行。九月二十八日為舊曆秋仲上丁，本大總統謹率百官，舉行祀孔典禮。各地方孔廟，由各該長官主祭，用以表示人民，俾知國家以道德為重，群相興感，潛移默化，治進大同。本大總統有厚望焉。此令。

中華民國三年九月二十五日

國務卿　徐世昌

（《政府公報》第 860 號）①

《群強報》1914 年 9 月 27 日第 4 版標題為《誠敬祀孔》：

二十八號為奉行祀孔典禮，昨由內務部通知各機關，謂所有與祀執事各官，均須佩戴齋戒牌，以昭誠敬。如僅持門照，不得入持敬門以內，特此通知。

陳明遠《魯迅與"祭孔"》一文說："按照中華民國大總統袁世凱1914 年 2 月頒佈的'祭孔令'，祭孔大典歸教育部社會教育司具體執行。歷史記載孔子生日是農曆八月二十七日，據此，祭孔大典在西曆 9 月 28日舉行。1914 年由袁世凱大總統親自主持。這也是為他'稱帝'做輿論準備。"②

但是，從上面袁世凱《大總統告令》內容來看，九月二十八日為"舊曆秋仲上丁"，他將謹率百官，舉行祀孔典禮。所以陳明遠認為1914 年西曆 9 月 28 日為農曆八月二十七日孔子誕辰，這是不對的。但其認為這是袁世凱為他"稱帝"做輿論準備，應該是正確的。包括其後 12 月 23 日袁世凱至天壇祭天，這些都是古代天子所為，非臣子所能行者。

據統計，袁世凱 1913 年春遷入中南海，直至其死，正式出總統府僅有四次。第一次是 1913 年 10 月 10 日赴太和殿宣誓就任正式大總統，第

---

① 中國第二歷史檔案館編：《中華民國檔案史料彙編·北洋政府·文化》，江蘇古籍出版社 1991 年版。該文同載《愛國白話報》1914 年 9 月 25 日第 5 版第 411 號；《群強報》1914 年 9 月 27 日第 5 版。

② 參見陳明遠《魯迅與"祭孔"》，載《發現中國》，2007 年 7 月。

二次是 1914 年 10 月 10 日赴天安門閱兵。另兩次皆為尊孔復古活動而出行。一是 1914 年 9 月 28 日赴京師孔廟祀孔，一是同年 12 月 23 日至天壇祭天。①

　　1914 年 12 月，廖平所著《倫理約篇》一書在成都出版。該書極力鼓吹尊孔復古，說禮教使人知其自別於禽獸："今欲強國，倫常萬不可廢。"

　　12 月，江蘇省都督馮國璋電袁世凱、國務院、參眾兩院，請定孔教為國教。內稱："顧今日社會情形，競趨險詐，禮義廉恥，蕩然無存。是誠孔教晦明絕續之交，即謂中國興廢存亡所系。""竊以為保教即所以保國，保國即所以保種。值此國基未固，邪說朋興，唯有尊崇我固有之禮教，或尚可謂千鈞一發之維。"認為是"生死關頭，爭此一著"的大事（《孔教十年大事記》第 8 卷）。②

　　1915 年 1 月 6 日，北京政府教育部擬定《提倡忠孝節義施行辦法》。提出"採取經史，編入課本""闡揚效忠之精義，勒成專書"以及編撰歌曲、製作圖畫等方法，宣揚孔孟之道，"總期於忠孝之教，節義之端，傳諸民間，布在學校"。袁世凱批示，令教育部編訂教科書。並提出"初等小學應將《孟子》列入科目。高等小學應將《論語》列入科目，俾資誦習，用端趨向。"（《政府公報》) 1915 年 1 月 7 日）③

　　2 月 4 日，袁世凱制定《教育綱要》，命令教育部"分別妥訂細目實行"。其教育要旨，強調"各學校均應崇奉古聖賢以為師法，宜尊孔以端其基，尚孟以致其用"。教科書強調中小學均加《讀經》一科。規定小學校初等小學讀《孟子》；高等小學讀《論語》；中學節讀《禮記》和《左氏春秋》，設立經學院。提倡各省設立經學會，以為講求經學之所。（《時事新報》1915 年 3 月 24 日、30 日）④

　　1915 年的春丁祀孔典禮依然如期舉行。

　　根據《政府公報》（1915 年第 1026 號）內務部呈，舉行祀孔典禮是

---

①　參見張璟、李超英《袁世凱尊孔的歷史評價》，載《孔廟國子監論叢》（2009 年），第 163 頁。

②　參見韓達編《評孔紀年》，山東教育出版社 1985 年版，第 35 頁。

③　同上書，第 35—36 頁。

④　參見韓達編《評孔紀年》，山東教育出版社 1985 年版，第 36—37 頁。

否親行抑或派員恭代：

　　内務部呈舉行祀孔典禮是否親行文並批令：為舉行祀孔典禮，請示遵行並擬具禮單，仰祈鑒核事：查祀孔典禮內載，歲以夏時仲春仲秋兩上丁日，大總統親詣孔子廟致祀，如不親祀，則遣副總統或國務卿攝事等語。本年三月十七日為夏時仲春上丁之期，自願舉行祀孔典禮。本部業已遵照原案，督飭員司敬謹籌備一切。現在祀期伊邇居時，大總統是否親行，亦或派員恭代之處，祗候示下遵行。至此項親行禮節，並由部依據典禮酌擬簡明詳細兩項清單，繕呈鈞鑒。所有呈明舉行祀孔典禮日期及恭進禮節單各緣由，理合具文呈請，謹乞大總統訓示施行。謹呈批令　已另有令公佈矣　此批。

　　　　　　　　　　　　　中華民國四年三月十五日
　　　　　　　　　　　　　國務卿徐世昌①

据《愛國白話報》1915 年 3 月 14 日第 3 版《春丁祀孔通告》載：

　　昨日内務部特發通告云：本月十七日，舉行春丁祀孔典禮，准卯初刻上祭，所有與祭及執事各官，均應于寅初刻敬謹齊集，特此通告。

《愛國白話報》1915 年 3 月 16 日第 5 版《大總統告令》：

　　三月十七日為上丁祀孔子之期，派國務卿徐世昌恭代行禮此令。

據《政府公報》1915 年第 1026 號：
内務部呈明祀孔齊戒日期文並批令

　　為呈明祀孔齊戒日期祈鈞鑒事，祀孔典禮內載，前祀三日齊戒，散齊二日，致齊一日等語。本月十七日為舉行祀孔典禮之期，應請大

---

　　① 《内務部呈舉行祀孔典禮是否親行文並批令》（民國四年三月十五日），載《政府公報》1915 年第 1026 號。

總統於十四日起散齊二日，致齊一日。除齊戒牌業於上年秋丁祀孔時進呈在案外，所有此次齊戒日期，理合先行呈明，伏乞大總統鈞鑒。謹呈批令，呈此批。

中華民國四年三月十五日

國務卿徐世昌①

1915 年秋丁祀孔典禮。《愛國白話報》1915 年第 12 卷第 2 期《大總統告令》：

九月十三日為仲秋上丁祀孔子之期，派國務卿徐世昌恭代行禮此令。中華民國四年九月十日。

此年秋丁祀孔，時間為九月十三日，袁世凱再次派國務卿徐世昌恭代行禮。

9 月 15 日，陳獨秀等所辦之《青年雜誌》在上海創刊。從第二卷起改名為"新青年"。該刊"社告"宣佈其宗旨之一是"國勢凌夷，道衰學蔽，後來責任，端在青年，本誌之作，蓋欲與青年諸君商權將來所以修身治國之道。"(《青年雜誌》第 1 卷第 1 號)

本月 (9 月)，陳獨秀在《青年雜誌》創刊號上發表《敬告青年》一文。他指出儒道不適於現代生活，亟須改弦更張，號召青年"向腐敗的封建意識戰鬥"。他說："吾寧忍過去國粹之消亡，而不忍現在及將來之民族，不適世界之生存而歸消滅也。""吾願青年之為孔墨，而不願其為巢由。"並說："夫利用厚生，崇實際而薄虛玄，本吾國初民之俗。而今日之社會制度、人心思想，悉自周漢兩代而來，周禮所昭垂，人心之所祁向，無一不與社會現實生活背道而馳。倘不改弦更張之，則國力將莫由昭蘇，社會永無寧日。"(《青年雜誌》第 1 卷第 1 號)

1915 年 12 月，袁世凱復辟稱帝 (《君憲紀實》第 1 冊)。②

1916 年 1 月 1 日，袁世凱公佈冊令，加封"衍聖公"孔令貽"郡王"

① 《內務部呈舉行祀孔典禮是否親行文並批令》(民國四年三月十五日)，載《政府公報》1915 年第 1026 號。

② 參見韓達編《評孔紀年》，山東教育出版社 1985 年版，第 38—39 頁。

銜（《政府公報》1916 年 1 月 6 日）。

1 月 15 日，陳獨秀發表《一九一六》一文，批判維護封建專制制度的綱常名教，指出："儒家三綱之說，為一切道德、政治之大原。……緣此而生金科玉律之道德名詞，曰忠、曰孝、曰節者皆非推己及人之主人道德，而是以己屬人之奴隸道德也。"他號召人們擺脫"奴隸之羈絆，完成思想和個性解放"（《青年雜誌》第 1 卷第 5 號）。[1]

1916 年的春丁祀孔為三月十一日，袁世凱派教育總長張一麐恭代行禮。[2]

值得注意的是，該文最後落款為"洪憲元年三月九日"，因為此時袁世凱已不顧民意強烈反對，公然復辟帝制。當然，他的帝位也並未長久。是年 6 月 6 日，竊國大盜袁世凱便在民眾的一片唾罵聲中死去，復辟帝制的美夢也隨之化作泡影。

2. 黎元洪執政期間

1916 年 6 月 7 日，黎元洪发表就职令，就任大总统之职。袁世凱死後，繼任總統不管是老將黎元洪，還是新貴曹錕，無不對孔子表現出特別的尊崇。這一時期北京孔廟祀孔大典儀禮，基本依照袁世凱時期的規制。祀孔大典主祭者多由國務總理或教育總長但任，卻少見大總統的身影。

1915 年 7 月，魯迅為范源廉提倡"祭孔讀經"，與教育部同人許壽裳、張宗祥等聯名寫信給范氏，表示反對，並據理予以駁斥。（《魯迅年譜》）8 月，魯迅在《北洋政府教育部參事室說帖》上，親筆簽注，主張明文廢止袁世凱制定的以讀經為中心的教育綱要（《人民日報》1981 年 9 月 15 日）。[3]

1916 年 9 月 2 日，《新青年》通訊欄刊載陳恨我給該刊記者的一封信。該信謂："僕以為處今日之世，自宜重科學，求實際，然先聖之道，一若布帛菽穀之不可須臾離。尤當剖析之整頓之，須能盡青年之責任，安可妄論孔子，以茲世禍哉。"並謂："吾固非有學問者，但終思歐美各國自有立國之精神，吾國之精神之國魂何在乎，非堂堂所謂孔教者

---

① 參見韓達編《評孔紀年》，山東教育出版社 1985 年版，第 40 頁。

② 《愛國白話報》1916 年 3 月 11 日第 5 版第 920 號。

③ 參見韓達編《評孔紀年》，山東教育出版社 1985 年版，第 43—44 頁。

乎。孔教固我國精神之國魂，又豈可自殘也耶。"（《新青年》第 2 卷第 1 號）①

1916 年秋，黎元洪大總統下令稱："九月七日為仲秋上丁孔子祀期，特派教育總長范源廉恭代行禮。"②

由此可知，教育總長范源廉恭代行禮的時間應該是 1916 年 9 月 7 日。那麼范源廉到底是何時改懸黎元洪的匾額的呢？我們查看一下匾額的寫作時間便可以知曉。

通過黎元洪"道洽大同"匾額，我們可以清楚地看到，黎元洪書寫此匾額的落款是"中華民國六年三月吉日"，中華民國六年即 1917 年。那麼，范源廉在大成殿改懸黎元洪"道洽大同"匾額的時間不會早於 1917 年 3 月，即他代為祭孔後的第二年。1917 年 9 月 12 日，代理大總統馮國璋公佈《秋丁祀孔令》，規定"九月二十二日為上丁祀孔子之期"，並謂"本大總統親詣行禮，由內務部敬謹預備"。由此可知，范源廉改懸匾額的時間應該是在 1917 年。

在經過了三年孔子誕辰祭祀以夏曆八月二十八為日期慶祝之後，民國五年（1916 年）9 月 7 日，教育部訓令中規定，仍定舊曆八月二十七日為孔子誕辰。教育總長范源廉親自簽署教育部訓令："孔子誕日自今始仍定為二十七日，行局通飭所屬各校遵照"：

> 訓令
> 教育部遵令第三十二號
> 令京師學務局
> 孔子誕日久有定說，闕里致祭歷世相承。本部前於民國二年，曾援據孔廣牧說改定為舊曆八月二十八日，電行各省。惟經生考據之說，恐難喻諸人人，應自今始仍定為二十七日。各學校於是日舉行聖誕紀念，放假行禮，一如曩例。除通電各省外，相應令行該局，通飭所屬各學校一體遵照。此令。
> 中華民國五年九月七日
> 教育總長范源廉

---

① 參見韓達編《評孔紀年》，山東教育出版社 1985 年版，第 45 頁。
② 《命令》，《晨鐘報》1916 年 9 月 4 日。

京師學務局訓令第二號，令京師地方教育處所、各學校一體遵照
實施。

本月七日奉

教育部訓令第三十二號令開：聞孔子誕日久有定說，闕里致祭曆
世相承。本部前於民國二年，曾援據孔廣牧說改定為舊曆八月二十八
日，電行各省。惟經生考據之說，恐難喻諸人人，應自今始，仍定為
二十七日。各學校於是日舉行聖誕紀念，放假行禮，一如曩例。除通
電各省外，相應令行該局，通飭所屬各學校一體遵照。此令。等因，
奉此。為此令□大學校處所一律遵照。並應就局頒各校依據表□孔子
誕日一條，照此改正。此令

中華民國五年九月十三日①

1916 年 9 月 20 日，康有為在《時報》上公開發表《致總統總理書》。
再次要求 "以孔教為大教，編入憲法，復祀孔子之跪拜禮"。同年致電北
京市政府請 "立飭各省祀孔子，仍行跪拜禮"，並說："萬國禮教主無不
跪，中國民不拜天，不奉耶、回，又不拜孔子，留此膝何為？"（《時報》
1916 年 9 月 20 日）②

10 月 4 日，張勳等十三省區督軍、省長等致電黎元洪，請國會定孔
教為國教，"保存郡縣學宮及其學田祀田，設奉祀生，行跪拜禮，編入憲
法，永不得再議"（《孔教十年大事記》第 8 卷）。③

同年，清華大學成立 "孔教會"，參加者 300 多人，佔全校學生一半
左右，是全校最大的一個社團。五四以後，在 "打倒孔家店" 口號影響
下，該會才一蹶不振（郭道暉、孫敦恒《五四運動在清華》摘自《文史
資料選編》第 4 輯）。④

---

① 《京師學務局關於孔子誕辰日紀念活動的呈和教育部的指令、訓令》，1913
年，北京市檔案館藏，檔案號：J004 – 001 – 00055。

② 參見韓達編《評孔紀年》，山東教育出版社 1985 年版，第 45 頁。

③ 同上書，第 47 頁。

④ 同上書，第 50 頁。

1917 年 1 月，蔡元培在信教自由會上，針對當時是否應定孔教為國教的激烈爭議，在《新青年》第 2 卷第 5 號上發表了《在信教自由會上演說》。他首先表示對今日有請定孔教為國教之議，"深致駭異"。他肯定"孔子學問，文章政治事業，朗如日月，燦如星辰，果足為萬世師表"，也明確指出孔子與宗教不能混為一談，所謂"孔教"一詞根本不能成立。他說："然究竟孔子是孔子，宗教是宗教，國家是國家，義理各別，勿能強作一談。"他認為"且宗教之成也，必自其教主立宗系，創儀尚，崇專拜，孔子無一於是焉。故孔子與宗教，其實體無一備焉，其形式無一居焉。謂孔子與宗教尚有關係者耶，即孔子是孔子，宗教是宗教，孔子宗教二不相關"（《東方雜誌》第 14 卷第 3 號）。

1 月，中國佛教會上書國會，反對定孔教為國教，提出"為避免宗教戰爭在中國重演，請不要定孔教為國教"（《中華民國史資料叢稿》大事記第 4 輯）。[1]

1917 年春丁祀孔在 2 月 24 號（舊曆二月初三日）舉行，內務部頒佈了新的《丁祭服制通告》（詳見本章"祭孔服飾"一節）。

5 月 14 日，憲法審議會否決定孔教為國教，將 1913 年憲法草案第十九條第二項"國民教育以孔子之道為修身大本"條文撤銷，並將第十一條"中華民國人民有信仰宗教之自由，非依法律不受限制"條文，改為"中華民國人民有尊崇孔子及信仰宗教之自由，非依法律不受限制"。（吳宗慈：《憲法史》）[2]

7 月 1 日，張勳在北京發動復辟政變，擁廢帝溥儀為皇帝，發佈《上諭》要"以綱常名教為精神之憲法，以禮義廉恥收潰決之人心。（《東方雜誌》第 4 卷第 8 號）[3] 未幾，復辟宣告失敗。

3. 馮國璋執政期間

1917 年 8 月 4 日，馮国璋到京，宣布代理大总统，开始了馮国璋与段祺瑞合作的新体制。

據《政府公報》1917 年第 596 期載，9 月 22 日舉行秋丁祀典，大總統齋戒期十九日起，散齋二日，致齋一日。同時，《政府公報》1917 年第

①　參見韓達編《評孔紀年》，山東教育出版社 1985 年版，第 53 頁。

②　同上書，第 63 頁。

③　同上書，第 65 頁。

596 期載內務總長湯化龍呈大總統為舉行秋丁祀孔典禮請示遵行文，呈明本年九月二十二日為夏時仲秋上丁之期，自應援案舉行典禮，大總統是否親行抑或遣官恭代。

1917 年第 604 號《內務部佈告》准公府禮官處函稱，定於卯正（6點）上案，所有執事各官應於是日寅正（4點）齊集，其承祭分獻及陪祀各官均于卯初（5點）齊集。

《政府公報》1918 年第 768 號《內務部通告》稱：本年三月二十一日舉行春丁祀孔典禮，所有承祭分獻及執事各官，文職服大禮服，武職服軍大禮服，有勳章大綬者一律佩帶，其大成殿陪祀及崇聖祠執事各官均服乙種常禮服。除禮節另行分送外，特此通告（中華民國七年三月十二日）。

1918 年第 935 號載，民國七年九月七日為秋丁祀典，內務部諮呈國務院請呈派祀孔承祭等官。

1918 年第 962 號《大總統令》稱，孔子聖誕節即夏正八月二十七日為聖誕節，應放假慶祝，懸旗結彩。①

1918 年第 963 號內務部通告第九號規定，奉大總統令十月一日（即陰曆八月二十七日）規定為聖誕節，所有境內文武各機關各團體均應放假慶祝，懸旗結彩，並准各項人員前往孔廟自由行禮。

4. 徐世昌執政期間

1918 年 9 月 4 日，安福國會選舉徐世昌為民國第二任大總統。

民國八年（1919 年）1 月 3 日，時任總統徐世昌發佈崇祀先儒令：

大總統發佈崇祀先儒令〔民國八年（1919 年）1 月 3 日〕

　　大總統令

　　孔子道贊化育，陶鑄群倫，自漢以降，代致崇典。後之儒哲，被服古訓，紬繹道義，或尊德性，或闡知能，覺世牖民，廉頑立懦。兩廡祀位，亦復代有增列，所以重儒修明正學也。方今世界，文化日益昌明，孔子之至德要道，著在六經，傳譯鄰邦，交相傾仰。況我國人，涵濡德化，既深且久，欲開來以繼往，宜尊聞而行知。至於升學

---

① 《北京日報》1918 年 9 月 29 日《大總統令》，《實事白話報》1918 年 9 月 29日，《愛國白話報》1918 年 9 月 30 日第五版第 1818 號也有此內容。

入市之序，尤以躬行實踐為歸，不有表章，焉知道率？先儒顏元、李
塨，清初名碩，生平著書立說，本原仁孝，歸功實用，深得孔子垂教
之旨。制禮之處，曾有從祀之議，頻步梦泯，因仍未舉。茲據內務部
以顏、李兩儒，有功聖學，呈請從祀兩廡，位湯斌、顧炎武之位。事
關祀典，諮度僉同，應予照行，用昭茂矩，風徽所在，入得即在，彝
堂導世，先端教化，永資秩式，以示來茲。此令。

　　國務總理錢能訓　內務總長（《政府公報》第 1051 號）①

　1919 年，元首徐世昌對於祀孔決定行跪拜禮，飭由內務部擬訂
辦法。②

　　本年三月六日舉行春丁祀孔典禮，所有承祭分獻陪祀等官，均服
燕尾服，有勳章大綬者一律佩帶。除禮節另行分送外，特此通告
（中華民國八年二月二十七日）。③

　　三月六日舉行春丁祀典，定於辰正上祭。所有執事各官，應於是
日卯正齊集，其承祭分獻及陪祀各官均於辰初齊集。至應用服色，業
於本月二日刊登公報，特此通告（中華民國八年三月三日）。④

　內務部諮呈國務總理本屆舉行祀孔典禮所有承祭及分獻各官請照單開
派定知照過部文（附單）：

　　為諮呈事，查祀孔典禮所有承祭及分獻陪祀之特簡任各官，向
由貴院呈派在案。本年十月二日舉行秋丁祀典，此項與祭人員應請
查照另單所開各節，先期呈請派定，知照過部，以憑辦理，為此
諮呈

　　計開

---

①　《大總統發佈崇祀先儒令》（1919 年 1 月 3 日），載《中華民國檔案史料彙
編·北洋政府·文化》，江蘇古籍出版社 1991 年版。

②　《申報》1919 年 2 月 17 日第 3 版。

③　《政府公報》1919 年第 1104 號《內務部通告》。

④　《政府公報》1919 年第 1106 號《內務部通告》。

特任簡任陪祀官（無定額）

正殿分獻六人，兩廡分獻四人（配位派特任官，余派簡任官）

崇聖祠承祭一人（派特任官），分獻四人（派簡任官）。

兼署內務總長朱深

中華民國八年九月十三日（部印）

內務部諮（呈行國務總理 行各 總長院長）本屆舉行祀孔典禮，請派薦任官四員前往陪祀文

為諮（呈行）事宜，查禮節舉行祀孔典禮，京內各官署均應派薦任官四員前往陪祀，本年十月二日舉行秋丁祀典，此項人員應請貴院查照先期派出，並將員名開單知照過部，以憑辦理，此諮（呈）

兼署內務總長朱深

中華民國半年九月十三日（部印）①

十月二日舉行秋丁祀典，准公府禮官處函稱，定於卯刻（5點）上祭，所有執事各官，應於是日寅初（3點）齊集。其承祭分獻陪祀各官，均寅正（4點）齊集（中華民國八年九月二十七日）。②

兼署內務總長朱深呈：大總統呈明祀孔齋戒日期並進齋戒牌文：為陳明祀孔齋戒日期並呈進齋戒牌，仰祈鑒核事。查每屆舉行丁祭，均於祀前三日齋戒，散齋二日，致齋一日，歷經陳明在案。本年十月二日，舉行秋丁祀典，應該請大總統自九月二十九日起，散齋二日，致齋一日（八年九月二十八日）。③

本年十月二十日即夏曆八月二十七日為孔子聖誕節，所有文武各機關各團體，均應放假慶祝，懸旗結彩，並准各項人員前往孔子廟自

---

①　《政府公報》1919 年第 1303 期。

②　《政府公報》1919 年第 1311 號《內務部通告》。

③　《政府公報》1919 年第 1314 號。

由行禮。特此通告（中華民國八年十月十七日）。①

1920 年，3 月 20 日為春丁祀孔之期，派國務總理靳雲鵬恭代行禮，由內務部敬謹預備。②

9 月 16 日為秋丁祀孔之期，徐世昌派國務總理靳雲鵬恭代行禮，由內務部敬謹預備。③

1921 年 3 月 15 日為春丁祀孔之期，徐世昌又派國務總理靳雲鵬恭代行禮，由內務部敬謹預備。④

據《群強報》1921 年 3 月 6 日第 3 版《祀孔演禮》：

> 　　內務部以三月十五號春丁祀孔，大總統已派國務總理靳雲鵬恭代行禮。所有陪祀各官，自應先期演禮，以免臨時失儀。特定於十三號上午十時，在國子監孔廟演禮，一切舉動均與祀孔同。
>
> 　　三月十五日舉行春丁祀典，訂於寅正時（4 點）上祭。所有執事各官，應於是日丑正（2 點）齊集。其承祭分獻陪祀各官均于寅初刻（3 點）齊集，並一律著用祭祀冠服，佩帶齋戒牌。除禮節另行分送外，特此通告（中華民國十年三月十日）。⑤

1921 年 9 月 11 日為秋丁祀孔日，派國務總理靳雲鵬代行禮。⑥

5. 黎元洪執再次政期間

1922 年 6 月 2 日，徐世昌在直系軍閥孫传芳等壓力下，被迫宣告辭職。⑦ 黎元洪在直系軍閥一再敦促下，於 11 日入京復大总统之职。⑧

"本年十月十七日即夏曆八月二十七日為孔子聖誕節，所有文武各機

---

① 《政府公報》1919 年第 1329 號。

② 《申報》1920 年 3 月 15 日第 3 版《命令》。

③ 《申報》1920 年 9 月 4 日第 3 版《二日大總統命令》。

④ 《申報》1921 年 3 月 5 日第 6 版《三月三日大總統令》。

⑤ 《政府公報》1921 年第 1815 號《內務部通告》。

⑥ 《晨報》1921 年 8 月 27 日第 6 版《大總統令》。

⑦ 《民國日報》1922 年 6 月 4 日。

⑧ 參見張憲文等《中華民國史》第一卷，南京大學出版社 2005 年版，第 214 頁。

關各團體，均應照章放假慶祝，懸旗結彩，並准各項人員前往孔子廟自由行禮。特此通告（中華民國十一年十月十二日）。"①

據《申報》1922 年 10 月 19 日《南北時局談》：

十七日北京電：今日此間舉行孔聖紀念會。由康有為主持一切，黎元洪派秘書劉春霖助之，各官立學校及各公署均休息一日。

民國十二年（1923 年）三月二十五日為春丁祀孔日，時任大總統黎元洪親自行禮。參見《大總統令》：

三月二十五日為春丁祀孔之期，本大總統親詣行禮。著內務部敬謹預備，此令。

大總統蓋印　　國務總理張紹曾　　內務總長高凌蔚②

《晨報》1923 年 3 月 17 日第 7 版《命令》亦載，並詳明發佈時間：

大總統令

三月二十五日為春丁祀孔之期，本大總統親詣行禮，著內務部敬謹預備，此令。

中華民國十二年三月十六日

三月二十五日舉行春丁祀典，准公府禮官處函稱奉大總統諭定於辰初（七鐘）上祭等因，所有執事各官，應於十日卯初（五鐘）齊集。其承祭分獻陪祀各官均於卯正（六鐘）齊集。③

6. 曹錕執政期間

1923 年 6 月 6 日，直系津保派迫使主張先統一後選舉的張紹曾辭職，後迫使黎元洪於 13 日離京赴津；並在楊村車站演出向黎元洪逼索印信，強迫簽字辭職的醜劇。隨後北京政府宣佈以內閣攝行總統職權。10 月 5 日，通過津保派賄選，國會以 480 票之多數選舉曹錕為大總統；10 日，又通電公佈《中華民國憲法》；同日，曹錕在北京宣佈

---

① 《政府公報》1922 年第 1377 號《內務部通告》。
② 《政府公報》1923 年第 2519 號《大總統令》。
③ 《政府公報》1923 年第 2524 號。

就職。①

1923 年 9 月 11 日祀孔，据《大總統令》：内務總長高淩蔚恭代行禮，由該部敬謹預備：

> 本月十一日為秋丁祀孔之期，著派内務總長高淩蔚恭代行禮，即，此令。
> 大總統（印）
> 國務院攝行　國務總理（陸軍總長）外交總長顧維鈞　内務總長高淩蔚
> 財政總長張弧　海軍總長李鼎新　司法總長程克
> 教育總長　農商總長袁乃寬　交通總長吳毓麟②

"本年九月十一日舉行秋丁祀孔，定於丑正（二鐘）上祭，所有執事各官應於是日子正（十二鐘）齊集。其承祭分獻陪祀各官均丑初（一鐘）齊集。特此通告（中華民國十二年九月八日）。"③

1924 年 3 月 9 日為春丁祀孔，曹錕派國務總理孫寶琦代行禮，著内務部敬謹預備。④

1924 年 3 月 25 日，北京政府兩湖巡閱使湖北督軍肖耀南在湖北鼓吹"聖人垂訓，視聽言動，悉惟禮法是遵；孝子事親，身體髮膚，必以毀傷為戒；誠以不偏不倚，方為中庸。"並說"異服異言，近於邪辟，男子宜然，女子尤甚"，"稍不自檢"，將"為人心世道之憂，關係至巨"（《民國日報》1924 年 3 月 25 日）。⑤

4 月 11 日，王世珍、靳雲鵬、江朝宗等以"國民代表"名義，向北京政府和教育部上書，說孔子"垂憲萬世"，"是古今中外未有之至聖"

---

① 參見張憲文等《中華民國史》第一卷，南京大學出版社 2005 年版，第 214—215 頁。

② 《政府公報》1923 年第 269 號《大總統令》。

③ 《政府公報》1923 年第 2693 號《内務部通告》。

④ 《晨報》1924 年 3 月 9 日第 6 版《命令》，《申報》1924 年 3 月 2 日第 7 版《公電》載同。

⑤ 參見韓達編《評孔紀年》，山東教育出版社 1985 年版，第 123 頁。

"孔子之書之道，尤為吾中國數千年來立國精神命脈之所在"。要求"明令通國尊經"，"採用江希張《新注'四書'白話解說》訓導學生，以彰聖教"（《申報》1921 年 4 月 11 日）。[1]

7 月 14 日，《順天時報》報導黎元洪在天津同記者談話，"主張現代青年，須以孔孟之學為主，否則難免不入歧途"（《順天時報》1925 年 7 月 15 日）。[2]

1924 年 9 月 4 日為秋丁祭孔。但未尋到政府公文資料。據《魯迅日記》1924 年 9 月 3 日：

> 三日　晴。上午得李庸倩信並吳吾詩。午後往孔廟演禮。夜收西大所寄講稿一卷。
> 四日　晴。夜半往孔廟，為丁祭執事。

1924 年 9 月 17 日，吳佩孚在北京與日本東京帝國大學教授市村瓚次郎談如何用孔孟之道來"收拾人心"。他說："孝悌忠信，天之四柱也；禮義廉恥，地之四維也。天柱不立，地維不張，國乃滅亡。禮教救國，自為亙古不變之論。"（《吳佩孚先生集》下編）[3]

"本年九月二十五日即夏曆八月二十七日為孔子聖誕節，所有文武各機關各團體，照章放假慶祝，懸旗結彩，並准各項人員前往孔子廟自由行禮。特此通告（中華民國十三年九月二十二日）。"[4]

7. 段祺瑞執政期間

1924 年 11 月，段祺瑞在奉系、國民軍系支援下，組織臨時執政府，自任臨時執政，"總攬軍民政務，統帥海陸軍"，"對於外國為中華民國之代表"，其職權相當於國家元首兼國務總理。但實際上其皖系軍事實力已喪失殆盡，實際境況已與當年的黎元洪、徐世昌相差無幾。[5]

---

① 參見韓達編《評孔紀年》，山東教育出版社 1985 年版，第 124—125 頁。

② 同上書，第 127 頁。

③ 同上書，第 128 頁。

④ 《政府公報》1924 年第 3056 號《內務部通告》。

⑤ 參見張憲文等《中華民國史》第一卷，南京大學出版社 2005 年版，第 224 頁。

1925 年 3 月 25 日為春丁祀孔之期，時任大總統段祺瑞親詣行禮，著內務部敬謹豫備。①

1925 年 9 月 18 日，北京政府臨時執政段祺瑞在《政府公報》上發表文章《內感篇》。他說："道德仁義為立身之本。""孔子少正卯之誅"是"聖人仁愛淵博，不得已而出此"，為其鎮壓五四運動的罪惡作辯護。（《政府公報》1925 年 9 月 18 日）②

"本年九月二十日為秋丁祀孔之期，執政段祺瑞發佈《執政令》，親詣行禮，著內務部敬謹預備。"③

"內務部禮俗司現定十五日早七鐘，集各機關與祭人員，在孔子廟演禮，僅用鐘祝。十七日同時演合樂禮，業已通知各機關暨遊民習藝所樂隊知照。"④

"据《內務部通告》：本年九月二十日舉行秋丁祀典，定於卯初刻（五鐘）上祭所有執事各官應於是日寅初刻（三鐘）齊集。其承祭分獻陪祀各官於寅正（四鐘）齊集。特此通告。（中華民國十四年九月十六日）"⑤

1925 年 10 月 10 日，山東督辦張宗昌在濟南發表國慶日演說。他說："中華立國四千年來，莫不以道德為根基"，評責"近年來世風日下，人心不古，道德二字幾為淪亡"。他同時提倡古禮講經，說："近來各校添設講經，實所以挽已倒之狂瀾。"（《嚮導》第 134 期）⑥

1926 年 3 月 19 日為春丁祀孔之期，段祺瑞發佈《臨時執政令》，派國務總理賈德權恭代行禮，著內務部敬謹預備。⑦

8. 国务院摄行总统职权期间

1926 年 4 月，段祺瑞下野，北京政府遂無國家元首，以國務院攝行總統職權。⑧

---

① 《申報》1925 年 3 月 18 日第 3 版《命令》。

② 參見韓達編《評孔紀年》，山東教育出版社 1985 年版，第 136 頁。

③ 《晨報》1925 年 9 月 8 日第 7 版《命令》。

④ 《世界日報》1925 年 9 月 9 日《秋丁祭孔典禮 現正籌備一切》。

⑤ 《政府公報》1925 年第 3400 號《內務部通告》。

⑥ 參見韓達編《評孔紀年》，山東教育出版社 1985 年版，第 137 頁。

⑦ 《晨報》1926 年 3 月 15 日第 6 版《命令》。

⑧ 參見張憲文等《中華民國史》第一卷，南京大學出版社 2005 年版，第 224 頁。

“本年九月十五日為秋丁祀孔之期，國務院發佈《大總統令》，派國務總理杜錫珪恭代行禮，著內務部敬謹籌備。”①

“据《內務部通告》：本年十月三日即夏曆八月二十七日為孔子聖誕節，所有文武各機關各團體均照例放假懸掛國旗，以申慶祝，並准各項人員前往孔子廟自由行禮。特此通告（中華民國十五年九月二十九日）。”②

9. 張作霖執政期間

1927 年 6 月，奉系軍閥張作霖出任安國軍政府大元帥，總攬海陸軍全權，代表中華民國行使統治權，相當於國家元首，由於沒有任何代議機關，故實際上實行的是軍事獨裁制度。③

圖 2—5　八月二十七日北京孔廟秋祀前各機關職員演講之景況④

1927 年秋丁舉行之祀孔典禮，“大元帥”張作霖為表崇尊尚孔聖道德，挽救世俗人心起見，已決定躬詣行祭典。並於二十八日起，即在府內敬謹齋戒，摒退眷屬，潔身獨宿，極盡敬謹之誠。《順天時報》1927 年 8

①　《晨報》1926 年 9 月 1 日第 6 版《命令》。

②　《政府公報》1926 年第 3760 號《內務部通告》。

③　張憲文等：《中華民國史》第一卷，南京大學出版社 2005 年版，第 224 頁。

④　《北洋畫報》1927 年 9 月 7 日第 119 期第 2 版。

月 31 日《今日祀孔盛典　沿途之警蹕　禮典經過黃土鋪路》：

> 　　本年秋丁舉行之祀孔典禮，大元帥為表崇尊尚孔聖道德，挽救世
> 俗人心起見，已決定躬詣行祭典。昨聞內務部員警廳，會同將今日職
> 司樂舞員生，及掌管牲牢祭品等項員役，皆派令住宿廟內俾免貽誤。
> 另派督察長率領官吏警長等，分駐孔廟內外嚴肅警蹕。所有由新華門
> 前起至孔廟止，沿途馬路旁，昨已備有黃土堆不計其數。俟大元帥於
> 日前二十八日起，即在府內敬謹齋戒，摒退眷屬，潔身獨宿，極盡敬
> 謹之誠云。

　　据《內務部通告》："本年九月二十二日即夏曆八月二十七日為孔子
聖誕節，所有文武各機關各團體，均應照章放假慶祝，懸旗結彩，並准各
項人員前往孔子廟自由行禮。（中華民國十六年九月十六日）"[1]
　　1928 年 2 月 27 日為春丁祀孔之期，張作霖決定再次親詣行禮。內務
部禮俗司詳備。沈瑞麟為慎重祀典起見，所有與祭人員，早經派定，梁日
曾令各該員等往聖廟演習一次，俾資純熟。各與祭人員，擬定 24 日再往
聖廟演禮一次，更求精熟，俾免臨時發生淩亂。孔教會定於本月廿七日上
午九時，在甘石橋事務所舉行丁祭典禮，禮畢講經。據《順天時報》
1928 年 2 月 24 日刊登《丁祭日籌備　祀孔之忙碌　祀孔人今在聖廟演禮　孔
教會昨已發出通知》：

> 　　夏曆二月初七日祀孔之一切典禮，向為內務部禮俗司詳備。聞沈
> 瑞麟為慎重祀典起見，所有與祭人員，早經派定，梁日曾令各該員等
> 往聖廟演習一次，俾資純熟。又聞各與祭人員，擬定今日再往聖廟演
> 禮一次，更求精熟，俾免臨時發生淩亂云。
> 　　孔教會定於本月廿七日上午九時，在甘石橋事務所舉行丁祭典
> 禮，禮畢講經。昨已發出通告如下：
> 　　敬啟者：夏曆二月初七日新曆二月廿七日（來復一）茬仲春丁
> 祭之期，謹訂於是日上午九時，在甘石橋本會事務所行禮，禮畢講
> 經。凡屬尊孔人士，務請先期齊集。特此通告。孔教會謹啟。

---

① 　《政府公報》1927 年第 4098 號《內務部通告》。

（二）中華民國國民政府時期（1927—1937 年）

1928 年 2 月 18 日，大學院"發佈通令"，據《大學院公報》：

令各大學教育廳、局廢止春秋祀孔舊典理由

大學院通令

令各大學各省教育廳及各特別市教育局（大學院訓令第一六九號　十七年二月十八日）

為廢止春秋祀孔舊典由

為令遵事：查我國舊制，每屆春秋上丁，例有祀孔之舉。孔子生於周代，布衣講學，其人格學問，自為後世推崇。惟因尊王忠君一點，歷代專制帝王，資為師表，祀乙太牢，用以牢籠士子，實與現代思想自由原則，及本黨主義，大相悖謬。若不亟行廢止，何足以昭示國民。為此令仰該（廳　校　局）長，轉飭所屬。若將春秋祀孔舊典，一律廢止勿違。此令！①

1928 年 4 月 13 日，中華總商會反對廢止祀孔。

中華總商會反對廢止祀孔電

（1928 年 4 月 13 日）

南京。國民政府鈞鑒：報載大學院通令各縣廢止祀孔，似與信仰自由衝突，敝會董事等極端反對，確否？懇詳電復。中華總商會。

【國民政府檔案】②

內政部為協調此事，於 1928 年 10 月 7 日发電文公佈：

---

① 《大學院公報》1928 年第 3 期。又載《蔡元培教育論著選》，北京人民教育出版社 1991 年（1928 年 2 月 18 日）據高平叔編《大學院公報》第一年第 3 期（1928 年 3 月出版，1928 年應為第一年），又載《中國近代教育史資料彙編；民國卷，教育工包（三），中州古籍書畫社（1928 年 2 月 18 日）編，全國圖書館文獻微縮復製中心。

② 中國第二歷史檔案館編：《中華民國史檔案資料彙編》第五輯第一編·文化二，江蘇古籍出版社 1994 年版。

內政部為孔子祀典一事，昨日發出兩電如下：（一）各省政府，南京，上海，天津，北平特別市政府鈞鑒：本部前經會同大學院呈覆國府，奉交核議魯滌平、何健等電，請明定孔子祀典一案，擬請以孔子誕日為紀念日，通行全國一體遵照，並於是日舉行紀念時，演述孔子言行事蹟，以志景仰，經國府會議議決照辦，儀式不避規定等因奉此。除通行外，用特電達，即希查照辦理為荷。內政部魚印。

（二）北京平壇廟管理處房處長鑒：呈悉，查本部前經會同大學院呈覆國府，奉交核議魯滌平、何健等電，請明定孔子祀典一案，擬請以孔子誕日為紀念日，通行全國一體遵照，並於是日舉行紀念時，演述孔子言行事蹟，以志景仰，經國府會議議決照辦，儀式不避規定等因。除通行外，仰即遵照辦理為要。內政部魚印。[①]

1929 年 6 月，山東曲阜第二師範學校學生演出獨幕劇《子見南子》。孔氏族長孔傳堉等 21 人以"孔氏六十族人"名義，呈文控告第二師範學生"侮辱宗祖孔子"。國民黨政府教育部特派員會同山東省教育廳赴曲阜查辦，孔祥熙直接出面干涉，蔣介石也親自過問此案。最後，第二師範校長被撤職。（《語絲》第 5 卷第 24 期）[②]

1929 年 9 月，吳佩孚出《循分新書》。宣揚"孝悌忠信禮義廉恥"，指責當世"三綱不振，五倫不講，八德不修，乃越禮犯分之時"，自稱該書"為救世而作。"（《吳佩孚先生集》上編）[③]

1929 年 9 月 29 日為舊曆孔子之聖誕，歷年各機關均於是日放假祀孔，但今歲已改為陽曆八月二十七日舉行，據《順天時報》1929 年 9 月 30 日《昨日平市各機關依然舉行祀孔 相習成風際此尚牢不可破 各地私塾均停課一日》：

---

① 《內政部公佈孔子紀念日 通電各各省查照辦理》，載《申報》1928 年 10 月 8 日第 7 版。

② 參見韓達編《評孔紀年》，山東教育出版社 1985 年版，第 166 頁。

③ 同上書，第 170 頁。

　　昨日為舊曆孔子之聖誕，歷年各機關均於是日放假祀孔，今歲已改為陽曆八月二十七日舉行。本市由教育社會兩局行禮。不料昨日孔教學會、孔道聖會，依然循例設牌祀孔，預先發出通知，任憑各界人士往祀。於是昨早五時兩處人員，復至國子監孔廟大成殿上祭，而甘石橋孔教院、達智橋孔道會，均於早八時設牌祀祭，前往致祭者中日不絕於途。並由多人演講孔道崇理，先哲先賢之種種事蹟。昨日又值星期之日，所以前往致祭聽講者極多，更有各地私塾停課一日，銀行界公司等，亦多有往祀者。比較前次公祭時尚為繁盛，此亦相習成風之一端也。

　　針對此次孔教會違背政府明令，依然於舊曆聖誕日聚集民眾祭孔講經，且自造孔教旗散發民眾一案，北平特別市政府令公安局進行查核禁止。根據北平特別市公安局訓令第三科（事由：奉市府令孔子聖誕應遵用陽曆至禁止自造孔教旗一體知照）：

　　　　北平特別市公安局訓令　字第二五號
　　　　令第三科
　　　　案奉
　　　　北平特別市政府訓令開：案准內政部諮開：案准中央黨部秘書處函開：奉常務委員會交下本黨駐南洋英屬總支部執行委員會十月十八日呈：為孔子聖誕紀念日，業經國府頒令，改用陽曆八月二十七日。茲查怡保孔教會竟仍沿用陰曆八月二十七日，實屬故違政令。且自造孔教旗散發民眾，以惑人心。特附呈該旗圖式，請查核禁止一案，奉批交內政部核辦。特抄檢原件附件函達查找等因。附抄呈一件，並檢送原附旗式一紙，准此。查孔子誕日紀念，適用陽曆，業經會同教育部呈准同行在案。海外僑胞自應一體遵照，不得故違，致形歧異。至自造孔教旗一節，說明所載附會滋多，尤宜設法嚴加禁止，以免淆惑觀聽。除函復迅轉駐南洋英屬總支部設法禁止並通告海外各級黨部，一體嚴禁外，相應錄案諮請查照轉飭所屬一體知照，等因准此。合行抄錄原呈並旗式，令仰該局知照並轉飭所屬一體知照。計抄發原呈並旗式共二件，等因。奉此，除分行外，合行抄發原件，令仰該科一體

知照。此令　計抄發原件

　　中華民國十八年　十二月二日

　　兼領公安局長　張蔭梧①

據北平特別市公安局訓令令第三科（事由：奉市府令准內政部諮開為孔子誕日紀念定陽曆八月二十七日等因仰飭屬一體知照由）：

　　北平特別市公安局訓令　字第二三二號

　　令第三科

　　案奉

　　市政府訓令開：准內政部禮字第三五號諮開：據福建浦城孔教會支會會長詹程亮呈稱，孔子祀典雖經廢除，孔子誕辰仍應紀念。查本年夏曆八月二十七日為孔子二千四百八十年大紀念。值茲改革時期，新舊曆應如何遵從，請明白規定一案。當經本部以事關歷數，據情函請教育部推算核定立案。茲准復稱，查關於此項本體，本部前於訂定學校學年學期即休息日期規程時，曾經備又呈請行政院核示嗣准。院政飭究函以經行行政院第八次會議簽謂，我國幅員廣闊，塞北粵南，氣候迥殊，植樹節日似應因時地之宜分別規定，並議決交教育部妥辦。同時，對於該規程內第三條孔子誕生紀念日並改定為陽曆八月二十七日。等因到部。業經根據決議，制定規程，復呈核示各在案。等因，准此。查孔子誕生紀念日，業經行政院第八次會議席上改定為陽曆八月二十七日。自應同行遵照，以期一致，兩免歧異。除批示外，相應諮請查照轉飭所屬一體知照。等因，准此。除函復並分行外，合行令仰該局知照，並轉飭所屬一體知照。等因。除分行外，合亟令仰該科飭屬一體知照。此令

　　局長　趙明寬　中華民國十八年六月十日②

　　　　　　　　　　　　　　　　　　

　　①　《北平特別市公安局按陽曆慶祝孔子誕辰的訓令》，1929 年，北京市檔案館藏，檔案號：J181－020－01271。

　　②　《北平特別市政府關於公曆八月二十七日為孔子誕日紀念日的令》，1929 年，北京市檔案館藏，檔案號：J181－020－01396。

　　由此可知，孔子誕生紀念日，業經行政院第八次會議席上改定為陽曆八月二十七日。並飭應同行遵照，以期一致，兩免歧異。除批示外，相應諮請查照轉飭所屬一體知照。

　　1930—1933 年祭孔政令和情況由於資料缺乏，待查考。

　　1934 年，教育部規定，8 月 27 日為先師孔子誕辰紀念日，除通令直屬各大學各學院外，並訓令各省市教育廳局。並附紀念辦法。據《國民黨中央執行委員會轉請國民政府明令公佈祀孔辦法函》（1934 年 6 月）：

　　　　本會第一、二、三次常會，准蔣中正、戴傳賢、汪兆銘、葉楚傖四委員提議："以八月二十七日為先師孔子誕辰紀念日，是否有當，請公決"一案，當經決議："通過，定為國定紀念日，交國民政府命令公佈，並交宣傳委員會擬定紀念辦法。"除交中央宣傳委員會外，特錄函達，即希查照辦理，為荷。此致
　　國民政府
　　中華民國二十三年六月七日
　　　　　　中國國民黨中央執行委員會

先師孔子誕辰紀念辦法

　　一、紀念日期：八月二十七日。

　　二、紀念日名稱：先師孔子誕辰紀念。

　　三、孔子事略：先師孔子名丘，字仲尼，魯人。幼年即志於學，壯游四方，闡揚堯舜禹湯文武周公救世致治、忠恕一貫之道，晚年復刪詩書，定禮樂，贊周易，修春秋，垂法後世，為儒家之祖，歷代遵為師表。國父孫中山先生，亦每推崇不置。先師生於民國紀元前二四六二年（周靈王廿一年），卒於同紀元前二三九零年（周敬王四十一年），年七十有三。

　　四、紀念儀式：是日休假一天，全國各界一律懸旗志慶，各黨政軍警機關、各學校、各團體分別集會紀念，並由各地方高級行政機關召開各界紀念大會。

　　五、宣傳要點：（1）講述孔子生平事略；（2）講述孔子學說；（3）講述國父孫中山先生革命思想與孔子之關係。

　　　附：先師孔子誕辰紀念會秩序單

一、全體肅立

二、奏樂

三、唱黨歌

四、向黨國旗總理遺像及孔子遺像行三鞠躬

五、主席恭讀總理遺囑

六、主席報告紀念孔子之意義

七、演講

八、唱孔子紀念歌

九、奏樂

十、禮成①

8月26日，《北平晨報》發表評論《由廢孔到尊孔》。該評論認爲，"孔氏有崇高之人格，有優美之思想，有綿密之學說。兩千五百余年之間，中國之政治、社會、思想，殆完全受其支配。倡導自於君上，循行遍於細民，優禮崇隆，並世無雙。號創導之者，不無自私之作用於其間，然其人之人格、思想，自有其不可磨滅者在，舉世膜拜，無怪其然……後儒墨守成規，界然自劃，以异端目百家，已蔽真知，復多不求甚解，不務實行，謬種流傳，愈趨愈下，甚至奉爲神教……窒礙思想與科學之進展者，非儒家之開山始祖，而其後氏不肖之生徒也。"作者評論説："自革命軍興，'打倒孔家店'之呼聲，傳遍全國，國民政府成立，且曾明令廢止祀孔。""向之主張廢孔者，今又後行尊孔。"並指，近政府又明令規定"先師孔子誕辰紀念日"及其各種祭祀之禮，崇敬之隆，有過歷朝盛典。對廢孔尊孔深感變化難測。評論還認爲，"淺識者流""打倒孔家店"，是不認識其存在的價值；以孔學爲孔教者，是誤解孔氏之真價值以及政府之時尊時廢，皆屬非理智的感情衝動。(《北平晨報》1934年8月26日)

8月27日，《國聞週報》發表《一周簡評》説："孔子兩千年來，受過多少誤解或利用，尤其近幾十年來，收了許多無端的詆毀。"贊同國民政府孔子誕辰定為國家紀念日的尊孔表現。並說："我們同情國府的尊孔，因為孔子不惟集上古文化之大成，在現在和將來，依然有許多精義，

---

① 中國第二歷史檔案館編：《中華民國史檔案資料彙編·第五輯·第一編，文化二》，江蘇古籍出版社1994年版。

可以指導中國。""簡評"說:"孔子所謂大同之事,指出中國民族的政治思想,是社會主義的完成。但在未至大同之世以前,他是主張民族的國家主義的,春秋大義,尊諸夏而外夷狄,這是神聖的自保,卻非偏狹的凌人……二千年來,不提倡孔子學說中剛健的與徹底的精神,所以孔道不彰,中國民族也形成退化。""簡評"號召說:"我們請全國教育界,提倡孔道所含的時代精神,使全國青年保衛諸夏,以求大同之世。"(《國聞週報》第 11 卷第 34 期)①

又據《國民黨中央執行委員會頒發〈孔子紀念歌〉明令》(1934 年10 月 18 日):

中央執行委員會令

令各級黨部

案據行政院轉據教育部呈:為奉令擬制先師孔子紀念歌詞。茲查禮記禮運篇天下為公一段,最後人類社會思想,其偉大紀念含義,實為三民主義之基礎,若采為孔子紀念歌詞,似屬佳制天成。該段文字前經于委員右任提議採用,定為天下為公歌,由國立音樂專門學校制印。謹檢附原有歌譜,請予鑒核等情。經提出本會第一四零次常會決議通過。除函國民政府通飭施行並通告外,合亟隨令頒發歌譜一份,即仰該黨部知照,並轉飭所屬知照。此令。

抄送孔子紀念歌譜一份②

又根據《訓令直轄各機關　奉行政院令發先師孔子紀念歌譜令仰遵照由》(訓令第五零號):

案奉行政院第六八四六號訓令開:案奉中央執行委員會函開:查一月十五日第八三五號訓令開:案奉中央執行委員會函開:查顯示孔子誕辰紀念歌前經函請,轉飭教育部制定在案。據行政院呈:為據教育部呈:為奉令擬制先師孔子紀念歌詞,茲查禮記禮運篇天下為公一

---

① 參見韓達編《評孔紀年》,山東教育出版社 1985 年版,第 209—211 頁。

② 中國第二歷史檔案館編:《中華民國史檔案資料彙編·第五輯·第一編·文化二》,江蘇古籍出版社 1994 年版。

段最後人類社會理想，其偉大之含義，實為三民主義之基礎。若采為孔子紀念歌詞，似屬佳制天成。該段文字前經於委員右任提議採用，定為天下為公歌，由國立音樂專門學校製譜印行等。前來查核，尚屬可用，檢同元譜，轉請鑒核等情。經提出，本會第一四零次常會討論，當經決議通過在案。除令行外各級黨部外，特錄案並檢同歌譜一份，函請查照，通飭施行等因。自應照辦。除函復並分行外，合行抄發原附歌譜，令仰遵照，並轉飭所屬一體遵照，等因奉此。除分行外，合行抄發原附歌譜，令仰遵照，並轉飭所屬一體遵照。此令。

　　計抄原附先師孔子紀念歌譜一份（列後）

　　中華民國二十四年一月九日　　　市長　袁良①

1934 年 8 月 25 日，北平市社會局通知先師孔子誕辰紀念辦法，孔子誕辰懸旗致慶及是日休假一天並轉知各員一律參加，均著長袍馬褂。據北平市公安局第一科股通知（事由：孔子誕辰懸旗致慶及是日休假一天並轉知各員一律參加）：

　　為通知事：

　　准第二科通知內開：奉

　　市政府令八月廿七日為先師孔子誕辰紀念。按照中央頒佈規定紀念辦法，是日休假一天，全國各界一律懸旗致慶外，所有本局所屬各機關懸旗致慶及是日休假一天並各職員一律參加與會。相應通知查照分別轉飭知照。等因，准此。除分知外，相應通知

　　貴科查照，轉知各員一律參加，均著長袍馬褂。於是日午前十時前往國子監孔廟與會，並於是日休假一天，此致

　　第三科

中華民國廿三年八月廿五日　字第八一號②

1935 年 8 月 27 日孔子誕辰，依舊進行隆重紀念。據北平市據北平市

---

①　《北平市市政公報》1935 年第 283 期。

②　《北平市公安局一科關於孔子誕辰（歡）慶各員一律參加的呈》，1934 年，北京市檔案館藏，檔案號：J181－020－18016。

社會局公函　字第 2015 號：

　　逕啟者：案奉

市政府政字第二五六九號訓令開：

　　案查八月二十七日，為先師孔子誕辰紀念。上年曾奉行政院令頒
紀念辦法，經抄發該局，會同公安局敬謹籌備舉行在案。本年為期已
近，應由該局會同公安局及管理壇廟事務所，查照上年成案，先期敬
謹預備。至道路整飭清潔，並已經衛生工務兩局會同辦理。除分令
外，仰即遵照。等因，奉此。茲經本局，會同公安局，及管理壇廟事
務所，依照上年成案，敬謹籌備。其紀念開會地點，即在安定門內孔
子廟。除分行外，相應檢同儀式單及位次圖各一紙。函請查照，於是
日上午十時，一律參加為盼。此致

　　輔仁大學

　　計送單圖各一紙

　　局長　蔡元

　　中華民國廿四年八月廿肆日

儀式單

一、全體肅立

二、奏樂

三、唱黨歌

四、向黨國旗總理遺像及孔子遺像行三鞠躬禮

五、主席恭讀總理遺囑

六、主席報告紀念孔子之意義

七、演講

八、唱孔子紀念歌

九、奏樂

十、禮成

　　（注意）是日參加人等除軍人及學生穿著制服外，一體穿著長衫
馬褂，佩帶徽章。①

---

　　①　《北平市社會局送祀孔儀式及位次圖植樹典禮等給輔大的公函》，1934 年，北
京市檔案館藏，檔案號：J218－001－00080。

　　1936 年祭孔北平市政府恢復了塵封已久的丁祭，隆重籌備二月二十五日的春丁祀孔。"民國二十五年（1936 年）二月二十五日為春丁祀孔之期，上午六時行禮，訂於二月二十三日午後二時，在孔廟演禮。大成殿主祭官宋哲元（委員長），崇聖祠承祭官秦德純（市長）。"① 具體往來公函如下：

　　　北平市政府　訓令北平市管理壇廟事務所
　　　事由：准冀察政務委員會正無處函奉委員長諭春丁祀孔飭即敬謹籌備抄發報告令仰會同辦理具報由
　　　二十五年二月十九日
　　　北平市政府訓令　甲字第 541 號
　　　令華　北平市管理壇廟事務所
　　　案准
　　　冀察政務委員會政務處函開：
　　　奉
　　　委員長諭，本月二十五日為春丁祀孔之期，所有北平市一切應行舉辦儀節，應由該市政府查照成案，敬謹籌備。先期報聞，屆期本委員長當率駐市重要官員親往虔誠致祭，以示尊崇。飭由處先行函知，以免貽誤，等因，奉此。查祀期轉瞬即屆，應請貴市長轉飭所屬，盡速籌辦並希將籌辦情形即一切儀節，提早函復，俾便轉陳，相應函達，查照辦理見復。
　　　等因，並由政務處派科長韓佩章到府，當經召集各局所主管人員，籌議準備事項，會同草擬報告。除分令外，合亟抄發原報告，仰即分別辦理，會同敬謹籌備具報。
　　　此令。

　　　附抄報告一件。
　　　　二月十七日會商祀孔禮節籌備事項報告
　　　出席　政委會科長韓佩章　社會局秘書錢華毓　公安局督察長錢宗

---

① 北平市社會局公函字第 315 號。

超　管理壇廟事務所派員王廷治王際森　市政府秘書程廷恒　胡宗沂
科長馮承棣　王鬱騤

主任龔蔭森

議擬事項

遵委員會政務處簽准禮節祭祀用鞠躬

甲　主祭分獻禮節　各執事人等應司儀式參照昔年祀孔典禮所定，由社會局管理壇廟事務所主管人員，並約集嫻熟此項典禮人員擬定禮節單呈　核印布

乙　訂於二月二十三日午後二時，在孔廟演禮，各執事人員咸集並知照樂隊前往，預為演習，免臨時紊亂，以昭鄭重。

丙　備祝版祭文，參酌歷屆祭丁成文擬呈核閱（由籌備員公擬）迎神　初獻　亞獻　終獻　送神

應奏樂章　擬用紀聖詞　迎送樂　宴樂由公安局飭樂隊習演備用（舊樂器均照陳設不奏），因樂舞生不易召集。

一遵委員會政務處簽准正殿後殿均用太牢，四配十二哲兩廡先賢先儒均用少牢。籩豆簠簋鐙鉶各色祭品，均照典禮所定，由社會局事務所及本府派員開單購備。

遵政務處簽准，服制文職藍袍青馬褂，武職軍服。

參加人員　議請委員長正殿主祭，市長崇聖祠（即後殿）主祭。

四配由委員長指定委員會委員四員分獻，十二哲（二人）兩廡（四人）由委員會三處長及各機關高級人員或府秘書長、社財兩局長分獻。後殿（四人）由市長指定（工務、衛生、公安、自治處）局長處長擔任分獻。執事人員由籌備員擬定開單呈請　派定分司其事。

與祭人員　中央在平各機關，請其領袖出席，並各選派四人陪祭。其機關組織單簡者二人。本府直轄各機關自科長秘書以上參加。組織單簡機關以領袖參加，各機關所轄者限令首領參加。籌備人員、招待人員、稽查糾儀人員分由會府各機關選派參加（倘覺人少再加派陪祭人員）。公私大學以下各校，均請校長親臨，不派代表。其各校執事人員各率學生等遵政務處簽准。是日下午前，赴孔廟鞠躬致祭。

以上參加人員，政委會及綏靖公署由政務處通知，其余統由社會局辦理，並預製主席、預祭陪祭人員臨時符號，分黃紅色兩種綢條備用。

　　時間　議由韓科長轉政務處請示並陳明。紀念日原規定系上午十時，提前與否，候委員長定。

　　警備　由公安局查照歷屆成案辦理。

　　一、平治街道由工務局、衛生局，查照向來辦法辦理。

　　一、掃除清潔：孔廟國子監及治（致）齋所休憩所，由管理壇廟事務所會同公安工務兩局照成案辦理。

　　一、遵政務處簽准，是日放假一日，由府轉函各機關。

　　一、遵政務處來函，轉行各局處敬謹籌備。

　　一、一切費用由社會局、壇廟事務所及本府派員估算呈請 核准，令行財政局撥付。事竣實報實銷。

　　北平市政府社會局　公函管理壇廟事務所

　　事由：函達本月二十五日祀孔請查照參加由

　　二十五年二月二十二日到　收文甲字第72號

　　北平市社會局　公函　字第316號

　　逕啟者：案奉

　　市政府二十五年二月二十日甲字第五四一號訓令開：

　　"案准：

　　冀察政務委員會政務處函開：

　　奉　委員長諭，本月二十五日為春丁祀孔之期，所有北平市一切應行舉辦儀節，應由該市政府查照成案，敬謹籌備。先期報聞，屆期本委員長當率駐市重要官員親往虔誠致祭，以示尊崇。飭由處先行函知，以免貽誤，等因，奉此。查祀期轉瞬即屆，應請貴市長轉飭所屬，盡速籌辦並希將籌辦情形即一切儀節，提早函復俾便轉陳，相應函達，查照辦理見復"。

　　等因，並由政務處派科長韓佩章到府，當經召集各局所主管人員，籌議準備事項，會同草擬報告。除分令外，合亟抄發原報告，仰即分別辦理，會同敬謹籌備具報。

　　等因，奉此。相應函達，即希查照，於是日上午五時前往參加為荷。

　　此致

　　管理壇廟事務所

　　附抄原報告一份

春祀注意事項單一紙

局長　雷嗣尚

春祀注意事項

一、時間　二十五年二月二十五日上午六時行禮，至遲准上午五時集合。

二、地點　安定門內孔廟　集合地點孔廟持敬門。

三、參加人數　本機關首領一人。

陪祀官　人（陪祀官以本機關職員為限）

四、服制　文官用藍袍青褂，武官用軍服。

五、接洽處所

甲、簽到處在持敬門前

乙、臨時接洽事務，請向籌備人員詢問（地點在太學門內）。

六、注意

陪祀執事人員非佩帶符號不得入持敬門，各機關應參加人員請即開具名單，向社會局索取入門符號。

遲到人員不得參加祀典。

北平市政府　訓令北平市管理壇廟事務所

事由：本月二十五日春丁祀孔令發符號位元次圖等仰屆時派員參加由

二十五年二月二十二日到　收文　字　第88號

北平市政府訓令

令　北平市管理壇廟事務所

“奉　委員長諭，二月二十五日為春丁祀孔之期，飭由市政府敬謹籌備，先期報告。屆期由本委員長率同駐平各機關虔誠致祭，飭即通傳遵照。”

等因，准此。遵經派員籌備。呈准定於是日上午六時在孔廟舉行，用鞠躬禮。其與祭人員，本府直轄各機關五局及自治事務監理處，由科長秘書以上人員參加，其他直轄各機關即局處機關，均限於首領參加。是日並應放假一日。除分令外，令行檢發符號二份，位元次圖二份，及注意事項單二紙，令仰該所遵照辦理。

此令。

附符號二份，位元次圖二份，注意事項單二紙。①

另查到一份更為全面的 1936 年《春祀注意事項》：

一、時間　二十五年二月二十五日上午六時行禮，至遲准上午五時集合。

二、地點　安定門內孔廟　集合地點　孔廟持敬門

三、參加人數　本機關首領一人

陪祀官　人（陪祀官以本機關職員為限）

四、服制　文官用藍袍青褂　武官用軍服

五、接洽處所

甲、簽到處在持敬門前

乙、臨時接洽事務，請向籌備人員詢問（地點在太學門內）

六、注意

陪祀執事人員非配帶符號不得入持敬門，各機關應參加人員請即開具名單向社會局索取入門符號

七、遲到人員不得參加祀典②

1936 年 8 月 27 日為孔子誕辰，所有一切紀念儀節查照春丁祀孔舊例，由市政府隆重籌備，先期報聞。屆時仍由委員長宋哲元親往致祭，以示尊崇。据《訓令》：

訓令（社會局　公安局　工務局　衛生局　管理壇廟事務所）奉冀察政務委員會令

八月二十七日舉行祀孔仰即查照前案

會同辦理由（訓令第三零六三號）

案奉冀察政務委員會訓令內開：案查本月二十七日為孔子誕辰，

①《北平市政府關於春丁祀孔的訓令及祀孔禮節注意事項等》，1936 年，首都圖書館藏，檔案號：J057 - 001 - 00487。

②《北平市社會局送祀孔儀式及位次圖植樹典禮等給輔大的公函》，1934 年，北京市檔案館藏，檔案號：J218 - 001 - 00080。

所有一切紀念儀節應查照春丁祀孔舊例，由該市政府隆重籌備，先期報聞。屆時仍由本委員長親往致祭，以示尊崇。合行令仰遵辦具復等因奉此。查本年春丁祀孔，曾經令飭社會、公安、衛生、工務四局及管理壇廟事務所會同籌備辦理在案。茲奉前因，除分令外，合亟令仰該（局所）查照前案，會同敬謹籌備具報，此令。

中華民國二十五年八月二十四日　市長　秦德純①

本屆春丁祀孔，北平市政府命令社會、公安、衛生、工務四局及管理壇廟事務所會同籌備辦理。

1936 年 10 月 22 日，國民黨第二十九軍軍長，冀察政務委員長宋哲元撥款在保定籌建"蓮池講學院"。以梁士堂為籌委會會長，該會規定："聽講人八百名，由各大學畢業生中甄選，時間三年，以經、史、子三門為主要學科。同年，宋哲元還刊印袖珍本《四書》和《四書新編》並親自作序，他說："吾國自周禮垂教，歷數千年。""未嘗少替。"認為"近數十年，儒學不振，國勢愈微，人心欲弱"。自稱"治軍以來，即以發揚固有道德，維持先聖孔教為職志，並揭櫫八德之目，與同人相勉……發揚列聖余緒，充實民族精神。"（《中國現代政治史大事月表》摘自《四書新編》上冊）②

1937 年冀察政委會以 3 月 21 日為春丁祀孔之期，3 月 10 日特訓令冀察平津省市府，屆時仍照去年辦法，隆重舉行。

（1）注意事項摘要（應為管理壇廟事務所檔案材料）

時間　三月二十一日上午六時行禮，至遲准上午五時集合。

地點　孔廟持敬門。

參加人數　本府直轄機關五局及自治監理處科長秘書以上二人至四人，其他直轄機關及附屬均限於首領。

服色　文官藍袍青褂，武官軍警制服

簽到　在持敬門前，非佩帶符號不得入。又，遲到不得參加祀典。

---

① 《北平市市政公報》1936 年第 368 期（11 月 11 日）。

② 參見韓達編《評孔紀年》，山東教育出版社 1985 年版，第 263—264 頁。

行禮位次　本所在甬路西第十七排。

春丁祀孔籌備處呈　三月二十一日

(2) 北平市政府令

事由：奉冀察政務委員會訓令舉行春丁祀孔令仰查照前案會同辦理具報由

二十六年三月十一日到　　收文乙字第 102 號

北平市政府令

令　北平市管理壇廟事務所

案奉

冀察政務委員會訓令內開：

查本月二十一日，為春丁祀孔之期。所有一切祭祀儀節，應查照去歲成案，由該市政府隆重籌辦，先期報聞。屆時由本委員長親往致祭，以示尊崇。合行令仰遵辦具報。

等因，奉此。查上年春丁祀孔，曾經令飭社會、員警、工務、衛生四局，及管理壇廟事務所會同籌備辦理在案。茲奉前因，除分令外，合亟令仰該所查照前案，會同敬謹籌備具報。

此令。

中華民國二十六年三月十日　市長秦德純

(3) 北平市政府秘書處

逕啟者：查三月二十一日春丁祀典，原定上午六時在孔廟舉行，業經函達在案。茲奉

冀察政務委員會電知，改為是日上午四時半舉行。等因，特此奉達，即希

查照為荷。此致

管理壇廟事務所

北平市政府秘書處

中華民國廿六年三月十八日[①]

《申報》1937 年 3 月 11 日第 3 版《冀察政會　訓令祀孔》：

北平　冀察政委會以二十一日為春丁祀孔之期，十日特訓令冀察平津省市府，屆時仍照去年辦法，隆重舉行（十日中央社電）。

所有一切祭祀儀節，查照去歲成案，由市政府隆重籌辦。先期報聞。屆時，由委員長宋哲元親往致祭，以示尊崇。經派員籌備，並呈准定於是日上午六時在孔廟舉行，用鞠躬禮。其與祭人員，本府直轄機關五局，及自治事務監理處，由科長秘書以上人員參加。其他直轄各機關及局處附屬機關，均限於首領參加。

《北平市市政公報》1937 年第 396 期《訓令直轄各機關　奉冀察政委會令本月 21 日舉行春丁祀孔仰解釋派員參加由》：

案奉冀察政務委員會訓令內開：查本月二十一日為春丁祀孔之期，所有一切祭祀儀節，應查照去歲成案，由該市政府隆重籌辦。先期報聞，屆時由本委員長親往致祭，以示尊崇。合行令仰遵辦具報等因，奉此。遵經派員籌備，並呈准定於是日上午六時在孔廟舉行，用鞠躬禮。其與祭人員，本府直轄機關五局，及自治事務監理處，由科長秘書以上人員參加。其他直轄各機關及局處附屬機關，均限於首領參加。除分令外，合行檢發符號 份，位次圖一份，注意事項單一紙，分胙券 份（略）

中華民國二十六年三月十五日（題前登載）市長　秦德純

《世界日報》1937 年 3 月 21 日《今晨在國子監　隆重舉行祀孔　文官著藍袍馬褂武官制服　孔廟佈置昨晚已全部竣事》報導：

【本市消息】平市本年春丁祀孔典禮，於今（二十一日）晨四時

---

① 《北平市政府關於春丁祀孔屆時派員參加給壇廟事務所的訓令》，1936 年，北京市檔案館藏，檔案號：J057 - 001 - 00517。

半隆重舉行，國子監孔廟昨晚已全部佈置就緒，祭品、樂器，一律陳列，殿前甬路隔十步置宮燈一盞，廟外馬路以黃土鋪墊，清水噴灑。執事人員，于今晨零時三十分在政府聚齊，乘汽車赴孔廟準備一切。文官一律藍袍馬褂，武官警官一律制服，極為整齊。大成殿由宋哲元主祭，崇聖祠由秦德純承祭，行禮時由龍泉孤兒院學生演奏古樂，禮節異常隆重。平市美僑二十余人，並於昨日下午參觀各項佈置情形云。

《世界日報》1937 年 8 月 27 日第 4 版《今日孔子誕辰 各機關放假一日 警察局照常辦公》：

【本市消息】今日（二十七日）為至聖先師孔子誕辰，（偽）平市地方維持會，為表示慶祝紀念，前會通告各機關今日一律放假，停止辦公一日。又市政府及所屬各局今日放假一日云。

【本市消息】（偽）平市警察局長潘毓桂，以今日（二十七日）為孔聖誕辰，該局亦未便獨異，惟以該局所負地方安寧秩序，責任重大，決於今日（二十七日）仍率所屬照常辦公，以示振奮精神之意，昨並發出公啟，原文如次：

"查本局負維持治安重任，自事變後迄今，瞬將匝月，本局長與各職員，及各區隊長警等，均晝夜從公，不敢稍自遲逸，即星期例假休息，本局全體人員，仍一律照常辦事。明日為二十七號，為孔聖誕辰，雖有通令放假，本局長仍率所屬內外區署隊部等員警，到局服務，所以表示我警界所擔任務，與其他各機關，迥不相同，亦藉以振刷精神，對社會人民應負全責，惟竭忠奮勉，日昃不遑，庶覺心安理得耳，特此布聞，統希公鑒。"

1937 年秋丁祀孔之籌備工作公文如下：

（1）為通知事

奉市長諭，定於九月八日（舊曆八月初四日）上丁祀孔。所有應行籌備事項，照派定人員迅速敬謹籌擬具報等，因奉此。茲定於八月二十九日上午九時在本府參事室會議，務希準時到府為

荷，此致

　　車所長慶麟

　　中華民國廿六年八月廿八日

（2）　為奉行秋丁祀孔令即查照前宗會同（附件）收文乙字第442號

　　二十六年八月三十一日

　　北平市政府訓令

　　令北平市管理壇廟事務所

　　查本年秋丁祀孔為期已屆，應即敬謹籌備舉行。仍照上屆成案，由社會、員警、工務、衛生四局及管理壇廟事務所會同辦理。除分令外，令亟令仰該所會同籌備具報，

　　此令。

（3）　為九月七日舉行舉行仲秋上丁祀孔仰屆時派員參加（附件）收文乙字第448號

　　北平市政府訓令

　　令北平市管理壇廟事務所

　　查本年仲秋上丁祀孔典禮定於九月七日上午八時舉行，本府業已派員籌備。為隆重起見，改用跪拜禮。其與祭人員，本府直轄機關各局及自治事務監理處，由科長秘書以上人員參加。其他直轄各機關及局處附屬機關均限於首領參加。除分令外，合行檢發符號二份，位次圖一份，注意事項單一紙，令仰該所遵照辦理。

　　此令。

　　附符號一份，位次圖一份，注意事項單一紙。

　　秋丁祀孔注意事項

　　一、時間　二十六年九月七日上午八時行禮，至遲准上午六時集合。

　　二、地點　安定門內孔廟集合，地點孔廟持敬門。

　　三、參加人數　本機關首領一人，陪祀官二至四人（陪祀官以本機關職員為限）。

四、服制　文官用藍袍青褂，武官警官用制服。

五、接洽處所　甲、簽到處在持敬門前　乙、臨時接洽事務，請向秋丁祀孔籌備委員會詢問。

六、陪祀執事人員非佩帶符號不得入持敬門，各機關應參加人員請即開具名單，於期前向社會局索取入門符號。

七、遲到人員不得參加祀典。

(4) 秋丁祀孔典禮預祭及執事人員名單

大成殿主祭官　　（偽）江主席兼市長

崇聖祠承祭官　　（偽）潘局長①

1937 年 9 月 7 日，在國子監舉行秋丁祀孔典禮。典禮異常隆重，鞠躬禮改行三跪九叩首，大成殿崇聖祠前由江朝宗市長、潘毓桂局長主祭。在此之前，偽政府頒佈了詳細的祭祀辦法、祭品分配及與祭要員。定於 9 月 5 日下午二時舉行演禮，四時正式演禮。7 日上午六時前齊集，上午八時舉行。據《世界日報》1937 年 9 月 2 日第 4 版《七日在國子監舉行本屆秋丁祀孔典禮（典禮異常隆重鞠躬禮改行三跪九叩首 大成殿崇聖祠前由江市長潘局長主祭）》：

　　【本報特訊】平市府為尊崇孔聖，本年秋丁祀孔，決定隆重舉行，前曾召集所屬，開會商榷舉行辦法，已有具體之決定。茲將會議全部議決事項采志如下：（執事人員過多，因篇幅關係，特摘錄其中之重要者）

　　【祭祀辦法】（一）秋丁祀孔典禮，定九月七日上午八時舉行。（二）查照上年鞠躬改為三跪九叩禮，修改禮節由秘書參照丁祭辦理。（三）主祭，分獻，執事員，（甲）大成殿由江（朝宗）主席兼市長主祭，崇聖祠由潘（毓桂）局長主祭。（乙）大成殿分獻，崇聖祠分獻，執事員。（四）祝文：前後殿兩份，由秘書長擬撰呈核。（五）演禮日期：九月五日下午二時舉行演禮，四時正式演禮，招待外賓，由王專員曾思等任之（府備茶點）。演禮時市長主祭于大成

① 《北平市政府關於舉行秋丁祀孔會同籌備給壇廟事務所的訓令》，1937 年，北京市檔案館藏，檔案號：J057－001－00519。

殿，潘局長主祭于崇聖祠。（六）樂器用古樂（演習：五日下午一時
齊集，丁祭：七日上午六時前齊集）。孤兒院樂生八十名，由新教會
領導先期由壇廟事務所將樂生衣服送令試著用否再定（酬勞費百元，
事後致送）。（七）祭品：大成殿用太牢，崇聖祠用太牢（牛二，羊
十六，豕十六），由警察局財政局租賃，用畢發還。籩豆祭品減少桌
數及內容，由王仲衡科員辦理，香、燭、帛由壇廟事務所王科長辦
理。（八）服制仍照上年春丁，文職著藍袍青馬褂，軍警著制服。
（九）執事員丁祭日及演習日均按單書到，如確因事故先期同覓替代
人員向本機關長官聲明核准。（十）與祭人員，在平各機關各大學由
領袖出席，並各選派四人陪祭，其機關組織單簡者可減為二人，府局
除有執事者外，直轄機關自科長秘書主任以下參加，其組織單簡者領
袖參加。學校由社會局通知領袖參加。以上參加人員排定位次圖後，
由府局先期通知，其余交由社會局辦理，並預備主祭、分獻、陪祭各
項人員符號，分送佩帶。（十一）警備由警察局查照上屆成案辦理。
（十二）掃除清潔孔廟國子監及致齋所休憩所，由管理壇廟事務所會
同員警、工務、衛生三局事先派人勘查照成案辦理。（十三）經費不
得過五百元。

【祭品分配】（略）

【與祭要員】（略）

本屆祀孔，各機關放假一日。據《世界日報》1937 年 9 月 7 日第 4
版《今日祀孔 各機關放假一日》：

> 【本市消息】平市府以今日為秋丁祀孔之期，已令飭所有府內員
> 警、社會、衛生、工務、財政各局，及市府所屬機關科長以上人員均
> 須一律參加，並於昨（六）晨通飭市府所屬各機關，今日決定休
> 假一日，以資休息云。

（三）日偽統治時期（1938—1945 年）

1938 年，偽華北臨時政府通令尊崇孔道，命令夏曆八月二十七日為
聖誕，恢復春秋上丁兩祭。時偽行政部長為王克敏，偽教育部總長為湯爾
和。《進報》1938 年 2 月 26 日第 2 版《政府通令 尊崇孔道》：

偽臨時政府今午通令京津兩特別市公署、冀省公署，飭尊崇孔道，原令如下：

> 至聖先師孔子誕辰，實當夏曆之八月二十七日。在昔儒宗，推稽至密，無或爽差，乃近十年來，釋菜釋奠，均行廢止。而誕將月日，更復強行牽附，殊失崇敬本旨。嗣後仍以夏曆八月二十七日，為先師誕辰，並恢復春秋上丁兩祭，與祭人員一律著用乙種禮服，行跪拜禮；一切禮儀樂章祭品等項，悉遵成案敬謹舉行。其各地方長官，各就所在致祭，以期闡揚聖教，一道同風，合行遵令遵照，並仰各地方長官佈告周知，此令。行政委員長、行政部總長王克敏，教育部總長湯爾和。①

偽臨時政府令認為，至聖先師孔子誕辰，實當夏曆八月二十七日。以前儒宗推斷考察至密，沒有差錯。近十年來，釋菜釋奠，均告廢止。而孔子誕辰月日，更是強行牽附，失去崇敬本旨。規定自此以後，仍以夏曆八月二十七日為先師誕辰，並恢復春秋上丁兩祭，與祭人員一律著用乙種禮服，行跪拜禮。一切禮儀樂章祭品等項，皆遵成案敬謹舉行，各地方長官，各就所在致祭，以期闡揚聖教，一道同風。各地方長官同時亦要發佈告知。

民國二十七年（1938 年）春祀，已改為"北京特別市公署"（日偽時期）。三月六日上午五時為春丁祀孔之期。1938 年 3 月 6 日本屆春丁祀孔，派偽議政委員會委員長兼教育部總長湯爾和恭詣行禮。崇聖祠派偽北京特別市市長余晉龢行禮。②

1938 年春丁祀孔相關公文如下：

（1）偽北京特別市公署關於籌備祀孔典禮訓令　二十七年二月二十三日時到

　　（偽）北京特別市公署訓令　貞字第 208 號

---

① 注：《新北京》1938 年 8 月 26 日第 4 版《孔子誕辰仍用夏曆系夏曆八月廿七日臨時政府下令糾正》所載大致相同。《實報》1938 年 8 月 26 日《政府通令糾正 孔誕日期 按照夏曆八月廿七日》所載大致相同。

② 《北平（偽）中華民國臨時政府公報》第 7 號《臨時政令 臨字第三五號 二十七年二月二十七日》。

令　管理壇廟事務所

為訓令事承准

（偽）臨時政府行政委員會函字第一三四號公函內開：查本會二月十七日第十三次會議臨時動議主席提出祀孔典禮。前經議決，由行政部內務局、教育部、文化局匯通商訂，茲據陳復搶來查章服一項。擬適用乙種禮服，俾易一律禮節一項，因既適用乙種禮服則即行跪拜禮，其祝版、樂章、佾舞、祭品、禮儀等項，均查照辦理。至承辦機關，近年皆由北京市公署辦理，現擬規定由政府主祭，而一切事宜仍由市公署承辦，以資熟悉。惟前此每祭費用至兩千六七百元，實屬過巨，應限之多不得過一千元，是否請公決一案議決通過。除分函外，相應函達貴公署，即希查照辦理為荷等因承准此，自應遵照，敬謹籌備。查歷居丁祭成案，向由社會、員警、工務、衛生四局及管理壇廟事務所會同辦理。現在距祀期已近，亟應提前籌備。除分令並另令派員會同行政部內務局、教育部文化局派員敬謹商籌辦理外，合亟令仰該所即便遵照就各該局主管照向來辦法，迅即會同籌備，並將辦理情形具報，以憑核轉，毋延，此令。

市長　余晉龢①

（2）二十七年三月二日　時到（附件）為三月六日舉行仲春上丁祀孔仰屆時派員參加由（來文機關：偽北京特別市公署），收文第 568 號

（偽）北京特別市公署訓令　第 232 號

管理頤和園事務所

二十七年三月二日　時到　北京特別市公署關於籌備祀孔典禮訓令北京特別市公署訓令　貞字第 232 號

令管理壇廟事務所

為訓令事查本年仲春上丁祀孔典禮承准

（偽）臨時政府行政委員會仍由本公署承辦，以資熟悉等因，遵照派員籌備，並定於三月六日上午五時寅正時起舉行。其與祭會同本公

---

① 《北京特別市公署關於籌備祀孔典禮會議給壇廟事務所的訓令》，1938 年，北京市檔案館藏，檔案號：J057 - 001 - 00595。

署直轄機關五局及自治事務監理處，由科長秘書以上人員參加，其他直轄各機關及局處附屬機關，均限於首領參加。除分令外，合行檢發符號二份，位次圖一份，注意事項單一紙，令仰該所遵照辦理。此令。

附符號二份，位次圖一份，注意事項單一紙

市長余晉龢[1]

（3）偽北京特別市社會局訓令第 676 號

令公私立各中等學校

為訓令事奉

（偽）市公署訓令略開：本年仲春上丁祀孔典禮定於三月六日上午五時舉行，屆時仍用跪拜禮，仍照上屆成案會同社會、員警、工務、衛生各局及壇廟管理所敬謹籌備，仰遵照辦理等因奉此，所有各該學校校長應即親往參加，不得派人代表。除分令外，合行檢發各件，令仰遵照參加為要。此令。

計附發注意事項單、位次圖、符號各一份。

局長　張水淇

中華民國二十七年三月壹日　校對　田潤芳

戊寅春丁祀孔注意事項

一、時間：二十七年三月六日上午五時行禮，至遲准上午四時以前集合。

二、地點：安定門內孔廟；集合地點：孔廟持敬門。

三、參加人數：本機關首領一人，陪祀官二至四人（陪祀官以本機關職員為限）。

四、服制：藍袍青褂。

五、演禮：三月三日下午二時半執事人員預行演禮一次，三月五日下午三時正式演禮一次。

六、接洽處所：甲、簽到處：在持敬門前　乙、臨時接洽事務，請向秋丁祀孔籌備委員會詢問（設在致齋所）。

---

[1] 《北京特別市政府關於舉行祀孔典禮的訓令（附孔位次圖及注意事項）》，1938 年，北京市檔案館藏，檔案號：J021–001–00982。

七、陪祀執事人員，非佩帶符號不得入持敬門，各機關應參加人員亦同。

八、執事人員，除有要公先行呈准給假，並委託他員代理外，一律不得遲到。如有臨時遲到者，由各該管長官查照懲處。其參加人員若有遲到，不得參加祀典。

九、在殿廡上有職務者，勿著皮鞋，以昭肅穆。

十、六日行禮時，不得攜帶照像機器具入大成門，五日演禮時可以照像。①

（4）中華民國廿七年三月二日　收第 38 號　歸字第七卷

公共汽車處呈

事由：准（偽）市公署秘書處函春丁祀孔請派撥大車兩輛等因除按期備車外請備案由

呈為呈報事准

（偽）市公署秘書處函稱：三月六日為春丁祀孔之期，接送龍泉寺孤兒院樂舞生，請派撥大車兩輛，按下列日期時間開往。計開三月三日演禮，十二時開到龍泉孤兒院，五日演禮時間同，六日祀孔上午二時開到龍泉孤兒院，等因，准此。除按期照備車輛外，理合呈報，鈞鑒備案。謹呈

局長

公共汽車處主任敖景華②

"本屆秋丁祀孔日期為十月二日，派（偽）議政委員會委員長兼教育部總長湯爾和恭詣行禮。崇聖祠派（偽）北京特別市市長余晉龢行禮。"③

① 《北京特別市社會局、教育局關於祀孔活動的訓令》，1938 年，北京市檔案館藏，檔案號：J083 - 001 - 00022。

② 《北京特別市公署關於歷次祀孔典禮的準備工作及有關事項的訓令》，1938 年，北京市檔案館藏，檔案號：J013 - 001 - 00949。

③ 《北平（偽）中華民國臨時政府公報》第 37 號《臨時政府令 臨字第一一二號 二十七年九月二十七日》。

1938 年秋丁祀孔相關公文如下：

（1）偽市公署令為本年十月二日即舊曆八月初九，為秋丁祀孔之期，應即查照上次春丁成案會商籌備並將辦理情形具報由（中華民國二十七年九月十五日到收文第五零二號）

（偽）北京特別市公署訓令　貞字第 1085 號

令管理壇廟事務所

為訓令事，本年十月二日（舊曆八月初九日）為秋丁祀孔之期，所有先期籌備事宜現經呈奉

（偽）行政委員會指令字第一五二號內開：本年秋丁祀孔，應即查照上次春丁成案，由該公署會同行政部內務局、教育部文化局敬謹籌備等因，自應遵辦。查歷屆丁祭成案，向由社會、員警、工務、衛生四局及管理壇廟事務所會同辦理。現在教育局業經成立，自應一併加入，會同籌備。除分令並另派員會同行政部內務局、教育部文化局派員敬謹商籌辦理外，合亟令仰該所即便遵照，就各該主管照向來辦法，迅即會同籌備，並將辦理情形具報以憑核轉勿延為要。此令。

市長　余晉龢

（2）祀孔籌備委員會函送秋丁祀孔位次圖、禮節符號、胙券及注意事項單由（中華民國二十七年九月二十九日到收文第五一八號）

逕啟者：茲送上陪祀人員名單，檢送符號六份，位元次圖一份，注意事項單一紙，禮節單一份，即希查收分發各該員備用是荷。此致管理壇廟事務所

附符號六份，位次圖一份，注意事項單一份，禮節單一份，胙肉券六份，又執事人符號四分，又伕役符號十四份

祀孔籌備委員會（會設北京特別市公署內，電話西局一零四零號）

中華民國二十七年九月二十八日

戊寅秋丁祀孔注意事項

一、時間：二十七年十月二日上午五時行禮，至遲准上午四時以前集合。

二、地點：安定門內孔廟，集合地點孔廟持敬門。

三、參加人數：本機關首領一人，陪祀官二至四人（陪祀官以本機關職員為限）。

四、服制：藍袍青褂（以正藍色為宜）。

五、演禮：九月二十八日下午二時半執事人員預行演禮一次，十月一日下午三時正式演禮一次。

六、接洽處所：甲、簽到處在持敬門前。乙、臨時接洽事務請向祀孔籌備委員會詢問（設在致齋所）。

七、其他事項：

（甲）陪祀執事人員非佩帶符號不得入持敬門，各機關應參加人員亦同。

（乙）執事人員，除有要公先行呈准給假，並委託他員代理外，一律不得遲到。如有臨時遲到者，由糾儀官呈明嚴譴。其參加人員若有遲到，不得參加祀典。

（丙）在殿廡上由職務者勿著皮鞋，以昭肅穆。

（丁）十月二日行禮時，不得攜帶照像器具入大成門。

（戊）主祭、承祭、分獻、陪祀、執事各官及來賓之侍從一概不得入持敬門。

（己）胙肉券隨符號分送。祭畢分割後，憑券領取。當日發放至下午七時止，逾期無效。[①]

1938 年 5 月 4 日，延安“陝甘寧邊區文化界救亡協會”在《解放》雜誌上發表了一封公開信《我們關於目前文化運動的意見》，略謂：“中國文化與救國運動分不開，不僅近代中國如此，就是舊時代的中國，最優秀的文化上的聖賢，也都是熱愛自己的祖國而親與救國事業，身經無數憂患，萬死而無愧的。”公開信特別指出：“孔子曾經嗟歎地說過：‘微管仲吾其被髮左衽矣！’”公開信認為：“中國民族有這樣偉大的文化上的聖賢，不但為我山河生色，而且也正是我們民族長存至今的重大因素。”並指出“山東是我們古代偉人周公、太公的子孫發祥之地。那裡是齊魯之

----

① 《北京特別市公署關於籌備秋丁祀孔事宜給壇廟事務所的訓令》，1938 年，北京市檔案館藏，檔案號：J057 – 001 – 00606。

邦，那裡有我們偉大民族五千年來智慧的結晶，是歷代祖先及近代一切先
驅者所辛勤創造的偉大文明產業。中國文化不僅是我們偉大民族——世界
上僅有的四萬萬五千萬人口的偉大民族——的共同的精神上的食糧，而且
對於世界文明史的發展供給了極偉大的貢獻。"公開信明確宣佈："我們
是真正的中國文化和東方文化傳統的繼承者。"（《解放雜誌》第39期）①

　　1938 年 10 月，毛澤東發表《中國共產黨在民族戰爭中的地位》
（1938 年 10 月在黨的六中全會上的報告）一文。該文說："學習我們的歷
史遺產，用馬克思主義的方法給以批判的總結，是我們學習的另一任務。
我們這個民族有數千年的歷史，有它的特點，有它的許多珍貴品。對於這
些，我們還是小學生。今天的中國是歷史的中國的一個發展；我們是馬克
思主義的歷史主義者，我們不應當割斷歷史。從孔夫子到孫中山，我們應
當給以總結，承繼這一分珍貴的遺產。這對於指導當前的偉大的運動，是
有重要的幫助的。共產黨員是國際主義的馬克思主義者，但是馬克思主義
必須和我國的具體特點相結合並通過一定的民族形式才能實現。"（《毛澤
東選集》第 2 卷）②

　　1939 年，"三月二十一日為春季上丁祀孔之期，所有應行典禮，奉令
由本部敬謹籌備，克日成立籌備春丁祀孔委員會"。③

　　本屆春丁祀孔，派偽議政委員會委員長兼教育部總長湯爾和恭詣行
禮，崇聖祠派北京特別市市長余晉龢行禮。④

　　偽臨時政府令云，祀孔典禮隆重，執事人員均應恪恭將事，以昭誠
敬。如有失儀遲誤者，應由糾儀官呈明，交付懲戒。⑤

　　8 月，重慶國民黨政府教育部定西曆 8 月 27 日孔子為教師節，通令
全國教育部門及各級學校執行。該通令說："查尊師重道，振古如斯。我
大成至聖先師孔子，承唐虞三代之宏觀，為萬世人倫之師表……允宜恭借
誕辰定位佳節……茲定每年八月二十七日為教師節，即以表彰至德，亦已

---

① 參見韓達編《評孔紀年》，山東教育出版社 1985 年版，第 279—280 頁。
② 同上書，第 281—282 頁。
③ 《政府公報》1939 年第 66 號，同載《北平偽中華民國臨時政府公報》第 66
號，1939 年 3 月 2 日。
④ 《政府公報》1939 年第 65 號（注：北平）。
⑤ 《政府公報》1939 年第 66 號（注：北平）。

振奮群倫。"（《抗戰中的中國文化教育》）①

"本屆秋丁祀孔，派（偽）內政部總長王揖唐恭詣行禮。崇聖祠派（偽）北京特別市市長余晉龢行禮。"②

"關於舉行正式典禮時間，定於九月十七日上午新六時舉行，並定於九月十六日下午新四時預行演禮一次。是日例請主祭、承祭、分獻、省齋、糾儀各官親臨孔廟，率同陪祀人員及執事人員舉行演禮，並招待外賓觀禮。"③

1940 年，"本年三月十五日（上午新六時）為春丁祀孔之期，由內政部主辦，並會同教育部敬謹籌備"。④

"本屆春丁祀孔派（偽）內政部總長王揖唐恭詣行禮，崇聖祠派（偽）北京特別市市長余晉龢行禮。"⑤

"本年秋丁祀孔典禮訂於九月十日下午新四時在孔廟舉行演禮一次，十一日上午新六時舉行正式典禮。"⑥

1940 年，偽華北政務委員會，以 9 月 28 日為孔子誕辰，特訓令所屬各總署，及華北各省市，令發孔子誕辰紀念辦法，紀念歌，及秩序單等。《晨報》1940 年 9 月 10 日第 2 版《孔聖誕辰紀念辦法　政委會已令發所屬》：

> （偽）華北政務委員會，以本月二十八日為孔子誕辰，頃特訓令所屬各總署，及華北各省市，令發孔子誕辰紀念辦法、紀念歌及秩序單等，令仰遵照云。

1941 年，偽華北政務委員會訓令："本年二月二十八日為春丁祀孔之期，所有應行籌備各事，應由內務總署查照歷屆成案，敬謹主辦，並由該

---

① 參見韓達編《評孔紀年》，山東教育出版社 1985 年版，第 287—288 頁。

② 《政府公報》1939 年第 101 號《臨時政府令　臨茲第二一零號　二十八年九月十一日》。

③ 《北平（偽）中華民國臨時政府公報》第 114 號。

④ 《政府公報》1940 年第 133 號《臨時政府令》。

⑤ 《政府公報》第 137 號，《北平（偽）中華民國臨時政府公報》第 137 號載同。

⑥ 《（偽）華北政務委員會公報》1940 年第 19—24 合期。

總署會同辦理，以重典禮。"①

"本年春丁祀孔典禮訂於二月二十七日下午新四時在成賢街孔廟舉行演禮一次，二十八日上午新五時舉行正式典禮。"②

1941年3月15日，國民黨政府教育部長陳立夫在《中央日報》發表《童子軍教育之意義與任務》一文。他說："孔子訓人，素重以身作則，終其一生，為禮樂均特別重視，是以相魯不三月而魯大治，此皆禮樂教人之功業。"（重慶《中央日報》1941年3月15日）

5月5日，日本國際文化振興會所編《日本的孔子聖廟》一書出版。周作人為該書作序，他說："孔子之教大概只是一個仁字，此與釋家之慈悲近似，但後者推至究極，而前者則止於中庸。"並說："孔孟心在為民，推己以及人。"③

8月1日，賀麟發表《儒家思想的新開展》一文。他說："任何一個現代的新思想如果與過去的文化完全沒有關係，便有如無源之水，無本之木，絕不能源遠流長，根深蒂固。""儒家思想，就其為中國過去的傳統思想而言……乃是最古最舊的思想，就其在現代及以後的新發展而言……也可以說是最新的新思想。"並說："我敢斷言，廣義的，新儒家思想的發展或儒家思想的新開展，就是中國現代思潮的主潮。""蔚成新儒學運動，只是時間早遲、學力充分不充分的問題。""儒家思想的命運，與民族前途的命運盛衰消長，是同一而不可分的。"他認為："中國近百年來的危機，根本上是一個文化的危機。文化上失調整，不能應付新的文化局勢。……中國學術文化上的國恥，卻早在鴉片戰爭之前，儒家思想之正式被中國青年們猛烈的反對，雖說是起於新文化運動，但儒家思想之消沉、僵化、無生氣，失掉孔孟真精神和應付新文化需要的無能，卻早在五四運動以前，儒家思想在中國文化生活上失掉了自主權，喪失了新生命，才是中華民族最大的危機。""新文化運動的最大貢獻，在破壞掃除儒家的僵化部分的軀殼的形式末節，和束縛個性的傳統腐化部分。他們並沒有打倒孔孟的真精神、真意思、真學術。反而因他們洗刷掃除的工夫，使得孔孟程朱的真面目更是顯露出來。……

① 《（偽）華北政務委員會公報》1941年第55—56期。

② 《（偽）華北政務委員會公報》1941年第59—60合期。

③ 參見韓達編《評孔紀年》，山東教育出版社1985年版，第296頁。

愈反對儒家思想，而儒家思想愈是大放光明。”“五四時代的新文化運動，可以說是促進儒家新思想新發展的一個大轉機。表面上，新文化運動雖是一個‘打倒孔家店’，推翻儒家思想的一個大運動，但實際上，其促進儒家思想新發展的功績與重要性，乃遠在前一時曾國藩、張之洞等人對於儒家思想的提倡。曾國藩等人對儒學之宣導與實行，只是舊儒家思想之迴光返照之最後的表現與掙扎，對於新儒家思想的展開，卻殊少直接的貢獻。”其他法治、民主，都應以儒家立場去認識，“許多中國問題，必須達到契合儒學精神的解決，方算達到至中至正、最合理而無流弊的解決”。(《思想與時代》第 1 期)①

“1941 年九月二十六日上午新五時為秋丁祀孔之期。本年秋丁祀孔大成殿由王揖唐恭詣行禮。崇聖祠派余晉龢恭詣行禮。”②

1942 年春丁祀孔日期為三月二十五日（上午新五時），大成殿由王揖唐恭詣行禮，崇聖祠派余晉龢恭詣行禮。《（偽）華北政務委員會公報》1942 年第 128—130 合期：

　　（偽）華北政務委員會令　會字第四七六號　三十一年三月十八日

　　本年春丁祀孔，大成殿由本委員長恭詣行禮，四配十二哲兩廡派齊燮元、周作人、王蔭泰、殷同、朱深、祝惺元、張心沛、黎世蘅、周迪平、沈鬱為分獻官。此令。

　　委員長　王揖唐

《（偽）華北政務委員會公報》1942 年第 128—130 合期：

　　（偽）華北政務委員會令　會字第四七七號　三十一年三月十八日

　　本年春丁祀孔，崇聖祠派余晉龢恭詣行禮，兩配兩廡派黃顗士、錢稻孫、萬兆芝、吳承湜為分獻官。此令。

　　委員長　王揖唐

---

① 轉引自韓達編《評孔紀年》，山東教育出版社 1985 年版，第 298—300 頁。
② 《（偽）華北政務委員會公報》1941 年第 93—94 合期。

1942 年 7 月 16 日，汪偽中政會通過林委員柏生、陳副秘書長春圃，合簽改訂國立 9 月 28 日為先師孔子誕辰。"今年九月二十八日為孔子誕辰紀念，以後類推。"《（偽）國立華北編譯館館刊》1942 年第 1 卷第 2 期：

　　孔子誕辰（定為九月二十八日）
　　本年七月十六日，中政會通過林委員柏生、陳副秘書長春圃，合簽改訂國立九月二十八日為先師孔子誕辰。今年九月二十八日為孔子誕辰紀念，以後類推。茲志原文如下：
　　一、《公羊傳》"魯襄公二十一年十一月庚子孔子生"。
　　二、《穀梁傳》"魯襄公二十一年十月庚子生"。紀年用周正。周曆十月，即夏曆八月。以上兩紀年，日相同而月數不同。
　　三、今用陽曆秋甲子術求得（甲）民國前二四六二年（西曆紀年元前五五一）為庚戌。是年秋冬之間。庚子日有三。契約三十日，即庚戌年癸未月庚子日。九月二十八日即庚戌年乙酉庚子日。十一月二十七日即庚戌年丁亥月庚子日。（乙）民國前二四六二年（西曆紀元前五五二）為己酉日之年秋冬之間。庚子自有之八月四日，即己酉年辛未月庚子日。十月三日，即己酉年癸酉月庚子日。十二月二日，即己酉年乙亥月庚子日。夏曆月數日數，閏月及節氣變動甚大，推查較難。陽曆月數日數，閏月及節氣，均有定制，推查較便。茲所求得之年月日及其干支自較可靠。
　　四、潘守廉所刻《歷代尊孔記》《孔教外論》云："周靈王二十一年庚戌即魯襄公二十二年冬十月庚子日孔子生。庚子即今之八月二十七日。"陶廣叢說云：孔子聖誕，相傳八月二十七日。忌辰二月十八日。又孔子八字為"庚戌，乙酉，庚子，甲申"。崔述陳《考信錄》謂"孔子實生於魯襄公二十一年十月二十一日。若以周曆推算，及等於夏曆八月二十一日"。以上兩則，一證八月二十七日，一為八月二十一日。均從夏曆推算而得。查曆法典，錄輯詩書所載，春秋日食中有一條云："襄公二十一年乙酉歲，秋契約，庚戌朔日有食云。"是襄公二十一年為己酉無疑。照此條所載，甲子數往下推算，可得如下之庚子日（甲）襄公二十二年八月二十七日。即庚戌年，乙酉月，庚子日。（乙）襄公二十一年，八月二十一日即己酉年，癸酉月，庚子日。兩年誕辰之干支如上述。（丙）陽曆求法所得，完全相符。日本新城斯藏博士，用陽曆積日法，求得西曆紀元前五五二年十月三日，相當於周曆魯襄公二十一年十月二十一日，即夏曆魯襄公二十一年八月二十一日。

五、另據《通會》載：“孔子八字為戊子月非乙酉月。”查魯襄公二十二年丁亥月，既有庚子日，則次月戊子，除非是十月置閏，決不能有庚子日。當年置閏，毫無異議。但據王韜、杜預即新城三氏之推算，閏月均在十月以前，故此說絕不可靠。

六、綜上所述，先師誕辰，或為國立民國前二四六二年九月二十八日，即夏曆魯襄公二十二年（庚戌）八月（乙酉）二十七日（庚子）。或為國立民國前二四六三年十月三日，即夏曆魯襄公二十一年（乙酉）八月（癸酉）二十一日（庚子）。則尚待解決者，為年分問題耳。

七、先師生於何年，向有兩說，其爭辯歷兩千年不決；（甲）司馬遷《史記》以孔子實生於魯襄公二十二年，從其說者，有杜預《左傳注》、陸德明《左氏音義》、蘇轍《古史》、劉安世《元城語錄》、袁樞《通鑑紀事本末》、鄭樵《通志》、朱熹《論語序說》、呂祖謙《大事記》、羅必路《史余論》、黃宗羲《南電文約》、孔廣牧《先聖生卒年月考》等。（乙）《公羊傳》《穀梁傳》謂孔子生於魯襄公二十一年。從其說者有賈逵《左氏解詁》、服虔《左氏傳解詁》、邊詔《老子銘》、何休《公羊解詁》、楊士勳《穀梁疏》、王欽若《冊府元龜》、劉恕《通鑑外紀》、胡安國《春秋傳》、洪興祖《闕里系譜》等。究竟何說為是，殊難判定。新城博士采第二說。亦非有數理上絕對之根據。與上述斷月日之所肯定者不同，以年之干支言之，則庚戌年沿用甚久，以月日言之，八月二十七日亦沿用甚久。數理上之核算，既難確定，則取決於習慣。假定為周靈王二十一年即魯襄公二十二年，未始不可。且史學家較經學家之論斷，仍以為可信。基於上述之推算，擬請改訂（一）國立九月二十八日為先師孔子誕辰。（二）紀念九月二十八日為先師孔子誕辰紀念。以後類推。（九月一日《庸報》）

民國三十一年（1942 年）秋丁祭祀是九月十一日新五時，九月十日下午新四時在成賢街孔廟演禮一次，九月十一日上午新五時，正式舉行典禮。

偽警察局訓令為："九月十日下午新四時在成賢街孔廟演禮。十一日上午新五時正式舉行典禮，關於警備事宜妥慎仰知照由　三十一年九月七日　時到"

（偽）北京特別市公署警察局訓令　第 5149 號

令外（內）五區員警分局

為訓令事案奉

市公署署字第二一四二號訓令內開：為訓令事案准內務總署禮環字第三零七號諮開：本年秋丁祀孔大典，前奉華北政務委員會訓令，應由本署查照歷屆成案，敬謹主辦，呈由教育總署會同辦理，以重典禮等因，業經依照成案諮請貴公署加派熟諳典禮人員為籌備員及執事官，會同辦理在案。茲定于國曆九月十日下午新四時在成賢街孔廟演禮一次，九月十一日上午新五時，正式舉行典禮。關於警備事宜，擬請貴公署查照成案，令飭警察局妥慎警戒。其成賢街道路暨成賢門內外、國子監、崇聖祠夾道等處，請飭工務、衛生兩局加派員工灑掃平墊。至陳列禮器、檢點樂器、整潔祭器暨打掃清潔殿宇內外各事項，並請令飭管理壇廟事務所敬謹辦理。事關祀孔大典，相應諮請查照，分別轉飭遵辦，等因准此。除分令外，合亟令仰該局查明成案。關於警戒事宜，妥慎辦理，並迅將警備辦法及配備略圖呈送，以便轉送為要。此令。等因奉此。除分行外，合行令仰知照。此令。

中華民國三十一年年九月七日

局長　余晉龢①

"1943 年三月十日為春丁祀孔之期，依照成案均行正式典禮，時間擬定為是日上午新五時，演禮時間擬定為同月九日下午新四時。（偽）華北政務委員會朱深委員長主祭（由齊燮元代表），（偽）北京特別市市長劉

---

① 《北平市警察局關於舉行祀孔典禮慶祝大會及冬防須知等訓令》，1942 年，北京市檔案館藏，檔案號：J183－002－29334。

玉書任承祭官。"①

"（偽）華北政務委員會內務總署呈：查歷年丁祭演禮，陪祀官常有缺席之舉。上年秋丁，曾經通諮請轉飭陪祀官不得缺席在案。本屆春丁為尊重祀典起見，仍照前案，各機關陪祀人員，於演禮時除有不得已事故，得呈經本機關長官核准，委託同等職員代表行禮外，其余陪祀者無論演禮與正式典禮，均須一律齊集，以重典制。"②

"（偽）華北政務委員會指令，定於本年三月四日上午新五時在成賢街孔廟舉行典禮。不舉行演禮，一併舉行。"③

秋丁祀孔，9月5日下午新四時演禮（是日值防空期，（偽）華北政務委員會令暫免一次），9月6日上午新五時正式行禮。（偽）內務總署齊燮元督辦主祭，（偽）北京特別市市長劉玉書承祭。

1944年，"（偽）華北政務委員會指令，定于本年三月四日上午新五時在成賢街孔廟舉行典禮。不舉行演禮，一併舉行"。④

"本年秋丁祀孔典禮于國曆九月二十八日新十時于成賢街孔廟舉行，九月二十七日下午新四時演禮一次。"

民國三十四年（1945年）春丁祀孔按（偽）國府規定，"春祭為清明節四月五日上午新十時舉行，四月四日下午新四時演禮"。⑤

三十四年先師孔子春祭典禮注意事項

一、時間　三十四年四月五日新十時行禮，全體准上午新九時集合。

二、地點　安定門內成賢街孔廟

三、參加人數：各機關學校與祭人員二人至四人（以本機關學校主任或同等職員為限）。

四、服制：乙種禮服（藍袍青馬褂）。

---

① 《（偽）華北政務委員會公報》1943年第197—198合期。

② 《（偽）華北政務委員會公報》1943年第197—198合期，本件同日函各機關，文同從略。

③ 《（偽）華北政務委員會公報》1944年第275—276合期。

④ 同上。

⑤ 據孔子春祭籌備處來函第513號，中華民國三十四年三月五日。

五、演禮：四月四日下午新四時演禮一次。

六、接洽處所：（甲）簽到處在持敬門（乙）臨時接洽事務，請向春祭典禮籌備會詢問（設在致齋所）。

七、警衛　警衛人員由警察局派員設崗，不得擅離指定崗位。

八、其他事項：（甲）陪祀執事人員，非佩帶符號，不得入持敬門。各機關應參加人員亦同。

（乙）陪祀官及與祭人員除有要公先行呈准給假並委託同等職員代理外，一律不得遲到，違者由糾儀官呈明嚴譴。

（丙）在殿內外有職務者，勿著皮鞋，行禮時勿著大衣。

（丁）四月五日行禮時不得攜帶照像器具入大成門。

（戊）行禮時須詣指定地點敬謹行禮。

（己）主祭承行禮，全體陪祭官至歷代聖賢祠致祭時，所有與祭人員仍就原位不動。

（庚）禮畢分散時，須候主祭官退至大成門後再行離位。

（辛）所帶衣帽可存衣帽處。

（壬）主祭官陪祭官及與祭人員及來賓之侍從，一概不得入持敬門。

（癸）所有車輛一律在持敬門外停車處停放。[1]

（四）中華民國國民政府時期（1945—1948 年）

民國三十五年（1946 年）秋祀，八月二十七日上午六時正式舉行。二十四日下午四時演禮一次。北平市市長熊斌主祭（大成殿沒設燈，只有燭），教師節有演講，抗戰勝利後第一次祀孔大典。

祀孔籌備會決定：

一、日期　八月廿七日上午七時

二、預演二次完事，廿三、四日兩天各一次。

三、總務組長由鐘處長擔任，並擔任分獻官。

四、通知由總務組辦。

五、應通知之機關　黨政軍各機關由總務，查明列表；學校由教

---

① 據孔子春祭祀籌備處來函第 513 號，中華民國三十四年三月五日。

育局列表送處，以憑條辦。

六、可到社會局調有關祀孔文卷。

《華北日報》1946 年 8 月 24 日《平市二十七日舉行祀孔典禮 儀式悉遵古制》：

【中央社訊】本月二十七日孔誕節，平市定於是日上午六時，在成賢街文廟隆重舉行祀孔典禮，大成殿主祭官為熊市長斌，陪祀官有谷九峰、胡適之、王桐齡、左宗綸、吳鑄人、張伯謹、夏仁虎、許惠東，分獻官為市府各局局長及楊秘書長宣誠，鐘處長相毓，典儀、引贊、傳贊、司祝、司樂、司帛、司爵均由市府高級職員分任，屆時各機關各團體各學校代表，均往參加典禮。儀式自迎神，初獻、亞獻、終獻、賜福胙、撤饌，以至望燎，一切悉遵古制。正殿之祭品為太牢，兩配為少牢，其余為幹鮮果品，並有古樂伴奏。主祭官及陪祭官服裝以著長袍馬褂為原則，余著中山裝。

孔子誕辰紀念，各機關團體放假一日，廣播特別節目隆重致祭，由國立北平師範學院院長袁敦禮主講。《導報》1946 年 8 月 27 日第 3 版《孔子誕辰紀念 各機關團體放假一日 廣播特別節目隆重致祭》：

【北平社訊】今（廿七日）為孔誕紀念日，在平黨政軍各機關首長於上午六時至孔廟致祭，由熊市長任主祭官，全市各機關團體均放假一日，惟警察局以治安關係，飭令所屬各分局保安總隊不休假云。又訊：孔子二千四百九十七年誕辰紀念，北平電臺播送特別節目，第一臺計有（一）史地講述，孔子誕生地介紹。（二）祀孔樂，大成樂章（錄音），（三）講演，教師節感言（由國立北平師範學院院長袁敦禮主講等節目。

今日孔誕·教師節，全市分別舉行紀念儀式。各院校表揚優良教師，發給獎狀獎金，並請袁敦禮及傅斯年講演；午前十時，全市電影院映演教育影片，免費招待教師。①

民國三十六年（1947 年）8 月 27 日晨八時，於成賢街文廟舉行祀孔典禮，張伯謹、張壽齡、谷鐘秀、吳鑄人、溫崇信、傅正舜、韓雲峰、馬漢三、王季高及各界代表約五百余人均與祭，由副市長張伯謹主祭，向孔子神位行三鞠躬禮後，分別由張伯謹、谷鐘秀、吳鑄人演講，九時禮成。

據聞北平此次孔誕大祀，改太牢為果品，引起社會的注意，這大概是市長何思源任山東教育廳長時，因曲阜師校演林語堂劇本《子見南子》，大受紛擾的緣故。《北平日報》1947 年 8 月 27 日第 4 版：

> 據聞北平此次孔誕大祀，改太牢為果品，引起社會的注意，這大概是何市長任山東教育廳長時，因曲阜師校演林語堂劇本《子見南子》，大受紛擾的緣故（全案見《林語堂全集·〈子見南子·附錄〉》），所以對"孔"字有些頭疼吧！實在孔子學說，是全國人民思想中心……在國民政府領導下的地方政府，卻不可以薄祭，而忽略政府的深意！

> 孔子誕辰，孔廟舉行典禮，何市長因病恐不克參加，將由張副市長伯謹主祭，本年因節約關係，儀式決採用新式鞠躬禮。亦不邀請陪祭官，行禮後由主祭人講述紀念孔子之意義，並由來賓講演。

"八月二十七日為孔子誕辰紀念日，平市各機關團體學校，均於是日放假，以資紀念。"《北平日報》1947 年 8 月 25 日第 4 版《孔子誕辰　機關休假》。

【中央社訊】："八月二十七日為孔子誕辰紀念日，本市各機關團體學校，均於是日放假，以資紀念。"

民國三十七年（1948 年）八月二十七日上午八時，在國子監街文廟舉行紀念大會。

---

① 《世界日報》1946 年 8 月 27 日《今日孔誕·教師節　全市分別舉行紀念儀式　各院校表揚優良教師》。

"本月二十七日，為孔子誕辰，規定於明日上午八時，在國子監街文廟舉行紀念大會。市府所屬各局處各派高級職員五人參加，並由教育局轉飭各學校，各派代表十五人前往參加。又同日為教師節，北大學生自治會將擴大舉辦尊師同樂大會，柬請在校之教職員七百位，並有茶點遊藝等節目助興。"①

"至聖先師孔子二四九九年誕辰。北平政府規定，各機關循例放假一日，平市定上午八時，於國子監文廟，舉行紀念會，各黨政文化機關工商民眾團體，均派代表參加。由劉瑤章市長主席，警局長楊清植總指揮，祭品僅有水果、鮮花，用最新式奏樂，唱國歌，行三鞠躬禮，並由參議會許議長惠東，市黨部吳主委鑄人講述孔子大道。"②

總地來看，中華民國政府的祭孔基本上自始至終持續進行。民國年間的祭孔，由於政權更迭頻繁，故較諸以往，更為復雜。1912 年 2 月，中華民國臨時政府內務部、教育部通令各省舉行丁祭。宣佈民國通禮在未頒以前，文廟應暫時照舊致祭。惟除去拜跪之禮，改行三鞠躬，祭服則用便服。其餘前清祀典所載，凡涉於迷信者，應行廢止。另 1912—1927 年，孔子誕辰紀念為陰曆八月二十七換算成陽曆對應日期（注：民國二年、三年以陰曆八月二十八為孔子誕辰，民國四年教育總長范源廉重又改回到陰曆八月二十七日）。中華民國北洋政府期間，祭孔崇尚復興古禮，特別是袁世凱執政期間由禮制館館長徐世昌擬定的祀孔禮節詳盡完備，為日後的其他元首如黎元洪、徐世昌、曹錕、段祺瑞、張作霖等所效法。

1928 年 2 月 18 日，大學院通令令各大學各省教育廳及各特別市教育局，"查我國舊制，每屆春秋上丁，例有祀孔之舉。孔子生於周代，布衣講學，其人格學問，自為後世推崇。惟因尊王忠君一點，歷代專制帝王，資為師表，祀乙太牢，用以牢籠士子，實與現代思想自由原則，及本黨主義，大相悖謬。若不亟行廢止，何足以昭示國民？為此令仰該（廳校局）長，轉飭所屬。若將春秋祀孔舊典，一律廢止勿違"。大學院的廢止祀孔令引起社會上軒然大波，中華總商會等紛紛反對廢止祀孔。內政部為協調

---

① 《北平日報》1948 年 8 月 26 日第 4 版《祭孔尊師　各有紀念會》。

② 《民強報》1948 年 8 月 27 日第 4 版《今日孔子誕辰　各界隆重舉行祀孔大典》。

此事，"擬請以孔子誕日為紀念日，通行全國一體遵照，並於是日舉行紀念時，演述孔子言行事蹟，以志景仰，經國府會議議決照辦，儀式不避規定"。

1928 年 10 月 10 日是國慶日，又為至聖先師孔子的聖誕日，原是新舊國家的兩個大典，這一年全國已在革命旗下統一，是以國民政府對此國慶日極為重視，而孔子之聖誕日，竟不似往年之尊崇，安定門內成賢街之孔廟，每年今日皆由政府派員行禮，樂舞生敬謹預備供獻贊禮，軍警兩界駐蹕道差，終夜不斷，至天明時上祀者禮畢而返，然後各機關以及各界人士，隨便入內行禮遊逛。該年此項祀孔大典雖豁免，而西單北甘石橋孔教會人員以及宣外達智橋松筠庵孔教會分會，依然定於早晨至孔廟上祀，至下午二時再集於該會內舉行孔聖紀念祀典，而孔廟照常開放任人入觀。

1929 年起，蔣介石政府改陽曆 8 月 27 日祭孔；1928 年政府南遷後，改由壇廟管理處準備鮮果等簡單祭品祭祀；1932 年，蔣介石政府定孔子聖誕日為教師節，自此蔣介石政府每年陽曆 8 月 27 日祭孔與教師節慶祝並行，此儀節一直持續到 1948 年。

1934 年，教育部規定，8 月 27 日為先師孔子誕辰紀念日，除通令直屬各大學各學院外，並訓令各省市教育廳局，並附紀念辦法。1934 年 8 月 25 日，北平市社會局通知《先師孔子誕辰紀念辦法》，孔子誕辰懸旗致慶及是日休假一天並轉知各員一律參加，均著長袍馬褂。

1936 年是比較特殊的一年，因為在該年祭孔北平市政府竟然恢復了塵封已久的丁祭，隆重籌備二月二十五日的春丁祀孔。1936 年 8 月 27 日為孔子誕辰，所有一切紀念儀節查照春丁祀孔舊例，由市政府隆重籌備，先期報聞。屆時仍由委員長宋哲元親往致祭，以示尊崇。1937 年冀察政委會以 3 月 21 日為春丁祀孔之期，3 月 10 日特訓令冀察平津省市府，屆時仍照去年辦法，隆重舉行。

1937 年 9 月 7 日，在國子監舉行秋丁祀孔典禮。典禮異常隆重，鞠躬禮改行三跪九叩首，大成殿崇聖祠前由（偽）市長江朝宗、（偽）局長潘毓桂主祭。在此之前，（偽）華北臨時政府頒佈了詳細的祭祀辦法、祭品分配及與祭要員。定於 9 月 5 日下午二時舉行演禮，四時正式演禮。7 日上午六時前齊集，上午八時舉行。

1938 年，日偽政府通令尊崇孔道，命令夏曆 8 月 27 日為聖誕，恢復春秋上丁兩祭。時（偽）行政部長為王克敏，教育部總長為湯爾和。1940 年，（偽）華北政務委員會，以 9 月 28 日為孔子誕辰，特訓令所屬各總署及華北各省市，令發孔子誕辰紀念辦法、紀念歌及秩序單等。1942 年 7 月 16 日，（偽）中政會通過林委員柏生、陳副秘書長春圃，合簽改訂國立 9 月 28 日為先師孔子誕辰。越到後期，其儀式也愈發簡化，1944 年後春祭改清明節舉行，1945 年春祭止有唱國歌、奏樂、鞠躬、默念、獻花等簡要內容。由此可知，隨抗日戰爭之走向勝利，日偽政權後期對祭孔不似以往之倍加推崇。

1945 年 8 月 15 日日本法西斯投降後，蔣介石政府的祭孔依然按照 1934 年擬定的《先師孔子誕辰紀念辦法》於陽曆 8 月 27 日定期舉行，並慶祝教師節。此種祭孔形式在中國大陸一直持續到 1948 年為止。

三　民國時期祭孔禮儀

（一）中華民國北洋政府時期（1912—1928 年）

1. 袁世凱執政期間

1912 年 2 月，中華民國臨時政府內務部、教育部通令各省舉行丁祭。公報宣佈民國通禮現在尚未頒行，在未頒以前，文廟應暫時照舊致祭。惟除去拜跪之禮，改行三鞠躬，祭服則用便服。其餘前清祀典所載，凡涉於迷信者，應行廢止。民國二年、三年以陰曆八月二十八為孔子誕辰，民國四年教育總長范源廉重又改回到陰曆八月二十七日。

1912 年 10 月，教育部對地方官員紛紛致電詢問祀孔之事，發佈了頗顯謹慎意味的通令：“近來各處關於祀孔一事，紛紛致電本部，各持一說。竊以崇祀孔子問題，及祀孔如何訂定，事關民國前途至巨，非候將來正式國會議決後，不能草率從事”，並做出兩項規定：一為“孔子誕日舉行紀念會，以表誠敬”；二為“孔子誕日應以陰曆，就陽曆核算，本月陰曆八月二十七日，即陽曆十月十七日。自民國元年為始，即永以十月十七日為舉行紀念會之日。”陸軍部也通諭各省都督：“陸軍各學校於孔子誕日，應開紀念會，以表誠敬，所有開會禮節，應由各該校自行規定。”

自民國二年（1913 年）起，民國政府採納了孔氏後裔孔廣牧的意見，孔子誕辰安排在陰曆八月二十八日舉行。

1914 年 9 月 28 日，即陰曆八月初九日，為大總統親臨祀孔之期，因此特別於 27 日下午三點在國子監聖廟演禮。《愛國白話報》1914 年 9 月

19 日第 4 版刊登報導《祀孔敬謹演禮》：

> 本月二十八號，即陰曆八月初九日，為大總統親臨祀孔之期。其一切典禮及陪祀職員，已分別擬定。茲聞此次派定陪祭諸人，以為此項大典，在民國實為創舉，亟須先期演習，以免臨時舛誤。特於昨日下午三點鐘，在國子監聖廟演禮，其所用冠服，皆系此次新定之祭服，大總統以下有特任官、簡任官、薦任官、委任官、庶人，計分五等，冠服各有異別。

該報 9 月 20 日第 4 版又登載《丁祭演禮紀盛》一文對此次演禮進行了詳細記載。此次演禮主祭官是內務部榮竹農次長：

> 本屆丁祭陪祀職員，前日（二十二號）下午三時，在國子監聖廟演禮一節，已志昨報。茲將詳情志下：十日內務部榮竹農次長為主祭，朱總長、沈次長為前導，廖午樓上將等二人為侍從武官，典禮司司長祝書元為司祝官。祝文用四六體，起首為“中華民國三年某月某日，大總統致祭先師孔子”云云。文後列配享四聖，演禮時一切典禮，均照大總統親臨時禮節，大成殿臺階之上，左設金鐘，右設玉磬，旁設金鼓，並一切樂器，名類甚繁，茲不備載。拜褥設階之中心，典儀官按照禮單贊禮。其倍祭各員，俱在階下隨同拜跪，系用四拜之禮。陪祭地點，按官等排列，特任官在前，簡任官在次之，余依序遲推。演禮諸君趨蹌中節，拜跪如儀，魚魚雅雅，濟濟雍雍，頗極一時之盛。月臺上兩旁有舞佾生若干人，演習亦甚嫻熟。執事人多屬內務部司員，服色槩用制定祭服，頗為整肅。欞星門內設有大總統更衣幄次，系以木架造一亭式。是日財政周總長、司法章總長、教育湯總長、農商張總長、錢右丞、阮內史監、莊都肅政史、統率處唐廳長、步軍統領江軍長、員警廳吳總監等，均到場觀禮。

為迎接袁世凱親臨行禮，內務部除恭備祭典一切事宜外，並令員警廳分傳員警各隊，預備沿途保衛。《愛國白話報》1914 年 9 月 23 日第 4 版又載《飭傳預備道差》：

九月二十八號（舊曆八月初九日）仲秋上丁，祭祀孔廟，大總統親臨行禮，已奉命令（見今日本報）內務部除恭備祭典一切事宜外，並令員警廳分傳員警各隊，預備沿途保衛。提督衙門昨已通知兩翼，自福華門起，經由地安門、安定門大街至國子監。派兵清潔道路，並選撥軍隊，分段保護，並聞順天府亦派兵隊，彈壓照料，以昭敬慎。

為保護袁世凱人身安全，除了沿路派隊兵保護，又由提署人員，加強對路經之地及周邊的管制。《群強報》1914 年 9 月 28 日第 4 版也就此刊出《預備道差》：

頃聞提署江正堂，昨日傳飭右翼管帶富芝軒，於二十八號由福華門起至國子監，沿路派隊兵保護。預備大總統親往國子監查看禮節，又昨日由提署人員，前往後門外一帶鋪戶各商家，說明二十八號大總統由此經過，恐各鋪戶閒人太多，出具幹結，是日不准閒人入內。

為了昭示對於祀孔典禮的重視，《愛國白話報》1914 年 9 月 24 日第 3 版刊文《祀孔典禮紀聞》：

二十八號（今日）大總統親率百官，舉行祀孔典禮。昨由內務部發出通告，略云所有執事各官，應於是日寅正齊集云云。又聞是日乃星期一觀見之期，已奉大總統諭，是日停止觀見，由銓敘局傳知應行觀見各員，通俟下星期一日入觀。

9 月 25 日第 3、第 4 版又刊載了《恭紀大總統祀孔禮節》[①] 詳細記載了袁世凱祭孔的具體祀孔行程和禮節：

昨日秋仲上丁，大禮官於示定時刻，恭請大總統乘禮輿，出西苑門，經北長街，出地安門，由鼓樓東至交道口，由交道口北至成賢街，在櫺星門外鋪設棕薦處降輿，馬衛士及護從兵警，均從至櫺星門

---

① 為方便閱讀，引用時標點有所修改，下同。

外止，內務總長、教育總長、平政院院長、都肅政史內史，率贊引官對引官恭導大總統由櫺星左門入，至更衣幄次。步衛士均在大成門外止立，大禮官特派侍從武官及諸護從隨侍。大總統具祭服，侍從官奉盥奉帨巾請大總統盥手畢。司祝官以祝版進。大總統恭閱署名訖。少憩，鼓三嚴，大禮官恭請大總統行禮。大總統出幄次。大禮官特派侍從武官及諸護從隨侍。贊引官對引官恭導大總統由大成左門入，諸護從均從至階下止立，內務總長、大禮官進殿左門，西向立，平政院院長、都素政史進殿右門，東向立。侍儀、內史立殿右門外，東向。大總統由中階之左升聖詣拜褥位前立。典儀官、贊樂舞生就位，執事官各司其事位，贊引官贊："就位。"大總統升拜褥上立，典儀官贊："辟戶。"執事官辟戶訖。贊："迎神。"司樂官贊："舉迎神樂，奏《昭和之章》。"起柷，鏄鐘，鳴擊編鐘。樂作，贊引官贊："行四拜禮。"大總統四拜。贊引官贊："跪，拜，再拜，三拜，四拜，興。"樂止，擊特磬，戛敔。典儀官贊："奠帛爵，行初獻禮。"司帛爵官各捧帛爵就前鞠上立，司樂官贊："舉初獻樂，奏《雍和之章》。"起柷司帛爵官各進神位前立，鏄鐘鳴，擊編鐘，樂作。贊引官贊："詣奠帛位。"恭導大總統進殿左門，特派侍從武官隨侍，至正位香案前，北向分左右立。大總統詣帛案前立，贊引官贊："獻帛。"大總統受帛拱舉，仍授司帛官，奠于案正中，退。贊："詣獻爵位。"恭導大總統詣爵案前立，贊："獻爵。"大總統受爵拱舉，仍授司爵官，奠于爵墊正中，退。贊："復位。"恭導大總統仍由殿左門出，復拜位立，特派侍從武官在大總統後，北向分左右立。分獻官各就案前立，受帛爵拱舉，仍授司帛爵官獻於案上，退。司祝官就祝案前，奉祝版至案左先立，樂暫止。贊引官贊："詣讀祝位。"恭導大總統進殿左門，詣讀祝位止立，侍從武官如前，典儀官贊："讀祝。"司祝官讀祝畢。大總統受祝版拱舉，仍授司祝官，司祝官奉祝版至至聖先師孔子位前，安於篚內，退。樂復作，贊引官贊："復位。"恭導大總統出殿左門，復拜位立，特派侍從武官隨侍如前。贊引官贊："行四拜禮。"大總統四拜，贊引官贊："跪，拜，再拜，三拜，四拜，興。"樂止，擊特磬，戛敔。

　　典儀官贊："行亞獻禮。"司爵官捧爵就前向上立，司樂官贊："舉亞獻樂，奏《熙和之章》。"起柷，司爵官各進神位前立，鏄鐘鳴，擊編鐘，樂作，贊引官贊：“詣獻爵位。”恭導大總統進殿左門，侍從武官隨侍如前。大總統詣爵案前立。贊：“獻爵。”大總統受爵拱舉，仍授司爵官，奠于爵墊左，退。贊引官贊：“復位。”恭導大總統出殿左門，復拜位立，特派侍從武官隨侍如前，分獻官各就案前立，受爵拱舉，仍授司爵官，獻於案上，退。樂止，擊特磬，戞敔。

典儀官贊：“行終獻禮。”司爵官奉爵前向上立，司樂官贊：“舉終獻樂，奏《淵和之章》。”起柷，司爵官各進神位前立，鎛鐘鳴，擊編鐘，樂作，贊引官贊：“詣獻爵位。”恭導大總統進殿左門，特派侍從武官隨侍如前。大總統詣爵案前立，贊：“獻爵。”大總統受爵拱舉，仍授司爵官，奠於爵墊右，退。贊引官贊：“復位。”恭導大總統出殿左門，復拜位立，特派侍從武官隨侍如前。分獻官各就案前立，受爵拱舉，仍授司爵官，獻於案上，退。樂止，擊特磬，戞敔。

典儀官至殿東，西向立，贊：“賜福胙。”退，贊引官贊：“詣飲福受胙位。”恭導大總統進殿左門，詣飲福受胙位，正立，侍從武官隨侍如前，捧福胙官二員，恭捧福胙至神位前拱舉，退立於大總統之右。接福胙官二員，進立於大總統之左。贊引官贊：“飲福酒。”大總統受爵拱舉，授左官。贊：“受胙。”大總統受胙拱舉，授左官。贊：“復位。”恭導大總統出殿左門，復拜位立，特派侍從武官隨侍如前。贊引官贊：“行四拜禮。”大總統謝福胙四。贊引官贊：“跪，拜，再拜，三拜，四拜，興。”典儀官贊：“徹饌。”司樂官贊：“舉徹饌樂，奏《昌和（注：原文“和昌”，誤）之章》。”起柷，鎛鐘鳴，擊編鐘，樂作，司爵官各進神位前，徹籩豆各一，少移故處，退，樂止，擊特磬，戞敔。典儀官贊：“送神。”司樂官贊：“舉送神樂，奏《德和之章》。”起柷，鎛鐘鳴，擊編鐘，樂作，贊，贊引官贊：“行四拜禮。”大總統四拜。贊引官贊：“跪，拜，再拜，三拜，四拜，興。”樂止，擊特磬，戞敔。典儀官贊：“奉祝帛送燎。”司祝帛爵官各進神位前，拱捧祝帛酒饌依次送往燎爐，時贊引官對引官恭導大總統轉立東旁，侍從武官隨侍于後，分左右立。執事官起拜褥，俟祝帛過畢，執事官仍鋪拜褥，贊引官對引官恭導大總統復位立，特派侍從武官隨侍如前。起柷，鎛鐘鳴，擊編鐘，樂作，司燎官數帛，典儀官贊：“闔戶。”執事官闔戶訖，贊：“禮成。”大禮官同贊引官對引官恭導大總統出大成門左門，入幄次，特派侍從武官及諸護從，隨侍更衣，仍至欞星門左門外乘禮輿歸府。（樂止，擊特磬，戛敔）

《北洋軍閥史料·袁世凱卷》（天津古籍出版社1996年版）載同。只是開頭云："九月二十八日昧爽陪祀各官豫集，恭竢大總統乘禮輿至廟門外，降輿。右贊引左對引導由欞星左門入進大次。大禮官一人、侍從武官二人從大總統具祭服。侍從官奉盥奉帨巾，盥畢，司祝官以祝版進。"其余禮節相同（見圖2—6）。

圖2—6　1914年9月28日袁世凱祭孔

中華民國北洋政府時期的祭孔，主要是在袁世凱擔任大總統期間由時任禮制館館長徐世昌負責訂立的。

據民國三年政事堂禮制館《呈為擬訂祀孔典禮呈請》：

孔子儀

大成殿內，至聖先師正位南嚮。復聖顏子回、述聖孔子伋東位西嚮。宗聖曾子參、亞聖孟子軻西位東嚮。兩序先賢東閔子損、冉子雍、端木子賜、仲子由、卜子商、有子若皆西嚮。西冉子耕、宰子予、冉子求、言子偃、顓孫子師、朱子熹皆東嚮。兩廡先賢東公孫僑、林放、原憲、南宮适、商瞿、漆彫開、司馬耕、梁鱣、冉孺、伯虔、冉季、漆彫徒父、漆彫哆、公西赤、任不齊、公良孺、公肩定、鄡單、罕父黑、榮旂、左人郢、鄭國、原亢、廉潔、叔仲會、公西輿如、邦巽、陳亢、琴張、步叔乘、秦非、顏噲、顏何、縣亶、牧皮、樂正克、萬章、周敦頤、程顥、邵雍。西蘧瑗、澹臺滅明、宓不齊、公冶長、公晳哀、高柴、樊須、商澤、巫馬施、顏辛、曹卹、公孫龍、秦商、顏高、壤駟赤、石作蜀、公夏首、後處、奚容蒧、顏祖、句井疆、秦祖、縣成、公祖句茲、燕伋、樂欬、狄黑、孔忠、公西蒧、顏之僕、施之常、申棖、左丘明、秦冉、公明儀、公都子、公孫丑、張載、程頤。

先儒東公羊高、伏勝、毛亨、孔安國、毛萇、杜子春、鄭玄、諸葛亮、王通、韓愈、胡瑗、韓琦、楊時、謝良佐、尹焞、胡安國、李侗、呂祖謙、袁燮、黃幹、輔廣、何基、文天祥、王柏、劉因、陳澔、方孝孺、薛瑄、胡居仁、羅欽順、呂柟、劉宗周、孫奇逢、黃宗羲、張履祥、陸隴其、張伯行、湯斌。　西穀梁赤、高堂生、董仲舒、劉德、后蒼、許慎、趙岐、范寧、陸贄、范仲淹、歐陽修、司馬光、游酢、呂大臨、羅從彥、李綱、張栻、陸九淵、陳淳、真德秀、蔡沈、魏了翁、趙復、金履祥、陸秀夫、許衡、吳澄、許謙、曹端、陳獻章、蔡清、王守仁、呂坤、黃道周、王夫之、陸世儀、顧炎武均北上東西嚮。

崇聖祠殿內中，肇聖王木金父左，裕聖王祈父右，詒聖王防叔次左，昌聖王伯夏次右，啟聖王叔梁紇皆南嚮。

先賢孔孟皮、曾點、孟孫東位西嚮；顏無繇、孔鯉西位東嚮。

先儒東廡周輔成、程珦、蔡元定西嚮。西廡張迪、朱松東嚮。均北上。歲以夏時仲春、仲秋兩上丁日，大總裁親詣孔子廟致祀（如不親祀，則遣副總統或國務卿攝事），前祀三日齋戒，散齋二日，致齋一日，如祀天儀。

右齋戒

前祀一日昧爽執事官（凡執事官兩廡及崇聖祠司伯爵應由教育部酌派，其余均由內務部酌派）

潔蠲殿內外藉以樓薦拂拭，神座張大次於大成門外之左。殿上正位籩豆案一，其前俎一，又前香案一，皆南嚮。東配二龕，西嚮，西配二甒，東嚮，籩豆案、俎、香案各二。東序一甒，西嚮，西序一甒，東嚮，籩豆案各六，統設俎、香案，東西各一。殿中少西祝案一，南嚮，東尊桌一，接桌一，福胙桌一，西尊桌一，接桌一，均北嚮。正位神龕東旁饌桌一，南嚮。四配神龕北旁饌桌各一東西。哲位神龕北旁饌桌各一均東西嚮。東廡先賢四十位，先儒三十八位，籩豆案三十有九（每案二位），統設俎、香案各二（先賢、先儒各一），均西嚮。西廡先賢三十九位，先儒三十七位，籩豆案三十有九（每案二位，惟第二十案先賢一位，第三十九案　先儒一位），統設俎、香案各二（先賢、先儒各一），均東嚮。廡內兩旁各設饌桌一，南北嚮。門內之南各設尊桌一，北嚮。

崇聖祠正中五甒，均南嚮。籩豆案五，香案五，統設俎一。東配一甒，西嚮，籩豆案三，香案三，西配一甒，東嚮，籩豆案二，香案二，俎統設東西各一。正位案旁，東饌桌三，西饌桌二，配位饌桌東西各一，殿內少西祝案一，南嚮，東尊桌一，接桌一，西尊桌一，接桌一。東廡先儒三位，西嚮，籩豆案二，西廡先儒二位，東嚮，籩豆案一，俎統設東西各一，香案一，饌桌、尊桌亦東西廡各一。

凡桌案施紅緞桌衣。

右供張

是日午後，執事官大禮服敬書祝版（用白紙墨書，版長一尺二寸，廣八寸），潔室安奉，遂詣宰牲所省牲，眡宰宰人以鸞刀割牲，遂戒具，視滌溉，辨籩豆、簠簋之實，以次展於饌所。右書祝版眡割戒具。

將事之夕夜半，執事官各率其屬入具器陳。正位籩豆案上爵墊一，其前登一（實以太羹），鉶二（實以和羹），簠二（實以稻粱），簋二（實以黍稷），籩十有二（實以形鹽、槀魚、棗、栗、榛、菱、芡、鹿脯、白餅、黑餅、糗餌、粉餈），豆十有二（實以韭菹、醓醢、菁菹、鹿醢、芹菹、兔醢、筍菹、魚醢、脾析、豚拍、酏食、糝食），俎實牛一羊一豕一，香案上設鑪一（焚以降香），燭臺二（然以絳燭）。四配位每案爵墊一，其前鉶二，簠二，簋二，籩八（去白餅、黑餅、糗餌、粉餈），豆八（去脾析、豚拍、酏食、糝食），俎實羊一豕一，香案上設鑪一，燭臺二。十二哲位每案爵墊一，爵三（實以酒），鉶一，簠一（實以黍），簋一（實以稷），籩四（實以形鹽、棗、栗、鹿脯），豆四（實以菁菹、鹿醢、芹菹、醓醢），鐙二，俎實羊一豕一，香案上設爵墊一，鑪一，燭臺二，帛九（正位一，配位二，哲位六），尊四（正位一，配位二，哲位一），爵十有二，設東尊桌，接桌上帛八（配位二，哲位六），尊三（配位二，哲位一），爵九，設西尊桌，接桌上壺一，實福酒，并爵一，盤一，實胙肉，均設東福胙桌上。凡帛皆白色。

正位四配異筐，十二哲東西共九筐，凡尊實酒承以舟，疏布羃勺具。東廡每位爵一（實酒），每案籩一，簋一，籩四，豆四。先賢案前統設俎實羊一豕一，香案上設鑪一，燭臺二。先儒案前統設俎實羊一豕一，香案上設鑪一，燭臺二，尊桌上設帛二尊二（皆先賢、先儒各一），虛爵六筐，羃勺皆具。西廡陳設同崇聖祠。正位每案爵墊一，其前鉶二，簠二，簋二，籩十（去糗餌、粉餈），豆十（去酏食、糝食），香案上設鑪一，燭臺二，又前統設一俎實牛一羊一豕一。配位每案爵墊一，其前簠一，簋一，籩四，豆四，香案上設鑪一，燭臺二，又前東西各統設俎實羊一豕一。東尊桌接桌上設帛六，尊六（皆正位、配位各三），爵十有八，西尊桌接桌上設帛四尊四（皆正位、配位各二），爵十有二。兩廡每位爵一（實酒），每案陳設簠、簋、籩豆如配位之數，東西統設俎，各實羊一豕一，俎前香案上各設鑪一，燭臺二，尊桌上各設帛一尊一，虛爵三筐，羃勺皆具。凡登、鉶、簠、簋皆用銅，籩用竹，豆用木，筐用竹，俎用木。爵正位，三爵用玉，餘皆用銅，設洗於大次之外，司樂設樂懸於殿外兩階，鎛鍾一、編鐘十有六；在東，特磬一、編磬十有六；在西，皆懸以虡業，東應鼓一，柷一，麾一，西敔一。東西分列琴六，瑟四，簫六，篴六，箎四，排簫二，塤二，笙六，搏拊二，旌四，節四，干戚、羽籥各六十有四，有設洗於崇聖祠階下之東如式。

右陳設

陳設畢，執事官引內務部次長一人入廟恭詣，大成殿周省盎盛及籩、豆、登、鉶之實，次詣兩廡省畢，引詣崇聖祠正殿及兩廡省，眂如儀。

右省盎

辨行禮位，殿門外階上正中為大總統拜位，階下甬道左右分獻官拜位。正殿分獻官六人在前兩廡，分獻官四人在後，均北嚮。其南為陪祀官拜位，特任官在前，簡任、薦任官在後，亦北嚮，重行異等東位西上、西位東上（凡分獻官及陪祀官之特任簡任者，先期由政事堂開單呈請大總統，選派薦任者由政事堂及各部院長官選派各四人，教育部直轄學校校長由教育部長官派二人），辦執事位殿上司祝一人，立祝案西，東嚮。司帛四人，司爵四人（皆正位一、配位二、哲位一），捧福胙二人，立東案之東，西嚮，司帛三人，司爵三人（皆配位二、哲位一），捧福胙二人，立西案之西，東嚮。侍儀內務總長、教育總長、大禮官、平政院院長、肅政廳都肅政史分立東西案之南，東西嚮，均北上。階上贊引、對引各一人，侍從、武官二人分立。

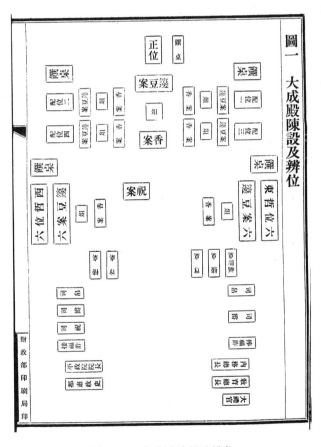

圖2—7　大成殿陳設及辨位

圖片來源：民國三年（1914 年）政事堂禮制館《呈為擬訂祀孔典禮呈主請》。

　　大總統拜位左右東西嚮，典儀一人，立殿左門外，西嚮，內史一人，立殿右門外，東嚮（攝事則不設侍儀、內史及侍從武官位），其南司樂一人，東上，西嚮，樂工、歌工、樂舞生文武八佾於階上，樂懸東西序立階下，分贊十人，東立於分獻官之右，西嚮，西立於左，東嚮。其南糾儀肅政史二人、傳贊二人分立陪祀百官拜位之次，東西嚮，司燎一人率燎人立於燎爐之隅。兩廡司帛爵共八人，每一統設案，分立二人，南北嚮。

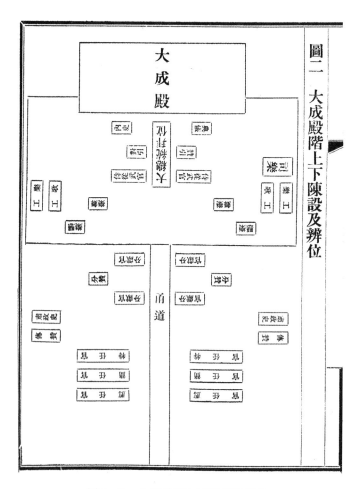

圖 2—8　大成殿階上下陳設及辨位

圖片來源：民國三年（1914 年）政事堂禮制館《呈為擬訂祀孔典禮呈主請》。

　　承祭崇聖祠官，拜位在階上正中，分獻官四人拜位在階下，贊
引一人立承祭官拜位左，東嚮。分贊四人分立於分獻官左右，讀祝
位在殿中門檻內，均北嚮。司祝、典儀、司燎各一人，正殿司帛爵
各十人（各正位五，東配位三，西配位二），兩廡司帛爵每統設案
二人，立位與前儀同。

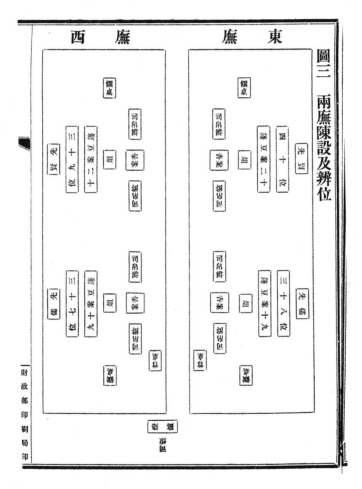

圖 2—9　兩廡陳設及辨位

圖片來源：民國三年（1914 年）政事堂禮制館《呈為擬訂祀孔典禮呈主請》。

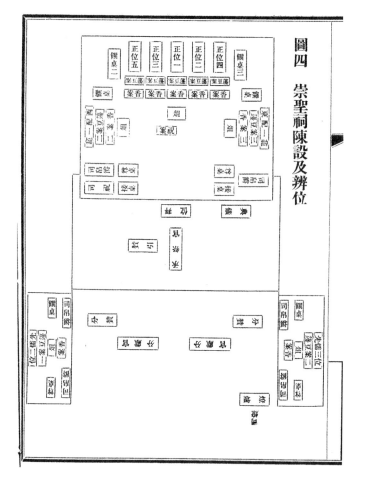

圖 2—10　崇聖祠陳設及辨位

圖片來源：民國三年（1914年）政事堂禮制館《呈為擬訂祀孔典禮呈請》。

《愛國白話報》1914年9月28日第4版撰《總統崇儒勤政》短文吹捧：

　　二十八號為仲秋上丁，大總統親率百官，敬謹致祭（一切禮節已志昨報）。是日上午六點，大總統即肅駕前詣孔廟，侍從衛士各著海陸軍制服，威儀武壯。六點半開祭，由侍儀官朱啟鈐、周自齊，侍從武官廕昌等，前導行禮，大總統跪拜從容，自始至終，絕無稍倦。禮成回府，時已七點多鐘。聞大總統略為休息，仍接見國務卿，裁決庶政，其精神矍鑠如此，足見政躬之康健。

《群強報》1914年9月28日第3版也刊文《祀孔通傳》高度讚揚袁世凱此次祭孔"為民國成立第一次之隆重"：

> 二十八號大總統親率百官舉行祀孔典禮，為民國成立第一次之隆重。惟是日系星期一，乃覲見之期。奉大總統諭，是日停止覲見，已由銓敘局傳知應行覲見各員，通俟下星期一入覲。
>
> 又令各部除總次長，均須前往致祭，並各派薦任官四員，其祭時禮服，均由各部代各員備置云。

比較袁世凱祭孔與清代祭孔，除了迎神、初獻、讀祝、亞獻、終獻、飲福受胙、撤饌、望燎等程式大致相同外，還有一定區別，主要體現在：一是名稱上，由原來的釋奠孔子改稱祀孔；二是祀孔樂章名改清代"平"字為"和"字；三是所行跪拜禮不同。清代自康熙帝起為三跪九叩禮，而袁世凱祀孔行一跪四拜禮。四是祀孔的禮服，與清代相較有了較大變化，具體參見祭孔服飾之變化一節。這也在一定程度上體現了袁世凱祭孔復古同時有所創新的特點。

2. 黎元洪執政期間

1916年秋祭，在祭孔之前，政府還是公佈了《大總統祀孔禮節》。由此禮節可以看出，黎元洪並未主張用袁世凱時期的跪拜禮，而是改為三鞠躬禮，相對輕了許多。其他則相同。

大總統祀孔禮節

祀日

大總統於示定時刻，服大禮服乘輿至孔子廟在欞星門外，鋪設（樓）薦處降輿馬衛士及護從兵警，均從至欞星門外止，立內務總長、教育總長、平政院院長、大禮官暨贊引官二人恭導。大總統由欞星門左門入，至幄次步，衛士均在大成門外止，裡侍從武官及諸護從隨侍，侍從官奉盥奉帨巾請。大總統盥洗畢司祝官以祝版進。大總統行禮。大總統出屋次，內務總長、教育總長、平政院院長、大禮官暨贊引官恭導。大總統由大成門左門入，諸護從均從至階下止立，內務總長、大禮官進殿左門，西向立，教育總長、平政院院長進殿右門，東向立侍儀。大總統由中階之左升聖諡行禮，位前立侍從武官二人隨侍。大總統後，北向分左右立，典儀官贊樂舞生就位，執事官各司其事，陪祀官各就位。贊引官贊："就位。"大總統就位，脫帽肅立，典儀官贊："辟戶。"執事官辟戶訖。贊："迎。"神司樂官贊："舉迎神樂，奏《始和之章》。"起枇，樂作。贊引官贊："鞠躬，再鞠躬，三鞠躬。"大總統率分獻陪祀，各官三鞠躬畢，樂止戛敔。典儀官贊："奠帛爵，行初獻禮。"司帛爵官各捧帛爵就前向上立，司樂官贊："舉初獻樂，奏《雍和之章》。"起枇，司帛爵官各進神位前立，樂作。贊引官。贊："詣奠帛位。"恭導大總統進殿，左門侍從，武官隨侍至正位香案前，北向分左右立。大總統詣帛案前立。贊："獻帛。"大總統受帛拱舉，仍授司帛官奠于案正中，退。贊："詣獻爵位。"恭導大總統詣爵案前立。贊："獻爵。"大總統受爵拱舉，仍授司爵官，奠于爵墊正中，退。贊："復位。"恭導大總統仍由殿左門出，復行禮位立，侍從武官隨侍如前。分獻官案前立，受伯爵供舉，仍授司帛爵官獻於案上，退。司祝官就祝案前，奉祝版至案東先立，樂暫止，贊引官贊："詣讀祝位。"恭導大總統進殿左門諡詣祝位肅立，侍從武官隨侍如前，典儀官贊："讀祝。"司祝官讀祝畢。大總統受祝版拱舉，仍授司祝官。司祝官奉祝版至，至聖先師孔子位前，安於筐內，退。樂復作，贊："復位。"恭導大總統出殿左門復行禮位立，侍從武官隨侍如前。贊引官贊："鞠躬。"大總統率分獻陪祀各官，一鞠躬，畢，樂止戛敔。典儀官贊："行亞獻禮。"司爵官捧爵就前向上立，司樂官贊："舉亞獻樂，奏《熙和之章》。"起枇，司爵官身為前立，樂作。贊引官贊："詣獻爵位。"恭導大總統進殿左門，侍從武官隨侍如前。大總統詣爵案前立。贊："獻爵。"大總統受爵拱舉，仍授司帛官，奠于爵墊左，退。贊："復位。"恭導大總統出殿左門復行禮位立，侍從武官隨侍如前，分獻官各就案前立，受爵拱舉，仍授司爵官獻於案上，退。樂止戛敔，典儀官贊："行終獻禮。"司爵官奉爵前向上立，司樂官贊："舉終獻樂，奏《淵和之章》。"起枇，司爵官各進神位前立，樂作，贊引官贊："詣獻爵位。"恭導大總統進殿左門，侍從武官隨侍如前。大總統詣爵案前立，贊："獻爵如前。"分獻官各就案前立，受爵拱舉，仍授司爵官獻於案上，退。樂止戛敔，典儀官贊："行終獻禮，奏《淵和之章》。"起枇司爵官各進神位前立，樂作。贊引官贊："詣獻爵位。"恭導大總統

進殿左門，侍從武官隨侍如前。大總統詣爵案前立，贊："獻爵。"大
總統受爵拱舉，仍授司爵官，奠於爵墊右，退。贊："復位。"恭導大
總統出殿左門，復行禮位立，侍從武官隨侍如前，分獻官各就案前立，
受爵拱舉，仍授司爵官，獻於案上，退。樂止戞敔，典儀官進至殿東
西嚮立，贊："賜福胙，退。"贊引官贊："詣飲福受胙位。"恭導大總
統進殿左門，詣飲福受胙位肅立，侍從武官隨侍如前，捧福胙官二員，
恭捧福胙至神位前，拱舉，退立於大總統之後。接福胙官二員進立於，
大總統之左。贊引官贊："飲福酒。"大總統受爵拱舉，授左官。贊：
"受胙。"大總統受胙拱舉，授左官。贊："復位。"恭導大總統出殿左
門復行禮位立，侍從武官隨侍如前。贊引官贊："鞠躬。"大總統率分
獻陪祀各官一鞠躬，畢。典儀官贊："撤饌。"司樂官贊："舉徹饌樂，
奏《昌和之章》。"起柷，樂作。司爵官各進神位前，撤籩豆各一，少
移故處，退。樂止，戞敔，典儀官贊："送神。"司樂官贊："舉送神
樂，奏《德和之章》。"起柷，樂作。贊引官贊："鞠躬，再鞠躬，三鞠
躬。"大總統率分獻陪祀各官三鞠躬，畢。樂止戞敔，典儀官贊："奉
祝帛送燎。"司祝帛爵官各進神位前，拱捧祝帛酒饌依次送往燎爐。時
贊引官恭導。"神樂，奏《德和之章》。"起柷，樂作。贊引官贊："鞠
躬，再鞠躬，三鞠躬。"大總統率分獻陪祀各官三鞠躬，畢，樂暫止。
典儀官贊："奉祝帛送燎。"司祝帛爵官各進神位前，恭捧祝帛酒饌，
依次送往燎爐。時贊引官恭導大總統轉立東旁，侍從武官隨轉于後，
俟祝帛過畢仍導大總統復位立，侍從武官隨侍如前。樂復作，司燎官
數帛，典儀官贊："闔戶。"執事官闔戶訖。贊："禮成。"樂止，戞敔
內務總長、教育總長、平政院院長、大禮官暨贊引官二人恭導大總統
出大成門左門，入幄次，侍從武官及諸護從隨侍少憩，仍至櫺星門左
門外，乘輿歸府。[①]

　　黎元洪祀孔禮節基本延續了袁世凱時期祭孔的禮儀規制，基本程式相
同。其區別之處在於：一是迎神和送神時，由袁世凱時期的一跪四拜禮改
為三鞠躬禮，實為現代禮節。二是飲福受胙後，由袁世凱時期的四拜禮改
為一鞠躬禮。三是同袁世凱時期一樣，祀孔樂章名改用"和"字，但迎

---

　　① 據《北洋軍閥史料·黎元洪卷》（天津古籍出版社 1996 年版）。

神樂章袁世凱時名為"昭和之章"，而黎元洪時期更為"始和之章"，其他章名相同。三鞠躬之禮節相對袁世凱時一跪四拜禮為輕，也體現了黎元洪政府為維護其統治，顯示其有別于袁世凱時之政府，似亦包含一定的政治意圖在內。

民國祀孔大典主祭者多由國務總理或教育總長擔任，卻少見大總統的身影。1916 年秋黎元洪大總統下令稱："九月七日為仲秋上丁孔子祀期，特派教育總長范源廉恭代行禮。"由此可知，教育總長范源廉恭代行禮的時間應該是 1916 年 9 月 7 日。那麼范源廉到底是何時改懸黎元洪的匾額的呢？我們查看一下匾額的寫作時間便可以知曉。

通過黎元洪"道洽大同"匾額，我們可以清楚地看到，黎元洪書寫此匾額的落款是"中華民國六年三月吉日"，中華民國六年即 1917 年。那麼，范源廉在大成殿改懸黎元洪"道洽大同"匾額的時間不會早於 1917 年 3 月，即他代為祭孔後的第二年。1917 年 9 月 12 日，代理大總統馮國璋公佈《秋丁祀孔令》，規定"九月二十二日為上丁祀孔子之期"，並謂"本大總統親詣行禮，由內務部敬謹預備"。由此可知，范源廉改懸匾額的時間應該是在 1917 年。

3. 馮國璋執政期間

1917 年 8 月 4 日，冯国璋到京，宣布代理大总统，开始了冯国璋与段祺瑞合作的新体制。

《政府公報》1918 年第 963 號內務部通告第九號規定，奉大總統令 10 月 1 日（陰曆八月二十七日）規定為聖誕節，所有境內文武各機關各團體均應放假慶祝，懸旗結彩，並准各項人員前往孔廟自由行禮。

4. 徐世昌執政期間

1918 年 9 月 4 日，安福國會選舉徐世昌為民國第二任大總統。

1919 年 3 月 6 日為春丁致祭之期，時任大總統徐世昌派國務總理錢能訓至文廟代行祀典。"是日早五時，總理暨各部總次長及陪祭人員陸續到齊。已刻照例奏樂上祭，莊嚴敬肅，極其隆重。"[1]

1919 年 10 月 2 日為秋丁祀孔之期，時任大總統徐世昌已發明令，親自行禮。故於昨日交諭典禮司司長陳時利，先期敬謹籌備一切典禮，以重祀典。[2]

---

① 《晨報》1919 年 3 月 7 日第 6 版《文廟祀孔志聞》。

② 《北京日報》1919 年 9 月 30 日第 7 版《內務部籌備禮典》。

《魯迅全集·日記》1919 年 9 月 30 日第 7 版亦與上述內容相合：

> 三十日 晴。午後往孔廟演禮。
> 二日 晴。晨二時往孔廟執事，五時半畢歸。

各大報紙對徐世昌此次親詣祭孔進行了大幅報導和點評。《晨報》1919 年 10 月 2 日第 6 版《大總統今日祭丁》：

> 大總統今日親詣孔廟丁祭，已見明令。聞定卯正行禮，陪祀官均傳寅正到孔廟。大總統尊孔可見一斑云。

《北京日報》1919 年 10 月 2 日第 7 版《元首祀孔之路綫》：

> 今日（二日）為元首親謁祀孔聖之期，所定計劃極為鄭重。孔廟雖在公府福華門北（公府後門）即元首來去所行路綫一層，亦極鄭重。元首決意于赴孔廟時由府起駕，出新華門正門，繞西長安街而轉北，向赴孔廟至禮成。由孔廟回府，則即逕直行咫尺之路，進福華門而歸公府。

《群強報》1919 年 10 月 2 日第 3 版報導了《保安措施預備道差》：

> 秋丁祀孔典禮，今日舉行。大總統親詣致祭。昨步軍統領王懋宣，特由兩翼五營抽派遊緝隊及便衣偵探等，由官長帶領，於本日早四鐘，在地安門外鼓樓前集合，由統帶官富連瑞指揮，分佈沿途警衛，預備道差。

《益世報》1919 年 10 月 2 日第 6 版刊載了《規定祀孔禮制》：

> 教育部以月之二日為祀孔大典，聞已派令部員將各學校應行祀孔禮制規定妥協，日內即行頒發各學校一律遵行（生）。

為昭示對祀孔典禮的重視，當局以該年的關岳合祀因與祀孔時間太近而改期。據《北京日報》1919 年 10 月 3 日第 7 版報導《關岳合祀改期》：

> 關岳合祀典禮照章應於春秋分節氣後第一戊日舉行。惟本年十月二日丁亥為仲秋上丁祀孔之期，翌日戊子（三日）即秋分節氣後第一戊日。當局以與祀孔日期過於接近，不足以昭誠敬，業由內務部核議，改於十月十三日戊戌即秋分後第二戊日舉行。昨已奉批照準。故今日並無祀典云。

《晨報》1919 年 10 月 3 日第 6 版《昨日祀孔情形》：

> 昨日為丁祭之期，總統親去祀孔，已見各報。昨聞昨早三時，軍警各機關即自公府警備延至國子監。總統黎明即起，約早四時即行抵國子監致祭。各閣員前往隨同致祭者約有一百余員之多。一切典禮，均照項城時代制定之式云。

《群強報》1919 年 10 月 3 日第 3 版第《恭祭文廟》補記了大總統隨從及前往孔廟的路綫：

> 昨二號上午六時，大總統乘大禮輿赴孔廟上祭。特派侍從武官長陸軍上將廕昌，陪座大禮輿同行。隨侍赴孔廟者，侍從衛侍武官十員，文武承宣官八員，校尉官十六員，指揮使徐邦傑及各高級軍官，均赴孔廟。護衛大禮輿出新華門，穿行東西長安門、王府井大街、丁字街、馬市、過大佛寺、交道口，直至孔廟。禮成後，仍由原路回府。

《益世報》1919 年 10 月 3 日第 6 版《東海祀孔昨訊》補記了陪祀官員情況：

> 大總統恢復祀孔四拜禮並改著乙種禮服，並於昨日親臨主祭。原定寅初齊集。東海因有某項事故，提前於夜間三時即往行祀。所有各部總次長，平政院、審計院大理院院長、督查總監、步軍統領、京兆尹均往陪祀，至三時二十分祀畢回府。

徐世昌政府之祭孔相對黎元洪政府，有向袁世凱政府復歸的特點，如大總統徐世昌恢復祀孔四拜禮並改著乙種禮服，並於祭孔之日親臨主祭。一切典禮，均照袁世凱時代制定之式。

5. 黎元洪再次執政期間

1922 年 6 月 2 日，徐世昌在直系軍閥孫传芳等压力下，被迫宣告辞职。[①] 黎元洪在直系一再敦促下，于 11 日入京复任大总统之职。[②]

據《申報》1922 年 10 月 19 日《南北時局談》：

> 十七日北京電：今日此間舉行孔聖紀念會。由康有為主持一切，黎元洪派秘書劉春霖助之，各官立學校及各公署均休息一日。

民國十二年（1923 年）三月二十五日為春丁祀孔日，時任大總統黎元洪親自行禮。《政府公報》1923 年第 2519 號《大總統令》：

> 三月二十五日為春丁祀孔之期，本大總統親詣行禮。著內務部敬謹預備，此令。
>
> 大總統蓋印　國務總理張紹曾　內務總長高淩蔚

《晨報》1923 年 3 月 17 日第 7 版《命令》亦載，並詳明發佈時間：

> 大總統令
> 三月二十五日為春丁祀孔之期，本大總統親詣行禮，著內務部敬謹預備，此令。
> 中華民國十二年三月十六日

《政府公報》1923 年第 2524 號："三月二十五日舉行春丁祀典，准公府禮官處函稱奉大總統諭定于辰初（七鐘）上祭等因，所有執事各官，應於十日卯初（五鐘）齊集。其承祭分獻陪祀各官均於卯正（六鐘）齊集。"

黎元洪政府亦如徐世昌政府一樣，特別重視祭孔，並親詣行禮。同時

---

① 《民國日報》1922 年 6 月 4 日。

② 參張憲文等《中華民國史》第一卷，南京大學出版社 2005 年版，第 214 頁。

規定，所有承祭分獻及執事各官，文職服大禮服，武職服軍大禮服，員警官服員警大禮服，有勳章大綬者一律佩帶。其大成殿陪祀及崇聖祠執事各官均服乙種常禮服。

具體的祀孔禮節程式，因與前面黎元洪第一次執政時期相同，可參前文。

6. 曹錕執政期間

《政府公報》1923 年第 2524 號《內務部通告》："大總統諭，上次秋丁祀典，陪祭各官所著乙種禮服未能一律，應由內務部通知各陪祭官著用明令公佈之乙種禮服，以昭誠敬。等因奉此，合亟遵達等語。為此通告陪祀各官，務請查照服制第三條第二種、第五條第二種、第六條第二種之規定，著用，特此通告。（中華民國十二年九月四日）"

《政府公報》1923 年第 2689 號再次強調："為通告事，本年九月十一日舉行秋丁祀典，所有承祭分獻陪祀及執事各官，均應著用祭祀冠服。除禮節另行分送外，特此通告。"

1923 年 9 月 11 日祀孔，《政府公報》1923 年第 269 號《大總統令》：內務總長高淩蔚恭代行禮，由該部敬謹預備：

> 本月十一日為秋丁祀孔之期，著派內務總長高淩蔚恭代行禮，即，此令。
> 大總統（印）
> 國務院攝行　國務總理（陸軍總長）、外交總長顧維鈞、內務總長高淩蔚
> 財政總長張弧　海軍總長李鼎新　司法總長程克
> 教育總長　農商總長袁乃寬　交通總長吳毓麟

《政府公報》1923 年第 2693 號《內務部通告》："本年九月十一日舉行秋丁祀孔，定於丑正（二鐘）上祭，所有執事各官應於是日子正（十二鐘）齊集。其承祭分獻陪祀各官均丑初（一鐘）齊集。特此通告。（中華民國十二年九月八日）"

時內務總長高淩蔚（1923 年 6 月，黎元洪總統出走後，一度被任為代理國務總理攝行大總統職，亦同曹錕政府（1923 年 10 月 10 日曹錕當選總統）一樣，非常重視祭孔，並且特別通告，次秋丁祀典，陪祭各官

所著乙種禮服未能一律，應由內務部通知各陪祭官著用明令公佈之乙種禮服，以昭誠敬。所有承祭分獻陪祀及執事各官，均應著用祭祀冠服。

1924 年 3 月 9 日為春丁祀孔，曹錕派國務總理孫寶琦代行禮。著內務部敬謹預備。①

1924 年 9 月 4 日為秋丁祭孔。但未尋到政府公文資料。據《魯迅日記》1924 年 9 月 3 日：

> 三日　晴。上午得李庸倩信並吳吾詩。午後往孔廟演禮。夜收西大所寄講稿一卷。
>
> 四日　晴。上午得孫伏圓信並《邊雪鴻泥記》稿子兩本。以《觀世音象》贈徐吉軒。下午寄三弟信。夜得李庸倩信。夜半往孔廟，為丁祭執事。

《政府公報》1924 年第 3056 號《內務部通告》："本年九月二十五日即夏曆八月二十七日為孔子耶誕節，所有文武各機關各團體，照章放假慶祝，懸旗結彩，並准各項人員前往孔子廟自由行禮。特此通告。（中華民國十三年九月二十二日）"

7. 段祺瑞執政期間

1925 年 3 月 25 日為春丁祀孔之期，時任臨時執政段祺瑞親詣行禮，著內務部敬謹豫備。②

> 本年九月二十日為秋丁祀孔之期，執政段祺瑞發佈《執政令》，親詣行禮，著內務部敬謹預備。③
>
> 內務部禮俗司現定十五日早七鐘，集各機關與祭人員，在孔子廟演禮，僅用鐘祝。十七日同時演合樂禮，業已通知各機關暨遊民習藝所樂隊知照。④

---

① 《晨報》1924 年 3 月 9 日第 6 版《命令》，《申報》1924 年 3 月 2 日第 7 版《公電》載同。

② 《申報》1925 年 3 月 18 日第 3 版《命令》。

③ 《晨報》1925 年 9 月 8 日第 7 版《命令》。

④ 《世界日報》1925 年 9 月 9 日《秋丁祭孔典禮　現正籌備一切》。

　　段祺瑞於九月二十日上午四時，率同内長龔心湛、教長章士釗、侍從武官長衛興武等前往祀孔。至上午五時四十分成禮而歸。先是段因足疾不良於行，本有臨時改派龔心湛恭代行禮之意。嗣因此種大祭典，不便變更預定之計畫，故遂力疾親往致祭云。①

　　1926 年 3 月 19 日為春丁祀孔之期，段祺瑞發佈《臨時執政令》，派國務總理賈德權恭代行禮，著内務部敬謹預備。②

　　段祺瑞政府亦非常重視祭孔，除了對祭孔時間做了嚴格規定外，還特別要求，所有承祭分獻及執事各官服用大禮服，武職服用軍大禮服，員警官服用警大禮服，有勳章大綬者一律佩帶。其陪祀及崇聖祠執事各官文職服用乙種常禮服，軍警職服用軍警制服。

　　8. 國務院攝行總統職權期間

　　"本年九月十五日為秋丁祀孔之期，國務院發佈《大總統令》，派國務總理杜錫珪恭代行禮，著内務部敬謹籌備。"③

　　據《晨報》1926 年 9 月 9 日第 6 版《今年祭孔改用祭服　教部已派定陪祀三十八人》：

　　　　往年祭孔執事員系穿乙種禮服，此次均改穿祭服，教部昨日已下通知，並將陪祀執事各員分別派定，計共三十八人云。

　　《晨報》1926 年 9 月 16 日第 6 版《杜錫珪昨晨祀孔》載此次祭孔過程：

　　　　昨日（十五日）為祀孔之期，先時已明令派海軍總長杜錫珪代行自昨晨一時起，由安定門内孔廟以至東四十一條杜宅，滿布軍警，維持秩序。一時半，杜即乘汽車由本宅出發，直往孔廟。抵孔廟後，配祭司祝三獻各人員以及軍樂隊皆未到。杜立待約十分鐘，各人始陸續蒞臨。二時正行禮，至二時半竣事。禮畢，稍息後即先後辭出，杜昨晨因未安眠故全日均未到院辦公云。

---

①　北京日報》1925 年 9 月 21 日《段執政昨力疾祀孔　孔教會昨日講經》。

②　《晨報》1926 年 3 月 15 日第 6 版《命令》。

③　《晨報》1926 年 9 月 1 日第 6 版《命令》。

《順天時報》1926年9月16日第7版《杜錫珪親詣 孔廟行丁祭 孔教會昨日致祭講經》：

　　昨日（十五）為秋丁祀孔之期，閣議早經議定屆時國務總理親往致祭，故昨日黎明，杜即率同禮官親詣到孔廟敬謹祀禮。昨日竟日杜以祀孔疲勞，並未到院辦公云云。

　　又聞昨日（夏曆八月初九日）為仲秋上丁，孔教會在甘石橋事務所行禮。八時齊集，九時致祭。由劉次源、姚孟振、劉名譽三君，分主三獻。其贊禮讀祝歌詩及各執事，皆為孔教大學及中小學生，祭畢講經。首由姚孟振君將《孟子·梁惠王章》，劉名譽君講《古本大學》發揮盡致，聽者甚多。時至正午，搖鈴閉會，乃飲福茶談而散。

攝行臨時執政杜錫珪執政期間，與以往政府不同的是，往年祭孔執事員系穿乙種禮服，此次均改穿祭服。

《政府公報》1926年第3760號《內務部通告》："本年十月三日即夏曆八月二十七日為孔子聖誕節，所有文武各機關各團體均照例放假懸掛國旗，以申慶祝，並准各項人員前往孔子廟自由行禮。特此通告。（中華民國十五年九月二十九日）"

圖2—11　大成殿前古樂器一

圖片來源：《北洋畫報》1926年10月2日第25期第2版。

圖 2—12　大成殿前古樂器二

圖片來源:《北洋畫報》1926 年 10 月 2 日第 25 期第 2 版。

圖 2—13　大成殿前演禮之景況

圖片來源:《北洋畫報》1926 年 10 月 2 日第 25 期第 2 版。

圖 2—14　國子監祭孔襄禮之樂生一

圖片來源：《北洋畫報》1926 年 10 月 2 日第 25 期第 2 版。

圖 2—15　國子監祭孔襄禮之樂生二

圖片來源：《北洋畫報》1926 年 10 月 2 日第 25 期第 2 版。

圖 2—16　俎豆千秋之隆盛典禮

圖片來源：《順天時報》1927 年 3 月 6 日第 7 版。

據《順天時報》1927 年 3 月 3 日第 7 版《內務部籌備祀孔　各機關派簡薦任職四員陪祭》：

> 春丁祀孔，業經閣議通過，著由內務部籌備一切。現該部已分函各機關，請派簡薦任職四員，前往孔廟陪祭云。

1927 年，3 月 4 日為春丁祀孔之期，國務院方面派內長胡惟德敬謹致祭。教部方面，亦將陪禮執事各員，依例派就。又員警廳以祀孔之期，業經命令派內務總長胡惟德恭代行禮，所有禮輿經行路線，並沿途警衛事宜，亟應援照成案辦理，以昭慎重。[①]

9. 張作霖執政期間

1927 年，9 月 31 日秋丁祀孔。據 1927 年 9 月 1 日《順天時報》第 7 版《莊嚴隆重之昨日祀孔　與祀者於五時行禮六時禮成　其秩序禮節為洪憲後所僅見》：

---

① 《順天時報》1927 年 2 月 28 日《祀孔日　禮輿經過路線之籌備　警廳規定道差警衛辦法》。

圖2—17　八月二十七日秋丁祀孔各官
在正殿陪祀之光景①

圖2—18　內務總長沈瑞麟②

　　昨（三十一日）日秋丁祀孔，與祭人員名單，及臨時分段警備
等情形，已見本報。前夜天陰欲雨，執事者均預備雨衣雨具。二時左
右，即齊集孔廟，往昔都中人士之往觀禮者，紛至遝來，今年則概以
不得一入門牆為憾。四時許，總理暨各部總長以及百僚，絡續而來，
分獻官及陪祀官，均著大禮服，余則常禮服。五時頃，正位主祭之張
大元帥，著便服蒞止，略事休息，盥洗後，改御大禮服，開始行禮。
古樂古舞，隨在中節。禮成，張仍易便服，繼回帥府，時近六鐘，紅
日業已東升。聞曾往與祭者云，秩序之整肅，禮節之隆重，為洪憲後
所僅見。惟著大禮服而行跪拜禮，起伏時似稍感不便耳。內務部之禮
俗司，因連日辦理祭品，及佈置一切，極為忙碌，是日可不到衙，無
形放假一日。執事者並可持條往頒胙肉云（寫填即為昨日各官在正

①　《北洋畫報》1927年9月7日第119期第2版。

②　同上。

殿陪祀之光景，圖中立者為國務總理潘復，其左為外交總長王蔭泰，再左為內務總長沈瑞麟，其右立第二任為實業總長張景惠（餘未詳）。

根據《順天時報》1927 年 8 月 29 日《大元帥正殿祀孔禮節　內部禮俗司昨頒發禮節單　與祭各員定今日午後演禮》：

關於秋丁祀孔消息，迭誌本報。昨日內部禮俗司頒發禮節單於各與祭人員，茲將原件錄左：

祀日，大禮官於示定時刻，恭請大元帥乘輿至孔子廟，在欞星門外，鋪設（楼）薦處降輿，衛士及護從兵警，均從至欞星門外止立。內務總長、教育總長、蒙藏院總裁、大禮官暨贊引官二人，恭導大元帥由欞星門左門入，至幄次（如遣官則入持敬門至致齋所），步衛士均在大成門外止立。大禮官、特派侍從武官及諸護從隨侍大元帥具祭服，侍從官奉盥奉帨巾，請大元帥盥手畢，司祝官以祝版進。大元帥恭閱署名訖（遣官不署名）。繼鼓三嚴，大禮官恭請大元帥行禮。大元帥出幄次，內務總長、教育總長、蒙藏院總裁、大禮官、特派侍從武官暨諸護從隨侍，贊引官二人恭導（遣官徑由贊引自致齋所恭導）大元帥由大成門左入（遣官則由右門出入），諸護從均從至階下立，內務總長、大禮官進殿左門，西向立。教育總長，蒙藏院總裁進殿右門，東向立。侍議（遣官則無侍議）大元帥由中階之左（遣官則由右升）詣拜褥位前立。侍從武官二人隨侍大元帥後，北向分左右立，典儀官贊："樂舞生就位，執事官各司其事，陪祀官各就位。"贊引官贊："就位。"大元帥升拜褥位上立，典儀官贊："闔戶。"執事官闔戶訖。贊："迎神。"司樂官贊："舉迎神樂，奏《始和之章》。"起枕，樂作。大元帥率分獻陪祀各官行四拜禮。贊引官："贊，跪，拜，再拜，三拜，四拜，興。"樂止，曑敔，典儀贊："奠帛爵，行初獻禮。"司帛爵官各捧帛爵就前向上立，司樂官贊："舉初獻樂，奏《雝和之章》。"起枕，司帛爵官各進神位前立。樂作，贊引官贊："詣奠帛位。"恭導大元帥進殿左門（遣官則由右門出入，下同）。特派侍從武官隨侍至正位香案前，北向分左右立，大元帥詣帛案前立，贊："獻帛。"大元帥受帛拱舉，仍授司帛官，奠于案正中，退。贊：

"詣獻爵位。"恭導大元帥詣獻案前立，贊："獻爵。"大元帥受爵拱舉，仍授司爵官，奠於爵內正中止，退。贊："復位。"恭導大元帥仍由殿左門出，復拜跪位，特派侍從武官隨侍如前。分獻官各就案前立，受帛爵供舉，仍授司帛爵官，獻於案上，退。司祝官就祝案前，奉祝版至案東先立，樂暫止，贊引官贊："詣贊讀祝位。"恭導大元帥進殿左門，詣讀祝位肅立，特派侍從武官隨侍如前。典儀官贊："讀祝。"司祝官讀祝畢。大元帥受祝版拱舉，仍授司祝官，司祝官奉祝版，至至聖先師孔子位前，安其篚內，退。樂復作，贊引官贊："復位。"恭導大元帥出殿左門復拜位立，侍從武官，隨侍如前。大總統率分獻陪祀各官行四拜禮，贊引官贊："跪，拜，再拜，三拜，四拜，興。"樂止，戞敔。典儀官贊："行亞獻禮。"司爵官捧爵就前向上立，司樂官贊："舉亞獻樂，奏《熙和之章》。"起柷，司爵官各進位前立，樂作。贊引官贊："詣獻爵位。"恭導大元帥進殿左門，特派侍從武官隨侍如前。大總統詣爵案前立，贊："獻爵。"大元帥受爵拱舉，仍授司帛官，奠于爵墊左，退。贊："復位。"恭導大元帥出殿左門，復拜位立，侍從武官隨侍如前，分獻官各就案前立，受爵拱舉，仍授司爵官，獻於案上。司樂官贊："舉終獻樂，奏《淵和之章》。"起柷，司爵官各進神位前立，樂作。贊引官贊："詣獻爵位。"恭導大元帥進殿左門，特派侍從武官隨侍如前。大元帥詣爵案前立，贊："獻爵。"大元帥受爵拱舉，仍授司爵官，奠於爵墊右，退。贊："復位。"分獻官各就案前立，受爵拱舉，仍授司爵官獻於案上，退。樂止，戞敔，典儀官贊："行終獻禮，奏《淵和之章》。"起柷，司爵官各進神位前立，樂作。贊引官贊："詣獻爵位。"恭導大總統進殿左門，侍從武官隨侍如前。大元帥詣爵案前立，贊："獻爵。"大總統受爵拱舉，仍授司爵官，奠於爵墊右，退。贊："復位。"恭導大元帥出殿左門，復拜位立，特派侍從武官隨侍如前。分獻官各就案前立，受爵拱舉，仍授司爵官，獻於案上，退。樂止，戞敔。典儀官進至殿東，西向立。贊賜福胙，退，贊引官贊："詣飲福受胙位。"恭導大元帥進殿左門，詣飲福受胙位肅立，特派侍從武官隨侍如前。捧福胙官二員，恭捧福胙至神位前拱舉，退立於大元帥之右。接福胙官二員，進立於大元帥之左。贊引官贊："飲福酒。"大總統受爵拱舉，授左官。贊："受胙。"大總統受胙拱舉，授左官。

贊："復位。"恭導大元帥出殿左門，復拜位立，特派侍從武官隨侍如前。大元帥率分獻陪祀各官行四拜禮，贊引官贊："跪，拜，再拜，三拜，四拜，興。"典儀官贊："撤饌。"司樂官贊："舉撤饌樂，奏《昌和之章》。"起柷，樂作，司爵官各進神位前，撤籩豆各一，少移故處，退。樂止，戞敔。典儀官贊："送神。"司樂官贊："舉送神樂，奏《德和之章》。"起柷，樂作，大元帥率分獻陪祀各官行四拜禮，贊引官："贊，跪，拜，再拜，三拜，四拜，興。"樂暫止，典儀官贊："奉祝帛送燎。"司祝帛爵官各進神位前，拱捧祝帛酒饌，依次送往燎爐。時贊引官恭導大元帥轉立東旁（遣官即轉立西旁），特派侍從武官隨轉於後分左右立。執事官鋪開拜褥，俟祝帛過畢，執事官仍鋪拜褥，贊引官恭導大元帥復位立，特派侍從武官隨侍如前。樂復作，司燎官數帛，典儀官贊："闔戶。"執事官闔戶訖，贊："禮成。"樂止，戞敔。內務總長、教育總長、蒙藏院總裁、大禮官暨贊引官恭導（遣官逕由贊引恭導至致齋所）大元帥出大成門左門，入幄次，特派侍從武官及諸護從、隨侍少憩，仍至櫺星左門外，乘輿歸府。[①]

中華民國十六年（1927年）秋季禮俗司謹制《崇聖祠祭禮禮節》：

崇聖祠承祭官祭禮禮節

祭日，承祭官、分獻官先在致齋豫集，屆時，贊引官引承祭官入祠垣右門，詣階下盥手。分贊引分獻官隨入。典儀官贊："執事官各司其事。"贊承祭官就位。引承祭官、分獻官各就拜位，北向立。典儀官贊："闢戶！"執事官闢戶訖，贊："迎神！"贊引官贊："跪！拜！再拜！三拜！四拜！興！"承祭官、分獻官皆行四拜禮。典儀官贊："奠帛、爵，行初獻禮！"司帛、爵官各捧帛、爵進神位前立。贊引官贊："就奠帛位！"引承祭官入殿右門，就肇聖王帛案前，立。贊："獻帛！"承祭官受帛，拱舉，仍授司帛官，奠於案正中，退。贊："就獻爵位！"引承祭官就肇聖王爵案前，立。贊："獻爵！"承祭官受爵，拱舉，仍授司爵官，奠于爵墊正中，退。以次就左裕聖

---

① 《順天時報》1927年8月29日第7版載《大元帥正殿祀孔禮節》。

王、右詒聖王、次左昌聖王，次右啟聖王位前。奠帛、獻爵儀同。贊："復位！"引承祭官仍由殿右門出，復拜位，立。分贊官引分獻官入殿左右門，分就配位前。引兩廡分獻官分就兩廡從位前。奠帛、獻爵、復位均如正獻儀。司祝官就祝案前，捧祝版至案東，先立。贊引官贊："就讀祝位！"引承祭官進殿右門，就讀祝位，肅立。典儀官贊："讀祝！"司祝官讀祝畢，承祭官受祝版，拱舉，仍授司祝官。司祝官奉祝版至正位前，安於篚內，退。贊引官贊："復位！"引承祭官出殿右門，復拜位，立。贊引官贊："跪！拜！再拜！三拜！四拜！興！"承祭官、分獻官皆行四拜禮。典儀官贊："行亞獻禮！"司爵官各捧爵進神位前，立。贊引官贊："就獻爵位！"引承祭官進殿右門，就肇聖王爵案前，立。贊："獻爵！"承祭官受爵，拱舉，仍授司爵官，奠於爵墊左，退。以次就左裕聖王、右詒聖王、次左昌聖王、次右啟聖王位前，獻爵，儀同。贊："復位！"引承祭官仍由殿右門出，復拜位，立。分贊官引分獻官，分就配位、從位前，獻爵，復位，均如儀。典儀官贊："行終獻禮！"司爵官各捧爵進神位前，立。贊引官贊："就獻爵位！"引承祭官進殿右門，就肇聖王爵案前，立。贊："獻爵！"承祭官受爵，拱舉，仍授司爵官，殿於爵墊右，以次就左裕聖王、右詒聖王、次左昌聖王、次右肇聖王位前，獻爵，儀同。贊："復位！"引承祭官仍由殿右門出，復拜位，立。分贊官引分獻官分就配位、從位前，獻爵，仍如儀。典儀官贊："撤饌！"司爵官各進神位前，撤籩豆各一，少移故處，退。贊："送神！"贊引官贊："跪！拜！再拜！三拜！四拜！興！"承祭官、分獻官皆行四拜禮。典儀官贊："奉祝帛，送燎！"司祝、帛、爵、官各進神位前，恭捧祝、帛、酒饌，依次送往燎爐。時承祭官避立西旁，竢祝、帛過畢，仍復拜位，立。司燎官仍由祠垣右門出，分獻官隨出，各退。[①]

此次春祭規模極大，國務總理及各閣員均往陪祀。而翊衛使侍從武官及各隨員甚眾。均定於當晚 11 時齊集帥府。計派妥汽車 80 餘輛。2 月 27 日晨 3 時由府起行，而內教兩部機警廳人員等，均於 26 日晚 11 時即至孔

---

① 中華民國十六年（1927 年）秋季禮俗司謹製《崇聖祠祭禮禮節》。

廟預備。而內部禮俗司長李升培已率樂舞生贊禮生等演習兩日。警廳行政
處長邵侃、衛生處長徐顯曾等，隨總監預至孔廟監視查券放行。而與祭人
員，已酌定文官服大禮服，武官均服軍大禮服，勳章大綬一律佩帶。其配
祀各官，均服乙種常禮服。據《順天時報》1928 年 2 月 26 日《明晨府張
親臨文廟 祀孔儀節已籌備妥定 計派妥汽車八十余輛 備差之軍警分為
五段》：

> 明日（二十七日）清晨，大元帥親行祀孔，並酌定此次春祭規
> 模極大，國務總理及各閣員均往陪祀。而翊衛使侍從武官及各隨員甚
> 眾。均定於今晚十一時齊集帥府。計派妥汽車八十余輛。俟明晨三時
> 由府起行，而內教兩部機警廳人員等，均於今晚十一時即至孔廟預
> 備。而內部禮俗司長李升培，已率樂舞生贊禮生等演習兩日。警廳行
> 政處長邵侃、衛生處長徐顯曾等，隨總監預至孔廟監視查券放行。而
> 與祭人員，已酌定文官服大禮服，武官均服軍大禮服，勳章大綬一律
> 佩帶。其配祀各官，均服乙種常禮服云。

為表示對此次祀孔的重視，國務總理潘復於 26 日晚自天津趕回參與。
由帥府至寬街國子監，沿途警備事宜，業由軍警機關，預為佈置，馬路上
並鋪墊黃土。警監陳興亞、憲兵司令王琦及第四十七旅旅長鮑毓麟等，均
定親自到場照料。據《順天時報》1928 年 2 月 27 日第 7 版《今日祀孔
府張決親臨 經過馬路均鋪墊黃土》：

> 今日為春丁祀孔日期，張作霖決親到文廟主祭。所有禮節及陪祀
> 官員等，均經事前派定，送志本報。各員定今晨一時陸續到府，三時
> 隨張出發。潘復已於昨晚自天津趕回參與。由帥府至寬街國子監，沿
> 途警備事宜，業由軍警機關，預為佈置，馬路上並鋪墊黃土。警監陳
> 興亞、憲兵司令王琦及四十七旅旅長鮑毓麟等，均定親自到場照
> 料云。

《順天時報》1928 年 2 月 28 日第 7 版《民國以來所僅見 昨晨之祀孔
重典 府張親臨期前曾齋沐三日 大成殿充滿莊嚴肅默景象 上祭時均行三
跪九叩首禮》對此次張作霖親詣春丁祀孔典禮進行了詳細記述：

　　本年春丁例應舉行之祀孔典禮，大元帥為表率國民，尊敬孔聖道德，以正人心起見，故於昨日親詣孔廟，舉行釋菜典禮。前期經由內務部禮俗司員等駐於廟內，敬謹籌備所有禮儀，復於前日齊集陪祭人員暨樂舞生贊禮員等，在大成殿演習執事禮儀一次，以昭慎重。同日員警廳派督察長二員，協同該管區署率巡警保安隊等，在廟內外住宿警蹕，禁止閒人走入。所有關於禮儀上各執事人員，皆由員警廳發給標誌徽章，佩帶胸襟上，其余各部院陪祭人員，俱由內務部發給入門證。廟外國子監街各巷口，於前晚即由巡警偵偵探等，嚴□把守。入夜後，所有行經該處者，俱受盤查。

　　此外，自新華門起，經天安門前、東長安街，上王府井大街、大佛寺街，訖至國子監並孔廟前，沿途馬路，皆以黃土鋪灑。俟至夜內十二時，所有警衛職務之軍警等，即散佈崗位，執槍林立，且在夜內，極少行人車馬，大元帥於四日起，即在府內沐浴齋戒三天，居至昨日丑正，即止眠而起，盥洗畢穿常禮服，藍袍青褂，三時出府，乘黃色汽車赴孔廟。府衛隊技衛兵分作兩班，甲班於夜十二時先開至孔廟內，佈置警衛及查驗門證。乙班分乘大汽車三輛，由大隊長那漢卿帶領，充作扈從，當大元帥出府時，沿途兵警吹號傳信，整齊崗位。俟大元帥通過時，一律舉槍敬禮。大元帥抵達廟時，國務總理潘復，各部總次長，俱已先到鵠候。由潘總理、沈內長迎大元帥入更衣室休息更換大禮服畢，司盥員引大元帥及潘總理等至盥洗處盥洗畢，升殿陛，所有陪祭各員，皆著大禮服，分次排列，肅立殿外。其司爵贊禮讀祝司香司帛各執事人員，各就本位肅立。贊禮員唱禮，司香員進香，大元帥獻香畢，司爵員進爵，大元帥獻爵，讀祝員讀祝文，大元帥行三跪九叩禮，殿外樂舞生奏樂三章。分獻員同時亦分向顏、曾、思、孟諸聖位前，行分獻禮畢，樂止。司帛員引大元帥捧帛，送燎池焚帛，禮成。潘復引大元帥入休息室，行飲福受胙禮。五點十五分鐘，大元帥出廟回府，潘總理以下陪祭員等，隨亦各歸本宅。聞此次舉行之釋菜禮，自大元帥以下，迄至陪祭執事各員，並樂舞生等，敬謹莊嚴，所重儀態洵為民國以來所僅見云。

又《順天時報》1928 年 2 月 28 日第 7 版《各部院學校　昨日補假半天》；

昨日因早間祀孔，各部院臨時放假半天。京大校長劉哲，並電令各學校一律照辦，惟法外兩部，則仍照常辦公云。

又根據中華民國十七年二月內務部禮俗司製印《孔廟國子監紀略》：

祀典

孔子廟祀，漢晋及隋或稱先師或稱先聖宣尼宣父，唐謚文宣王，宋加至聖號，元復加號大成。明洪武入江淮府首謁孔子廟，元年二月詔以太牢祀孔子於國學，三年革諸神封號，惟孔子封爵仍舊，七年詔天下通祀，十七年敕每月朔望祭酒以下行釋菜禮，郡縣長以下詣學行香。宣德三年禁天下祀孔子於釋老宮。嘉靖九年，別立啟聖祠於大成殿後，釐正封號，稱先師不稱王，祀宇稱廟，用木主，廢止塑像及大成文宣王之稱，從位去侯伯封號，改稱先賢先儒，改大成殿為先師廟，門曰廟門。清乾隆三十三年重加釐正，大殿仍稱大成殿，二門稱大成門，大門額曰先師廟。

大成殿正中一龕，祀至聖先師孔子（名丘）。

配位四，東配二龕祀復聖顏子（名回）、述聖孔子（名伋），西配二龕，祀宗聖曾子（名參）、亞聖孟子（名軻），是謂四配。東序各龕祀先賢閔子（名損）、冉子（名雍）、端木子（名賜）、仲子（名由）、卜子（名商）、有子（名若），西序各龕祀先賢冉子（名耕）、宰子（名予）、冉子（名求）、言子（名偃）、顓孫子（名師）、朱子（名熹）是謂十二哲。

兩廡從祀先賢凡七十九（東四十，西三十九），東廡先賢為公孫僑、林放、原憲、南宮括、商瞿、漆彫啟、司馬耕、梁鱣、冉孺、伯虔、冉季、漆彫徒父、漆彫哆、公西赤、任不齊、公良孺、公肩定、鄡單、罕父黑、榮旂、左人郢、鄭國、原亢、廉潔、叔仲會、公西輿如、邦巽、陳亢、琴牢、步叔乘、秦非、顏噲、顏何、縣亶、牧皮、樂正克、萬章、周敦頤、程顥、邵雍。西廡祀先賢蘧瑗、澹臺滅明、宓不齊、公冶長、公晳哀、高柴、樊須、高澤、巫馬施、顏辛、曹卹、公孫龍、秦商、顏高、壤駟赤、石作蜀、公夏首、后處、奚容蒇、顏祖、句井疆、秦祖、縣成、公祖句茲、燕伋、樂欬、狄黑、孔忠、公西蒇、顏之僕、施之常、申棖、左丘明、秦冉、公明儀、公都子、公孫丑、張載、程頤。

兩廡從祀先儒凡七十七人（東三十九西三十八）東廡祀先儒為公羊高、伏勝、毛亨、董仲舒、毛萇、杜子春、鄭玄、諸葛亮、王通、韓愈、胡瑗、韓琦、呂大臨、謝良佐、尹焞、胡安國、李侗、呂祖謙、袁燮、陳淳、蔡沈、魏了翁、王柏、陸秀夫、許衡、劉因、陳澔、方孝孺、薛瑄、胡居仁、羅欽順、呂柟、劉宗周、黃道周、陸世儀、顧炎武、湯斌、顏元、李塨。（顏李二儒民國入祀①）

西廡祀先儒穀梁赤、高堂生、劉德、孔安國、後蒼、趙岐、許慎、范寧、陸贄、范仲淹、歐陽修、司馬光、游酢、楊時、羅從彥、李綱、張栻、陸九淵、黃幹、輔廣、真德秀、何基、文天祥、趙復、金履祥、吳澄、許謙、曹端、陳獻章、蔡清、王守仁、呂坤、孫奇逢、黃宗羲、張履祥、王夫之、陸隴其、張伯行。

崇聖祠正位為孔子前五世祖木金父、高祖祈父、曾祖防叔、祖伯夏、父叔梁紇、配位五、東配先賢孔孟皮（孔子之兄）、曾點（曾參之父）、孟孫激（孟軻之父）、西配顏無繇（顏回之父）、孔鯉（孔子之子）。

兩廡從祀先儒五，東廡程珦（程頤之父）、張迪（張載之父）、蔡元定（蔡沈之父）、西廡周輔成（周敦頤之父）、朱松（朱熹之父）。

祭時陳設大成殿正位配位哲位每位籩豆一案，兩廡每二位一案，正位案陳，爵三，登一，鉶二，簠簋各二，籩豆各十二，俎一，實牛、羊、豕，前設香案又前石座五設爐一，燭臺二，花瓶二，又前陳案一，上置周器，鼎、尊、卣、罍、爵、簠簋、壺、觚、洗各一，配位案陳，爵三，鉶二，簠簋各二，籩豆各八，俎一，實羊豕哲位各案則爵三，鉶一，簠簋各一，籩豆各四，東西各統設俎一，實羊豕，兩廡每位爵一，各案上陳鉶一，簠簋各一，籩豆各四，東西先賢先儒各統設俎一，實羊、豕。崇聖祠正位每位一

---

①　中華民國八年（1919 年）入祀。

案，上陳爵三，鉶二，簠簋各二，籩豆各十，統設俎一，實牛羊
豕，配位及兩廡東二案，西一案，每案上陳爵三，簠簋各一，籩豆
各四，東西各統設俎一，實羊、豕。

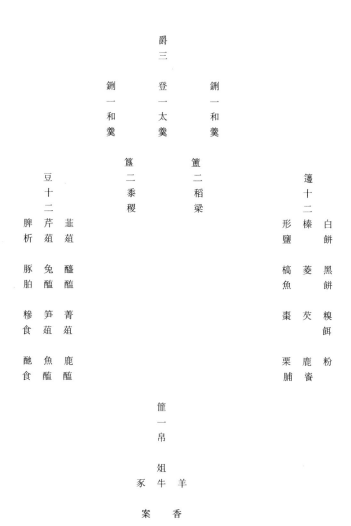

圖 2—19　孔廟正位祭器陳設

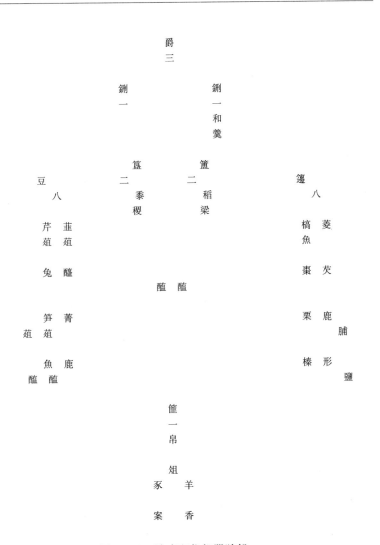

圖 2—20　孔廟配位祭器陳設

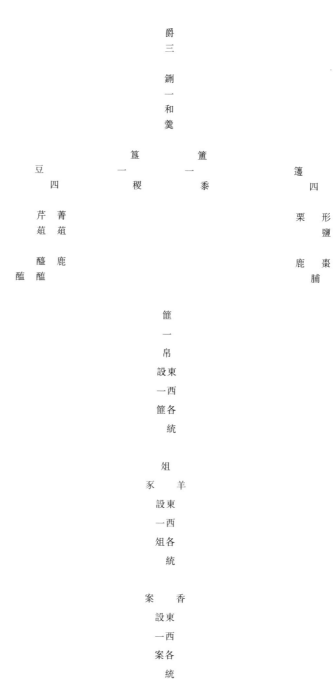

圖 2—21　孔廟哲位祭器陳設

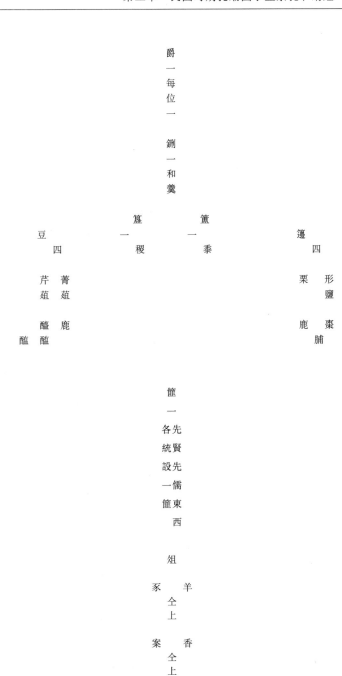

圖 2—22　孔廟兩廡祭器陳設

　　　　陳樂懸歌舞於大成殿階上，階下列鼉鼓一，甬道左右分列棕
　　薦，為分獻各官拜位，其南為陪祭官拜位。皇帝親臨，則拜於殿
　　中，遣親王恭代則拜於檐下，遣大臣則拜於階下。[①]

　　張作霖執政期間的祭孔，據說堪與袁世凱之祭孔相媲美。分獻官及陪
祀官，均著大禮服，余則常禮服。主祭之張大元帥，御大禮服。其祭祀禮
節如迎神、初獻、讀祝、亞獻、終獻、飲福受胙、撤饌、送神、望燎等，
除了迎神樂章同黎元洪時所更名"始和之章"，其余均別無二致，其所行
三跪九叩禮更超過袁世凱時所行一跪四拜禮。其秩序之整肅，禮節之隆
重，為洪憲後所僅見。

　　（二）中華民國國民政府時期（1927—1937 年）

　　1928 年 10 月 10 日是國民政府的國慶日，又為至聖先師孔子的聖誕日，
兩個大典恰逢一天，這一年"全國已在革命旗下統一，是以國民政府對此
國慶日極為重視，而孔子之聖誕日，竟不似往年之尊崇"。國民政府建都南
京，北京改稱北平，不再實行春秋丁祭，只紀念孔子誕辰。在此社會背景
下，北京孔廟的祭孔據《順天時報》1928 年 10 月 10 日報導《本日孔子誕
辰 孔廟照常開放 青天白日旗下竟豁免盛典 但孔教會人員仍舉行紀念》：

　　　　今日之國慶日，又為至聖先師孔子的聖誕日，原是新舊國家的兩
　　個大典，今歲全國已在革命旗下統一，是以國民政府對此國慶日極為
　　重視，而孔子之聖誕日，竟不似往年之尊崇，安定門內成賢街之孔
　　廟，每年今日皆由政府派員行禮，樂舞生敬謹預備供獻贊禮，軍警兩
　　界駐蹕道差，終夜不斷，至天明時上祀者禮畢而返，然後各機關以及
　　各界人士，隨便入內行禮遊逛。今歲此項大典雖豁免，而西單北甘石
　　橋孔教會人員，以及宣外達智橋松筠庵孔教會分會，依然定於早晨至
　　孔廟上祀，至下午二時再集於該會內舉行孔聖紀念祀典，而孔廟照常
　　開放任人入觀云。

　　但是，每年陽曆八月二十七日孔子誕辰紀念還是被落實下來，只是規

----

① 　中華民國十七年（1928 年）二月內務部禮俗司製印《孔廟國子監紀略》。

模較以往小了許多。1933 年 8 月 27 日上午 7 時，由國子監壇廟管理處主任傅沐華，率同股長、庶務員等，敬備香蠟果品等，在大成殿舉行。據《京報》1933 年 8 月 28 日《提倡舊道德時之祀孔大典　大成鐘鼓歇　悽斷七弦琴》：

> 昨日為祭孔之期。上午七時，由國子監壇廟管理處主任傅沐華，率同股長、庶務員等，敬備香蠟果品等，在大成殿舉行。與祭者有市府及社會、公安各局代表等三百余人，至七時三十分禮畢。

1934 年，北平祭孔典禮有所改觀。據《北平晨報》1934 年 8 月 27 日《平市各界今晨舉行祀孔典禮　由市長袁良主祭　大成殿佈置一新》詳細報導：

> 今（二十七）日為孔子誕辰，平市府於前日奉政整會令，由市長袁良恭代致祭，定今日上午十時，在安定門內國子監孔廟舉行。當由市府派科長王鬱驥，公安局科長王子甄暨社會局第一科張科長等，協同內政部壇廟管理處庶務員張清遠等，會同籌備。茲將所得各情形，分志如下：
>
> 【殿內佈置】……當民國十七年國府南遷前，每年春秋兩季之上丁日，及廢曆八月二十七日孔子誕辰，均由內務部禮俗司籌備禮典，各部院暨各機關人員均恭往致祭。其祭品除豬牛羊之太牢、少牢外，並依照古禮陳列籩豆，實以脩、脯、榛、栗等物。迨國府南遷之後，該廟亦割歸內政部壇廟管理處保管。每年祀孔則皆由壇廟管理處準備鮮果數種，手續簡單，致廟內土積塵封草高數尺。故市政府於前日奉令之後，即飭工務局派工務隊數十名，並招備民伕數十名，平墊門外馬路，芟除蔓草，並將大成殿中之神龕等等洗刷一新。於孔子神龕之上，懸總理遺像及黨國旗。於大成殿，墊以棕毯一塊，均於昨日備妥。但所有樂器等件，因為封存庫內，時間短促，故決改用軍樂，其祭品亦不用太牢少牢。
>
> ……【致祭禮節】致祭禮節，已由社會局規定，為（一）全體肅立，（二）奏樂，（三）唱黨歌，（四）向國旗總理遺像及孔子遺像行三鞠躬禮，（五）主祭恭讀《總理遺囑》，（六）主祭報告紀念孔子之意義，（七）演講，（八）唱《孔子紀念歌》，（九）奏樂，（十）禮成。

　　由此可知，當民國十七年（1928 年）國府南遷前，每年春秋兩季之上丁日，及廢曆八月二十七日孔子誕辰，均由内務部禮俗司籌備禮典，各部院暨各機關人員均恭往致祭。國府南遷之後（1929—1933 年），該廟亦割歸内政部壇廟管理處保管。每年祀孔則皆由壇廟管理處準備鮮果數種，手續簡單。1934 年接到民國政府命令後，於孔子神龕之上，懸總理遺像及黨國旗。於大成殿，墊以棕毯一塊，均於 1934 年 8 月 26 日備妥。但所有樂器等件，因為封存庫內，時間短促，故決改用軍樂，其祭品亦不用太牢少牢。

　　據《北平晨報》1934 年 8 月 28 日第 9 版《平市各界昨晨祀孔盛況參加民眾學生二千余人 袁良主祭報告祀孔意義》報導：

　　　　昨日為孔子誕辰，前往國子監孔廟致祭之平市各界代表，及臨時參加之民眾甚多，誠為歷年來未有之隆重盛舉。平市主祭者為市長袁良，政整會代表張劍初，軍分會代表蔡元，市黨部代表龐鏡塘，省黨部代表詹朝陽，市府所轄各局之公務人員均著藍袍青馬褂。中小學生，均著制服，共約二千余人……

圖 2—23　北平市長袁良主祭報告祀孔意義

圖片來源：《北洋畫報》1934 年 8 月 30 日第 1134 期第 2 版。

圖 2—24　先師孔子誕辰北平大成殿前參加祀孔學生之一部

圖片來源：《北洋畫報》1934 年 8 月 30 日第 1134 期第 2 版。

殿前排列表（1934 年 8 月 27 日）

二十三年八月二十七日

大成殿

樂隊　　　樂隊

主席及各機關長官位次

各學校位次	各機關位次
各大學	政委會
各中學	軍分會
各小學	省黨部
	市黨部
	衛戍司令部
	憲兵司令部
	部轄各機關
	市政府暨附屬各機關
	各團體

（左門）　大成門　（右門）

各學校由此入門	各機關團第由此入門（各機關長官各團體領袖休息室）

先師廟①

圖 2—25　孔子誕辰舉行紀念位次

---

①　《北平市社會局送祀孔儀式及位次圖植樹典禮等給輔大的公函》，1934 年，北京市檔案館藏，檔案號：J218 - 001 - 00080。

1935 年 8 月 27 日先師孔子誕辰紀念，據《京報》1935 年 8 月 27 日第 7 版《孔子今日誕辰 本市各機關團體學校 在孔廟舉行隆重祀禮 市長袁良主祭 規定學生軍警著制服余著長衫馬褂》：

今日為先師孔子誕辰紀念，平市府事前令社會、公安兩局及管理壇廟事務所，照上年成案籌備，昨已完全就緒。今日上午十時，在安定門內國子監孔廟舉行紀念儀式，由市長袁良主祭。其余贊裹各員，業經市府及所屬機關派員擔任。社會局已分別函令各機關，學校並給標識，於上午八時齊集，屆時由公安局擔任維持秩序，並規定除軍警學生須著制服外，一律著長衫馬褂，佩帶徽章，茲分志紀念儀式，秩序，及紀念孔子歌，如次：

【紀念儀式】

（一）全體肅立，（二）奏樂，（三）唱黨歌，（四）向國旗總理遺像及孔子遺像行三鞠躬禮，（五）主席恭讀《總理遺囑》，（六）主席報告紀念孔子之意義，（七）演講，（八）唱孔子紀念歌，（九）奏樂，（十）禮成。

圖 2—26　本月廿七日先師孔子誕辰紀念各界代表在孔廟舉行紀念會

圖片來源：《北洋畫報》1935 年 8 月 29 日第 1289 期第 2 版。

……【全市放假】今日為孔子誕辰紀念日，各界均赴孔廟參加祀禮，軍政各機關及各大中小學校一律放假一日，並通知商民懸旗志賀，公安局昨已派該局樂隊屆時赴孔廟擔任奏樂云。

圖 2—27　參加孔子紀念會之要人劉玉書、鄧慶瀾等

圖片來源：《北洋畫報》1935 年 8 月 29 日 1289 期 2 版。

1935 年 8 月 27 日祀孔列隊表
二十四年八月二十七日

大成殿

樂隊　　　　　　樂隊

主席及各機關長官位次

各小學位次　　　　　　　　　各機關位次

政委會

軍分會

衛戍司令部

憲兵司令部

部轄各機關

市政府附屬機關

各工商團體

各大學位次

各中學位次

（左門）　　大成門　　（右門）

各中學由此進入　　　各大學各機關各團體各中學由此進入

先師廟①

圖 2—28　孔子誕辰舉行紀念位次圖

---

①　《北平市社會局送祀孔儀式及位次圖植樹典禮等給輔大的公函》，1935 年，北京市檔案館藏，檔案號：J218－001－00080。另可參《北平市管理壇廟事務所關於孔子誕辰紀念辦法的呈及北平市政府的指令》，1935 年，北京市檔案館藏，檔案號：J057－001－00432。

1936 年 2 月 25 日上午六時舉行春丁祀孔，具體祀孔情形，參見《今晨祀孔　將於警憲戒備下　在國子監舉行　黃土墊道六時斷絕交通　大成殿上陳設一遵古制　祀官六百余人　參加者廿五機關》：

平市祀孔典禮，定今晨六時在孔廟，隆重舉行孔廟昨已佈置竣事，入門為主祀官及陪祀等之休息棚帳，各路口均佈置紅燈，準備祀孔時齊燃，正殿兩廡暨崇聖祠各殿內之祭器，亦均佈置整齊，其祭器之牛二頭，豬羊各十六隻，昨晨即在省牲亭宰殺，定今晨分供於各殿現仍置於該亭內，其全份古樂器金鐘、玉磬等，均按古式陳列於大成殿階上。今晨參加典禮之陪祀官共計六百余人，規定文官著藍袍青馬褂，戴呢帽，武官全服軍裝，其成賢街一帶，昨即以黃土墊道，行禮時按規定警備辦法，由保安隊及憲兵宣佈戒嚴，成賢街一帶，斷絕交通。又今晨行禮，系在平各重要機關參加，惟因時間甚早，且為肅穆起見，故行禮時，暫不招待來賓。禮成後，各界如欲前往參觀，則預備茶點招待云。

祀孔典禮各執事人員為慎重起見，特於昨日下午三時，在孔廟正式演禮，由石敬亭代表宋哲元委員長主祭，崇聖祠由秦德純主祭。祝文前本擬散體，現改為駢文，至下午四時半始演畢，祀孔祝文業經擬就，茲錄如下：

維中華民國二十有五年，歲在丙子，仲春二月，乙亥朔越六日丁丑，冀察政務委員會委員長宋哲元，謹乙太牢元醴之奠，致祭於至聖先師孔子曰：惟我先師，德參天地，道冠古今；百世之師，一人作則。樹人倫之極則，位大爵于素王，集群聖而臻大成，誠生民之所未有。受薪傳于禹湯文武，道統三王；訖聲教於東西朔南，功垂四裔，固已泰山梁木，千秋同仰止之私；日月山海，八表纖經行之度。惟是時丁喪亂，四維滅亡，人禍橫流，天變足畏，明禋典廢，杞人懷左衽之憂；異說朋興，漆室有蠻夷之懼。凡茲世風盃變，皆由聖學日湮，欲拯陷溺之心，端賴師儒之澤。哲元執戈衛國，甲冑武夫，謬領幽燕，未諳政教。惟是家猶鄹邑，諷誦詩書，身本魯人，久涵化育；緬懷楷莫，彌深告朔之思；觀禮環橋，願盡扶輪之責。伏冀故都重地，河朔名區，文物重光，彝倫攸序。離經叛道，燭火無不熄之光；否極

泰來，律縠有返噓之燠。用以修明聖教，湔滌人心，本宿夕之素懷，
播聲靈以遠屆。瞻宮牆之美備，如七十子悅服於心；奉俎豆而馨香，
祝萬斯年昌明弗替。誠惶誠恐，以敬以虔。茲際上丁，聿修舊典，配
以復聖顏子、宗聖曾子、述聖子思子、亞聖孟子，尚饗。

圖 2—29　大成殿主祭官宋哲元委員長和崇聖祠承祭官秦德純市長

圖片來源：《北洋畫報》1937 年 3 月 23 日 1532 期 2 版。

民國二十五年二月二十日 1936 年春祭列隊表如下。

大成殿

樂隊	樂隊
各大學校長	冀察政務委員會
北平軍政府	經濟委員會
社會局	外交委員會
公安局	綏靖公署
財政局	二十九軍司令部
衛生局	軍（委）督察處
自治事務管理處	檢察院河北檢察使署
文化整理實施事務處	河北高等法院第一分院
北平市商會	河北印花（各）酒稅局
銀行同業公司	冀晉察綏稅務局
製□□務廠	北平憲兵司令部
市民小本借貸處	平綏鐵務管理局

□	平漢鐵路駐平辦事處
□	外交特派員公署
管理壇廟事務所	電政管理局
管理頤和園事務所	郵務管理局
中山□□館	北平電報局
國民□訓德委員會	北平地方法院
整理□□公園委員會	北平地方遠監察處
北海公園委員會	財政部印刷局
中山公園委員會	蒙藏委員會駐平辦事處
各中學校長	國立北平故宮博物院
	平津清查處

大成門

簽到處	主祭官休息室

致齋所

先師廟①

圖 2—30　春丁祀孔位次圖

　　1936 年 8 月 27 日為孔子誕辰，所有一切紀念儀節查照春丁祀孔舊例，由市政府隆重籌備，先期報聞。由委員長宋哲元親往致祭，以示尊崇。

圖 2—31　宋哲元委員長行禮

圖片來源：《北洋畫報》1936 年 8 月 29 日第 1445 期第 2 版。

---

　　①　《北平市社會局送祀孔儀式及位次圖植樹典禮等給輔大的公函》，1936 年，北京市檔案館藏，檔案號：J218－001－00080。另可參《北平市政府關於春丁祀孔的訓令及祀孔禮節注意事項》，北京市檔案館藏，檔案號：J057－001－00487。

圖 2—32　北平市祀孔典禮階下分列之陪祭官

圖片來源:《北洋畫報》1936 年 8 月 29 日第 1445 期第 2 版。

《大公報》1937 年 3 月 22 日《國子監內春丁祀孔　古樂聲中禮成　宋委員長親臨主祭　儀節隆重場內景象肅穆》報導:

> 【北平通信】平市春丁祀孔昨晨四時半,在國子監孔廟舉行。儀禮經多日籌備,甚為隆重……孔廟右門,搭有彩色牌樓一座,入門為與祭人員簽到處,右為致齋所。大成門前,左為主祭官休息處,右為分獻官休息處……主祭官行禮位在殿門前正中……廟內由員警維持秩序,廟外及通衢,亦遍佈崗位,以資警蹕。參加各軍政機關領袖職員,因市府事先通知晨二時在國子監集合,多數均早蒞臨。參加人員,除宋委員長秦市長及所屬各機關僚屬外,各國使館方面,亦有男女外賓二十余人前往,共計約數百人。四時半起,先後在大成殿崇聖祠兩處行禮,由宋委員長主祭,至五時許禮畢而散。午後,各學校,與各機關團體,自由前往致祭云。

《世界日報》1937 年 3 月 22 日《昨晨國子監古樂聲中　隆重舉行祀孔盛典　景象肅穆與祭官員千余人　演奏古樂宋哲元親臨主祭》報導了詳細行禮過程:

【行禮情形】

四時正，引省齋張孔殿、尹祚章，各持宮燈引導省齋官周履安，由大成殿右階入殿，省視各項祭品佈置，旋赴兩廡及崇聖祠巡視一周。宋抵廟後，當即開始行禮。由贊引官馮承棟恭捧祝版詣主祭官處，時宋盥洗畢，恭閱祝版並署名後，復捧回原處。引宋氏入大成門，升右階至行禮位，由典儀官龔蔭森唱贊，開戶迎神後，行初獻、亞獻、終獻禮，及獻帛、獻爵，司祝王鬱駸宣讀祝文，龍泉孤兒院學生同時演奏古樂，全場靜穆。但聞鐘鼓齊響，笙歌共鳴。最後主祭官飲福受胙，撤饌，送神，送燎，闔戶，至五時正竣事。大禮於焉告成。崇聖祠由秦德純承祭，同時行禮，亦于五時竣事。全體與祭人員，乃于昏暗中陸續散去。

【各界致祭】

午後一時起，孔廟全部開放，各中小學校學生多整隊前往致祭，各界人士亦多赴廟行祀孔典禮，至六時截止。祭品除三牲外，其余均照舊制陳列，六時候始行撤去。主祭，分獻，就以省齋各官應得供品肉胙，於昨日下午由內六區派警分別押送，其余參加人員，亦于昨日下午一時至六時，憑券領取胙肉。

(三) 日偽統治時期 (1938—1945年)

1937年7月30日，日本侵略軍相繼侵佔北平、天津。日本在北平、天津組織了（偽）平津治安聯合會。9月23日，兩市維持會合並成偽"平津治安聯合會"。日本侵佔北平、天津以及華北之後，12月14日，湯爾和、王克敏和董康等漢奸又在北平成立了（偽）中華民國臨時政府，建立起日偽政府機構進行統治。1938年9月，王克敏又與上年3月在南京成立的（偽）中華民國維新政府頭子梁鴻志勾結，在北平成立了（偽）中華民國聯合會。1940年以汪精衛為首的（偽）中華民國政府在南京組建後，北平（偽）臨時政府變成了汪偽中央政府下轄的"華北政務委員會"。此時，北平則改稱北京特別市公署。

根据首都博物馆武俊玲《日伪時期北平孔廟祭孔活動述議》，[①] 北平淪陷后，華北伪政权每年仲春和仲秋上旬丁日，在北平孔廟祭孔兩次。自

---

① 武俊玲：《日伪時期北平孔廟祭孔活動述議》，《首都博物館叢刊》1994年第9期。

1938 年 3 月 6 日首次春丁祭孔到 1945 年 3 月最后一次春丁祭孔，共举行 15 次大规模祭孔典礼，主祭官、承祭官均由伪政权頭面人物充任。①

華北偽政權每年春丁和秋丁在北平孔廟舉行祀孔大典。歷年祝文大同小異，虛偽地向孔子表達敬意，如 1942 年春丁祀孔時漢奸王揖唐所致祝文云："維中華民國三十一年五月三十一日華北政務委員會委員長王揖唐謹敬致祭於至聖先師神位前，曰：惟先師德配天地，道冠古今，刪定六經，師表萬世。茲來闕里，瞻仰宮牆，敬存馨香。伏維。尚饗。"②

《世界日報》1937 年 8 月 23 日以《慶祝孔子誕辰　全市各機關學校放假一日　正金朝鮮兩銀行亦表崇敬》爲標題報導：

【本市消息】平市地方維持會，昨（二十二）日上午十一時召開常委會議，出席全體常委，首由主席江朝宗報告後，即由冷委員家驥提議，以本月二十七日（星期五）為孔子誕辰紀念，應放假一日。當經全體通過，由會通知全市各機關各學校均於是日放假一日，以資慶祝云。

又訊：本月二十七日，為我先師孔子誕辰紀念日，北平日本正金銀行及朝鮮銀行為表示敬仰聖哲起見，特定於是日休假一天，以資紀念云。

《實事白話報》1937 年 8 月 28 日報導《北平地方維持會昨日祭孔》：

華光社訊，北平地方維持會，以昨日為孔聖誕辰，特於昨日下午四時，在該會禮堂，舉行隆重祭典，由會長江朝宗主祭，潘壽岑司儀，查勳甫糾儀，參加人員為友邦顧問，及該會全體委員，祭品為果品及糕點，與祭人員均著長衫馬褂。

《世界日報》1937 年 8 月 28 日第 4 版《平市各機關昨日祀孔　江朝宗

---

① 應該說，從 1937 年秋起，開始正式恢復了春秋二祭（其實，1936 年春丁時國民政府冀察政務委員會委員長宋哲元已經開始恢復）的祭孔傳統。

② 中國社會科學院近代史研究所中華民國史研究室、山東省曲阜文物管理委員會編：《孔府檔案選編》上冊，第 42 頁。

市長主祭》：

【本報特訊】昨（二十七日）為秋丁祀孔之期，北平市長江朝宗為表示崇敬起見，特於昨日（二十七日）下午四時與日陸軍機關中島顧問、笠井顧問，警察局長潘毓桂及各機關重要職員，赴國子監孔廟舉行祀孔典禮，由江朝宗主祭，儀式極為隆重，至五時許始竣云。

【又訊】昨日各機關均放假一日，以示紀念之意，惟警察局則照常辦公云。

據《世界日報》1937 年 9 月 7 日《平市本屆秋丁祀孔　今晨在國子監舉行　孔聖崇聖兩祝文已撰就　江市長潘局長分別主祭》報導：

平市本年秋丁祀孔典禮，業經市府籌備會辦理就緒，決於今（七日）晨八時舉行，市長江朝宗親為主祭孔聖，至崇聖祠則由警察局長潘毓桂主祀，該兩祝文昨由市府秘書處撰就，茲覓錄如後：

【孔子祝文】

維中華民國二十六年，歲在丁丑，八月乙未，朔越三日丁酉，北平市地方維持會主席兼北平市市長江朝宗，謹乙太牢玄醴之莫，致祀於至聖先師孔子曰：先師德隆千聖，道冠百王，揭日月以常行，自生民所未有。居文教昌明之會，正禮和樂節之時，辟雍鐘鼓，咸愹薦于馨香；泮水膠庠，宜致嚴於籩豆。茲當仲秋，敬修祀事，以復聖顏子、宗聖曾子、述聖子思子、亞聖孟子配，尚饗。

【崇聖祝文】維中華民國二十六年，歲在丁丑，八月朔，乙未越三日丁酉，北平市地方維持會主席兼北平市市長，謹遣北平市警察局局長潘毓桂，致祭於肇聖王、裕聖王、飴聖王、昌聖王、啟聖王，曰：惟王奕葉鐘祥，光開聖緒，盛德貽後，積久彌昌。凡聲教所覃敷，率循源而溯本，宜肅明禋之典，用伸守士之忱。茲屆仲春，聿修祀事，以先賢孔氏、先賢顏氏、先賢孔氏、先賢曾氏、先賢孟氏配，尚饗。

【又訊】江市長以本日祀孔典禮，異常隆重，各執事人員，早晨六時，即須到府集合，特令放假一天，以表敬意云。

1937 年 9 月 7 日秋祀祀孔禮節（大成殿和崇聖祠）如下：

祀日

主祭官率分獻、陪祀各官。於示定時刻服禮服，至孔子廟。由右門入致齋所。侍從奉盥奉帨巾。請主祭官盥手畢。

司祝官以祝版進。

主祭官恭閱。署名訖。請

主祭官行禮。

主祭官出致齋所。贊引官。恭導

主祭官由大成門右門入（諸護從至階下止立）。

又分引四配兩序分獻官及兩廡分獻官，均由大成門右門入。

主祭官由中階之右升詣行禮位前。分獻官配祀各官咸詣拜位。

典儀官贊："樂舞生就位。執事官各司其事。

主祭官就位。分獻官陪祀官亦各就位。"

典儀官贊："闔戶。"執事官闔戶訖。

贊："迎神。"

大成門鳴鐘鼓。贊：

"樂奏《昭平之章》。"樂作。贊引官贊：

"主祭官跪。"分獻陪祀官皆跪。叩首。叩首。三叩首。興。跪。叩首。叩首。六叩首。興。跪。叩首。叩首。九叩首。興。樂止。

典儀官贊："行初獻禮。"

司樂官贊："樂奏《宣平之章》，舞宣平之舞。"樂作。贊引官恭導主祭官升階入殿右門，詣先師位前，跪上香。司香跪，奉香。主祭官接上柱香，獻帛。司帛跪奉筐。

主祭官受筐，拱舉，奠於案上。獻爵。司爵跪奉爵。主祭官受爵。拱舉奠於墊中。贊："叩首。興。"

分贊官恭導分獻官詣復聖顏子、宗聖曾子、述聖子思子、亞聖孟子位前跪（四配儀同）上香。獻帛。獻爵。叩首。興。復位。

分贊官分引兩序分獻官。升東西階。入殿左右門分。詣十二哲位前。跪上香。獻帛。獻爵。叩首。興。復位。

分贊官分引兩廡分獻官分詣先賢先儒位前。跪上香。獻帛。獻爵。叩首。興。復位。

贊引官贊："就讀祝位。"恭導主祭官至殿中拜位前。立。司祝官奉祝版至案左。跪。樂止。

贊引官贊："主祭官跪。" 分獻官、陪祀官皆跪。

贊："讀祝。"

司祝官讀祝。讀畢奉祝版，跪安於先師位前筐內。樂作。主祭官及分獻官叩首。興。復位。

司樂官贊："樂止。"

典儀官贊："行亞獻禮。"

司樂官贊："樂奏《秩平之章》，舞秩平之舞。" 樂作。

贊引官恭導主祭官升階。入殿右門。詣

先師位前。跪獻帛。獻爵。叩首。興。

分贊官恭導分獻官分詣四配位前跪獻帛。獻爵。叩首。興。復位。

分贊官恭導分獻官升階，入殿左右門。分詣兩序十二哲位前跪獻帛。獻爵。叩首。興。復位。

分贊官恭導分獻官分詣兩廡先賢先儒位前跪獻帛。獻爵。叩首。興。復位。

司樂官贊："樂止。"

典儀官贊："行終獻禮。"

司樂官贊："樂奏《敘平之章》，舞《敘平之舞》。"

贊引官恭導主祭官升階。入殿右門。詣

先師位前。跪獻帛。獻爵。叩首。興。

分贊官恭導分獻官詣四配位前。跪獻帛。獻爵。叩首。興。復位。

分贊官恭導分獻官升階，入殿左右門。分詣兩序十二哲位前跪獻帛。獻爵。叩首。興。復位。

分贊官恭導分獻官分詣兩廡先賢先儒位前。跪獻帛。獻爵。叩首。興。復位。

司樂官贊："樂止。"

典儀官贊："飲福受胙。"

贊引官恭導主祭官詣受福胙位。跪捧福胙人自東案捧福胙，跪于主祭官之右。主祭官捧福胙。拱舉。由接福胙人接還西案。

贊引官贊："飲福酒。" 右一人跪遞福酒。主祭官受爵，拱舉，左一人跪接爵。

贊引官贊："謝福胙。" 叩首。叩首。三叩首。復位。

典儀官贊："主祭官、分獻官、陪祀官均就位。"跪。叩首。叩首。三叩首。興。跪。叩首。叩首。六叩首。興。跪。叩首。叩首。九叩首。興。

典儀官贊："撤饌。"

司樂官贊："樂奏《懿平之章》。"樂作。撤畢。樂止。

典儀官贊："送神。"大成門鳴鐘鼓。

司樂官贊："樂奏《德平之章》。"樂作。

贊引官贊："主祭官、分獻官、陪祀官跪。"叩首。叩首。三叩首。興。跪。叩首。叩首。六叩首。興。跪。叩首。叩首。九叩首。興。樂止。

贊引官贊："捧祝帛香饌送燎。"司祝官跪捧祝。司帛跪捧帛。司香跪捧香。司爵跪捧饌，興。以次由大殿中道出。主祭官避立，拜位西旁。竢過。復位。四配十二哲兩廡帛饌等，均送焚燎。

贊引官贊："主祭官分獻官詣燎所。"望燎畢。

典儀官贊："闔戶。"執事官闔戶訖。

典儀官贊："禮成。"

贊引官恭導主祭官、分獻官、陪祀官均出大成右門。鳴鐘。鐘聲止。轉班鼓復作。樂舞生釋器降階，至大成門內排班定，行一跪三叩禮，退。

祀孔禮節（崇聖祠）

崇聖祠行禮禮節

祭日。承祭官、分獻官先在致齋所預集。屆時。贊引官。導引承祭官等。入祠垣右門。詣階下盥手。分贊官引分獻官隨入。典儀官贊："執事官各司其事。"贊引官引承祭官。分贊官引分獻官。各就行禮位前。典儀官贊："闔戶。"執事官開門訖。贊："迎神。"贊引官贊："跪。"叩首。叩首。三叩首。興。跪。叩首。叩首。六叩首。興。跪。叩首。叩首。九叩首。興。

典儀官贊："行初獻禮。"司帛爵官。各捧帛爵。進神位前立。贊引官贊："就奠帛位。"引承祭官入殿右門。就

肇聖王爵案前跪。贊："獻帛。"承祭官受帛拱舉。仍授司帛官。奠于案正中。叩首。興。贊："就獻爵位。"引承祭官。就

肇聖王爵案前跪。贊："獻爵。"承祭官受爵拱舉。仍授司爵官。

奠于爵墊正中。叩首。興。以次就左

裕聖王。右

詒聖王。次左

昌聖王。次右

啟聖王前跪。奠帛。獻爵。（儀同前）贊引官贊："復位。"分贊官引分獻官。入殿左右門。分就配位前。引兩廡分獻官。分就兩廡從位前。獻帛。獻爵。復位。（均如正獻儀）司祝官就祝案前。捧祝版至東案先立。贊引官贊："承祭官就讀祝位。"跪。典儀官贊："讀祝。"司祝官讀祝畢。承祭官受祝版拱舉。仍授司祝官。叩首。興。司祝官捧祝版至

正位前。安於筐內。退。贊引官贊："復位。"引承祭官。出殿右門。復行禮位前。跪。叩首。叩首。三叩首。興。

典儀官贊："行亞獻禮。"司爵官各捧爵進神位前立。贊引官贊："就獻爵位。"引承祭官。進殿右門。

就

肇聖王爵案前跪。贊："獻爵。"承祭官受爵拱舉。仍授司爵官。奠于爵墊左。以次就左

裕聖王。右

詒聖王。次左

昌聖王。次右

啟聖王。位前跪。贊："獻爵。"（儀同初獻）贊："復位。"引承祭官仍由殿右門出。復行禮位立。分贊官。引分獻官。分就

配位

從位前。獻爵。復位。（均如前儀）典儀官贊："行終獻禮。"司爵官各捧爵進

神位前。立。贊引官（贊）就獻爵位。引承祭官。進殿右門

就

肇聖王爵案前跪。贊："獻爵。"承祭官受爵拱舉。仍授司爵官。奠於爵墊右。叩首。興。以次就左

裕聖王。右

詒聖王。次左

昌聖王。次右

啟聖王位前。贊："獻爵。"（儀與初同）。叩首。興。贊："復位。"引承祭官仍由殿右門出。復行禮位立。分贊官。引分獻官。分就配位

從位前跪。贊："獻爵。"（均如前儀）。叩首。興。典儀官。贊："撤饌。"司爵官各進撤神位前籩豆各一。少移故處。退。典儀官贊："送神。"贊引官贊："跪。"叩首。叩首。三叩首。興。跪。叩首。叩首。六叩首。興。跪。叩首。叩首。九叩首。興。典儀官贊："奉祝帛送燎。"司祝司帛司爵等官。各進

神位前。恭捧祝帛酒饌。依次送往燎爐。承祭官避立西旁。俟祝帛過畢。仍復位立。司燎官數帛。典儀官。贊："詣燎所。"引承祭官。分獻官望燎畢。典儀官。贊："闔戶。"執事官闔門訖。典儀官。贊："禮成。"引承祭官仍由祠垣右門出。分獻官隨出。各退。①

1937年秋季祀孔禮節（包括大成殿和崇聖祠）禮儀詳盡，極盡完備。例如祀日早上，"主祭官率分獻、陪祀各官於示定時刻服禮服至孔子廟，由右門入，致齋所侍從奉帨巾請主祭官盥手畢。司祝官以祝版進，主祭官恭閱署名訖，請主祭官行禮，主祭官出致齋所"。另外，迎神、送神行禮時，行三跪九叩大禮，此同清朝相似；樂章帶"平"字，如奏《昭平之章》《宣平之章》《秩平之章》等，此亦同清朝禮制；行初獻禮時在奠帛、獻爵前於先師位、四配位、哲位及兩廡先賢先儒位前分別上香，此亦同清禮。此外，飲福、受胙後三叩首後復位，然後再九叩首，然後撤饌，此與清禮及民國政府禮不同。另禮成後"轉班鼓復作，樂舞生釋器降階，至大成門內排班定，行一跪三叩禮，退"，此亦與清禮及此前禮不同。崇聖祠禮儀迎神、送神後行三跪九叩大禮，同清禮；初獻奠帛、獻爵前無上香禮；初獻完成後行一跪三叩禮，亞獻、終獻無奠帛，止獻爵。此與本年大成殿之行禮不盡一致。

殿前排列表（1937年9月7日）
二十六年九月七日

---

① 《北大總監督辦公處函送教育總署孔子誕辰紀念辦法和北大醫學院派員參加祀孔等問題與有關單位來往函》，1937年，北京市檔案館藏，檔案號：J029－003－00905。

大成殿

樂隊　糾儀　主祭　糾儀　典儀　司樂　樂隊

樂器　　　　　　樂器

傳贊　　　　傳贊

分獻官　　　分獻官

分獻官　　　分獻官

外賓	外賓
北平憲兵司令部	北平地方維持會
各大學校	河北各縣地方聯合維持會
北平市政府	財務處
社會局	華北農業合作事業委員會
警察局	河北高等法院
財政局	河北高等法院監察處
工務局	河北印花菸酒稅務局
衛生局	冀晉察綏統稅局
自治事務監理處	河北電政管理局
北平市商會	北平郵政管理局
銀行業同業公司	北平電話局
農事試驗場	財政部北平印刷局
市民小本借貸處	平綏鐵路管理局
市立第一工廠	平漢鐵路駐平辦事處
烈性毒品人販審判處	蒙藏委員會主屏辦事處
公共汽車管理處	故宮博物院
管理壇廟事務所	內政部地產清理處
管理頤和園事務所	歷史博物館
通俗圖書館	古物陳列所
國貨陳列館	北平地方法院
北平新聞檢查所	北平地方法院檢察處
整理中南海公園委員會	平津郵電檢察處
北海公園委員會	北平市民銀行
中山公園委員會	各中學校長
大興宛平縣長公署	救世新教會
就讀文物整理實施事務處	

大成門

簽到處	
入口	主祭官休息室
致齋所　　　　　先師廟	

圖 2—33　秋丁祀孔位次圖①

---

　　① 《北大總監督辦公處函送教育總署孔子誕辰紀念辦法和北大醫學院派員參加祀孔等問題與有關單位來往函》，1937 年，北京市檔案館藏，檔案號：J029 - 003 - 00905。

1938 年 3 月 6 日本屆春丁祀孔，派（偽）議政委員會委員長兼教育部總長湯爾和恭詣行禮。崇聖祠派（偽）北京特別市市長余晉龢行禮。[1]

圖 2—34　京市祭孔典禮昨晨隆重舉行

圖片來源：《新民報》1938 年 3 月 7 日第 1 版。

圖 2—35　昨日狂風如吼，丁祭禮成

圖片來源：《新民報》1938 年 3 月 7 日第 2 版。

① 《北平偽中華民國臨時政府公報》第 7 號《臨時政府令　臨字第三五號　二十七年二月二十七日》。

　　"本屆秋丁祀孔，派議政委員會委員長兼教育部總長湯爾和恭詣行禮。崇聖祠派北京特別市市長余晉龢行禮。"①

圖 2—36　首都秋丁祀孔今日隆重舉行

圖片來源：《新民報》1938 年 10 月 2 日第 7 版。

　　"1938 年 3 月 6 日，本屆春丁祀孔，派議政委員會委員長兼教育部總長湯爾和恭詣行禮。崇聖祠派北京特別市市長余晉龢行禮。"②

　　1939 年，三月二十一日為春季上丁祀孔之期，所有應行典禮，奉令由本部敬謹籌備，克日成立籌備春丁祀孔委員會。③

　　"本屆春丁祀孔，派議政委員會委員長兼教育部總長湯爾和恭詣行禮，崇聖祠派北京特別市市長余晉龢行禮。"④

　　"臨時政府令云，祀孔典禮隆重，執事人員均應恪恭將事，以昭誠敬。如有失儀遲誤者，應由糾儀官呈明，交付懲戒。"⑤

　　"本屆秋丁祀孔，派內政部總長王揖唐恭詣行禮。崇聖祠派北京特別

　　① 《北平（偽）中華民國臨時政府公報》第 37 號《臨時政府令　臨字第一一二號　二十七年九月二十七日》。

　　② 《北平（偽）中華民國臨時政府公報》第 7 號《臨時政府令　臨字第三五號　二十七年二月二十七日》。

　　③ 《政府公報》1939 年第 66 號，同載《北平偽中華民國臨時政府公報》第 66 號，1939 年 3 月 2 日。

　　④ 《政府公報》1939 年第 65 號（注：北平）。

　　⑤ 《政府公報》1939 年第 66 號（注：北平）。

市市長余晉龢行禮。"①

"關於舉行正式典禮時間，定於九月十七日上午新六時舉行，並定於九月十六日下午新四時預行演禮一次。是日例請主祭、承祭、分獻、省齋、糾儀各官親臨孔廟，率同陪祀人員及執事人員舉行演禮，並招待外賓觀禮。"②

1938 年和 1939 年祀孔禮節同 1937 年日偽祀孔相同，茲不再贅述。

殿前排列表（1938 年 3 月 6 日）

二十七年三月六日

大成殿

樂隊　糾儀　主祭　糾儀　典儀　司樂　樂隊

樂器　　　　　　　樂器

傳贊　　　　傳贊

分獻官　　　分獻官

分獻官　　　分獻官

外賓	外賓
中華民國新民會	行政委員會
北京憲兵司令部	議政委員會
北京特別市公署	司法委員會
社會局	行政部
警察局	治安部
財政局	教育部
工務局	法部
衛生局	賑濟部
公用管理總局	臨時政府侍衛處
自治事務監理處	河北高等法院
北京市商會	河北高等法院檢察處
銀行業同業公會	北京地方法院
農事試驗場	北京地方法院檢察處
北京市民銀行	特種犯罪臨時處理審判法庭

---

① 《政府公報》1939 年第 101 號《臨時政府令　臨茲第二一零號　二十八年九月十一日》。

② 《北平（偽）中華民國臨時政府公報》第 114 號。

市民小本借貸處	統稅公署
公共汽車管理處	統稅公署北京統稅分局
管理壇廟事務所	河北電政管理局
管理頤和園事務所	北京郵政管理局
通俗圖書館	北京電話局
國貨陳列館	北京印刷局
整理中南海公園委員會	故宮博物院
北海公園委員會	歷史博物院
中央公園委員會	古物陳列所
平耀管理委員會	華北教育會
北京物質委員會	河北省農業合作事業委員會
粥廠管理事務所	北京圖書館
清除械土工振管理所	新聞記者
北京貧民救濟會	
各大學校各中學校	

大成門

簽到處

入口　　　　　　　　　　　　　　　　　主祭官休息室

致齋所　　　　　　　先師廟①

圖 2—37　春丁祀孔位次圖

殿前排列表（1939 年 3 月 21 日）

二十八年三月二十一日

　　　　　　　　糾儀　　大成殿　　　糾儀
　　　樂隊　糾儀　主祭　糾儀　典儀　司樂　樂隊
　　　　樂器　　　　　　樂器
　　　　　傳贊　　　　傳贊
　　　　　分獻官　　　分獻官
　　　　　分獻官　　　分獻官

外賓　　　　　　　　　　　　　　　　外賓
中華民國新民會　　　　　　　　　　　行政委員會
東亞文化協議會　　　　　　　　　　　議政委員會
日華經濟協議會　　　　　　　　　　　司法委員會

---

　　① 《北京特別市政府關於舉行祀孔典禮的訓令（附祀孔位次圖及注意事項)》，1938 年，北京市檔案館藏，檔案號：J021 - 001 - 00982。

國立各專門以上學校（代表）	內政部
新民法院（代表）	財政部
河北高等法院	治安部
北京特別市公署	法部
社會局	教育部
警察局	實業部
財政局	建設總署
教育局	最高法院
工務局	最高法院檢察署
衛生局	中央公務員懲戒委員會
公用管理總局	振務委員會
自治監理處	中央防疫委員會
公私產業委員會	郵政總局
故宮博物院	統稅公署
古物陳列所	臨時政府侍衛處
管理壇廟事務所	行政委員會印製局
北京地方法院	教育部直轄□委會
中華民國教育總會	歷史博物館
各中等學校（代表）	中國辭典編纂處
北京市商會	北京憲兵司令部

大成門

簽到處	
入口	主祭官休息室
致齋所　　　　　先師廟	

圖 2—38　春丁祀孔位次圖①

1940 年，"本年三月十五日為春丁祀孔之期，由內政部主辦，並會同教育部敬謹籌備。"②

"本屆春丁祀孔派內政部總長王揖唐恭詣行禮，崇聖祠派北京特別市市長余晉龢行禮。"③

"本年秋丁祀孔典禮訂於九月十日下午新四時在孔廟舉行演禮一次，

---

① 《北京特別市政府關於舉行祀孔典禮的訓令（附祀孔位次圖及注意事項）》，1939 年，北京市檔案館藏，檔案號：J021 - 001 - 00982。

② 《政府公報》1940 年第 133 號《臨時政府令》。

③ 《政府公報》第 137 號，《北平（偽）中華民國臨時政府公報》第 137 號載同。

十一日上午新六時舉行正式典禮。"①

（寫真即今晨在文廟隆重舉行祀孔典禮時大成殿主祭官內政部總長王揖唐氏行禮之情形）

圖 2—39　尊崇先賢禮成

圖片來源：《新民晚報刊》1940 年 3 月 16 日第 2 版。

【攝影說明】新民會中央總會今晨隆重舉行祀孔典禮，圖為繆副會長講演

圖 2—40　新民會中央總會今晨隆重祀孔誕

圖片來源：《新民晚報刊》1940 年 9 月 29 日第 2 版。

① 《（偽）華北政務委員會公報》1940 年第 19—24 合期。

1940 年，（偽）華北政務委員會，以 9 月 28 日為孔子誕辰，"特訓令所屬各總署，及華北各省市，令發孔子誕辰紀念辦法、紀念歌，及秩序單等"。《晨報》1940 年 9 月 10 日第 2 版《孔聖誕辰紀念辦法　政委會已令發所屬》：

> 華北政務委員會，以本月二十八日為孔子誕辰，頃特訓令所屬各總署，及華北各省市，令發孔子誕辰紀念辦法、紀念歌，及秩序單等，令仰遵照云。

1941 年，（偽）華北政務委員會訓令："本年二月二十八日為春丁祀孔之期，所有應行籌備各事，應由內務總署查照歷屆成案，敬謹主辦，並由該總署會同辦理，以重典禮。"[①]

"本年春丁祀孔典禮訂於二月二十七日下午新四時在成賢街孔廟舉行演禮一次，二十八日上午新五時舉行正式典禮。"[②]

"本年秋丁祀孔大成殿由王揖唐恭詣行禮。崇聖祠派余晉龢恭詣行禮。"[③]

據《時言報》1941 年 9 月 24 日《京市各機關籌備秋丁祀孔典禮　定明日舉行演禮》報導：

> 九月二十六日為秋丁祀孔期，政會內署禮俗局，近正會同教育總署文化局，及市署積極籌備祭祀典禮。內務總署禮俗局，已制定祀孔禮節，並定於二十五日舉行演禮，聞各主祭官名單，刻在審查中。茲錄祀孔主要禮節如下：
>
> 主祭官率分獻陪祀各官，於示定時刻服禮服，至孔子廟，由右門入致齋所，司祝官以祝版進，主祭官行禮，典儀官，樂舞生就位，執事官各司其事，主祭官就位，分獻官陪祀官各就位。典儀官闔戶迎神，司樂官樂奏《昭和之章》。典儀官行初獻禮，司樂官樂奏《雝和之章》，舞《雝和之舞》。贊引官，詣奠帛獻爵位，典儀官讀祝，典儀官行亞獻禮，司樂官樂奏《熙和之章》，舞《熙和之舞》，贊引官

---

① 《（偽）華北政務委員會公報》1941 年第 55—56 期。
② 《（偽）華北政務委員會公報》1941 年第 59—60 合期。
③ 《（偽）華北政務委員會公報》1941 年第 93—94 合期。

詣獻爵位，典儀官行終獻禮，司樂官樂奏《淵和之章》，舞《淵和之舞》。贊引官詣獻爵位，典儀官賜福胙，贊引官詣飲福受胙位，典儀官撤饌，司樂官樂奏《昌和之章》，送神，司樂官樂奏《德和之章》。典儀官捧祝帛香饌送燎，贊引官主祭官分獻官望燎，復位，典儀官闔戶，禮成。

1942 年春丁祀孔日期為 3 月 25 日，大成殿由王揖唐恭詣行禮，崇聖祠派余晉龢恭詣行禮。

1942 年 7 月 16 日，（偽）中政會通過林委員柏生、陳副秘書長春圃，合簽改訂國曆 9 月 28 日為先師孔子誕辰。當年 9 月 28 日為孔子誕辰紀念，以後類推。

【寫真】秋丁祀孔昨日大成殿前舉行演朝宗氏代表主祭官行禮情景■江

圖 2—41　京秋丁祀孔大典今晨五時隆重舉行

圖片來源：《新民報》1941 年 9 月 26 日第 5 版。

據《時言報》1942 年 9 月 11 日第 4 版《壬午秋丁祀孔大典今日舉行演禮 儀式異常隆重》報導：

> 壬午秋丁祀孔大典，內務總署會同教署，及北京市公署，已進行籌備，經華北政務委員會指派，主祭官、承祭官、分獻官、耆齋官、糾儀官，各機關派定高級與祭人員，決定於今日（十日）下午四時，在孔廟舉行演禮，十一日晨舉行正式典禮，儀式異常隆重，昭示孔學

復興，東洋文化精神日趨發展云。

據《時言報》1942 年 9 月 12 日第 4 版《壬午秋丁祀孔大典　遵守古禮舉行　國子監昨晨呈現莊嚴景色》報導：

　　壬午秋丁祀孔大典於昨晨在國子監孔廟，遵守古禮隆重舉行，四時參加祀孔人員，即紛至廟前集合。夜色蒼茫，萬籟俱寂中，國子監獨呈莊嚴之景色，睹執事人員均靜候行禮，廟內矗立地上之座燈，燭影搖紅，古色古香。五時行禮，大成殿主祭官王揖唐委員長以下各分獻官，及各執事人員……主祭官恭閱祝板署名訖，於鼓三嚴下贊引官引主祭官及各分獻官，由大成門分立行禮位前。闔戶後，迎神，鳴大成門鐘鼓，樂奏《昭和之章》，主祭官，分獻官，陪祀官等，同時行三拜九叩禮，即開始行初獻禮，樂奏《雝和之章》，舞《雝和之舞》。主祭升階入殿右門，跪獻帛，奉篚，獻爵，叩首後，復位，各分獻官同時由各分贊官分行至東西各配行初獻禮。初獻終了，贊引官恭導主祭官至殿中拜位前，跪讀祝板，奉祀板安於先師位前篚內，行三拜九叩禮。繼之行亞獻禮，樂奏《熙和之章》，舞《熙和之舞》，行禮如前，繼行終獻禮，樂奏《淵和之章》，舞《淵和之舞》。賜福胙，飲福酒，全體三拜九叩後，撤饌，樂奏《昌和之章》。送神，大成門再鳴鐘鼓樂，奏《德和之章》。全體再三拜九叩，送燎，主祭官分獻官望燎。執事官闔戶訖，典禮乃成。崇聖祠方面行禮情形亦與大成殿同，行禮時全體人員肅然無嘩，除典儀諸人之間司禮傳贊，以及古樂聲音外，僅聞行禮時之衣衫激動聲，此外尚有秋蟲悲鳴時停起耳。迄六時許，全部禮儀始分別竣事，參加祀禮人等，乃分別歸返。天明後，孔廟開放，中外各界人士前往者絡繹不絕，萬世師表，洵使中外人士生無限之崇仰云。

根據民國三十一年（1942 年）9 月 21 日北京市警察局訓令《抄錄祀孔典禮方案要點仰知照》（收文甲字第 223 號），"本年九月廿八日恭逢至聖先師孔子誕辰紀念之期，特舉行隆祀孔典禮，擴大宣傳，並發起曲阜泰山參拜"。

1943 年 3 月 10 日為春丁祀孔之期，"依照成案均行正式典禮，時間擬定為是日上午新五時，演禮時間擬定為同月九日下午新四時"。①

1943 年 9 月 6 日為秋丁祀孔之期，時間為上午新 5 時，演禮時間是五日下午新 4 時。

1944 年春丁祀孔 3 月 4 日上午新 5 时；秋祀 9 月 28 日上午新 10 時正式典禮，9 月 27 日下午新 4 時演禮。

根據《（偽）北京特別市政府警察局訓令》华申字第 3630 號：

令內五區員警分局

為訓令事案奉

北京特別市政府第二三六二號訓令內開：為訓令事。案准教育總署化字第四九九號為訓令事案准教育總署化字第四九九號諮開：案查本年秋季祀孔典禮經本總署呈奉華北政務委員會總字第八四五九號指令內開：關於先師孔子秋祭釋奠典禮，遵照國府頒訂日期舉行。仰即遵照籌備，並轉諮各省市區一體遵照辦理為要等因，奉此。查本總署接管前，內務總署卷內曾奉華北政務委員會令復國民政府恢復先師孔子春秋釋奠典禮。春季於清明節日，秋季於九月二十八日，分別舉行。暨改崇聖祠為歷代崇賢祠。訓令原文並附春祭典禮秩序單，飭查酌辦理。嗣又奉令轉飭徵集從祀孔廟諸賢文獻，當由本總署遵照分諮各在案。本屆秋丁祀孔，自應遵令照國府所頒釋奠典禮，依期舉行。合將原發秩序單隨文抄附，即希查照。即日會同敬謹籌備。至原秩序單內第十款所列至歷代聖賢祠致祭一項，應即暫於原崇聖祠內供設一歷代聖賢之位，以資成禮等因。附先師孔子春秋典禮秩序單一份，准此。除分行外，合行抄發秩序單，令仰該所知照。並轉飭所屬一體知照。此令。等因，奉此。除分行外，合行抄發秩序單，令仰該分局一體知照。此令。

附抄發秩序單一紙

中華民國三十三年九月十九日

局長　游伯□

先師孔子春祭典禮秩序

一、春祭典禮開始——奏樂

①　《（偽）華北政務委員會公報》1943 年第 197—198 合期。

二、主祭者就位

三、陪祭者就位

四、全體肅立

五、唱國歌

六、向先師孔子行最敬禮

七、默念（一分鐘）

八、獻花——奏樂

九、恭讀祭文

十、主祭者領導全體陪祭者至歷代聖賢祠致祭

十一、向歷代聖賢行最敬禮

十二、獻花——奏樂

十三、主祭者領導全體陪祭者回大成殿

十四、主祭者獻詞。

十五、唱《孔子紀念歌》

十六、禮成——奏樂①

1945 年春丁祀孔"按国府规定，春祭为清明节四月五日上午新十时举行，四月四日下午新四時演礼"。

1945 年釋奠典禮：

祭日

主祭官率陪祀祭官與祭人員，於示定時刻服禮服乙種禮服，至孔子廟。由右門入致齋所。

鼓初嚴。與祭人員先各就位。

鼓再嚴。燃燭。焚香。侍從奉盥、奉帨巾。請主祭官盥手畢。

司祝官以祭文及獻詞進。

主祭官恭閱署名訖。

鼓三嚴。贊引官請

---

①　《北平市警察局關於緊急勤務制度、消費合作社春節聯歡運動節、秋季祀孔、冠字格式、中國銀行在北城遺址中央陸招考學生簡章等問題的訓令》，1944 年，北京市檔案館藏，檔案號：J183－002－28563。

主祭官行禮。

主祭官出致齋所。贊引官恭導

主祭官由大成門右門入。（諸護從至階下止立。）分贊官引陪祭官隨入。

主祭官由中階之右，升詣行禮位前。陪祭官咸詣位。

典儀官。贊："闔戶。"闔戶畢。

典儀官贊："春祭典禮開始。"樂舞生奏樂。奏樂畢。

典儀官贊："主祭官就位。陪祭官就位。與祭人員就位。"

典儀官贊："全體肅立。"主祭官陪祭官與祭人員咸肅立。

典儀官贊："學生唱國歌。"樂舞生奏樂。唱奏畢。

典儀官贊："主祭官陪祭官與祭人員向

先師孔子行最敬禮。"一鞠躬。再鞠躬。三鞠躬。畢。

典儀官贊："默念（一分鐘）。"畢。

典儀官贊："獻花。"贊引官恭導

主祭官入殿右門。詣

先師孔子案前肅立。司花恭進花。主祭官恭受花。恭舉供於案前瓶內。

典儀官贊："樂舞生奏樂。"奏樂畢。

典儀官贊："恭讀祭文。"

讀祝官恭捧祭文至案左。恭讀。

典儀官贊："樂舞生奏樂。"奏樂畢。

贊引官恭導主祭官出殿右門。復位。

典儀官贊：

"主祭官領導全體陪祭官至歷代聖賢祠致祭。"贊引官恭導

主祭官至後面詣位。分贊官恭導陪祭官分別至後面。各詣位。所有大成殿與祭人員仍各就原位不動。

典儀官贊主祭官就位。陪祭官各就位。

典儀官贊："主祭官陪祭官與祭人員向歷代聖賢行最敬禮。"一鞠躬。再鞠躬。三鞠躬。

典儀官贊："獻花。"贊引官恭導

主祭官至案前。司花恭獻花。主祭官恭受花。恭舉供於案前瓶內。

典儀官贊："主祭官復位。"贊引官恭導主祭官復位。

典儀官贊："主祭官領導全體陪祭官回大成殿。"贊引官恭導

主祭官回大成殿復位。分贊官恭導陪祭官回大成殿各復位。

典儀官贊："主祭官獻詞。"贊引官恭導

主祭官入殿右門。詣

先師孔子案前肅立。司祝恭舉詞至案左肅立。恭讀。畢。

贊引官復恭導主祭官出殿右門復位。

典儀官贊："學生唱《孔子讚歌》。"樂舞生奏樂。唱奏畢。

典儀官贊："闔戶。"闔戶訖。

典儀官贊："禮成——樂舞生奏樂。"奏樂畢。

主祭官陪祭官退至大成門外。與祭人員再行離位。咸退。①

1940 年 3 月，汪精衛（偽）國民政府在南京正式成立，汪任"行政院長"兼"國民政府主席"。1940 年，（偽）華北政務委員會，以 9 月 28 日為孔子誕辰，特訓令所屬各總署，及華北各省市，令發孔子誕辰紀念辦法、紀念歌及秩序單等。這樣，日偽華北偽政權的孔子誕辰紀念就同汪精衛偽南京國民政府一致起來。1941 年日本偷襲珍珠港致美國加入同盟國戰團後，日本在太平洋戰場及大陸戰場節節敗退，大勢已去。在這樣的一種時代背景下，日偽政府的春季祀孔典禮還在勉強維持，但已經簡之又簡，頗為敷衍。1942 年 7 月 16 日，（偽）中政會通過林委員柏生、陳副秘書長春圃，合簽改訂國立 9 月 28 日為先師孔子誕辰，以後類推。至 1944 年 9 月，又定春丁祭孔於清明節舉行，秋丁祀孔於 9 月 28 日舉行。其丁祭內容包括焚香、奏樂、唱國歌、獻花、三鞠躬禮等，已經是非常現代的一些禮儀形式，接近於中華民國蔣介石政府的紀念孔子禮節，又有所不同。②

（四）中華民國國民政府時期（1945—1948 年）

1945 年 8 月 14 日正午，日本天皇向全國廣播了接受《波茨坦公告》、實行無條件投降的詔書。15 日日本政府正式宣佈日本無條件投

---

① 三十四年先師春祭釋奠禮節。

② 中華民國蔣介石政府的紀念孔子禮節：（一）全體肅立，（二）奏樂，（三）唱黨歌，（四）向國旗總理遺像及孔子遺像行三鞠躬禮，（五）主席恭讀《總理遺囑》，（六）主席報告紀念孔子之意義，（七）演講，（八）唱《孔子紀念歌》，（九）奏樂，（十）禮成。

降。9 月 9 日上午，中國戰區受降儀式在中國首都南京中央軍校大禮堂舉行。

1945 年抗日戰爭勝利後，國民黨蔣介石政府第四次把北京重新更名為北平。民國三十五年（1946 年）秋祀 8 月 27 日上午六時正式舉行，24 日下午四時演禮一次。市長熊斌主祭（大成殿沒設燈，只有燭），教師節有演講，是為抗戰勝利後第一次祀孔大典（仿清制，分迎神、初獻、亞獻、終獻、撤饌、送神、望燎等）。

此次祭孔陪祭官中，原有北大校長胡適之，但他並沒有參加，具體原因，據《世界日報》所載：

> 【本報訊】二十七日祀孔典禮，昨下午四時，先在孔廟大成殿舉行演習，到熊斌、張伯謹、湯永咸、溫崇信、左宗綸等數十人。祭樂由國樂傳習所全體學生擔任。曆（歷）二小時，演習完畢。正式典禮，主祭及陪祭官，均將一律著藍袍黑馬褂，其中多數系本人臨時製備，每套工料，約自十五萬至二十萬圓。陪祭官中，原有北大校長胡適之，但胡昨已婉辭，謂回平未久，校務太忙，不能參加。外間推測，以胡在五四時代，曾以"打倒孔家店"號召青年，此種典禮，就胡氏學術思想立場言，自無參加可能，當局以胡名列入陪祭，或當時偶欠思考。①

孔子誕辰紀念，各機關團體放假一日，廣播特別節目隆重致祭，由國立北平師範學院院長袁敦禮主講。據北平《道報》所載：

> 【北平社訊】今（廿七日）為孔誕紀念日，在平黨政軍各機關首長於上午六時至孔廟致祭，由熊市長任主祭官，全市各機關團體均放假一日，惟警察局以治安關係，飭令所屬各分局保安總隊不休假云。又訊：孔子二千四百九十七年誕辰紀念，北平電臺播送特別節目，第一台計有（一）史地講述，孔子誕生地介紹。（二）祀孔樂，大成樂章（錄音），（三）講演，教師節感言（由國立北平師範學院院長袁

---

① 《世界日報》1946 年 8 月 25 日《二十七日祀孔典禮　胡適之辭任陪祭官　昨熊斌等在大成殿舉行演習》。

敦禮主講，等節目。①

1946 年 8 月 27 日，"平市祀孔典禮早六時在孔廟舉行，由熊斌市長任主祭官。孔誕紀念，全市各機關團體均放假一日，惟警察局以治安關係，飭令所屬各分局保安總隊不休假"。②

"今日孔誕‧教師節，全市分別舉行紀念儀式。各院校表揚優良教師，發給獎狀獎金，並請袁敦禮及傅斯年講演，午前十時，全市電影院映演教育影片，免費招待教師。"③

《華北日報》詳細記載了此次祀孔典禮：

【本報訊】二十七日為孔子第二四九七年誕辰紀念。晨六時，平市各界在孔廟隆重舉行祭典。採用古禮古樂，與祭者咸著藍袍黑馬褂，中亦有灰袍或者西服褲者。外賓觀禮者百余人。黎明前，天色暗淡，大成殿內無電燈準備，到處漆黑，惟聞□鼓聲，使人有入異境之感。殿內檀香撲鼻，蠟燭紅光與熊熊盆火相輝映。供桌悉紅緞圓□，其籩豆、簠簋、爵等祭器內盛酒漿粢果，正殿前有太牢少牢剛鬣三牲，東西配廡各有少牢剛鬣，聞此項祭品等，費用三百萬元。六時正，主祭官熊斌市長至孔廟，如齋室盥洗畢，鼓三嚴，主祭陪祭分獻官執事等各就位，祭典開始。迎神啟殿門，樂作，奏《昭平之章》，初獻，奏《宣平之章》，亞獻，奏《悅平之章》，終獻，奏《懿平之章》，賜福胙，撤饌，奏《懿平之章》，望燎，樂復作，闔殿門，禮成，退班，時已黎明，東風呈魚肚白色矣。茲錄祭文如次：

維中華民國三十有五年，太歲在丙戌，仲秋之月，上丁之日，北平市市長等謹致祭於大成至聖先師孔子之前曰：維先師道冠古今，德參天地，為生民所未有，實華胄之先知。聞先詩禮，聲教訖而蠻貊行；志在春秋，斧鉞嚴而亂賊懼。未竟東周之志，遽聞西狩之嗟。宮

① 《道報》1946 年 8 月 27 日第 3 版《孔子誕辰紀念 各機關團體放假一日 廣播特別節目隆重致祭》。

② 《新民報》1946 年 8 月 27 日第 4 版《古樂聲中今晨祀孔 全市各機關今放假一日》。

③ 《世界日報》1946 年 8 月 27 日《今日孔誕‧教師節 全市分別舉行紀念儀式 各院校表揚優良教師》。

牆萬仞，閟光景以長新；廟貌千秋，曆華冑而不改。值山河之光復，宜祀事之聿修。夏聲必大，如聞金絲奏璧之時；漢始方新，滋慙絲菽修儀之陋。肅陳牲醴，昭告明禋，以復聖顏子、宗聖曾子、述聖子思子、亞聖孟子配。①

《華北日報》載主祭熊斌《祀孔贊辭》：

> 古者神靈首出，作之君，作之師，君即師也。成周以降，教化漸衰，於是孔子者出，以匹夫代帝王為萬世之師表，模楷百世，翕納群流。自是政與教分途，君與師分位，然而為生民立極，為儒教開模，憲章祖述，視前王之功，殆又過之。茲值尼山誕降之辰，修孔子廟堂之祭，斌幸長平市，獲與趨蹌，謹進贊辭，以□景仰。
> 巖巖泰山，瀼瀼北海，嶽嶽興歎，是云至大。兒嬉習禮，俎豆載陳，溯其始降，已異常人。訂禮刪詩，□□既倦，時雨春風，□呈斯備，□□夫子，實聖之時，範圍百世，莫能外之。玉振金聲，集於群聖，展然大成，彝倫以正。導揚三禮，羽翼六經，取則不遠，緬茲哲聖，繄維夫子，冠冕人倫，□□叔世，益表天民，升堂致祭恭，薦芬修敬，禮重尊師，心教謁聖，敬舉聖範，以勵教師，菁莪造世，紀念攸宜。②

民國三十六年（1947年）8月27日晨8時，"於成賢街文廟舉行祀孔典禮，張伯謹、張壽齡、谷鐘秀、吳鑄人、溫崇信、傅正舜、韓雲峰、馬漢三、王季高，及各界代表約五百余人均與祭，由副市長張伯謹主祭，向孔子行三鞠躬禮後，分別由張伯謹、谷鐘秀、吳鑄人演講，九時禮成"。

據《北平日報》撰文稱：

> 據聞北平此次孔誕大祀，改太牢為果品，引起社會的注意，這大概是何市長任山東教育廳長時，因曲阜師校演林語堂劇本《子見南子》，大受紛擾的緣故（全案見《林語堂全集·〈子見南子·附

---

① 《華北日報》1946年8月28日《昨晨隆重祀孔　熊市長主祭用古禮古樂　外賓觀禮者百余人》。

② 《華北日報》1946年8月27日載主祭熊斌《祀孔贊辭》。

錄〉》），所以對"孔"字有些頭疼吧！實在孔子學說，是全國人民思想中心……在國民政府領導下的地方政府，卻不可以薄祭，而忽略政府的深意！①

據《北平日報》所載：

【中央社訊】今日為孔子誕辰，孔廟舉行典禮，何市長因病恐不克參加，將由張副市長伯謹主祭。本年因節約關係，儀式決採用新式鞠躬禮，亦不邀請陪祭官，行禮後由主祭人講述紀念孔子之意義，並由來賓講演。

孔子二千四百九十八年誕辰紀念，平市各界晨八時於成賢街文廟舉行祀孔典禮，張伯謹、張壽齡、谷鐘秀、吳鑄人、溫崇信、傅正舜、韓雲峰、馬漢三、王季高，及各界代表約五百余人均與祭，由副市長張伯謹主祭，向孔子甚為行三鞠躬禮後，分別由張伯謹、谷鐘秀、吳鑄人演講，九時禮成。祀孔典禮，力求簡單，主祭官、陪祭官、分獻官、典儀、單引贊、傳贊、司祝、司樂、司帛、司爵等已成歷史名詞，與祭者不限服裝，著乙種禮服者雖有，單少若鳳毛麟角。祀孔儀式僅三鞠躬，古制之初獻、亞獻、終獻、賜福胙、撤饌、望燎等繁文縟節一掃無余，向昔伴奏之古樂亦以軍樂代替。瑟、排簫、边（編）磬、特磬、边（編）鐘、健（建）鼓、敔等古樂器，僅陳列正殿，任人憑弔。至於祭品亦以果品代替了太牢與少牢，遂張伯謹、谷鐘秀、吳鑄人於演講中無不強調孔子偉大，但於孔子降生後之兩千四百九十八年，孔子確被冷落了。②

《北平日報》刊載：

【中央社訊】八月二十七日為孔子誕辰紀念日，本市各機關團體學校，均於是日放假，以資紀念。③

① 《北平日報》1947 年 8 月 27 日第 4 版。
② 《北平日報》1947 年 8 月 27 日第 4 版《至聖位前洋禮 今日祀孔三鞠躬》。
③ 《北平日報》1947 年 8 月 25 日第 4 版《孔子誕辰 機關休假》。

民國三十七年（1948 年）八月，"本月二十七日，為孔子誕辰，規定於明日上午八時，在國子監街文廟舉行紀念大會。市府所屬各局處各派高級職員五人參加，並由教育局轉飭各學校，各派代表十五人前往參加。又同日為教師節，北大學生自治會將擴大舉辦尊師同樂大會，柬請在校之教職員七百位，並有茶點遊藝等節目助興"。①

"至聖先師孔子二四九九年誕辰。北平政府規定，各機關循例放假一日，平市定上午八時，於國子監文廟，舉行紀念會，各黨政文化機關工商民眾團體，均派代表參加。由劉瑤章市長主席，警局長楊清植總指揮，祭品僅有水果、鮮花，用最新式奏樂，唱國歌，行三鞠躬禮，並由參議會許議長惠東，市黨部吳主委鑄人講述孔子大道。"②

"因未嚴格限制穿禮服，故服飾異常錯雜。劉市長穿著黃色中山服，吳主委著灰西服，其余均著西服、襯衫、夏威夷汗衫等短裝者比比皆是。穿長袍禮服者僅四五人。行禮伴奏的音樂是特請警察局樂隊，並沒有金聲、玉鎮（振）、琴、瑟等古樂禮贊。祭祀用的供品是四乾四鮮，四乾是花生、餅乾、糖、胡桃。四鮮是沙果、桃、梨分擺在盛供器皿內。八時甫過，簡單嚴肅之祀孔儀式於劉市長領導下在大成殿前舉行，全體首向孔子排位行禮三鞠躬，後由劉市長闡述紀念之意義及孔子的學說史跡生平。繼由黨部吳主委作簡短之演說，闡說孔子之精神及教師節之意義，並謂國父所宣導的三民主義是以孔子學說為基礎，紀念孔子，首應實行三民主義。最後渠並表示：對清苦忠貞之教師致崇高之敬意，簡單嚴肅之祀孔儀式九時始畢，全體在樂聲中踏上了歸途。"③

民國三十五年（1946 年）秋祀八月二十七日上午六時正式舉行，二十四日下午四時演禮一次。市長熊斌主祭（大成殿沒設燈，只有燭），教師節有演講。熊斌市長採用古禮古樂祭孔，這是抗日戰爭勝利後第一次也是最後一次用古禮祭孔。其籩豆、簠簋、爵等祭器內盛酒漿粢果，正殿前有太牢少牢剛鬣三牲，東西配廡各有少牢剛鬣。

民國三十六年（1947 年）8 月 27 日晨八時，於成賢街文廟舉行祀孔

---

① 《北平日報》1948 年 8 月 26 日第 4 版《祭孔尊師　各有紀念會》。
② 《民強報》1948 年 8 月 27 日第 4 版《今日孔子誕辰　各界隆重舉行祀孔大典》。
③ 《北平日報》1948 年 8 月 28 日第 4 版《長袍短褂三鞠躬　大成殿前祀孔聖》。

典禮。祀孔典禮,力求簡單,主祭官、陪祭官、分獻官、典儀、單引贊、傳贊、司祝、司樂、司帛、司爵等已成歷史名詞,與祭者不限服裝,著乙種禮服者雖有,但少若鳳毛麟角,祀孔儀式僅三鞠躬,向昔伴奏之古樂亦以軍樂代替。至於祭品亦以果品代替了太牢與少牢。

1948 年孔子誕辰,北平市政府規定,各機關循例放假一日,平市定上午八時,於國子監文廟,舉行紀念會,各黨政文化機關工商民眾團體,均派代表參加。祭品僅有水果、鮮花、用最新式奏樂,唱國歌,行三鞠躬禮,並講述孔子大道。因未嚴格限制穿禮服,故服飾異常錯雜。行禮伴奏的音樂是特請警察局樂隊。祭祀用的供品是四幹四鮮,四幹是花生、餅乾、糖、胡桃。四鮮是沙果、桃、梨分擺在盛供器皿內。

值得一提的是,1948 年 8 月 27 日是民國政府期間北京孔廟最後一次正式祭孔。在平津戰役節節勝利的形勢下,在北平地下党和開明人士敦促下,國民黨華北"剿總"總司令傅作義接受了解放軍提出的和平條件,並於 1949 年 1 月 21 日,簽訂了《關於和平解決北平問題的協定》。31日,人民解放軍浩浩蕩蕩進駐北平城,北平宣告和平解放,歷史進入了一個新的時代。

四 民國時期祭孔樂舞

民國時期的祭孔樂舞,隨著不同時期執政者的變化,彼此之間也存在著諸多不同之處。比如中華民國北洋政府時期、國民政府執政時期、日偽統治時期,都有著很大的變化。相對而言,中華民國北洋政府時期有所創新,但更偏重於守舊;在蔣介石執政時期,則更著重于廢舊而創新;而日偽統治時期,則是前期著重於守舊,在後期則不斷簡化。下面,我們主要圍繞這幾個時期關於祭孔樂舞的變化,來考察民國時期祭孔樂舞的發展演變。

(一) 中華民國北洋政府時期 (1912—1928 年)

1. 袁世凱執政時期

中華民國北洋政府時期的祭孔,主要是在袁世凱擔任大總統期間由時任禮制館館長徐世昌負責訂立的。

據民國三年政事堂禮制館《呈為擬訂祀孔典禮呈請》:

政事堂禮制館館長徐世昌謹

呈為擬訂祀孔典禮呈請

鑒核事，案准內務部移交卷內本年二月七日奉

大總統令……古者釋奠、釋菜，祭從其略，或有樂而無尸，或用幣而無牲，後世不察春秋上丁之祭，率沿其稱，揆諸典常，應名曰祀。其間儀文器數，若昕割省齋必致嚴慎，設懸合舞，以奏休和水菹、陸醢之備陰陽，犧帛粢盛之昭誠潔。古制所載茂矣、美矣，悉合仍之，其余上香、望燎諸儀，禮經所無，概議從減。……謹

呈

八月二十六日奉

大總統批令：准如所擬辦理，即由該館通行遵照。此批。

大總統祀

孔子儀

是日昧爽，陪祀各官豫集，恭俟

大總統乘禮輿至廟門外，降輿。右贊引，左對引，導由欞星左門入，進大次。大禮官一人，侍從武官二人從

大總統具祭服，侍從官奉盥奉帨巾請大總統盥手畢。司祝以祝版進

大總統恭閱署名。司祝進奉於祝案。

右就次盥洗閱祝版

鼓初嚴，典贊：“執事官各就位！”再嚴，然燭，焚香。三嚴

大禮官請大總統行禮

大總統出大次。侍從武官隨侍（凡升階進殿，均隨侍，其余護從均從至階下，止立）。大禮官進立殿左，西向。贊引，對引，導

大總統由大成左門入，升午階，就位，北向立。分贊，贊引，分獻官，傳贊，引陪祀文武百官，均於甬道左右就位，北向，序立。典儀贊：“樂舞生就位！執事官各司其事！陪祀官各就位！”

右就位

典儀贊：“闔戶！”訖。贊：“迎神！”（贊者承傳以下，凡典儀有詞贊者，皆承傳）司樂舉麾，贊：“舉迎神樂”，奏《昭和之章》（凡樂作止，舞進退，均司樂執麾引之），辭曰：“大哉至聖，德盛道隆。生民未有，千禩是崇。典則昭垂，式茲辟雍。載虔簠簋，載嚴鼓

鐘。"樂作，贊引贊："四拜。"大總統四拜。傳贊贊："眾官皆拜！"眾官在位者皆四拜。司樂偃麾，工戛敔。樂止。（凡樂以舉麾，鼓柷作，偃麾，戛敔止。下同）

右迎神

典儀贊："奠帛爵，行初獻禮！"司帛爵捧帛，筐，揭尊冪，勺挹酒，實爵以進。司樂贊："舉初獻樂，奏《雍和之章》！"辭曰："覺我生民，陶鑄賢聖。巍巍泰山，仰止景行。禮備樂和，豆籩嘉靜。既述六經，爰斟三正。"樂作，樂工舉節舞《干戚之舞》（凡舞以節領之，導引進退，後同。）贊引官贊："詣奠帛獻爵位！"導大總統進殿左門（凡大總統進出，均由殿左門，下同），詣奠帛獻爵案前正立。贊："獻帛！"司帛進筐。

大總統受筐拱舉，司帛奠於案正中。贊："獻爵！"司爵進爵，大總統受爵拱舉，司爵奠於墊中，退。贊："復位！"導大總統仍由殿左門出，復拜位立。左右司帛爵各奉筐實爵進至四配十二哲位前，立。兩廡司帛爵各奉筐實爵詣先賢先儒位前，立。分獻官各就案前，受帛爵拱舉。司帛爵獻於案上，退。司祝就祝案前，立。贊引贊："詣讀祝位！"導大總統進殿，詣讀祝位正立。樂暫止，典儀贊："讀祝！"司祝捧祝，立大總統左。讀祝，辭曰：惟某年月日大總統某（攝事則云謹遣某官某），致祭於至聖先師孔子曰："惟師覺世，惟聖則天。樹人紀於千秋，宏民胞於萬類。文章則兼述作，位育則致中和。蓋江海深矣而其量安知，文質判然而其道不替。茲際上丁，祇修舊典。謹以犧帛粢盛，式陳明薦。配以復聖顏子宗聖曾子述聖孔子亞聖孟子尚饗！"讀畢，大總統拱舉，司祝官奉祝版，安於筐，退。樂復作，贊引贊："復位！"導

大總統復拜位，立。贊："四拜！"

大總統四拜。傳贊贊："眾官皆拜！"眾官皆四拜。樂止，武功之舞退。文舞執羽籥進。

右初獻讀祝

典儀贊："行亞獻禮！"司爵執爵以進，司樂贊："舉亞獻樂"，奏《熙和之章》！辭曰：

"至哉聖師，克明明德。木鐸萬年，惟民之則。清酒既酯，言觀秉翟。太和常流，英材斯植。"樂作，舞《羽籥之舞》。贊引贊："詣

獻爵位！"導大總統進殿，詣獻爵案前，奠爵於左四配十二哲兩廡隨分獻如初。復位，樂止。

右亞獻

典儀贊："行終獻禮！"司爵執爵以進，司樂贊："舉終獻樂"，奏《淵和之章》！辭曰："猗歟聖師，納民物軌。瞻之在前，師表萬祀。酌彼金罍，我酒惟旨。登獻雖終，弗遐有喜。"樂作（舞與亞獻同），贊引贊："詣獻爵位！"導大總統進殿，詣獻爵案前，奠爵於右四配十二哲兩廡隨分獻如亞獻儀，復位。樂止，文德之舞退。

右終獻

典儀進至殿東，西向立，贊："賜福胙"（攝事亦得受福胙如儀）！退。贊引贊："詣飲福受胙位！"導大總統進殿，詣飲福受胙位，正立，捧福胙官就東案，捧福胙祗立

大總統之右。接福胙祗立於左。贊："飲福酒！"右官進福酒

大總統受爵拱舉，授左官。贊："受胙！"右官進胙

大總統受胙拱舉，授左官。贊："復位！"導

大總統復拜位立。贊引贊："四拜！"

大總統四拜。傳贊贊："眾官皆拜！"眾官皆四拜。典儀贊："徹饌！"司樂贊："舉徹饌樂，奏《昌和之章》！"辭曰："璧水淵淵，芹芳藻潔。既歆至聖，亦儀前哲。聲金振玉，告茲將撤。融夓假有成，日月昭揭。"樂作，司爵撤

籩豆各一，少移故處。樂止。

右受福胙撤饌

典儀贊："送神！"司樂贊："舉送神樂，奏《德和之章》！"辭曰："煌煌辟雍，四方來宗。甄陶樂育，多士景從。如土斯埴，如金在鎔。懷仁抱智，俗美時雍。"樂作，贊引贊："四拜！"大總統四拜。傳贊贊："眾官皆拜！"眾官皆四拜。樂止。

右送神

典儀贊："奉祝帛，送燎！"司祝奉祝，司帛奉篚，司爵奉酒饌（豫設饌盤，略取簠簋籩豆之實，置盤內，以備送燎），以次由中道出，恭送燎爐。大總統轉立拜位旁，西向。竢帛過，仍復位。

四配十二哲兩廡帛饌，均送燎爐。分贊引分獻官退，傳贊引陪祀文物百官退，立拜位東西。樂作，典儀贊："闔戶！"闔戶訖，贊：

"禮成！"大禮官導大總統入大次，樂止，更衣歸府。眾官皆歸。

　　右禮成

　　崇聖祠同時遣官致祭。贊引引承祭官入祠垣右門，詣階下盥手。分贊引分獻官隨入。典儀贊："執事官各司其事！承祭官就位！"引承祭官分獻官各就位，北向立。典儀贊："闔戶！"訖，贊："迎神！四拜！"承祭官分獻官皆四拜。贊："奠帛爵！行初獻禮！"贊引贊："就奠帛爵位！"引承祭官入殿右門（凡承祭官進出皆由殿右門，下同）。詣

　　肇聖王爵案前跪。（贊）獻帛。承祭官受帛拱舉。仍授司帛官。奠於案正中。叩首。興。（贊）就獻爵位。引承祭官。就

　　肇聖王爵位前正立。司帛奉篚，承祭官受篚拱舉，奠於案。司爵奉爵，承祭官受爵拱舉，爵於墊中。以次詣左右

　　正位前，奠帛獻爵儀同。贊引贊："詣讀祝位！"

　　引司祝官詣讀祝位正立。司祝奉祝，立案左。讀祝，辭曰："維某年月日大總統名遣某官某致祭於

　　肇聖王木金父公、

　　裕聖王祈父公、

　　詒聖王防叔公、

　　昌聖王伯夏公、

　　啟聖王叔梁公。曰：維

　　王育聖，為萬世作師。功則著於人間，德則垂于後裔。凡聲教之所敷，同其沾溉；溯淵源之有自，奉以馨香。茲當上丁，謹以庶品之儀，致祭以

　　先賢孔氏、

　　先賢顏氏、

　　先賢曾氏、

　　先賢孔氏、

　　先賢孟孫氏配，尚饗！"讀畢。奉祝版安於篚。贊引贊："復位！"引承祭官出殿右門，復位。典儀官贊："四拜！"承祭官、分獻官皆四拜，分贊引正殿分獻官入殿左右門，詣配位前，引兩廡分獻官，分以兩廡從位前，奠帛，獻爵，復位，均如正獻儀。亞獻，各獻爵於左，終獻，各獻爵於右，均如初獻儀。典儀贊："撤饌！"撤饌

畢。贊："送神！四拜！"承祭官、分獻官將誒四拜。贊："奉祝帛送燎！"司祝司帛司爵各奉祝帛酒饌，以次送燎如儀。承祭官避立西旁，竢過，復位。典儀贊："闔戶！"闔戶訖。贊："禮成！"贊引引承祭官仍由祠垣右門出，分獻官隨出，各退。

右

崇聖祠祭儀

……

附說明書

……謹案唐《開元禮》，國學釋奠，尚以皇太子，諸州以刺史，縣以縣令。至宋紹興十年，始以在京釋奠為大祀，州縣為中祀。同一祀孔子而京外異儀，非所以昭崇敬之道，今宜一之。元《至正儀》，迎神前常闢戶，送神後唱闔戶。明《洪武儀》，將行禮起鼓三嚴，然後獻官至，頗合大昕鼓徵之古義，用四拜禮則始於洪武二十六年。今並采之。此外損益大都參照前清《大祀典禮》，惟兩廡各用少牢三，先賢先儒分配不勻，今擬各省其一，崇聖祠正位五位各用一太牢，今擬統設一俎。上香非古也（詳見《祀天儀》，理由書中），故去之。拜下，禮也（《論語·子罕篇》子曰："拜下，禮也。今拜乎上，泰也。雖違眾，吾從下。"注：臣之與君行禮者，下拜然後成禮。時臣驕泰，故上拜。今從下，禮之恭也。明禮以拜下為恭）。前清大祀南北郊，皆拜於第二成階上。社稷，拜於遺（左土旁）外正中，皆取拜下之義。今既定祀孔與祀天一律，故擬拜位於殿門外，以昭崇敬。又各地方祀孔子三獻之爵，如不及備玉者，代以銅。

五樂章暫仍清舊，而以和為名。

謹案：清樂圜丘九奏，方澤八奏，太廟六奏，社稷七奏，皆大祀也。故祀孔仍得用六奏，沿清之舊，不必同祀天九奏也。宋大觀三年，大晟府擬撰《釋奠》十四首，皆用安字（《宋史·樂志》），而《元史》樂志載，祀宣聖樂章共二十有七，皆用明字。其十四章，全用大晟樂府。明洪武六年，定祀先師孔子樂六章，皆用和字，亦全襲大晟樂府之詞。至洪武二十六年，始頒《大成樂》於天下。今擬祀孔樂章暫仍清舊，略加點竄。惟清樂以平為名，今擬悉改為和字。[1]

---

① 　民國三年（1914 年）政事堂禮制館《呈為擬訂祀孔典禮呈請》。

　　根據《中華民國檔案室資料彙編·北洋政府·文化》（中國第二
歷史檔案理編，江蘇古籍出版社 1991 年版）載 "祀孔典禮，早經頒
佈，上屆舉行丁祭，因新樂待訂，沿用舊章，原系通融辦法。隨經飭
由館員將祀孔樂章敬謹擬訂，並繪具樂舞圖式，函送內務部，選派樂
舞生先行演習，以期周妥，而昭慎重。現在上丁將屆，此項樂章亟待
演用，復經函詢內務部，所演樂章是否妥協。准復稱：此項樂章，業
已演習成熟，並無窒礙事情……除樂舞圖式已交由內務部屆期按照圖
式妥為辦理外，理合將樂章譜繕呈鈞鑒……批令：准如所擬辦理，即
由該館通行遵照"。

　　　　國務院轉禮制館擬定祀孔樂章譜呈並大總統批令
　　　　（1915 年 3 月 11 日）
　　　　為擬定大總統祀孔樂章仰祈鈞鑒事：竊維祀孔典禮，早經頒
佈，上屆舉行丁祭，因新樂待訂，沿用舊章，原系通融辦法。隨經
飭由館員將祀孔樂章敬謹擬訂，並繪具樂舞圖式，函送內務部，選
派樂舞生先行演習，以期周妥，而昭慎重。現在上丁將屆，此項樂
章亟待演用復經函詢內務部，所演樂章是否妥協。准復稱：此項樂
章，業已演習成熟，並無窒礙事情。到館。除樂舞圖式已交由內務
部屆期按照圖式妥為辦理外，理合將樂章譜繕呈鈞鑒，伏候大總統
核示祗遵。謹呈
　　　　批令：准如所擬辦理，即由該館通行遵照。此批。
　　　　　　　　　　　　　　　　　　中華民國四年三月十一日
　　　　　　國務卿　徐世昌【北洋政府內務部檔案】

　　比較袁世凱執政年間祭孔與清代祭孔樂舞，迎神、初獻、讀祝、亞
獻、終獻、飲福受胙、撤饌、望燎等程式大致相同，但還有一定區別，
主要體現在祀孔樂章名改清代 "平" 字為 "和" 字，且樂章名也發生
了很大變化。清代依次為昭平、宣平、秩平、敘平、懿平、德平，袁世
凱執政年間則分別為昭和、雍和、熙和、淵和、昌和、德和，只迎神和
送神樂章名未改，只將 "平" 字改為 "和" 字，其他皆不相同。這也
在一定程度上體現了袁世凱祭孔復古同時有所創新的特點，有昭示改朝

換代之意味。

2. 黎元洪執政時期

1916 年秋祭，在祭孔之前，政府還是公佈了大總統祀孔禮節。由此禮節可以看出，黎元洪並未主張用袁世凱時期的跪拜禮，而是改為三鞠躬禮，相對輕了許多。其他則相同。其關於樂舞的內容節要如下：

大總統祀孔禮節

大總統就位，脫帽肅立，典儀官贊："辟戶。"執事官辟戶訖，贊："迎神。"司樂官贊："舉迎神，樂奏《始和之章》。"起枏，樂作。贊引官贊："鞠躬，再鞠躬，三鞠躬。"大總統率分獻陪祀，各官三鞠躬畢，樂止戛敔。典儀官贊："奠帛爵，行初獻禮。"司帛爵官各捧帛爵就前向上立，司樂官贊："舉初獻樂，奏《雍和之章》。"起枏，司帛爵官各進神位前立。樂作，贊引官贊："詣奠帛位。"恭導大總統進殿左門侍從，武官隨侍至正位香案前，北向分左右立。大總統詣帛案前立，贊："獻帛。"大總統受帛拱舉，仍授司帛官，奠於案正中，退。贊："詣獻爵位。"恭導大總統詣爵案前立，贊："獻爵。"大總統受爵拱舉，仍授司爵官奠於爵墊正中，退。贊："復位。"恭導大總統仍由殿左門出，復行禮位立，侍從武官隨侍如前分獻官案前立，受伯爵供舉，仍授司帛爵官獻於案上，退。司祝官就祝案前，奉祝版至案東先立，樂暫止。贊引官贊："詣讀祝位。"恭導大總統進殿左門詣讀祝位肅立，侍從武官隨侍如前，典儀官贊："讀祝。"司祝官讀祝畢，大總統受祝版拱舉，仍授司祝官。司祝官奉祝版至至聖先師孔子位前安於篋內，退。樂復作，贊："復位。"恭導大總統出殿左門復行禮位立，侍從武官隨侍如前。贊引官贊："鞠躬。"大總統率分獻陪祀各官，一鞠躬畢，樂止戛敔，典儀官贊："行亞獻禮。"司爵官捧爵就前向上立，司樂官贊："舉亞獻樂，奏《熙和之章》。"起枏，司爵官身為前立，樂作。贊引官贊："詣獻爵位。"恭導大總統進殿左門，侍從武官隨侍如前。大總統詣爵案前立，贊："獻爵。"大總統受爵拱舉，仍授司帛官，奠於爵墊左，退。贊："復位。"恭導大總統出殿左門復行禮位立，侍從武官隨侍如前，分獻官各就案前立，受爵拱舉，仍授司爵官獻於案上，退。樂止戛敔，典儀官贊："行終獻禮。"司爵官奉爵前向上立，司樂官贊："舉終獻樂，奏《淵和之章》。”起柷，司爵官各進神位前立，樂作，贊引官贊：“詣獻爵位。”恭導大總統進殿左門，侍從武官隨侍如前。大總統詣爵案前立贊獻爵如前，分獻官各就案前立，受爵拱舉，仍授司爵官獻於案上，退。樂止戞敔，典儀官贊：“行終獻禮，奏《淵和之章》。”起柷，司爵官各進神位前立，樂作。贊引官贊：“詣獻爵位。”恭導大總統進殿左門，侍從武官隨侍如前。大總統詣爵案前立，贊：“獻爵。”大總統受爵拱舉，仍授司爵官，奠於爵墊右，退。贊：“復位。”恭導大總統出殿左門，復行禮位立，侍從武官隨侍如前，分獻官各就案前立，受爵拱舉，仍授司爵官獻於案上，退。樂止戞敔，典儀官進至殿東西向立。贊賜福胙，退。贊引官贊：“詣飲福受胙位。”恭導大總統進殿左門，詣飲福受胙位肅立，侍從武官隨侍如前。捧福胙官二員，恭捧福胙至神位前，拱舉退立於大總統之後，接福胙官二員進立於大總統之左。贊引官贊：“飲福酒。”大總統受爵拱舉，授左官。贊：“受胙。”大總統受胙，拱舉授左官。贊：“復位。”恭導大總統出殿左門復行禮位立，侍從武官隨侍如前。贊引官贊：“鞠躬。”大總統率分獻陪祀各官，一鞠躬畢，典儀官贊：“撤饌。”司樂官贊：“舉徹饌樂，奏《昌和之章》。”起柷，樂作。司爵官各進神位前，徹籩豆各一，少移故處，退。樂止戞敔，典儀官贊：“送神。”司樂官贊：“舉送神樂，奏《德和之章》，起柷，樂作。贊引官贊：“鞠躬，再鞠躬，三鞠躬。”大總統率分獻陪祀，各官三鞠躬畢，樂止戞敔，典儀官贊奉祝帛送燎司祝帛爵官各進神位前，拱捧祝帛酒饌依次送往燎燈時，贊引官恭導。神樂奏《德和之章》，起柷，樂作贊，引官贊“鞠躬，再鞠躬，三鞠躬。”大總統率分獻陪祀，各官三鞠躬畢，樂暫止。典儀官贊奉祝帛送燎司祝帛爵官各進神位前，恭捧祝帛酒饌依次送往燎燈時，贊引官恭導大總統轉立東旁，侍從武官隨轉于後，俟祝帛過畢仍導。大總統復位立，侍從武官隨侍如前，樂復作司燎官敷帛，典儀官贊：“闔戶。”執事官闔戶訖。贊：“禮成。”樂止，戞敔立。內務總長、教育總長、平政院院長、大禮官暨贊引官二人恭導大總統出大成門左門，入幄次，侍從武官及諸護從隨侍少憩，仍至欞星門左門外乘輿歸府。[1]

---

[1]　據《北洋軍閥史料·黎元洪卷》（天津古籍出版社 1996 年版）。

　　黎元洪祀孔禮節基本延續了袁世凱時期祭孔的禮儀規制，基本程式相同。其樂舞區別之處在於：同袁世凱時期一樣，祀孔樂章名改用和字，但迎神樂章袁世凱時名為《昭和之章》，而黎元洪時期更為《始和之章》，其他章名相同。顯示其有別于袁世凱時之政府，似亦包含一定的政治意圖在內。

　　3. 徐世昌執政時期

　　徐世昌政府之祭孔相對黎元洪政府，有向袁世凱政府復歸的特點，如大總統徐世昌恢復祀孔四拜禮並改著乙種禮服，並於祭孔之日親臨主祭。一切典禮，均照袁世凱時代制定之式云。只是，袁世凱祭孔時樂章名為"和"字，徐世昌祀孔則改用"平"字，與清代相同，有更濃重的復古意味。以下為民國九年（1920 年）新樂章，共六曲，載《音樂雜誌》第一卷第 7 期，今抄錄如下：

圖 2—42　孔廟大成樂章曲一：昭平之章

圖 2—43　孔廟大成樂章曲二：宣平之章

圖 2—44　孔廟大成樂章曲三：秩平之章

圖2—45　孔廟大成樂章曲四：敘平之章

圖2—46　孔廟大成樂章曲五：懿平之章

圖 2—47　孔廟大成樂章曲六：德平之章

注：以上樂章文字抄錄者為孔廟和國子監博物館保管部李瑞振博士，特此致謝。

4. 張作霖執政時期

張作霖執政期間的祭孔，據說堪與袁世凱之祭孔相媲美。分獻官及陪祀官，均著大禮服，余則常禮服。主祭之張大元帥，御大禮服。其祭祀禮節如迎神、初獻、讀祝、亞獻、終獻、飲福受胙、撤饌、送神、望燎等，除了迎神樂章同黎元洪時所更名《始和之章》，其余均別無二致，其所行三跪九叩禮更超過袁世凱時所行一跪四拜禮。其秩序之整肅，禮節之隆重，為洪憲後所僅見。

根據《順天時報》1927 年 8 月 29 日《大元帥正殿祀孔禮節　內部禮俗司昨頒發禮節單　與祭各員定今日午後演禮》節選樂舞部分如下：

> 大元帥升拜褥位上立，典儀官贊："闔戶。"執事官闔戶訖，贊："迎神。"司樂官贊："舉迎神樂，奏《始和之章》。"起枕，樂作，大元帥率分獻陪祀各官，行四拜禮，贊引官贊："跪，拜，再

拜，三拜，四拜，興。"樂止，戛敔，典儀贊："奠帛爵，行初獻禮。"司帛爵官各捧帛爵就前鞫上立，司樂官贊："舉初獻樂，奏《雝和之章》。"起柷，司帛爵官各進神位前立。樂作，贊引官贊："詣奠帛位。"恭導大元帥進殿左門（遣官則由右門出入，下同），特派侍從武官隨侍至正位香案前，北鞫分左右立。大元帥詣帛案前立，贊："獻帛。"大元帥受帛拱舉，仍授司帛官奠於案正中，退。贊："詣獻爵位。"恭導大元帥詣獻案前立，贊："獻爵。"大元帥受爵拱舉，仍授司爵官，奠於爵內正中止，退。贊："復位。"恭導大元帥仍由殿左門出，復拜跪位，特派侍從武官隨侍如前。分獻官各就案前立，受帛爵供舉，仍授司帛爵官，獻於案上，退。司祝官就祝案前，奉祝版至案東先立，樂暫止。贊引官贊："詣贊讀祝位。"恭導大元帥進殿左門，詣讀祝位肅立，特派侍從武官隨侍如前。典儀官贊："讀祝。"司祝官讀祝畢。大元帥受祝版拱舉，仍授司祝官。司祝官奉祝版，至至聖先師孔子位前，安其篚內，退。樂復作，贊引官贊："復位。"恭導大元帥出殿左門復拜位立，侍從武官，隨侍如前。大總統率分獻陪祀各官行四拜禮，贊引官贊："跪，拜，再拜，三拜，四拜，興。"樂止，戛敔。典儀官贊："行亞獻禮。"司爵官捧爵就前向上立，司樂官贊："舉亞獻樂，奏《熙和之章》。"起柷，司爵官各進位前立，樂作，贊引官贊："詣獻爵位。"恭導大元帥進殿左門，特派侍從武官隨侍如前。大總統詣爵案前立，贊："獻爵。"大元帥受爵拱舉，仍授司帛官，奠於爵墊左，退。贊："復位。"恭導大元帥出殿左門，復拜位立，侍從武官隨侍如前，分獻官各就案前立，受爵拱舉，仍授司爵官，獻於案上。司樂官贊："舉終獻樂，奏《淵和之章》。"起柷，司爵官各進神位前立，樂作。贊引官贊："詣獻爵位。"恭導大元帥進殿左門，特派侍從武官隨侍如前。大元帥詣爵案前立，贊："獻爵。"大元帥受爵拱舉，仍授司爵官，奠於爵墊右，退。贊："復位。"分獻官各就案前立，受爵拱舉，仍授司爵官獻於案上退，樂止戛敔，典儀官贊："行終獻禮，奏《淵和之章》。"起柷，司爵官各進神位前立，樂作。贊引官贊："詣獻爵位。"恭導大總統進殿左門，侍從武官隨侍如前。大元帥詣爵案前立。贊："獻爵。"大總統受爵拱舉，仍授司爵官奠於爵墊右，退。贊："復位。"恭導大元帥出殿左門，復拜位立，特派侍從武官隨侍如前。分獻官各就案前立，受爵拱舉，仍授司爵官，獻於案上，退，樂止，戛敔。典儀官進至殿東，西向立。贊賜福胙，退，贊引官贊：“詣飲福受胙位。”恭導大元帥進殿左門，詣飲福受胙位肅立，特派侍從武官隨侍如前，捧福胙官二員恭捧福胙至神位前拱舉，退立於大元帥之右。接福胙官二員進立於大元帥之左。贊引官贊：“飲福酒。”大總統受爵拱舉，授左官。贊：“受胙。”大總統受胙拱舉，授左官。贊：“復位。”恭導大元帥出殿左門，復拜位立，特派侍從武官隨侍如前。大元帥率分獻陪祀各官，行四拜禮，贊引官贊：“跪，拜，再拜，三拜，四拜，興。”典儀官贊：“撤饌。”司樂官贊：“舉撤饌樂，奏《昌和之章》。”起柷，樂作，司爵官各進神位前，撤籩豆各一，少移故處，退，樂止，戛敔。典儀官贊：“送神。”司樂官贊：“舉送神樂，奏《德和之章》。”起柷，樂作，大元帥率分獻陪祀各官，行四拜禮，贊引官贊：“跪，拜，再拜，三拜，四拜，興。”樂暫止，典儀官贊：“奉祝帛送燎。”司祝帛爵官各進神位前，拱捧祝帛酒饌，依次送往燎爐時，贊引官恭導大元帥轉立東旁（遣官即轉立西旁），特派侍從武官隨轉於後分左右立。執事官鋪開拜褥，俟祝帛過畢，執事官仍鋪拜褥，贊引官恭導大元帥復位立，特派侍從武官隨侍如前。樂復作，司燎官數帛，典儀官贊：“闔戶。”執事官闔戶訖，贊：“禮成。”樂止，戛敔。內務總長、教育總長、蒙藏院總裁、大禮官暨贊引官恭導（遣官逕由贊引恭導至致齋所）大元帥出大成門左門，入幄次，特派侍從武官及諸護從、隨侍少憩，仍至欞星左門外，乘輿歸府。[①]

北洋政府時期的祀孔樂舞，有一種濃重的復古意味在裡面。例如，袁世凱祀孔雖然為表示已經更新換代，樂章用了和字，但基本程序還是與清代相似；加之有文武舞在內，實質上仍是行大祀之禮。黎元洪時期，為了體現與袁世凱之區別，樂章首章名有了更新，且用三鞠躬禮代替跪拜禮，也仍是按照古禮程序而來。而徐世昌則更為明顯，有向袁世凱政府復歸的特點，如恢復祀孔四拜禮並改著乙種禮

---

① 《大元帥正殿祀孔禮節》，《順天時報》1927 年 8 月 29 日第 7 版。

服，並於祭孔之日親臨主祭，一切典禮，均照袁世凱時代製定之式。只是，袁世凱祭孔時樂章名為"和"字，徐世昌祀孔則改用"平"字，與清代相同，有更濃重的復古意味。張作霖執政期間的祭孔，據說堪與袁世凱之祭孔相媲美。分獻官及陪祀官，均著大禮服，余則常禮服。主祭之張大元帥，御大禮服。其祭祀禮節，除了迎神樂章同黎元洪時所更名《始和之章》，其余均別無二致，其所行三跪九叩禮更超過袁世凱時所行一跪四拜禮。

（二）中华民國国民政府時期（1927—1948 年）

1934 年，教育部規定，8 月 27 日為先師孔子誕辰紀念日，除通令直屬各大學各學院外，並訓令各省市教育廳局。並附紀念辦法。據《國民黨中央執行委員會轉請國民政府明令公佈祀孔辦法函》（1934 年 6 月）：

本會第一、二、三次常會，准蔣中正、戴傳賢、汪兆銘、葉楚傖四委員提議"以八月二十七日為先師孔子誕辰紀念日，是否有當，請公決"一案，當經決議："通過，定為國定紀念日，交國民政府命令公佈，並交宣傳委員會擬定紀念辦法。"除交中央宣傳委員會外，特錄函達，即希查照辦理為荷。此致

國民政府

中華民國二十三年六月七日

中國國民黨中央執行委員會

先師孔子誕辰紀念辦法

一、紀念日期：八月二十七日。

二、紀念日名稱：先師孔子誕辰紀念。

三、孔子事略：先師孔子名丘，字仲尼，魯人。幼年即志於學，壯游四方，闡揚堯舜禹湯文武周公救世、致治忠恕一貫之道，晚年復刪詩書，定禮樂，贊周易，修春秋，垂法後世，為儒家之祖，歷代遵為師表。國父孫中山先生，亦每推崇不置。先師生於民國紀元前二四六二年（周靈王廿一年），卒於同紀元前二三九零年（周敬王四十一年），年七十有三。

四、紀念儀式：是日休假一天，全國各界一律懸旗志慶，各黨政軍警機關、各學校、各團體分別集會紀念，並由各地萬高級行政機關

召開各界紀念大會。

五、宣傳要點：（1）講述孔子生平事略；（2）講述孔子學說；
（3）講述國父孫中山先生革命思想與孔子之關係。

附：先師孔子誕辰紀念會秩序單

一、全體肅立

二、奏樂

三、唱黨歌

四、向黨國旗總理遺像及孔子遺像行三鞠躬

五、主席恭讀《總理遺囑》

六、主席報告紀念孔子之意義

七、演講

八、唱《孔子紀念歌》

九、奏樂

十、禮成①

又據《國民黨中央執行委員會頒發〈孔子紀念歌〉明令》（1934 年
10 月 18 日）：

中央執行委員會令

令各級黨部

案據行政院轉據教育部呈：為奉令擬制先師孔子紀念歌詞。
茲查《禮記·禮運篇》《天下為公》一段，最後人類社會思想，
其偉大紀念含義，實為三民主義之基礎，若采為孔子紀念歌詞，
似屬佳製天成。該段文字前經于委員右任提議採用，定為《天下
為公歌》，由國立音樂專門學校制印。謹檢附原有歌譜，請予鑒
核等情。經提出本會第一四零次常會決議通過。除函國民政府通
飭施行並通告外，合亟隨令頒發歌譜一份，即仰該黨部知照，並
轉飭所屬知照。此令。

---

① 中國第二歷史檔案館編：《中華民國史檔案資料彙編·第五輯·第一編，文
化·二》，江蘇古籍出版社 1994 年版。

抄送《孔子紀念歌譜》一份

圖 2—48　孔子紀念歌影印件①

　　①　中國第二歷史檔案館編：《中華民國史檔案資料彙編·第五輯·第一編，文化·二》，江蘇古籍出版社 1994 年版。

北平市根據《訓令直轄各機關　奉行政院令發先師孔子紀念歌譜令仰遵照由（訓令第五零號）：

案奉行政院第六八四六號訓令開：案奉中央執行委員會函開：查一月十五日第八三五號訓令開：案奉中央執行委員會函開：查顯示孔子誕辰紀念歌前經函請，轉飭教育部制定在案。據行政院呈：為據教育部呈：為奉令擬製先師孔子紀念歌詞，茲查《禮記·禮運篇》《天下為公》一段最後人類社會理想，其偉大之含義，實為三民主義之基礎。若采為孔子紀念歌詞，似屬佳制天成。該段文字前經於委員右任提議採用，定為《天下為公歌》，由國立音樂專門學校製譜印行等。前來查核，尚屬可用，檢同元譜，轉請鑒核等情。經提出，本會第一四零次常會討論，當經決議通過在案。除令行外各級黨部外，特錄案並檢同歌譜一份，函請查照，通飭施行等因。自應照辦。除函復並分行外，合行抄發原附歌譜，令仰遵照，並轉飭所屬一體遵照，等因奉此。除分行外，合行抄發原附歌譜，令仰遵照，並轉飭所屬一體遵照。此令。

計抄原附《先師孔子紀念歌譜》一份（列後）

中華民國二十四年一月九日　　市長　袁良

併增加簡譜一份，補錄如下：

圖2—49　孔子紀念歌（一）

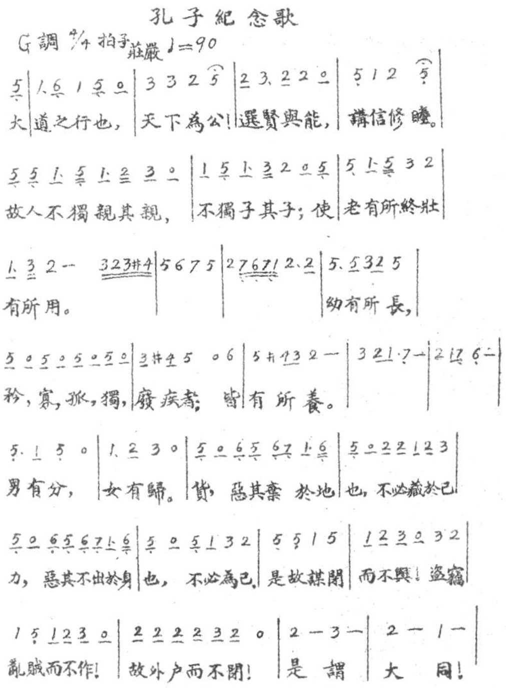

圖 2—50　孔子紀念歌（二）

圖片來源：《北平市市政公報》1935 年第 283 期。

中华民國國民政府政府时期的祭孔樂舞與北洋政府時期相比，更加趨於革新。例如，定 8 月 27 日為國定孔子紀念日，命令公佈，並交宣傳委員會擬定紀念辦法，并擬製孔子紀念歌等。而在孔子誕辰紀念辦法中，紀念日期、紀念日名稱、孔子事略、紀念儀式、宣傳要點之規定以及《先師孔子誕辰紀念會秩序單》中全體肅立、奏樂、唱黨歌、向黨國旗總理遺像及孔子遺像行三鞠躬、主席恭讀《總理遺囑》、主席報告紀念孔子之意義、演講、唱孔子紀念歌、奏樂、禮成等程序，與之前的祭孔禮儀迎神、初獻、亞獻、終獻、撤饌、送神以及相應的樂章，都是迥然相異的。

（三）日偽統治時期（1938—1945 年）

據《實報》1937 年 9 月 7 日覺簃《祀孔樂章仍襲用清代六奏例　文武舞由司樂引之》：

　　江宇澄市長，近歲於本市祀孔，力謀復興樂舞。此次丁祀，仍循曩例，由孤兒院樂生承乏。祭祀用樂，原遵古制。祀孔之樂，自宋代大晟樂府，擬撰安字十四章。元代定祀宣聖樂章二十七首，宋詞仍舊。明太宗洪武廿六年，頒《大成樂》於天下，凡六章，皆用和字。全襲宋徽宗大觀年間制詞。清祀孔子，樂章沿用六奏，同太廟大祀之例。袁世凱掌國，祀孔樂循清舊，第改平字之名為和字。

　　祀孔樂器，先期由司樂陳設，懸於殿外兩階者。於東有鎛鐘、編鐘十六。於西有特磬一，編磬十六，咸懸以虡業。應鼓一，柷一，麾一，設於東。敔一，設於西。益以琴六，瑟四，簫六，篴、箎四，排簫二，壎二，笙六，搏拊二，旌四，節四，干戚羽籥四種，各六十四，分列東西。及與祀者就位，則司樂一人，東上西向。歌工，樂工，文武八佾，樂舞生，序立階下。司樂舉麾，樂工鼓柷，則樂作。司樂偃麾，樂工戞敔，則樂止。樂工舉節，則舞起。導引進退，咸以節領之。司樂亦執麾引之。樂章六奏：一曰：昭和之章，闢戶後"迎神"時奏之。二曰：雝和之章，行"初獻禮"奏之。並舞《干戚之舞》。初獻案祝版既畢，《武功之舞》退，文舞執羽籥進。三曰：熙和之章，舉"亞獻"禮奏之。樂作，舞《羽籥之舞》。四曰：淵和之章，舉"終獻"禮奏之。舞與"亞獻"同。"終獻"儀畢，《文德之舞》退。五曰：昌和之章，行"撤饌"儀奏之。六曰：德和之章，送神時奏之，及陪禮文武百官，退立拜位，樂又作。迨闔戶訖，祀孔禮成，主祭官入"大次"，樂聲始止。惟樂章詞句，大總統祀孔所用，與各地方行政長官所用不侔，或以地位處境之差別，而異其辭與？

　　由此來看，袁世凱時期的祀孔樂舞章還是仿照清代舊制，主要是該清代樂章平字為和字。

　　那麼，日偽統治時期的祭孔樂舞又是怎樣的呢？下面將做一介紹。

秋丁祀孔樂譜

迎神	3 5 4 4	5 3 7 1	3 4 4 1	1 3 4 1
	大哉至聖	先覺天民	萬世師表	昭我彝倫
	1 3 5 7	7 4 1 4	3 7 1 3	1 7 1 3
	辟雍有典	肅舉明禋	鼓鐘載考	籩豆誠陳
初獻	3 1 4 5	1 4 1 4	3 4 1 7	4 5 7 3
	生民以來	莫盛夫子	禮器廟堂	式昭前軌
	7 1 4 3	1 3 4 7	1 3 4 3	7 7 1 3
	瞻彼杏壇	高山仰止	簠簋斯羹	薦馨方始
亞獻	3 1 4 5	3 1 4 4	3 3 1 7	4 3 1 7
	德蕩以加	我民是矩	享用太牢	禮云在魯
	4 7 5 4	3 4 3 3	7 1 4 7	4 4 1 3
	設奠兩楹	敢陳文舞	嘉醴在醴	鑠茲鐘鼓
終獻	3 3 4 4	3 1 4	7 7 1 4	3 3 7 7
	猗歟皇師	萬禩攸崇	折中六藝	學者所宗
	5 7 3 4	7 7 5 4	3 7 1 3	7 4 3 3
	上丁元祀	典禮加隆	在前忽後	登獻爰絡
徹饌	3 5 3 1	4 4 3 1	3 3 1 4	3 7 3 4
	俎豆惟芳	祀事孔明	淵淵璧水	觀禮于京
	4 4 5 4	5 7 3 1	1 1 7 7	4 1 4 3
	居歆載假	神聽和平	几筵告徹	綏我思成
送神	3 3 7 5	4 1 4 3	1 3 7 1	5 3 5 5
	煌煌太學	四方之綱	緬懷前哲	見羹見牆
	4 3 4 5	4 4 7 1	5 4 4 1	1 7 1 3
	車服云遙	金絲在堂	禮儀既備	明德馨香

圖 2—51　1937 年秋丁祀孔樂譜

1937 年 9 月 7 日秋祀祀孔禮節所載樂舞如下：

迎神。樂奏《昭平之章》。

初獻禮。樂奏《宣平之章》。舞《宣平之舞》。

亞獻禮。樂奏《秩平之章》。舞《秩平之舞》。

行終獻禮。樂奏《敘平之章》。舞《敘平之舞》。

撤饌。樂奏《懿平之章》。樂作。撤畢。樂止。

送神。樂奏《德平之章》。①

據《實報》1938 年 3 月 6 日汪覺餤《民初祀孔樂章》：

今日干支丁酉，為本歲春季上丁祀孔之期。當軸以闡揚聖道為職志，擬訂祀孔儀式，視往歲尤為隆重。祀孔樂章，亦經點竄公佈。樂章歌辭，始撰於宋代大晟樂府，凡十四章，悉用安字。歷元明清迄今，代有損益。清季導明代《大成樂》之舊，改和為平。民國初訂祀孔樂章，一仍清舊，略加竄改。惟恢復明代和字之稱，仍以和名。樂辭六章，中央與地方有別。祀孔史中要典，不可不錄存參考。中央祀孔樂章如下：

迎神，奏《昭和之章》，辭曰："大哉至聖，德盛道隆！生民未有，千禩是崇。典則昭垂，式茲辟雍。載虔籩簋，載嚴鼓鐘。"

初獻，奏《雍和之章》，辭曰："覺我生民，陶鑄賢聖。巍巍泰山，仰止景行！禮備樂和，豆籩嘉靜。既述六經，爰斟三正。"

亞獻，奏《熙和之章》，辭曰："至哉聖師，克明明德。木鐸萬年，惟民之則。清酒既醽，言觀秉翟。太和常流，英材斯植。"

終獻，奏《淵和之章》，辭曰："猗歟聖師，納民物軌。瞻之在前，師表萬祀。酌彼金罍，我酒惟旨。登獻雖終，弗退有喜。"

撤饌，奏《昌和之章》，辭曰："璧水淵淵，芹芳藻潔。既歆至聖，亦儀前哲。聲金振玉，告茲將撤。融巒假有成，日月昭揭。"

送神，奏《德和之章》，辭曰："煌煌辟雍，四方來宗。甄陶樂育，多士景從。如土斯埴，如金在鎔。懷仁抱智，俗美時雍。"

今茲祀孔樂章，與此義同而而辭異。時代不同，理宜如斯。其時，各地祀孔樂章由中央制定頒行，以昭一致。迎神，《昭和之章》辭曰："大哉孔子，先覺先知！與天地參，萬世之師。祥徵麟綬，韻答金絲。日月既揭，乾坤清夷"。初獻，《雝和之章》辭曰："永懷明德，玉振金聲。生民未有，展也大成。俎豆千古，春秋上丁。清酒既

---

① 《北大總監督辦公處函送教育總署孔子誕辰紀念辦法和北大醫學院派員參加祀孔等問題與有關單位來往函》，1937 年，北京市檔案館藏，檔案號：J029 - 003 - 00905。

載，其香始升。"亞獻，《熙和之章》辭曰："式禮莫愆，升堂再獻。響協鼓鏞，誠孚罍甒。肅肅雍雍，譽髦斯彥。禮陶樂淑，相觀而善。"終獻，《淵和之章》辭曰："自古在昔，先民有作。皮弁祭菜，於論思樂。惟天牖民，惟聖時若！彝倫攸敘，至今木鐸。"撤饌，《昌和之章》辭曰："先師有言：祭則受福。四海黃（學字頭）宮，疇敢不肅？禮成告撤，毋疏毋瀆。樂所自生，中原有菽。送神，德和之章辭曰：亹繹峨峨，洙泗洋洋，景行行止，流澤無疆！聿昭祀事，祀事孔明。以化蒸民，以育膠庠。"

祀孔祝文，及崇聖祠祝文，中央與地方，亦各不同。各地祀孔祝文中，有"嗚呼聲名所居，血氣莫不尊親。光景常新，禮樂明其禋祀"之句。絃外之音，蓋以鼎革而降，祀孔典禮久替，袁世凱復振舊典，頗滋物議，以別有懷抱見譏。平心衡事，袁氏於政治之企圖，屬個人行為，與宣導群倫，尊崇師道，永修禋祀者，截然兩事，未可因人而廢其事。"血氣莫不尊親"一語，應為國人世世永守者，尤不可忽視也。

1945 年釋奠典禮（春祭）如下。

釋奠典禮（春祭）

祭日

主祭官率陪祀祭官與祭人員，於示定時刻服禮服乙種禮服，至孔子廟，由右門入致齋所。

鼓初嚴。與祭人員先各就位。

鼓再嚴。燃燭。焚香。侍從奉盥奉帨巾。請主祭官盥手畢。

司祝官以祭文及獻詞進。

主祭官恭閱。署名訖。

鼓三嚴。贊引官請

主祭官行禮。

主祭官出致齋所。贊引官。恭導

主祭官由大成門右門入。（諸護從至階下止立）分贊官引陪祭官隨入。

主祭官由中階之右，升詣行禮位前。陪祭官咸詣位。

典儀官。贊："闔戶。"闔戶畢。

典儀官贊："春祭典禮開始。樂舞生奏樂。"奏樂畢。

典儀官贊："主祭官就位。陪祭官就位。與祭人員就位。"

典儀官贊："全體肅立。"主祭官陪祭官與祭人員咸肅立。

典儀官贊："學生唱國歌。樂舞生奏樂。"唱奏畢。

典儀官贊："主祭官陪祭官與祭人員嚮先師孔子行最敬禮。一鞠躬。再鞠躬。三鞠躬。"畢。

典儀官贊："默念（一分鐘）。"畢。

典儀官贊："獻花。"贊引官恭導

主祭官入殿右門。詣

先師孔子案前肅立。司花恭進花。主祭官恭受花，恭舉供於案前瓶內。

典儀官贊："樂舞生奏樂。"奏樂畢。

典儀官贊："恭讀祭文。"

讀祝官恭捧祭文至案左恭讀。

典儀官贊："樂舞生奏樂。"奏樂畢。

贊引官恭導主祭官出殿右門。復位。

典儀官贊："主祭官領導全體陪祭官至歷代聖賢祠致祭。"贊引官恭導

主祭官至後面詣位。分贊官恭導陪祭官分別至後面。各詣位。所有大成殿與祭人員仍各就原位不動。

典儀官贊："主祭官就位。陪祭官各就位。"

典儀官贊："主祭官陪祭官與祭人員向歷代聖賢行最敬禮。一鞠躬。再鞠躬。三鞠躬。"

典儀官贊："獻花。"贊引官恭導

主祭官至案前。司花恭獻花。主祭官恭受花，恭舉供於案前瓶內。

典儀官贊："主祭官復位。"贊引官恭導主祭官復位。

典儀官贊："主祭官領導全體陪祭官回大成殿。"贊引官恭導

主祭官回大成殿復位。分贊官恭導陪祭官回大成殿各復位。

典儀官贊："主祭官獻詞。"贊引官恭導

主祭官入殿右門。詣

先師孔子案前肅立。司祝恭舉詞至案左肅立，恭讀。畢。

贊引官復恭導主祭官出殿右門復位。

典儀官贊："學生唱《孔子讚歌》。"樂舞生奏樂。唱奏畢。

典儀官贊："闔戶。"闔戶訖。

典儀官贊："禮成——樂舞生奏樂。"奏樂畢。

主祭官陪祭官退至大成門外。與祭人員再行離位。咸退。[①]

中華民國袁世凱執政時期曾經命徐世昌所轄禮制館制定了周詳完備的祀孔禮儀，基本沿用了元明清時期祭孔的禮儀形式，如迎神、初獻、亞獻、終獻、撤饌、送神等，由原來的三跪九叩改為四拜禮，並對一些禮儀細節、服飾等做了一定的修訂，並為後代北洋政府執政所採用。其樂舞中，祀孔樂循清舊，改平字之名為和字，此同明朝樂章，從而一定程度上反映了廢舊立新、反清復漢的政治傾向。而在徐世昌執政時期，在袁世凱時期禮儀樂舞的基礎上更為復古，其樂章又採用了清代的樂章名，其樂辭也不同于袁世凱時期所定樂辭，此其創新之處。

1934 年，中華民國蔣介石政府教育部規定，8 月 27 日為先師孔子誕辰紀念日，除通令直屬各大學各學院外，並訓令各省市教育廳局。並附紀念辦法，其中樂舞方面的內容包括奏樂（應為軍樂），唱黨歌，唱《孔子紀念歌》等內容，一切都是嶄新的形式和內容，與前代的祀孔截然不同，體現出其時代特色。

反觀日偽統治時期的祀孔樂舞，無論其三跪九叩禮，還是樂章帶"平"字，如奏《昭平之章》《宣平之章》《秩平之章》等，此皆同清朝禮制，儘管在某些細節方面，包括樂詞方面存在一些不同。同樣，它在一定程度了反映了日偽統治者反中華民國政府的政治傾向。儘管此類細節非常微妙，卻是幫我們洞悉當時時代背景及統治者政治意向的一把鑰匙。1937 年秋季祀孔禮節（包括大成殿和崇聖祠）禮儀詳盡，極為完備，其禮儀樂舞基本接近於清代祀孔禮。

1942 年以後，在中國戰場，隨著國民黨正面戰場的抵抗和共產黨軍隊在敵後遊擊戰場的英勇反擊，日本軍隊戰線過長，顧此失彼，節節

---

① 三十四年先師春祭釋奠禮節。

敗退，只能固守在一些主要的城市和據點。第二次世界大戰的天平已經完全向同盟國一方傾斜，日本只能做最後的負隅頑抗，已經走向窮途末路。就是在這樣的一種時代背景下，日偽政府的春季祀孔典禮還在勉強維持，但已經簡之又簡，頗為敷衍。焚香、奏樂、唱國歌、獻花、三鞠躬禮等，已經是非常現代的一些禮儀形式，接近於民國政府時期的紀念孔子禮節了。

（四）中華民國國民政府時期（1945—1948 年）

1945 年孔子誕辰紀念，各機關團體放假一日，廣播特別節目隆重致祭，由國立北平師範學院院長袁敦禮主講。据《導報》所載：

　　【北平社訊】今（廿七日）為孔誕紀念日，在平黨政軍各機關首長於上午六時至孔廟致祭，由熊市長任主祭官，全市各機關團體均放假一日，惟警察局以治安關係，飭令所屬各分局保安總隊不休假云。又訊：孔子二千四百九十七年誕辰紀念，北平電臺播送特別節目，第一台計有（一）史地講述，孔子誕生地介紹。（二）祀孔樂，大成樂章（錄音），（三）講演，教師節感言（由國立北平師範學院院長袁敦禮主講等節目。①

1946 年 8 月 27 日，平市祀孔典禮早 6 時在孔廟舉行，由熊斌市長任主祭官，伴樂系由北平國學研究會所設國樂傳習所擔任，所用樂器，純系我國古樂，計有大成鼓、大成鐘、特磬、柷、敔及各種簫、笛、琴、瑟並塤、篪等多種，由 40 余名專家伴奏，並派中央電影製片廠，將前往攝製影片。

1947 年 8 月 27 日晨 8 時，於成賢街文廟舉行祀孔典禮。祀孔典禮，力求簡單，向昔伴奏之古樂亦以軍樂代替。

1948 年孔子誕辰，北平政府規定，各機關循例放假一日，平市定上午 8 時，於國子監文廟，舉行紀念會，各黨政文化機關工商民眾團體，均派代表參加。用最新式奏樂，唱國歌。行禮伴奏的音樂是特請警察局樂隊。

---

　　① 《道報》1946 年 8 月 27 日第 3 版《孔子誕辰紀念 各機關團體放假一日 廣播特別節日隆重致祭》。

五　民国時期祭孔服饰

民國時期的祭孔服飾，由於朝代的更迭及政局的混亂和不斷更替，是比較紛繁復雜的。從民國初年的便服、禮服及常禮服，到北洋政府時期袁世凱命令徐世昌所管轄的禮制館制定祭祀冠服，後代政府基本沿用其中的乙種禮服。1917 年春丁祀孔時，北洋政府內務部頒布了新的丁祭服制，即所有承祭官、分獻官及執事各官，文職穿大禮服，武職穿軍大禮服，有勛章大綬者，一律佩帶。大成殿陪禮官及崇聖祠執事各官，均穿乙種常禮服（袁世凱期間頒定的）。在蔣介石政府執政期間以及後來的日偽統治時期，基本採用此種服制形式。當然這種服制也在隨著時代的變化，不斷發生著革新，並不是一成不變的。

1912 年 2 月，中華民國臨時政府內務部、教育部通令各省舉行丁祭。宣佈民國通禮在未頒以前，文廟應暫時照舊致祭。惟除去拜跪之禮，改行三鞠躬，祭服則用便服。其余前清祀典所載，凡涉於迷信者，應行廢止。

1913 年孔教會於該年 8 月 21 日召開會議，決定單獨秋丁祭孔，並沿用舊日禮樂，以免禮壞樂崩之患。

《群強報》1913 年 8 月 23 日 4 版報導題為"特別丁祭"：

> 孔教會前日開會議決，於舊曆八月初三日（陽曆 9 月 28 日），在國學舉行丁祭，並沿用舊日禮樂，以免禮壞樂崩之患。其衣冠則禮服及常禮服，聽人各便。是早齊集國子監，以上午九時行禮，禮畢講經。

1913 年孔教會祭孔所著的是禮服及常禮服，具體形制不得而知。但1914 年，袁世凱命令政事堂禮制館制定并刊行了詳盡周密的祭祀冠服制，從而使得祭孔冠服有了一套可以參照的標準規範。茲將此祭祀冠服制錄於下：

祭祀冠服制

中國民國三年八月

政事堂禮制館刊行

內務總長朱啓鈐謹呈為遵議擬訂祭冠祭服，呈請核定頒行事。

　　前奉大總統令，據政治會議議覆，祀天冠服應飭下所司特別規
定，著內務部廣集見聞，詳晰議擬等因。本部自設立"編訂禮制會"
後，遵即首先提議祭冠祭服一案。查政治會議祭天諮詢議決案內，謂
"祭服用冕"一節。雖《周官》所載，漢唐宋輿服志所傳，自天子逮
卿大夫各有等差，品秩昭然原非帝王特製，但去古既遠，惟通人學士
能博稽而詳說之，而難免於多數之懷疑。與其驚世駭俗，從周徒博虛
名，何如創製顯庸？開國特隆鉅制，自應酌古斟今，另行規定特別冠
服較為適宜，仍以合乎古而不戾於今為當。"冠"即名之曰"祭冠"，
"服"即名之曰"祭服"，均為臨祭而設。惟求適宜相稱，文才章施
鏊然有序，用昭敬恪。上自元首，下逮國民，於祀天暨其他祭禮各得
用之，即以符通祭之義等語。本部此次集議，自應以該議案為根據，
謹案《禮記‧王制》言：有虞氏皇而祭，夏后氏收而祭，殷人冔而
祭，周人冕而祭。明有史以來，祭服之規定代各不同，而用冕則自周
始，後世泥於周制，一若非冕服不足以昭崇敬者。不知漢初去周為
近，而西京二百年郊祀之服皆以袀玄，初不聞其被袞，誠以一代之開
國本可不相沿襲，特朝祭異服則古今同之。今議於大禮服外，規定特
別冠服以供祀天暨其他祭禮所用，蓋猶朝祭異服之意也。竊謂"祭
服"与"禮服"不同，"禮服"以接人，大勢所趨，自貴從同，"祭
服"以接神鬼，則其制不妨略古用，昭我四千余年文化由來之遠。
周室裸將而助祭，乃有殷冔。日本神官、神職之服多採唐制，皆其先
例也。考《史記‧五帝本紀》，稱"堯，黃收純衣。"而劉昭《後漢
志》："以收與冔，皆謂爵弁。"是爵弁尤古於冕，若民國採之以為通
祭之服，則遠法放勳，彌足以昭共和之盛軌。迭經在會各員一再討
論，僉謂祭冠倣古之爵弁，祭服即倣爵弁服之玄衣纁裳，最於民國國
體為宜。惟是致美黻冕，文質貴得其中；觀象古人，彰施不可無別。
服以順禮，非有上下之辨曷以定民志，而示有尊。法國由帝制而成共
和之先進國，其官職、禮服亦皆分別等級，我國政體變遷相同。

　　擬自大總統以下祭冠、祭服分為特任官、簡任官、薦任官、委任
官及士庶五等，各綴冠章於冠，團章於服，以為之別。此外，如冠服
之緣、大帶之飾、中衣之制，以及紘之易而為組，舄之改而為韡，類
皆悉心釐訂，參酌古今。凡此損益之因時，無取拘牽於往制，要期變
通之盡善，俾成巍煥之新儀。

以仰副我大總統齊明盛服，恪承祭祀之至意。謹繕具《祭祀之冠服制說明書并附圖式》呈請核定頒行，以資遵守。所有遵議擬訂祭冠、祭服緣由是否有當，理合具文呈請。

大總統鈞鑒、訓示施行。謹呈。

七月五日奉

大總統批，令所訂祭祀冠服圖式折衷往制，具臻周妥，應與《祀天通禮》一併頒行，交政事堂禮制館通行，遵照圖暨說明書並發。此批。

祭祀冠服制

一、祭冠

採用爵弁制，黑表朱裏，去笄，以錦為飾，綴冠章以為等差。

大總統之祭冠，以赤地金錦為紕，冠章圓形，飾以六穗、嘉禾，兩莖中綴明珠一環，珍珠十二，組纓用纁色。

文武各官暨士庶祭冠別為五等。

一等為特任官祭冠，以藍地金錦為紕，冠章圓形，飾以五穗、嘉禾，兩莖中綴紅寶石一環，珍珠九，組纓用紫色。

二等為簡任官祭冠，冠章綴黃寶石一環，珍珠七，余同前。

三等為薦任官祭冠，冠章綴藍寶石一環，珍珠五，余同前。

四等為委任官祭冠，冠章綴白玉一環，珍珠三，余同前。

五等為士庶祭冠，青素緞為緣，不用錦，冠章綴玄玉一方，無珠無飾，組纓用青色。

二、祭服

採用玄衣纁裳制，錦緣，去佩、韍，以章數多寡為等差。

大總統之祭服，衣玄色、裳纁色，質用絲，緣飾赤地金錦，衣繡十二團，以十二章為一團，裳繡云海紋。

文武各官及士庶祭服別為五等如冠制例。

一等衣玄色、裳纁色，質用絲，緣飾藍地金錦，衣繡九團，以九章為一團，裳無繡。

二等衣繡七團，以七章為一團，余同前。

三等衣繡五團，以五章為一團，余同前。

四等衣繡三團，以三章為一團，余同前。

五等，玄衣裳纁，質用絲，本色素，緣不用錦，不加繡飾。（或用乙種常禮服）。

三、帶

採用大帶制，垂紳，質用錦，而去其緣。

大總統赤地，金錦，朱裏。

文武各官均藍地，金錦，素裏。

士庶不用錦，隨裳色質用絲。

四、中衣

存深衣之意，而採白紗中單之制，畧變通之。

大總統以下文武各官及士庶，概用白色絲織品，領緣各隨衣裳緣色，腰無縫，不分幅。

五、韠

採前代禮韠式，質地用絲，皂色粉底。

大總統以下文武各官及士庶皆同。

六、樂、舞生冠服

冠色黑，緣以黑地，片金青，纓無緌，冠有覆版，四方形，平置。冠章銅質，樂生鏨樂字，舞生鏨舞字，均篆書。衣採深衣制，畧加變通，藍色，領、袖、腰襴及下端四周均黑，緣下不分幅，長及踝，通身繡小葵花，無帶。皂韠。（各省地方樂、舞生冠用黑緣，衣無繡飾）

附：說明書

一、祭冠

謹案，爵弁古時亦為祭冠（《禮雜記》：“大夫，冕而祭於公，弁而祭於己；士，弁而祭於公，冠而祭於己。”陳祥道注云：“弁，謂爵弁也。祭於公者，助君祭也”）天子至士皆通用也（《周禮·弁師》：“王之弁絰，弁而加環絰。”鄭玄曰：“其弁為爵弁”）。夏曰收，殷曰冔（見《士冠禮》）。其制如冕（劉昭《續漢志》云：“爵弁，一名冕，有收持笄，所謂夏收商冔也”）。凡冕前後有旒，爵弁無旒，名冕者，俛前一寸二分，故得冕；稱爵弁則前後平，故不得冕名（本賈公彥《儀禮疏》）。今特採用其制，太古以布為表，中古用絲（《禮王制疏》及《三禮圖》云：“周弁、殷冔、夏收俱以三十升漆布為之。"漢晉皆稱繒其上，唐時冠冕用皂絹，宋以繒，元以漆紗，明以烏紗。並見《輿服制》）。今用絲質或毛質，黑表朱裏。（《獨斷》曰："爵弁，殷黑而微白，夏純黑，皆三十六升漆布為之。"鄭玄云："爵弁者，制如冕，黑色。"又云："其色赤而微黑，如爵頭然，或謂之緅。"黃以周謂："爵，古通雀。"《爾雅》："鸍黃，楚雀，鸍黑而黃，謂之爵弁。"鄭以緅釋爵其意："色以赤為體，而更染之以黑，與緅相近"）。古時弁有笄，所以貫髮，今無所用，故去之。有紘，所以繫冠，曲組為之，自下而上屬於笄垂為飾，今既去笄，則紘無所屬，故易紘為組纓（古冠有笄者，曲組為紘，垂為飾，無笄者，纓而結其條。見《士冠禮注》）。

今以纁色為大總統祭冠之組纓，文武各官用紫色，士庶用青色，以為等別（《禮‧玉藻》："天子朱組纓，大夫丹組纓，士藘組纓。"漢唐以後有用采色者，有隨綬色者，其色不一。見《輿服志》）冠冕之飾，代有不同，無定制，蓋皆因時損益，用備儀文。（魏飾珊瑚，六朝用翡翠，唐明飾金，宋繡龍錦、七星、紫云、白鶴，並見《輿服制》）。

今以錦為飾，大總統用赤地金錦（《續漢志》："絳緣領袖為中衣，示其赤心奉神也"）。文武各官有從事裸將之職，則別以藍地金錦，士庶用青素緞為緣，不用錦，以示太樸無華之旨。

大總統之冠章用明珠一環，珍珠十二，以應十有二月，飾以嘉禾，取豐稔之義。陪祭各官則用五色寶石鑲珠，以九、七、五、三之數為差。士庶用玄玉以為別（《周禮‧弁師》："王之皮弁，會五采璂。"又曰："諸侯及孤卿大夫之皮弁，各以其等為之。"鄭玄注："皮弁，則侯、伯璂飾七，子、男璂飾五，玉亦三采。"《詩》："會弁如星。"孔穎達《疏》："諸侯事王朝者，則卿璂飾六，大夫璂飾四，及諸侯孤卿大夫各依命數，並玉用二采。"今冠章用珠寶者，謹規仿此意，而變通之也）。

二、祭服

謹案，衣裳殊制創自黃帝，上玄下纁始於虞舜，是為千古祭服之祖。古時，爵弁皆玄衣纁裳（《士冠禮》云："爵弁服，纁裳，純衣"），自天子至士通用之服。今義取大同，祭冠既採用爵弁，則祭服自宜同之，此採用玄衣纁裳之原由也。古弁冕服皆有佩韍，佩以章德，君在則不敢鳴佩，齊則結而屈之（見《禮記·玉藻》）。韍，古以革為質，至周易以帛，春秋之世解佩韍，留係璲（見《續漢志》）。今去其佩韍，所以師古意而省繁縟也。日、月、星辰、山、龍、華蟲、宗彝、藻、火、粉米、黼、黻是為章服之始。周時變更其序，登龍於山（謂"龍在山之前也"），登火於宗彝（謂："火次華蟲之後也"）。歷代相沿，各有損益，今因改為團繡，合其章為團，即以章數之差，分團數之多寡。（如十二章則合十二章為一團，衣即繡十二團，九章者則合九章為一團，衣繡九團，余倣此）其章數之差減，則從周制。（案，周制袞冕九章：龍、山、華蟲、火、宗彝、藻、粉米、黼、黻；鷩冕七章：華蟲、火、宗彝、藻、粉米、黼、黻；毳冕五章：宗彝、藻、粉米、黼、黻；絺冕三章：粉米、黼、黻（見《周禮·司服》疏）。均繡於衣，裳不加繡（古者繪衣繡裳，其章采有衣六裳六，衣五裳四之殊。今既併其章為團，皆繡於衣，故裳不加繡）。

惟大總統為一國之元首，則繡云海紋於裳，以示區別（《周禮·考工記》畫繢之事："土以黃，其象方，天時變。"孔穎達疏云："此乃六色之外，別繪天地二物於衣。"是古人亦有十二章，外增飾天地二物者，天地無象，故以云海代之）五等為士庶祭服，玄衣纁裳，即用本色素緣，不加鏽飾，以符通制，並得適用。乙種常禮服為祭服者，以示簡而易行也。

三、帶

謹案，古祭服用帶有革帶、大帶之分。革帶以繫佩韍，大帶加於革帶之上，合帛為之，或以素，或以練，其飾或以朱綠（見陳祥道《禮書》）《三才圖會》名之曰："假帶。"其制曲帛為結，相約用鈕，垂余為紳，所以端視而示誠。今既無佩韍，故用大帶加紳。古時天子諸侯皆終辟（《禮·玉藻》："天子素帶，朱裏，終辟。"而素帶終辟，辟讀若裨，緣邊也。終辟者，謂終竟此帶，而盡緣之也。諸侯同，但不朱裏）。大夫辟垂，士率下辟（辟垂，謂緣其結之兩耳，及下垂之紳。士以練為帶，單用之。而緶緝其兩邊，謂之緯。故《玉藻》曰："士練帶率下辟。""下辟"，謂僅緣其下垂也）。唐以後，有用朱綠錦為緣錦者（見《輿服制》）今即以錦為帶，而去其緣。

四、中衣

謹案，古祭服皆有中衣。三代時即以深衣為之，故曰：深衣之制，制同而名異者，有四著，在朝服、祭服之內，則曰中衣。自唐以後，因其服在衣中日趨簡易，故變通其制。腰無縫，下不分幅，名之曰：中單。今沿用其制，以歸簡易。

五、韡

謹案，古祭服有赤、黑而舄。其制以木置履下，乾臘不畏泥溼。蓋行禮久立，或恐泥溼，故復其末下使乾臘（見《今古注》）。而祭時則脫舄，升壇祭畢，則降壇納舄（見《唐禮》《明禮》）。唐宋以後，公服雖用韡，而祭服仍用舄，以韡則不便於脫納也。至明嘉靖中，享廟，始罷脫舄之禮（見《春明夢余錄》）。今禮升降本無脫納之繁，故改用韡以從宜。

六、樂、舞生冠服

謹案，樂、舞生冠服，歷代各有異同，類多繁飾。后漢祠天地五郊明堂，樂人或服爵弁，或服建華冠。晉時並用方山冠，其制如進賢。鄧展曰：“方山冠以五采縠為之。漢天子“八佾”，“五行”樂人服之，冠衣各如其行方之色而舞焉。”唐郊廟文舞郎用委貌冠，黑絲布大袖、白練領、褾、絳布大口袴，革帶，烏皮履。武舞郎用平冕，黑衣絳裳，革帶，烏皮履。明洪武五年，定文舞生及樂生冠服均黑介幘，漆布為之，上加描金蟬。武舞生用武弁，以漆布為之，上加金蟬。並見《輿服制》。今義取簡易，故採深衣制，冠用方頂，示與祭冠有別，繡葵花，係沿用明代之制（《明會典》：“樂生、文武舞生均服紅絹大袖袍，胸背皆畫纏枝方葵花，紅生絹為裏”）。外省地方，冠用黑緣，衣無繡飾者，所以示質也。

　　“冠用圓框，冒以黑色絲織品，上有覆版，前圓（前挫角存圓意），後方前後平，黑表朱裏。版之四周及冠武（冠圈也），皆紕錦以爲飾，有組纓。”①

----

① 圖2—52至圖2—86及相關說明文字，皆引自中華民國三年（1914年）八月政事堂禮制館刊行《祭祀冠服制》。

圖 2—52　祭冠

　　"大總統祭冠綠赤地金錦繧纓；文武各官綠藍底金錦紫組纓；士庶綠青素緞，不用錦，青組纓。

　　冠制尺寸，以冠武之徑爲率。凡冠武橫徑五寸四分者，覆版橫徑七寸；冠左右側高三寸六分，冠武直徑留存者，覆版直徑即一尺，冠前後高三寸八分；凡置覆版，前後平，居冠之中而略前。"

圖 2—53　大總統冠章、一等冠章

圖 2—54　二等冠章、三等冠章

圖 2—55　四等冠章、五等冠章

"大總統冠章，金質圓形，徑一寸五分，飾六穗嘉禾，兩莖中綴明珠一，環珍珠十二。

一等冠章，銀質鍍金，圓形，徑一寸五分，飾五穗嘉禾，兩莖中綴紅寶石一，環珍珠九。

二等綴黃寶石一，環珍珠七，余同。

三等綴藍寶石一，環珍珠五，余同。

四等綴白玉一，飾珍珠三，余同。

五等綴玄玉一，方，橫寬一寸五分，直寬一寸。"

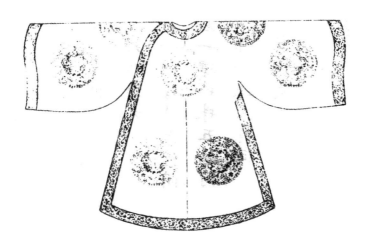

圖 2—56　大總統衣（前）

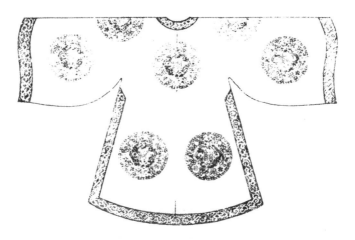

圖 2—57　大總統衣（後）

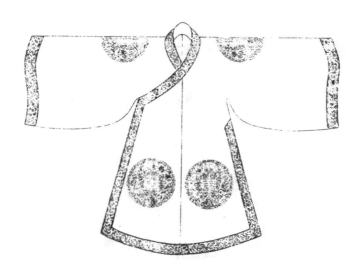

圖 2—58　一等衣（前）

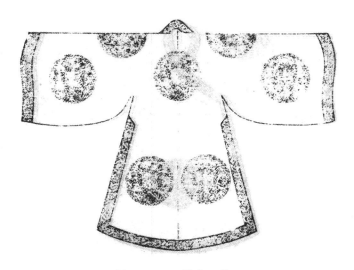

圖 2—59　一等衣（後）

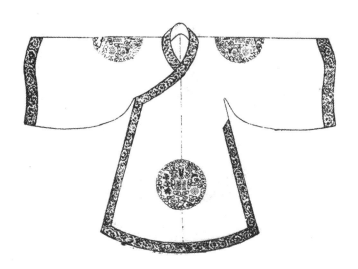

圖 2—60　二等衣（前）

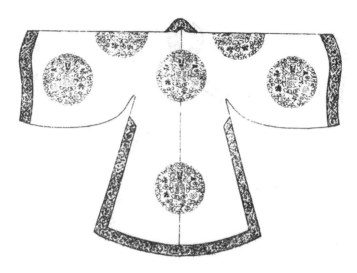

圖 2—61　二等衣（後）

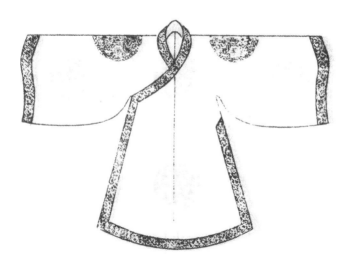

圖 2—62　三等衣（前）

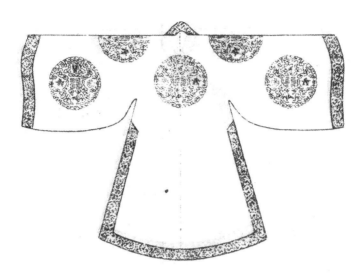

圖 2—63　三等衣（後）

圖 2—64　四等衣（前）

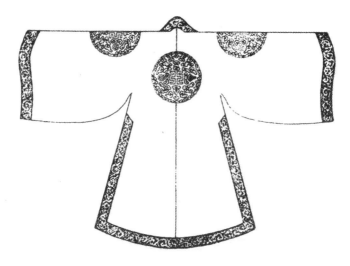

圖 2—65　四等衣（後）

圖 2—66　五等衣（前）

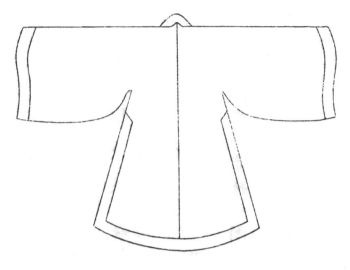

圖 2—67　五等衣（後）

衣，玄色，質用絲，長毋掩裳，窄寬各如其身，袖長過手，五寸。袖廣為衣長之半，兩襟相掩爲方曲領，下周及領袖皆有緣。

按祭服均從方曲領，唯大總統之祭服，胸前有繡章，特從圓領。

大總統衣綠赤地金錦，寬二寸五分，繡十二團（前胸後背、兩肩各一團，兩袖兩面共四團，前後下端各二團，共十二團），以十二章爲一團（日、月、星、辰、山、龍、華蟲、宗彝、藻、火、粉米、黼黻十二章）。

一等衣綠藍地金錦，寬二寸五分，繡九團（兩肩、後背及兩下端各二團共九團），以九章爲一團（龍、山、華蟲、火、宗彝、藻、粉米、黼、黻九章）。

二等衣，繡七團（兩肩及後背兩袖前後下端各一團，共七團），以七章爲一團（華蟲、火、宗彝、藻、粉米、黼、黻七章），餘同。

三等衣，繡五團（兩肩及後背兩袖各一團，共五團），以五章爲一團（宗彝、藻、粉米、黼、黻五章）。

三等衣，繡五團（兩肩及後背各一團），一三章爲一團（米、黼、黻三章），餘同。

五等衣，綠青素，緞不用錦，無繡章。

圖 2—68　三章圖　　　　　　　　圖 2—69　五章圖

圖 2—70　七章圖　　　　　　　　圖 2—71　九章圖

圖 2—72　十二章圖

圖 2—73　大總統裳（前）

圖 2—74　大總統裳（後）

二等
三等
四等同

圖2—75　一等裳（前）

圖2—76　一等裳（後）

圖 2—77　五等裳（前）

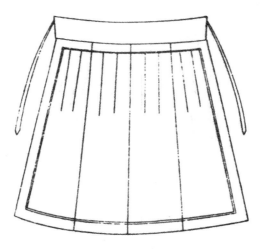

圖 2—78　五等裳（後）

　　"裳，纁色，为幅七，前三幅，后四幅，每幅三襞积分，腰长上齐，腰下及踝有綼緆。

　　大总统以赤地金錦为綼緆，采繡云海纹；文武各官用藍地金錦，为綼緆，无繡；士庶本色綼緆无繡。"

圖 2—79 中衣

"中衣，白色，質用絲，寬窄各如其身長，及踝，方領袖，長过手五寸，袖椿，袖口以尺餘为率。

大总统領緣用赤地金錦；文武各官用藍地金錦；士庶用素緞。"

帶

紳

帶寬三寸為率曲為結下垂為紳長與裳緣齊

大總統用赤地金錦朱裏

文武各官用藍地金錦素裏

士庶不用錦隨裳色絲織品

圖 2—80 帶、紳

大總統至士庶並同

鞾用皂色絲織品粉底

鞾

圖 2—81　靴

冠色黑絲質棉質均適用紙緣均用黑地片金青纓無緌

覆版用方式前後左右均以尖角相向平置　各省地方祭舞生冠用黑

色絲質為紙緣不用片金

圖 2—82　樂舞生冠

冠章方形縱橫徑一寸銅質鍍金上鏨篆書陽文樂生用
樂字舞生用舞字

樂冠生章

舞冠生章

圖 2—83　樂舞生冠章

　　"衣，用藍色，絲質或棉質，長及踝，寬窄各如其身；袖長过手，袖口六寸为率，两襟相掩，为直領，領及下端均用黑緣，寬二寸，袖褾从翻卷式，腰褾后面随身围肥瘦，約之以組紐。通身繡小葵花如圖（各省地方樂舞生衣服无繡，餘同）。"

圖2—84　樂舞生衣

圖2—85　樂舞生衣

凡著祭服先著中衣次繫裳後幅再繫前幅乃著衣加帶

垂紳

圖 2—86　祭服總圖

1917 年春丁祀孔，北洋政府內務部頒布了新的《丁祭服制通告》：

> 二十四號（舊曆二月初三日）為舉行仲春上丁祀孔之期。昨經內務部通告：所有承祭、分獻及執事各官，文職服大禮服，武職服軍大禮服，有勳章大綬者，一律佩帶。其大成殿陪禮及崇聖祠執事各官，均服乙種常禮服云。[①]

---

① 《愛國白話報》1917 年 2 月 9 日第 3 版，第 1243 號《丁祭服制通告》。

《群強報》1917年2月26日第4版第1670號版題為"煞是好看"的报导：

> 廿四日教育總長范源廉，代表大總統祭孔，范氏及陪祭人員，均服大禮服，行鞠躬禮。獨孔教會會員等，舉行丁祭禮，主祭者梁鼎芬先生，穿前清二品朝服，翎頂輝煌，陪祭的兩個人系孔教會員，穿明朝衣服，仿佛像列國時候見得人樣。一天祭祀，同祭一人，竟有三樣服色，煞是好看！

由此來看，在正式舉行春祀的時候，政府代表范源廉及陪祭人員，均穿大禮服。而孔教會會員舉行丁祭禮，主祭官梁鼎芬，穿前清二品朝服，翎頂輝煌，陪祭的兩個人也是孔教會員，穿明朝衣服。同一個祭孔儀式，竟然有三個朝代服裝，讓當時的報界及觀禮人等歎為觀止。

《政府公報》1918年第768號《內務部通告》稱：

> 本年三月二十一日舉行春丁祀孔典禮，所有承祭、分獻及執事各官，文職服大禮服，武職服軍大禮服，有勳章大綬者一律佩帶，其大成殿陪祀及崇聖祠執事各官均服乙種常禮服。除禮節另行分送外，特此通告。(中華民國七年三月十二日)

1919年，內務部諮（呈國務總理 行各 部總長 各院院長 各都統 督軍長 州邊鎮守使 阿勒泰辦事長官）

> 本年秋丁祭祀冠服仍用乙種，嗣後凡遇祭祀，均應適用，請飭屬一體遵照云
>
> 文為諮（呈行）事。本部具呈遵訂祭祀冠服分為甲乙二種，繪圖說明，以備採擇一案，於九月九日奉 大總統指令呈悉，著仍用乙種，即由該部通行遵照圖存，此令。等因奉此。查乙種祭祀冠服制即系民國三年通行之案，圖說久已頒行，今既奉令採用，自應由本年十月二日秋丁起，凡遇祭祀典禮，均應適用。相應抄錄原呈諮行貴 查

照轉飭所屬一體遵照可也。此諮（呈）

兼署內務總長朱深①

《政府公報》1923 年第 2524 號《內務部通告》：

本年三月二十五日舉行春丁祀典，所有承祭、分獻及執事各官，文職服大禮服，武職服軍大禮服，員警官服員警大禮服，有勳章大綬者一律佩帶。其大成殿陪祀及崇聖祠執事各官均服乙種常禮服。

《政府公報》1923 年第 2524 號《內務部通告》：

大總統諭，上次秋丁祀典，陪祭各官所著乙種禮服未能一律，應由內務部通知各陪祭官著用明令公佈之乙種禮服，以昭誠敬。等因奉此，合亟遵達等語。為此通告陪祀各官，務請查照《服制》第三條第二種第五條第二種第六條第二種之規定，著用，特此通告。（中華民國十二年九月四日）

《政府公報》1923 年第 2689 號再次強調：

為通告事，本年九月十一日舉行秋丁祀典，所有承祭、分獻陪祀及執事各官，均應著用祭祀冠服。除禮節另行分送外，特此通告。

《政府公報》1925 年第 3400 號《內務部通告》：

本年九月二十日舉行秋丁祀典，所有承祭、分獻及執事各官服用大禮服，武職服用軍大禮服，員警官服用警大禮服，有勳章大綬者一律佩帶。其陪祀及崇聖祠執事各官文職服用乙種常禮服，軍警職服用軍警制服。除禮節另行分送外，特此通告。（中華民國十四年九月十六日）

---

① 《政府公報》1919 年。

　　由此來看，北洋政府舉行祀孔時，一般均要求承祭分獻及執事各官服用大禮服，武職服用軍大禮服，員警官服用警大禮服，有勳章大綬者一律佩帶。其陪祀及崇聖祠執事各官文職服用乙種常禮服，軍警職服用軍警制服。但是，這種規定並不是所有人都能嚴格遵守。故 1923 年秋丁祀孔，大總統曹錕諭，"上次秋丁典禮，陪祭各官所著乙種禮服未能一律，應由內務部通知各陪祭官著用明令公佈之乙種禮服，以昭誠敬"。由此亦看出，當時的參與祀孔者並沒有很在意政府的命令，也可以看出時任包括大小官員對於祀孔之事並不十分重視。

　　蔣介石国民政府執政時期，大學院曾于 1928 年廢止祀孔，遭到中華總商會等的強烈反對，但此時國民革命軍北伐剛剛成功，革命壓倒一切，故對祀孔並不十分重視，甚至表現出一定程度上的抵制和冷落。但 1932 年後，蔣介石政府重新開始尊孔。例如，是年政府規定孔子誕辰日為教師節，至 1934 年政府明令頒布了先師孔子誕辰日紀念辦法，以示尊崇。在章程中政府特別規定，參加人等除軍人及學生穿著制服外，一體穿著長衫馬褂，佩帶徽章。

　　1936 年又是比較特殊的一年，因為在該年北平市政府竟然恢復了塵封已久的丁祭，隆重籌備春丁祀孔。1936 年《春祀注意事項》中對服制明文規定：文官用藍袍青褂，武官用軍服。服制基本同于之前的規定。1937 年，春丁祀孔服色規定，文官藍袍青褂，武官軍警制服。

　　1937 年 9 月 7 日，在國子監舉行秋丁祀孔典禮。典禮異常隆重，鞠躬禮改行三跪九叩首，大成殿崇聖祠前由（偽）江朝宗市長、潘毓桂局長主祭。在此之前，偽政府頒佈了詳細的祭祀辦法、祭品分配及與祭要員。服制仍照上年春丁，文職著藍袍青馬褂，軍警著制服。

　　1938 年，偽政府通令尊崇孔道，命令夏曆 8 月 27 日為聖誕，恢復春秋上丁兩祭。時（偽）行政部長為王克敏，（偽）教育部總長為湯爾和。嗣後仍以夏曆八月二十七日，為先師誕辰，並恢復春秋上丁兩祭，與祭人員一律著用乙種禮服，行跪拜禮，一切禮儀樂章祭品等項，悉遵成案敬謹舉行，其各地方長官，各就所在致祭，以期闡揚聖教，一道同風。

　　1942 年 7 月 16 日，（偽）中政會通過林委員柏生、陳副秘書長春圃，合簽改訂國歷九月二十八日為先師孔子誕辰。

　　民國三十四年（1945 年）春丁祀孔按政府頒布的《先師孔子春祭典禮注意事項》規定，服制仍採用乙種禮服（藍袍青馬褂）。

民國三十五年（1946 年）秋祀八月二十七日上午六時正式舉行。市長熊斌主祭，教師節有演講，此為抗戰勝利後第一次祀孔大典。主祭官及陪祭官服裝以著長袍馬褂為原則，余著中山裝。

民國三十六年（1947 年）八月二十七日晨八時，於成賢街文廟舉行祀孔典禮，由副市長張伯謹主祭，向孔子神位行三鞠躬禮後，分別由張伯謹、谷鐘秀、吳鑄人演講，九時禮成。其服制應同上屆。

民國三十七年（1948 年）八月二十七日上午八時，在國子監街文廟舉行紀念大會。北平政府規定，各黨政文化機關工商民眾團體，均派代表參加。由劉瑤章市長任主席，警局長楊清植總指揮，祭品僅有水果、鮮花，用最新式奏樂，唱國歌，行三鞠躬禮，並由參議會許議長惠東，市黨部吳主委鑄人講述孔子大道。其服制仍同 1946 年，主祭官及陪祭官服裝以著長袍馬褂為原則，余著中山裝。

第二節　民國社會賢達祭孔講經

民國時期，社會賢達在北京孔廟和國子監祭孔、講經是很頻繁的。下面就將相關社會賢達祭孔、講經的總體情況進行較為詳細的論述。

一　中華民國北洋政府時期（1912—1928 年）的民間祭孔講經

（一）1913 年孔教會祭孔講經

1913 年孔教於該年 8 月 21 日召開會議，決定單獨秋丁祭孔，並沿用舊日禮樂，以免禮壞樂崩之患。

《群強報》1913 年 8 月 23 日 4 版報導題為"特別丁祭"：

> 孔教會前日開會議決，於舊曆八月初三日（陽曆九月二十八日），在國學舉行丁祭，並沿用舊日禮樂，以免禮壞樂崩之患。其衣冠則禮服及常禮服，聽人各便。是早齊集國子監，以上午九時行禮，禮畢講經。
>
> 頃聞該會以茲事體大，定期於星期六日（即今日下午二時）復在西單牌樓太僕寺街聖公府內（即孔教會事務所）開特別會，一切未盡事宜，統行議決。凡熱心尊孔者其必踴躍赴會，以籌辦盛典。

同時，據《愛國白話報》1913 年 9 月 24 日第 4 版刊登《聖誕的祝典》：

> 舊曆二十七日，是至聖先師孔夫子的聖誕，孔教會同人特於山東曲阜開第一次全國大會。所有在京會員至期在北城國子監舉行祝典，各界人士皆可入場參觀，隨同行禮，並無會員的限制。聞教育部裡擬將樂器、祭器是日一律陳列，以重盛典。

此次丁祭實為民間組織與政府機構合力舉辦，情況較為特殊。

《群強報》1913 年 9 月 29 日第 3 版《聖誕錄紀》對於孔教會在國子監於 9 月 28 日的丁祭進行了記述：

> 昨日孔教會在國子監舉行聖誕祝典，先是由教育部派員前往陳設祭器，頗極完備。居時各界人士到者數百人，外賓到者十余人，由八鐘起分班行禮，至十鐘而散，雍雍肅肅，洵極一時之盛。又昨日路透上海電云：本日在上海城內孔廟舉行慶祝。又廣州電云：粵省於昨日起舉行孔子聖誕典，各學校衙署休息一日云。

《憲法新聞》1913 年第 17 期《丁祭盛典紀略》亦對此次丁祭和講經情形進行了詳細報導，並大贊聖教深入人心：

> 本月三日（9 月 28 日——引者注）孔教會在國子監舉行丁祭。到者數千人，多中外知名之士。九時致祭，主祭者為大總統代表梁君士詒、眾議院議長湯君化龍、廣東民政長陳君昭常。樂舞畢具，禮容可觀，極一時之盛也。祭畢講經，由該會幹事陳君煥章主席略行報告，乃介紹梁君士詒講"導之以德，齊之以禮"，嚴君復講"民可使由之，不可使知之"，梁君啟超講"君子之德風，小人之德草，草上之風必偃"。三君講經，皆能闡發聖教，聞者感歎不置。隨後，陳君煥章乃報告曲阜大會之預備。請有志赴會者將來先在太僕寺街孔教會事務所報名後，乃攝影而散。計丁祭被停，於今兩年，故是日之到場聞樂者，竟有為之泣下者云。聖教之入人心可謂深矣。

（二）1914 年孔教會祭孔講經

據《愛國白話報》1914 年 2 月 26 日第 3 版，刊登《通飭丁祭放假》：

> 陰曆二月初六日（即陽曆三月二號）為仲春上丁祭祀文廟之期，孔教會定於是日在國子監文廟舉行祭禮。昨京師學務局通飭官私立各學校，是日各校長率領學生，在校設位行禮，並停課一天，以表敬忱。

又《愛國白話報》1914 年 2 月 27 日第 3 版報導《丁祭前期演禮》：

> 孔教會定於舊曆二月初六日在國子監舉行丁祭一節，已志本報。茲聞該會以事關巨典，不容輕率從事，擬于丁祭之前一日下午一點鐘，齊集執事各員暨樂工人等在國子監演習禮儀，以重祀典，並聞今日各界人士前赴西城太僕寺街該會事務所領取入場券者很多。

《魯迅全集·日記》（人民文學出版社 1998 年版）亦載此事：

> （三月）二日曇。晨往郇中館要徐吉軒同至國子監，以孔教會中人舉行丁祭也，其舉止頗荒陋可悼歎，遂至胡綏之處小坐而歸，日已午矣。

由此可知，政府並未正式參與此次祭孔。

《愛國白話報》1914 年 3 月 3 日第 3、第 4 版，《國學釋奠紀盛》詳細記載了此次釋奠過程：

> 前天（舊曆初六日）為仲春上丁，孔教會在國子監文廟行釋奠禮。前一日先行演禮，陳煥章、李時品、韋汝霖諸君，皆齊宿於廟。是日與祭者及觀禮者皆次第到場，日本有賀長雄博士，及

在京之東西洋人士到者甚多。鐘鳴九點，伐鼓三通，執事者各司其事，樂舞生就位，陪祭者皆就位。贊禮者引主祭李君文治行三獻禮。其跪拜之節，仍照舊三跪九叩，牲牢籩豆，皆豐潔異常，禮樂器具，亦均齊備。各樂舞生，皆昔日樂部弟子，演習有素，執事人員，多系京師大學校學生、蒙藏學校之學生，以尊崇孔教，蒙藏人均表同意，故亦來執事。蒙古王公塔旺佈埋甲拉等，及高麗人李承熙、全秉熏等，均來助祭。典儀羅恩秀君，贊引及對引常清、顏德壽兩君，為太常寺舊員。讀祝王士傑均為舊日禮部儀制司司長，故禮節甚為整肅。中西人士以曠典不可常睹，多攜攝影器具，各欲拍照，俱為陳煥章君所阻。蓋丁祭大典，主於整齊嚴肅，不能任人自由攝影也。禮畢，齊赴彝倫堂聽候講經。先由陳煥章君報告，此次丁祭，系尊孔命令下後第一次大典，政府因服制未備，未及舉行，亦慎重其事之意。茲由國民之信仰亦行之，尤為特色等語。又發揮孔子之正名之義，以為孔教之名不可不正，後乃說聖經之必當讀，且當讀聖經原本，萬不可枝解車裂，編成教科書以代聖經云。發揮既畢，遂由徐炯君講《論語·子適衛》一章，汪榮寶君講《論語》為"國以禮"一句，劉次源君講《中庸》全篇大旨。

該年秋丁袁世凱祭孔，但孔教會亦不甘寂寞，經決議，於該年秋丁又單獨舉辦了祭孔活動。據《愛國白話報》1914年9月22日第4版以標題為"孔教謁聖講經"報導：

　　本屆仲秋上丁，大總統將親詣聖廟致祭。孔教會昨經決議，於是日（舊曆八月初九日，陽曆九月二十八號）黎明（約五點鐘）在該會禮堂，行祀聖禮。上午八點鐘，敦請陳石遺、林琴南、李南彬、楊韻穀、劉龥傭、馬夷初、吳柳隅、林攻瀆諸先生，登壇講經，地點在太僕寺街衍聖公府內。並聞叩祭禮節，改用四拜（原系三跪九叩首）。

圖2—87　1914年國子監祭孔講經集體照

（三）1915年孔教會祭孔孟講經

據《愛國白話報》1915年3月19日第3版刊登《孔社祀聖講經》：

　　順治門外老牆根，北京孔社本部，因舊曆四月初二日為亞聖孟子誕辰，須行慶祝禮。是日，值上丁，應致祭至聖先師，是以先詣先師前，三獻讀祝畢，再詣孟子前慶祝。是日到會者約七百余人，公推名譽社長趙君惟熙、宋君伯魯、徐君紹楨，與社長徐君琪、袁君世勳、鐘君靈，協贊吳君璆、全君順、李君慎修、申君道揆，充主祭分獻各職，與祭者皆肅敬將事。禮成，搖鈴開講經。會後，至俱樂部飲福，日暮方散。

（四）1917年孔教會祭孔講經

1917年2月22日上午，孔教會於國子監行釋菜禮，據《愛國白話報》1917年2月24日第3版《釋菜講經紀盛》報導：

前日孔教會在國子監行釋菜禮，到者數千人。中外人士觀禮者甚眾。門外高懸孔教會（旗），旗用玄赤黃三色，中以白色貫之，並以日月為章，取一畫貫三才、仲尼日月之義。九點半鐘行禮，主祭者為梁君鼎芬，陪祭者排班列後，行三跪九叩禮畢，齊集彝倫堂講經。首由孔教會主任陳君煥章報告。該會于癸丑秋丁，甲寅春丁，曾兩次在國學行釋奠禮。今日改用釋菜禮者，蓋因國家既行釋奠禮，則一日之內、一地之中，無取乎煩瀆，繼言講經之重要，經義之切於時用。此由梁鼎芬先生講經，發揮行己有恥，極為精闢，謂人而無恥，不可為人；國而無恥，不可為國。禮義廉恥，實為立國之大防云云。次由江君瀚，陳君景南，次第宣講。時至正午，宣告散會。

（五）1918 年孔教會祭孔講經

據《北京日報》1918 年 9 月 29 日《內部通告聖誕節》：

聖誕節已見明令。茲聞內務部奉到此項命令後，當即發出通告云。奉大總統令，十月一日即陰曆八月二十七日規定為聖誕節。所有京內文武各機關各團體，應放假慶祝，懸旗結彩，並准各項人員前往孔廟自由行禮云云。又訊，聞各界人士對於慶祝聖誕非常注重，燈籠旗綵等物皆積極籌備。內務部禮俗司以職守所在，尤獨賢勞。故昨日為祀關岳之日，該司本當于禮成後休息，然猶辦公比平日更忙者，則以聖誕節故也。該司對於安定門大街國子監孔廟已特別佈置，一切內務部長官是早亦到廟行禮。廟中椅棹備具，凡尊親孔子之人，均可自由隨時到廟行禮。且鋪陳拜席，以便跪拜之用。孔教會亦在國子監彝倫堂開講經大會，請大總統親臨辟雍講學，否則派代表主講。又請內務、教育兩總長及諸耆碩講經，以弘聖道。屆時，環橋門而觀聽者必以億萬計矣。聞講經時間以下午二時為始云。

（六）1925 年孔教會祭孔講經

據《北京日報》1925 年 9 月 21 日報導：

孔教會在甘石橋會所舉行祀孔典禮。各執事均系孔教大學及附屬

中小學生，祭畢講經云。（王來）

（七）1926 年孔教會祭孔講經

據《順天時報》1926 年 9 月 16 日》第 7 版《杜錫珪親詣 孔廟行丁祭 孔教會昨日致祭講經》：

> 又聞昨日（夏曆八月初九日）為仲秋上丁，孔教會在甘石橋事務所行禮。八時齊集，九時致祭。由劉次源、姚孟振、劉名譽三君，分主三獻。其贊禮讀祝歌詩及各執事，皆為孔教大學及中小學生，祭畢講經。首由姚孟振君講"《孟子·梁惠王》章"，劉名譽君講古本《大學》，發揮盡致，聽者甚多。時至正午，搖鈴閉會，乃飲福茶談而散。

（八）1927 年梁太公祭孔講經

據《北京畫報》1927 年載：

> 夏曆五月初八日，為三水梁太公（知鑑）重游泮水之期，其哲嗣梁燕蓀總理在孔廟代行釋菜禮。並請梁任公在國子監辟雍講經。是日各界觀禮者，頗極一時之盛。記者偕幼山亦與焉，特攝影數幀。茲以時間關係。不能完全刊出。下期與拙作《梁太公重游泮水觀禮記》同時刊登。（芸子）

（九）1928 年孔教會祭孔

據《順天時報》1928 年 2 月 24 日《丁祭日籌備祀孔之忙碌 祀孔人今在聖廟演禮 孔教會昨已發出通知》：

> 孔教會定於本月廿七日上午九時，在甘石橋事務所舉行丁祭典禮，禮畢講經。昨已發出通告如下：
> 敬啟者：夏曆二月初七日新曆二月廿七日（來復一）為仲春丁祭之期，謹訂於是日上午九時，在甘石橋本會事務所行禮，禮畢講經。凡屬尊孔人士，務請先期齊集。特此通告。孔教會謹啟。

二　中華民國國民政府時期（1927—1938 年）的民間祭孔講經

1929 年 9 月 29 日為舊曆孔子之聖誕，歷年各機關均於是日放假祀孔，但今歲已改為陽曆 8 月 27 日舉行。北平市由教育、社會兩局行禮。不料當日孔教學會、孔道聖會，依然循例設牌祀孔，預先發出通知，任憑各界人士往祀。於是當日 5 時兩處人員，復又至國子監孔廟大成殿上祭，而甘石橋孔教院、達智橋孔道會，均於早 8 時設牌祀祭，前往致祭者中日不絕於途。並由多人演講孔道崇理，先哲先賢之種種事蹟。當日又值星期之日，所以前往致祭聽講者極多，更有各地私塾停課一日，銀行界公司等亦多有往祀者。比較前次公祭時尚為繁盛，此亦可謂相習成風。①

但此次北平市公安局的查核禁止似乎並未奏效。孔道總會似乎依然在堅持著以往的丁祭祀孔。據《實報》1932 年 8 月 31 日第 4 版《秋丁祀孔》：

> 北平孔道總會定九月三日下午二時，在該會通信處舉行秋丁祀孔典禮。

三　日偽統治時期（1938—1945 年）的民間祭孔講經

據《新北京》1938 年 3 月 22 日第 2 版載山東同鄉會《祭孔祝文》：

> 三月六日山東同鄉會祭孔，祝文系吳子玉將軍自撰。文曰："維中華民國二十七年夏正戊寅春二月癸巳，朔越五日丁酉，山東旅京同鄉會佩孚等，以牲帛粢盛致祭於大成至聖先師神位前曰：惟先師生民未有，達到為公，宮牆瞻其美富，薄海莫不尊親。災變滄桑，綱常賴以維繫；人欽鄒魯，鄉邦引為光榮。行見萬國五洲，廣播大同之化；豈止百王群聖，克衍一道之傳。佩孚等留滯薊門，企翹闕里，詠天寶之詩；徒祀兩楹殿柱，讀元佑之制。猶傳再拜儀文，正祈年于吉戊。際春仲之上丁，敬申桑梓之誼。爰為俎豆之陳，修祀事于燕都。情殷胖蠁，望靈光於魯殿。禮爰饋羊，尚饗。

（修撰人：常會營）

---

① 《昨日平市各機關依然舉行祀孔·相習或風際此尚牢不可破各地私塾均停課一日》，載《順天時報》1929 年 9 月 30 日。

第三章

民國時期孔廟國子監
文物狀況

　　歷經元、明、清三朝的孔廟國子監曾保存有大量珍貴文物，但隨著重大的歷史變革和社會動蕩，孔廟國子監的文物保存狀況經歷了很大的變化。本章通過現存資料對孔廟國子監在民國時期的文物保存狀況進行梳理。

　　反映當時文物保存狀況的現存史料主要是統計文物的清冊。但不同於今天博物館科學嚴謹的文物存量賬目，這些清冊內容龐雜而簡單，表現出以下特點：一是文物統計簡單，只注明名稱、數量、有殘，具體狀況沒有詳細的說明，更沒有照片遺存；二是沒有詳盡的傳承檔案資料，文物的來源、規制、級別都沒有描述，只是簡單的統計表，有的統計表連年代都沒有確切的記載；三是缺乏科學的分類，形式不統一，文物和辦公傢俱、用品混雜統計，數量眾多，比較隨意，準確度難以判斷。限於史料，為了忠於原貌，盡可能原文錄入，以期今後有更多的史料出現，予以佐證。

第一節　文物遺存與變遷

　　孔廟國子監有 700 余年的歷史，除了輝煌的古建築群外，還保存了珍貴、豐富的歷史文物，主要是大量的碑刻、祭器、匾額等。1912 年，國立歷史博物館籌備處成立後，將孔廟國子監的大量珍貴文物作為建館之初的基礎館藏品，孔廟國子監的文物數量和狀況經歷了第一次大的變遷。本節遴選民國各階段的文物資料彙編如下。

一　民國五年（1916 年）孔廟國子監建築、館藏狀況[①]

（一）孔廟情況

1. 大成門內左右列戟二十四，周石鼓十左右列焉。其第六鼓石面，有《清高宗再題石鼓詩跋》。元潘迪石鼓音訓碑樹其左旁。

2. 大成殿七間，殿中有額五：曰萬世師表（清聖祖書，康熙二十四年頒揭），曰生民未有（清世宗書，雍正三年頒揭），曰與天地參（清高宗書，乾隆三年頒揭），曰聖集大成（清仁宗書，嘉慶三年頒揭），曰聖協時中（清宣宗書，道光三年頒揭）；又有聯不具志。

3. 東西兩廡為先賢先儒殿。

（二）國子監情況

1. 國子監大門之左隅，樹有順治元年清世祖曉示生員臥碑。右西偏有乾隆二十五年清高宗修葺國子監碑。明碑三，左右列焉。

2. 六堂中豎清高宗御定石經碑，乃蔣衡所書。

3. 彝倫堂：中懸清世宗書"文行忠信"額；清高宗書"福疇攸敘"額；清宣宗書"振德育才"額。又有清聖祖御書聖經石刻，清宣宗御筆《上丁致祭行告功禮敬述》詩幅，清高宗製說經文石刻十三座列焉。其東西隅更有清高宗御製蔣衡書"十三經"、於辟雍序清、漢文石刻各一座，《清高宗御製　丁祭釋奠詩》等。堂東又有暖閣，為昔日臨雍時皇帝更衣、進膳之地。

4. 敬一亭東為御書樓，經史圖籍監板等物蓄焉。敬一亭西為射圃，臨雍時所用器皿均存博物館中。

5. 歷史博物館：館介廟學之間，地基不寬，尚在籌備之中。主任胡玉縉先生，館中古物除祭孔臨雍用器之外，存者不多。

甲．金石之屬

周康候鼎、周盟簠等十件周代禮器。其為乾隆三十四年內務府所頒之物，另陳於大成殿，現存館中（祭祀時陳列皆有定位。參照《東方雜誌》第十二卷第三號的記錄）。

---

① 《北京高等師範學校校友會雜誌》1916 年第 2 期。

龜板；表章經學寶（御用寶，催生石為之，清高宗御製篆文曰"表章經學之寶"六字；御寶（範銅為之，鎏以金）；玉版冊頁（以玉為之，共存十頁，刻有《清高宗御製石刻蔣衡書十三經於辟雍序》）；石刻冊頁（催生石為之，共存十二頁，刻文與玉版冊頁同）；蘭亭石硯（端石，周刻蘭亭修禊圖，每面端末皆有詩，背面凹中錄《蘭亭序》文，字兼行楷，四圍鐫有清高宗御製詩文，此物為臨雍用物之一）；支氏小娘子墓誌銘、故彭城劉氏墓誌銘、蘭亭序等物。

乙．古樂之屬

麾；鎛鐘（夾鐘（第四位）、南呂（居第十位）；編鐘（十六枚）；編磬（十六枚）；特磬（夾鐘、南呂）；琴；瑟；排簫；笛；篪；笙；塤；鼓；搏拊；柷；敔；舞節；舞籥；舞羽。

圖 3—1　20 世紀 20—30 年代拍攝的古樂編鐘

圖片來源：取自孔廟國子監舊照（拍攝者不詳）。

圖 3—2　1933—1946 年間拍攝的古樂編磬

圖片來源：取自孔廟國子監舊照（拍攝者不詳）。

圖 3—3　神位五供

圖片來源：取自孔廟國子監舊照（拍攝者不詳）。

圖 3—4　供器

圖片來源：取自孔廟國子監舊照（拍攝者不詳）。

丙．俎豆之屬

爵；登；鉶；雲雷紋；盝；簠；籩；豆；筐；俎；尊；銅鹿（琺瑯五彩花紋）；鼎（琺瑯綠深色五彩花紋）；扇（臨雍用）；盤（臨雍用）；盔甲（明季大將李國楨遺物）；土甕、土偶（河南北邙山）

北伐戰爭勝利後，國民政府內政部接管孔廟國子監，文物狀況史料如下：

二　民國十七年（1928 年）物品清冊[①]

北伐戰爭勝利後，國民政府內政部接管孔廟國子監，對文物進行了一次較為詳細的清點，現將清冊照錄。

---

① 《內政部關於孔廟、國子監、方澤壇等處器物樹株點查交接一事的指令及壇廟管理所的呈（附清冊）》，1928 年，北京市檔案館藏，檔案號：0J057－001－00201。

（一）孔廟大成殿陳列各物品清冊

範銅五供一份（隨木靈芝兩件）

熏殿爐十六件（內有十四件，由銅器庫提列，又爐蓋兩件）

鐵三供七件

翹頭籩豆案七件

紅花香案七件

平頭籩豆案十二件

尊桌兩件

饌桌十七件（內有八件，由木器庫提列）

紅座燈二十四件（內有十件，由樂器庫提列）

枊版桌一件

琴桌八件（內有六件，由樂器庫提列）

紅燈座兩件（即廟燈座）

牲匣七件（帶架，由木器庫提列）

木箱四件（內有兩件，系由先農壇裝磬送來，提存銅器庫一件）

木櫃一件

紅雲緞龕簾十八件（內有五件，由庫提列）

紅雲緞翹頭案衣七件（內有一件，由庫提換）

紅雲緞平頭衣十二件

紅雲緞饌桌衣十七件（內有八件，由庫提列）

紅雲緞枊桌衣一件

紅雲緞孔桌衣兩件（即尊桌衣）

紅雲緞琴桌衣六件（內有四件，由庫提列）

建鼓一件（由樂器庫提列）

瑟四件（同上）

琴六件（同上）

旄球兩件（同上）

旄節兩件（同上）

麾幡一件（同上）

麾幡龍頭五件（同上）

鸞鳳鳥十三件（同上）

流蘇十二件（同上）

敔一件（同上）

柷一件（同上）

瑟椅八件（同上）

旌節麾幡架五件

火酒燈兩件（同上未提）

各樂器架木全份（系由樂器庫六箱內提列）

尊袱六份（由庫提列）

建鼓圍一件（同上）

瑟衣四件（同上）

銅豆八十件（由銅器庫提列，帶蓋）

銅二十二件（同上，帶蓋）

銅簋二十件（同上，帶蓋）

銅簠二十件（同上，帶蓋）

銅登一件（同上，帶蓋）

銅爵五十四件（同上）

銅尊六件（同上）

銅廟燈兩件（同上）

金漆木豆十二件（由庫提列）

金漆木簋兩件（同上）

金漆木盉兩件（同上）

黃漆竹筐一件（同上）

紫漆竹筐六件（同上）

雲口竹籩十二件（同上）

紫漆竹籩八十件（同上）

鎛鍾一件（由先農壇提列）

編鐘十六件（同上）

特磬一件（同上）

編磬十六件（同上）

玉爵三件（同上）

鎏金三供全份（同上）

大紅繩十根（同上）

小紅繩十根（同上）

鍾磬條四件

饌盤七件（木器庫提）

爵墊十九件（同上，又一件）

枳板座一件（同上）

戚一件（由先農壇提列）

敔一件（同上）

鉥一件（同上）

羽一件（同上）

排簫一件（同上）

（二）孔廟崇聖祠、國子監等處器物清冊

茲將孔廟崇聖祠、國子監等處器物等項數目造具清冊送請核收：

戟架二件（附戟二十四件，內殘一件）

範銅大香爐一件

範銅大燭臺二件

範銅大花瓶二件（隨木靈芝）

銅香爐（即薰殿爐）二件

飾金銅鉥四件

木簠四件（內欠蓋二件）

木豆二十四件（內欠蓋十二件）

黃漆籩二十四件（均欠蓋）

黃漆筐二件

銅豆四百六十六件（內殘七件）

銅簠一百十四件（內殘三件）

銅簋一百十四件（內殘一件）

銅鉥三十件

銅登二件（內欠蓋一件）

銅爵二百六十件（內殘六件）

銅尊二十二件

銅爐大小三十三件

銅燭臺二十四件（內殘一件）

銅香靠三十五件

銅提壺二件

竹籩四百七十八件（內殘一百件）

竹筐二十三件

酒勺四件

香盒六件

廟燈二十四件

銅燭阡十件

鐵三供八十八份

饌盤二十三件

連三爵坫三十件

玉爵坫二件

木胙盤一件

單爵坫一百五十件（內殘一件）

玉爵三件（帶匣均有損傷）

鎏金三供一份

引燈二件（內殘一件）

燻殿爐十四件

路燈八十雙

令字燈一件

錫香盤二十件

紅鍛枳版桌衣二件

紅緞龕幔一百十二件

紅緞孔桌衣八件

紅緞饌桌衣十五件，紅緞翹頭案衣十九件

紅緞平頭案衣九十三件

尊袱十二份

翹頭案十七件

平頭案九十三件（即籩豆案）

孔桌十件

枳版桌二件

饌桌十三件

花香案二十三件

三牲匣四件

二牲匣十二件（內殘一件）

高凳四件

棕毯前後殿各一份

白瓷尊二件

瓷登二件

瓷碗二件

瓷盤四十件

籩豆盒二架（隨木杠二件）

抬牲匣二件（欠匣損壞）

銅錫盥洗盆二件

鎛鍾一件

編鐘十六件

特磬一件

邊磬十六件（內殘一件）

琴並桌八份

瑟並桌四份（瑟桌即瑟椅）

排蕭二件

蕭八件

笛八件

篪六件

雉尾五十件

干戚各六十件

樂器箱十件

門鍾一份

退牲鍋二件（均殘）

退牛銅海（即銅缸）一件

退牛鐵海（即鐵缸）一件，殘

馬牙案一件（欠裏）

笙八件

門鼓一份

塤二件

建鼓一份

搏拊一份

柷敔各一件

龍頭竿五十六件

篙五十件

旌節四件

銅鍋一件

鐵行灶一件

打牛案四件（內殘一件）

木床三件（均殘）

煮羹鍋（即鐵鍋）三件

（三）孔子廟器物

八仙桌十一件

公案桌四件

六仙桌二件

炕桌四件

茶几二件

胙床三件

机櫈十件

二人櫈二件

籐椅二件

書櫃二件

案桌二十七件（內殘八件）

鋪板八份

餐桌（即洋式黑飯臺）一件

瓷鐵面盆二件（內帶架一件）

水缸一口

白茶盅十件

錫香爐二件

錫燭拖四件

銅燭橋一件

白爐四件（內殘二件）

墨水匣二件

料印色盒一件

木龍頭二十八件（現查二十六件）

坐褥八件

靠枕六件

算盤一件

机橙套二十二件

藍布桌套二件

夾門簾二件

玻璃窗簾四件

炕單一件

瓷鐵痰桶二件

瓷茶壺四件

木櫃二件

瓷帽筒四件

（四）丁祭辦公處傢俱

大紅絨椅一件

便櫃一分（計一件帶瓷罐一個）

黃色圈椅二件

圓桌一件

茶几二件

圓椅八件（帶緞套）

漆盤一件

茶碗一件（帶大小瓷盤二件）

茶壺一件

筆洗一件（帶銅勺）

鎮尺一件

長桌（即大次桌）一件

衣架一件

長茶几（即長方桌）一件

三屜桌三件

方椅十六件（內有八件帶緞套）

筆架一件

　　銅筆盒一件

　　煙架一件

　　瓷痰盂七件（現查六件）

　　二屜桌二件

　　臉盆帶架一份

　　洋瓷水提一件

　　衣鏡一件

（五）大次應用各件

　　大次紅毯三件

　　大次紅緞裏外圍十六件（現存壇廟管理所庫內）

　　大次紅緞椅套一件

　　大次藍窗簾十四件

　　大次雪頂一件

　　大次外毯頂一件

　　大次裏圍一件

　　廁所外毯頂一件

　　油布雨傘一件

　　大次紅緞開口簾一件

　　紅緞條三捆

　　廁所簾子一件

　　木箱二件

　　大次簾子一件（隨走牲棚一件）

　　鑰匙一把（箱內存）

　　大次架木一份

（六）孔廟書目

　　《國子監則例》一函

　　《國子監滿文則例》一函

　　《釋典禮樂記》一函

　　《文廟通考》一函

　　《國學禮樂錄》四冊

《祭器樂舞錄》二冊

《文廟丁祭譜》一冊

《國學司成題名錄》一冊

民國二十年（1931 年）的一份呈文：“民國五年，恢復祀孔典禮，始由前教育部移交於前內務部，是時經該管人員大略點查報部備案，缺略實多……十七年，國民政府接收後，房（姓）前處長到任，並未從新點查，即據案抄錄五年舊冊報部……五年舊冊報部器物約三千四百余件，當時點查者除上聞數目外，尚多出一千余件……多出之件另造一冊即名為“孔廟等處現存十七年報部冊未列器物清冊”以便比較而（理）清眉目，此孔廟器物所以冊有兩本之由來也……多年積存之物欲一旦清理，當時忙亂之狀可以想見，且器物位置並不在一處存放，多與清冊不合，查竣之後尚須歸類對冊。”① “辟雍亭內木欄杆之龍頭屢經遊人竊取，故用鐵絲拌住，十八年點查與清冊相符，十九年不知何時被竊兩個。”② 可見當時對文物的清點過於大意，文物管理也不夠完善，後陸續發現清冊與實物數量不符的問題。

三　孔廟崇聖祠、國子監等處殿宇樹株碑匾器物清冊（1937—1940 年）③

茲將孔廟崇聖祠、國子監等處殿宇樹株碑匾器物等項造具清冊送請查照（見表 3—1）：

表 3—1　　　　　　　　　　　孔廟、國子監殿宇清冊

孔廟殿宇	名稱	說明
	孔廟大門三間	
	大門外門伕住房二間	殘破
	大門內碑亭三座	內東南角一座亭角坍塌

---

① 《內政部關於孔廟、國子監、方澤壇等處器物樹株點查交接儀式的指令及壇廟管理所的呈（附清冊）》，1931 年，北京市檔案館藏，檔案號：J057 - 001 - 00201。

② 同上。

③ 《孔廟崇聖祠國子監等處殿宇樹株碑匾器物清冊》，1947—1948 年，北京市檔案館藏，檔案號：J003 - 001 - 00189。注：原檔案材料時間注為 1947—1948 年，根據建築遺存狀況判斷應是民國二十六年至二十九年維修前的檔案，故標注為 1937—1940 年。

孔廟殿宇	神廚五間		殘破
	井亭一座		
	宰牲所三間		年久失修，門窗均無
	更房一間		
	神庫五間		木料走閃
	持敬門一間		內房檁一根下流
	致齋所三間		滲漏
	茶房一間		漏
	大成門五間		
	大成門內南廊房連轉角東西共二十二間		東轉角屋簷勢將坍塌
	大成殿一座		滲漏
	東西分列碑亭十一座		
	燎爐一座		
	大成殿東西挾房共十八間		漏
	東西廡共三十八間		多有漏處
	崇聖祠街門一座		街門無存（應為木門板丟失）
	大門三間		
	正殿五間		年久失修漏
	東西廡共六間		年久失修漏
	文公祠街門一座		
	正殿三間		漏
	抱廈一間		漏
	東西耳房各半間		漏
	東廂房三間		漏
	圍牆全部年久失修		多有坍塌
國子監殿宇	成賢街木坊二座		歪斜破壞
	國子監木坊二座		破舊
	集賢門三間		
	集賢門內井亭一座		
	西大門一間		
	西大門迤北房五間		五間全部落架，現坍塌二間

續表

	西大門迆南房四間	三間歪斜，現坍塌一間
	太學門三間	
	兩旁儀門共二間	門殘
	儀門內兩旁南廊房連轉角共十四間	兩轉角房各坍塌一處，門窗破損不齊
	鐘鼓亭二座	鐘移作孔廟鐘
	琉璃坊一座	
	碑亭二座	殘漏
	辟雍亭一座	年久失修四角瓦片不齊，殘漏
	彝倫堂七間	年久失修，後坡危險
	後廈三間	破壞不齊
	東西典簿典籍廳共六間	年久失修漏雨（東西講堂）
	門二間	
	東西轉角廊房共四間	年久失修
國子監殿宇	東西繩愆博士廳共六間	年久失修
	東西皮鐘鼓房共二間	年久失修
	東西六堂房共六十六間	年久失修，後牆遇雨隨時可以傾倒，東六堂中間屋頂塌落一處，後牆坍塌二處
	敬一亭門一座	
	敬一亭五間	
	東廂大門一座	
	二門一座	
	中廳五間	破壞不齊（東廂五間）
	抱廈三間	破壞不齊
	東西耳房共二間	東耳房落架
	後軒五間	殘漏
	東耳房一間	
	東西廂房共四間	西房坍塌（崇實、振雅二軒）
	門外東科房五間	現鍋爐房位置
	西廂大門一座	大門已坍塌，改作小隨強門一座
	二門一座	
	中廳三間	年久失修，坍塌不齊（西廂三間）
	東西耳房共六間	年久失修，坍塌不齊

續表

國子監殿宇	東西廡房共四間	四周牆垣勢將坍塌，多已坍塌
	東平臺二間	早經坍塌木料無存（後軒前）
	後軒五間	原租石治民居住，後經地產處拍賣，房頂有坍落處
	大門外西科房五間	殘漏
	通箭廠大門一座	
	儲才門一座	
	通東廡磚門一座	
	辦公處柵欄門一座	早經坍塌，以下應為東後門外
	街門一間	
	南房四間	
	北房三間	
	西院南房三間	
	北平臺三間	

表 3—2　　　　　　　　　　孔廟碑區清冊

位置	名稱	說明
孔廟大門外	下馬碑二座	少殘
大成門外	碑亭內石碑三座	
	元朝御碑二座	
	元、明、清三朝賜進士題名碑共一百九十八座	內倒三座，內有損破
	石鼓碑二座	
	清石鼓十個	
大成門內	碑亭內碑十一座	
	石鼓碑一座	系石鼓碑座一個，以上均在大成門內（音訓碑只剩碑座）
	大成殿內匾額一方	應為"道洽大同"匾
	文公祠內匾額十一方	
	對聯四副	內欠一聯

表 3—3　　　　　　　　　　　國子監碑匾清冊

位置	名稱	說明
集賢門內	石碑五座	損壞（應在太學門外）
太學門內	碑亭石碑二座	國子監中院
彝倫堂內	石碑十六座	
	寫經圖石刻三方	寫經圖及崇實振雅二軒記
	石刻屏一座	太學碑
典籍廳內	古槐贊石刻屏一座	西講堂
率性修道等六堂內	石經之碑一百九十座	內有數（碑）損傷
東廡房內	題名碑十座	
	壁嵌石刻一方	老彭觀井圖
西廡內	石刻屏一座	孝經注
敬一亭內	石碑二座	敬一箴和訓飭士子文
	臥碑十座	
	辟雍殿內匾額三方	乾隆、道光、咸豐
	對聯三副	應為乾隆、道光、咸豐
	彝倫堂內匾額十二方	後收儲大成殿內後邊
	東廡內中廳匾額五方	未見到，是否還在
	後軒木匾十三方	
	紙匾三方	殘毀無存
	對聯一副	
	東房內匾三方	

表 3—4　　　　　　　　　　　樹株清冊

名稱	數量	說明
柏樹	一百九十九株	內半枯，九株全枯
雜樹	五十八株	

表 3—5　　　　　　　　　　器物清冊

	名稱	數量（件）及狀況
竹籩庫	竹籩	608（殘 220 件）
	竹筐	47（殘 2 件）
	雲口竹籩	26（殘 7 件）
	黃漆筐	2
	木櫃	9
	木箱	1
	祝饌桌	27（殘 3 件）
	筵桌	26（殘 8 件）
	大小行禮牌簽	49
	紅小花香案	2
	黃平頭案	3
	紅平頭案	3
	翹頭籩豆案	7
	平頭籩豆案	12
	籩豆盒	3（大 2 件，小 1 件）
	紅花香案	7
	尊桌	2
	瑟椅	8
	琴桌	13
	樂器架木	全份，共裝 6 箱
	打牲案	1
	牲匣	21

表 3—6　　　　　　　　　　銅器類

	名稱	數量（件）及狀況
銅器庫東間	銅燭橋	1
	銅尊	22
	銅鉶	31（殘 1 件）
	銅簠	123（殘 3 件）
	銅簋	125（殘 4 件）

	銅豆	499（殘 5 件）
	銅豆蓋	324
	殘豆底	4
	銅簠蓋	116
	銅簋蓋	116
	銅鉶蓋	26
	銅香爐	38（殘 10 件）
	銅香靠	39
	銅勺匙	1
	銅提爐	4
銅器庫東間	銅燭臺	94（殘 6 件）
	銅剪燭罐	10
	銅托盤	7（大 2 件，小 5 件）
	銅盥洗盆	1
	錫盥洗盆	2
	錫古子	2
	錫荷葉提	1
	錫酒提	12
	錫酒勺	4
	錫水提	2
	錫香盤	23（照冊多 1 件，實 24 件）
	錫油罐	2
	木箱	17
銅器庫西間	銅爵	259（殘 6 件）
	銅登	2（少蓋 1 件）
	銅廟兒燈	24
	燻殿爐	14（附蓋 16 件）
	鐵香爐	1
銅器庫西間軟片	紅雲緞龕簾	178
	紅雲緞平頭案衣	81
	紅雲緞翹頭案衣	17
	紅雲緞籩豆案衣	8

銅器庫西間軟片	紅雲緞祝饌桌衣	16
	紅雲緞孔桌衣	8
	紅雲緞琴桌衣	6
	紅雲緞瑟衣	4
	黃緞小桌衣	1
	黃緞拜墊	4
	黃緞香墊	2
	黃緞扶手	2
	紅黃緞雨刷	6
	綠袍	1
	尊袱	21
	鼓圍	1
	鐘條	1
	磬條	10
	破爛桌衣	1 包
	小絨繩	10
	木箱	19（內 1 箱破爛軟片）
銅器庫子庫	馬牙案	2
	白瓷盤	42
	白瓷尊	2
	白瓷大碗	2
	黃瓷登	2
	白瓷豆	16
	白瓷盤	16
	白瓷爵	4
	金漆木豆	20
	金漆木簠	2
	金漆木簋	2
	木箱	2

續表

樂器庫	建鼓	1
	瑟	4
	琴	10（少殘，無弦）
	旄球	6
	旌節	11
	麾旛龍頭	5
	鸞鳳鳥	13
	流蘇	12
	敔	1
	柷	1
	搏拊	2
	架木全份	共裝 6 箱
	瑟椅	8
	琴桌	11
	旌節麾旛架	5
	小龍頭杆	2
	插燈座燈	178（燈罩損壞 17 件）
	紅羊角令字燈	4（殘 3 件）
	白羊角燈罩	2（均殘）
	大引燈	2（殘 1 件）
	小引燈	2
	柷版燈	2
	小羊角燈	2
	鐵絲燈籠	13（殘）
	火酒燈	2（殘）
	木箱	15（內殘 1 件）
大成殿正殿	範銅五供	1 份，隨木靈芝 2 件
	燻殿爐	2
	鐵三供	7 份，外鐵鏟 1 件
	翹頭籩豆案	7
	平頭籩豆案	12
	紅花香案	7

大成殿正殿	尊桌	2
	饌桌	9
	紅座燈	12
	祝版桌	1
	琴桌	2
	棕毯	1 份
	木箱	2
	紅燈座	2
	鼉鼓	1 份，二十二年五月運京
	木櫃	1
	紅雲緞龕簾	13
	紅雲緞翹頭案衣	7，缺半幅
	紅雲緞平頭案衣	13
	紅雲緞饌桌	5
	紅雲緞接桌衣	4
	紅雲緞祝桌衣	1
	紅雲緞孔桌衣	2
	紅雲緞琴桌衣	2
大成殿東廡	籩豆案	38
	翹頭籩豆案	2
	紅小花香案	2
	饌桌	1
	孔桌	2
	牲匣	2
	紅座燈	4
	鐵三供	38 份
	木箱	2
大成殿西廡	籩豆案	38
	翹頭籩豆案	2
	紅小花香案	2
	饌桌	2
	孔桌	2

續表

大成殿西廡	牲匣	2 份
	紅座燈	4
	鐵三供	38 份
	木箱	2
大成門	戟架	2 架　附戟 24 件，內殘 1 件
	門鼓	1，帶架
	銅門鐘	1
附存書籍	國子監則例	一函計八本
	國子監滿文則例	一函計七本
	釋奠禮樂記	一函計四本
	文獻通考	一函計二本
	國學禮樂錄	4 冊
	祭器樂錄	2 冊
	文廟丁祭譜	1 冊
	國學司成題名碑錄	1 冊
崇聖祠正殿	翹頭籩豆案	5
	花香案	10，其中損失 4 件，由歷代帝王廟移來 4 件
	孔桌	2
	平頭籩豆案	2
	鐵三供	5 份
崇聖祠東廡	籩豆案	2
	紅小花香案	1
	孔桌	1
	鐵燎爐	1（殘）
	鐵香爐	1
崇聖祠西廡	籩豆案	1
	紅小花香案	1
	孔桌	1
	牲匣	1（殘）
	鐵香爐	1

續表

國 子 監 辟 雍	大欄杆上龍頭	26 內殘 1 件，又龍堵頭損失 2 件
	金漆圍屏	1，原存先農壇，現存辟雍內
	寶座	1，原存先農壇，現存辟雍內
繩愆 廳	木踏跺	3，損失 1 件
	錫三供	2

四　國子監擬栽樹木種類株數地區清單[①]

民國二十九年（1940 年）四月五日偽北京特別市公署令管理壇廟事務所"為國子監五塔寺補種樹株所需樹苗，擬由天壇林場選取"，應補植樹木如下。

先師門外應補洋槐十五株

集賢門前馬路迤南洋槐十二株

太學門前應補洋槐三株

井亭迤南及迤東迤西松柏二十四株

琉璃牌坊內外洋槐四株

彝倫堂前洋槐八株柏一株

敬一亭前松柏二株及洋槐二十株

東西廡門前松柏各二株

以上計應補植松柏三十一株，洋槐六十二株，共計九十三株。

於四月五日舉行了植樹典禮。

五　民國三十二年（1943 年）三月二十四日孔廟國子監駐軍損失清單[②]

建築損失：

孔廟大成殿正門玻璃一塊

國子監辟雍亭欄杆損失四節

---

① 《孔廟國子監樹木調查表》，1940 年，北京市檔案館藏，檔案號：J057 - 001 - 00524。

② 《天壇、先農壇、孔廟等壇廟駐軍損失物器清單、器物數目清冊》，1943 年，北京市檔案館藏，檔案號：J057 - 001 - 00332。

辟雍亭內寶座臺欄杆龍頭殘損一件，龍堵頭損失二件

彝倫堂後窗戶拆損二扇

彝倫堂內更衣室隔扇損失六扇，簾架一槽室內隔斷全毀

六堂隔扇損失二扇，窗戶一扇，簾架一槽

西碑房柵欄損失二扇又柵木十一根

東碑廊柵欄損失三扇

南序西房隔扇損失二扇

南序東房隔扇損失一扇

西碑亭欄杆損失三面

東碑亭欄杆損失三面

繩衍廳窗戶損失四槽

繩衍廳南廚房隔扇損失二扇又門一件

繩衍廳東茶房隔扇損失四扇又門一件

北茶房隔扇損失二扇

博士廳廚房隔扇損失三扇簾架一槽

又北廚房隔扇損失二扇

又南廚房隔扇損失二扇

博士廳窗戶損失七扇，隔扇二扇，簾架一槽

崇聖祠正殿器物損失：

花條案八件

祝桌一件

平頭籩豆案一件

饌桌三件

國子監繩衍廳器物損失：

鐵門燈二件

祝版亭二件

木床五件（內殘三件）

大板樸一件

八仙桌二件（均殘）

公事桌二件（均殘）

長方桌一件（即長茶几）

木櫃一件

木踏跺一件

續報：

饌桌一件

牲匣一件

平頭案一件

門框一件

大門二扇

第二節　歷史博物館徵收保存孔廟國子監文物

孔廟、國子監被分成七大類別的文物藏品可以從 1928 年由國立歷史博物館出版的《國立歷史博物館陳列室物品目錄》記載中看到，這些文物至少在 1928 年前仍然在歷史博物館籌備處完好保存著，並且在午門的歷史博物館對外展出。具體名錄如表 3—7 所示。

表 3—7　　　　　　　　　國立歷史博物館陳列室物品名錄

文物序號	文物名稱	朝代	件數	備註
189	老彭觀井圖（刻石）	宋	1	第三陳列室刻石（原國子監文物）
190	古文孝經（刻石）	明	2	同上
191	爭坐位貼（刻石）		2	同上
192	石鼓文（盛氏）（刻石）		10	同上
193	丁香花詩（並序）（刻石）		1	同上
194	蘭亭序（趙孟頫臨）（刻石）		1	同上（此刻石背面為《樂毅論》）
195	樂毅論（金特赫臨）（刻石）		1	同上
196	清仁宗喜雨山房（刻石）		2	同上
320	國子監全圖	清	1	第五陳列室
321	御座	清	1	同上
322	御案	清	1	同上
323	辟雍詩圍屏	清	1	同上
324	鷺翎扇	清	2	同上

續表

文物序號	文物名稱	朝代	件數	備註
325	腳凳	清	1	同上
326	地毯	清	1	同上
327	熏殿燈	清	4	同上
328	銅鼎	清	4	同上
329	磚刻彝器圖		7	同上
330	琺瑯鼎（連座）	清	4	同上
331	琺瑯鹿	清	2	同上
332	廟兒燈	清	4	同上
333	辟雍炕屏	清	1	同上
334	大成殿七楹模型	清	1	同上
335	大成殿九楹模型	清	1	同上
336	銅香爐	清	1	同上
337	鍍金鎮紙	清	1	同上
338	琺瑯水丞	清	1	同上
339	琺瑯硯匙	清	1	同上
340	琺瑯筆架	清	1	同上
341	琺瑯香爐	清	1	同上
342	琺瑯香盒	清	1	同上
343	琺瑯香瓶	清	1	同上
344	琺瑯香鏟	清	1	同上
345	銅香箸	清	2	同上
346	蘭亭硯	清	1	同上
347	朱墨	清	1	同上
348	御筆	清	2	同上
349	御墨	清	1	同上
350	表彰經學之寶	清	1	同上（璽）
351	御製辟雍碑記	清	2	同上（玉冊）
352	御製十三經序文		10	同上
353	青金石十三經序文		12	同上
354	至聖先師禮成述事		2	同上
355	辟雍圜水功成記		2	同上

文物序號	文物名稱	朝代	件數	備註
356	毛血盤	清	30	同上（原孔廟祭器）
357	藍花磁片	清	1	同上
358	鎦金銅爵	清	1	同上
359	鎦金銀爵	清	1	同上
360	錫香盒	清	2	同上
361	銅爵	清	4	同上
362	玉爵		3	同上
363	磁爵		3	同上
364	銀勺	清	1	同上
365	銅鍘		4	同上
366	錫勺		4	同上
367	錫執壺		4	同上
368	銅簠		4	同上
369	銅豆		4	同上
370	銅簋		4	同上
371	銅登		4	同上
372	竹籩		10	同上
373	大成殿對聯（木）		4	同上
374	金花漆茶几		2	同上
375	召仲簠（周古銅彝器）		1	午門模型內貯。第375號至第384號文物，"原系清代內府舊藏，乾隆三十四年頒設孔廟大成殿，乾隆四十四年復頒十種彝器圖冊。光緒二十八年，國子監司業管廷鶚曾仿圖冊欸識摹刻於木，民國九年移歸本館。每年春秋丁祭，仍送孔廟陳列，祭畢歸還"。（摘自《國立歷史博物館叢刊》第一卷——館藏周代彝器記；責任者、出版者：國立歷史博物館叢刊社，出版時間1926—1927年）

續表

文物序號	文物名稱	朝代	件數	備註
376	康侯鼎（仝）		1	同上
377	內言卣（仝）		1	同上
378	素洗（仝）		1	同上
379	雷紋壺（仝）		1	同上
380	犧首罍（仝）		1	同上
381	子爵（仝）		1	同上
382	盟簋（仝）		1	同上
383	犧尊（仝）		1	同上
384	雷紋觚（仝）		1	同上
385	經版		4	（原國子監文物）
386	殿板		5	同上
387	北齊書		4	同上
388	南齊書		6	同上
457	國子監印		1	同上
459	國子監典簿印		1	同上
歷史博物館館藏	唐程寶安墓誌			國子監舊存。石高今尺八寸四分強、闊八寸一分強、厚二寸六分。凡十行，行十一字，字徑六分，楷書無題。《歷史博物館叢刊》第一年第二卷"館藏貞石錄"

　　除以上文物外，前代頒於孔廟的國子監的御用品，包括"國學舊存器物，清高宗臨雍所用各物，悉存於此，計有御座、御案、圍屏、爐鼎、筆墨、表章經學之寶以及祀孔所用玉、銅、錫、竹各項禮器、《國子監

圖》等，共計一百七十一件"①。第五陳列室中部陳列器物全部為國學舊
藏；西部模型部分展示大成殿七楹模型、九楹模型；東部清代官印部分展
示國子監印、國子丞印。

孔廟國子監的絕大部分文物都成了民國新成立的國立歷史博物館的館
藏藏品基礎。留存在孔廟國子監的文物只是做了登記入冊，部分予以展
示。文物登記極其簡單，名稱、數量、有殘，寥寥數語，辦公用品也混淆
其中。有的文物被移作辦公用品，也許時人眼中這些都稱不上文物。有的
文物冊年代也沒有注明，或許已丟失，這些都為研究當時的文物狀況、文
物傳承造成了很大的障礙。目前只能通過有限、凌亂的資料力求窺探孔廟
國子監在民國期間的文物保存狀況。

第三節　金石匾額

一　民國石刻

北京孔廟國子監作為元、明、清三代太學所在地，歷史上有很多珍貴
石刻，"周石鼓""乾隆石鼓""乾隆石經""進士題名碑"等都是聞名中
外的著名石刻。民國年間社會動蕩、戰亂頻繁，孔廟國子監的石刻文物發
生很大變化：1918 年，教育部將在國子監籌建的國立歷史博物館遷往故
宮午門，孔廟國子監 21 方珍貴石刻作為歷史博物館館藏文物被帶走；抗
日戰爭期間石鼓南遷；民國二十六年（1937 年）孔廟國子監修繕，立石
3 方。

（一）關於孔廟國子監石刻的調查及成果

20 世紀 30 年代國立北平研究院史學研究會對北平各寺廟進行全面調
查，为修撰《北平志》搜集資料。"本院因預備修撰北平志，各種材料，
須先從調查入手，爰於三月七號，派員出發，調查北平各壇廟寺觀，以爲
纂輯廟宇志之用。工作計分繪平面圖，照相，拓碑，紀錄四項。"② 此次
調查非常全面，其中也涉及石刻的調查。這些石刻調查資料非常寶貴，成

---

① 歐陽哲生主編：《國立中央研究院歷史博物館籌備處十八年度報告》，《傅斯
年全集》第六卷，湖南教育出版社 2003 年版。

② 《國立北平研究院院務彙報》第 1 卷第 2 期，1930 年，《史學研究會調查北平
廟宇碑記報告》，第 11 頁。

爲《北平金石目》① 《北平廟宇碑刻目録》② 等書的重要資料來源。這次
調查也爲我們今天了解、研究孔廟國子監石刻提供了一手材料。

1.《史學研究會調查北平廟宇碑記報告》中關於孔廟國子監石刻調查情況

1930 年夏，國立北平研究院史學研究會對孔廟國子監石刻進行了調查和椎拓，同年秋完成。"本院關於調查廟宇，備修志之材料，雖酷暑炎蒸，未之或輟，值長日如年之候，孔子廟周石鼓等，國子監內各碑碣，乾隆欽定石經，及三朝太學題名，次弟氈蠟……"③ "本會前此（次）既以國子監太學為重心，乃乘秋光高爽之際，積極工作，舉凡碑碣，無不拓撫竣事，即移拓工至朝陽門外東嶽廟，從事氈蠟元趙孟頫書道教碑。"④ 對於拓碑工作，史學研究會非常重視，請富有經驗的琉璃廠茂盛齋識字工人椎拓，拓碑中的每道工序也非常嚴格，紙墨的選用、氣候的適宜都不敢馬虎。"碑拓覓富有經驗之茂盛齋，（琉璃廠）屢經考據工料核實，雖外教三四次相爭，該齋以信用名譽之攸關，願盡義務，不能為勢力奪之而去。拓碑以紙墨工為先，紙用中國舊製棉連，墨用舊新墨合搗，工則撲之到底，不識字者未敢用之。至悶紙之溫燥，氣候之適宜，亦未敢輕易放過，考據者收藏者自能評量，勿庸贅述也。"⑤

在 1930 年《國立北平研究院院務彙報》第 1 卷第 3 期的《史學研究會調查北平廟宇碑記報告》中簡單記載了孔廟國子監石刻情況：

"世祖章皇帝聖製曉示生員臥碑（清漢文）（順治元年）
至聖先師孔子贊碑（康熙二十五年）

---

① 1934 年，國立北平研究院史學研究會在寺廟調查碑刻資料基礎上，按年代先後編次，編輯出版《北平金石目》。

② 1936 年，國立北平研究院史學研究會在寺廟調查碑刻資料基礎上，將內外城區廟宇現存碑碣整理編目，編輯出版《北平廟宇碑刻目録》。

③ 《國立北平研究院院務彙報》第 1 卷第 3 期，1930 年，《史學研究會調查北平廟宇碑記報告》，第 5 頁。

④ 《國立北平研究院院務彙報》第 1 卷第 4 期，1930 年，《史學研究會調查北平廟宇碑記報告》，第 1 頁。

⑤ 同上書，第 1—2 頁。

聖製四子贊碑（康熙二十八年）

聖製訓飭士子文碑（康熙四十一年）

聖製平定朔漠告成太學碑清漢文（康熙四十三年）

御筆聖經石刻（康熙三十三年）

御筆牓書四碑

世宗憲皇帝聖制平青（定①）青海告成太學碑（雍正三年）

文廟詩碑（雍正六年）

聖諭禮部會試舉人合詞陳謝碑（乾隆四十四年）

臨雍紀事碑（清漢文）（乾隆四年）

聖製乾隆庚申仲秋釋奠詩（二詩刻易蓋黃瓦）

聖製乾隆甲子仲秋釋奠詩（臨雍紀事碑陰）

聖製訓飭士子文碑（乾隆五年）

聖製平定金川告成太學碑（清漢文）（乾隆十四年）

聖製乾隆癸酉仲秋釋奠詩

聖製乾隆丙子仲春釋奠詩（二詩刻平定金川碑陰）

聖製平定準噶爾告成太學碑（清漢文）（乾隆二十三年）

聖製伊犁勒銘（刻平定準噶爾碑陰）

聖製太學古槐詩石刻（乾隆二十四年）

聖製平定回部告成太學碑（乾隆二十四年）

聖製己丑仲春釋奠（刻平定回部碑陰）

聖諭修葺國子監碑（乾隆二十五年）

敕修御書樓碑（乾隆二十五年）②

聖諭大修文廟碑（清漢文）（乾隆三十二年）

聖製重修文廟碑（清漢文）（乾隆三十四年）

聖製癸卯仲春釋奠詩

聖製乙巳仲春釋奠詩二詩（刻重修文廟碑陰）

聖製平定兩金川告成太學碑（乾隆四十一年）

---

① 恐有衍文，編者推斷為"定"字。

② 在 1932 年的《北平寺廟調查碑刻》和 1934 年的《北平金石目》中無此碑。據此推斷，御書樓應該在 1930—1932 年間倒塌，御書樓碑也在此期間被清理運走。2004 年在將台路附近窪子村發現此碑，運回國子監。

聖製國學新建辟雍圓水工成碑記（乾隆五十年）

聖製三老五更說（乾隆五十年）

聖製重排石鼓文鼓十枚

聖製集石鼓所有文成十章製鼓重刻序碑

聖製重排石鼓文詩

御題張照書韓愈石鼓歌碑

聖製經論經序碑十六座

周石鼓十枚

石鼓文音訓

明學制碑（洪武二年）

五朝敕諭碑（成化三年）

新建太學碑（正統九年）

廟學全圖記（正統十二年）

敬一箴碑（嘉靖五年）

心箴碑（嘉靖六年）

四箴碑（嘉靖六年）

老彭觀井圖石刻（萬曆丁丑）

蔣淶汛先生寫經圖

御製平定回疆剿擒逆裔告成太學碑（道光九年）

先師文宣王遺祀闕里碑（元加封）（大德十一年）

先師父母及聖配夫人顏曾思孟四子碑（元加書）（至順三年）

本監監臣題名碑（計二通）

張業監臣題名碑

孫應熬祭酒司業題名記（明代監臣題名碑四通）

本朝進士題名碑（順治三年）

翻譯進士題名碑（順治九年十二年乾隆四年十年十三年，共五通）

元明進士題名碑（元三通明七十七通）

定武蘭亭敘

以下五種存歷史博物館

唐顏真卿爭座位石版

元趙孟頫書樂毅論附刻蘭亭石背

明王同祖丁香花詩石版（嘉靖壬寅）

蔡毅中古文孝經集註石刻（二通天啟二年）

平面圖三十一幅，照像二百三十二張，紀錄三十五份。

附錄

國子監元至正二十四年建 明清仍之為國家教授太學生之所 石經共一百九十石

國子監內太學題名碑　元三 明七十七 清一百二十八

元題名碑　國子監元題名碑三碑　一為正泰國子貢試名記　一為至正十一年進士題名記　一為至正丙午國子中選題名記吳新安楞香苑為祭酒時於太學啟圣祠土中獲之楞香康熙壬戌進士又號鱗潭"①

在史學研究會的這次調查中，擬將國立歷史博物館收藏的國子監石刻進行椎拓，后歷史博物館將這些石刻的拓片贈予研究會。

"十九年十一月，姚彤章君提議，經常惠君接洽，擬撫拓歷史博物館所藏金石，現經該館允許贈予我院一分，實巨觀也。茲將目錄登入彙報，另付鈔胥，用備參考，計目六十有六列後：

老彭觀井圖（宋陳靖銘明萬曆五年刻石舊在國子監東廡後堂壁間）

丁香花詩並序（康熙五十七年謝履忠集聖教序 興福寺二碑字刻石 舊在國子監御書樓下）

清仁宗御製喜雨山房記（嘉慶十八年鐵保奉敕書　舊在國子監）

樂毅論（嘉慶十八年金特赫臨寫刻石　舊在國子監）

石鼓文（清光緒十二年盛昱重摹阮氏覆宋本　舊在國子監韓文公祠壁間）

石刻彝器圖

木刻彝器圖

彝器銘

唐支氏小娘子墓誌（並蓋　陳書撰　大中十年五月　舊在國子監）

宋郭文慶妻劉氏墓誌（秦翔撰　張萊書　張道清刻　嘉祐八年舊在國子監）

---

①　《國立北平研究院院務彙報》第 1 卷第 3 期，1930 年，《史學研究會調查北平廟宇碑記報告》，第 7—10 頁。

蘭亭序（據墨林快事及考槃余事二書並云趙孟頫臨定武本　舊在國子監御書樓下後失所在光緒中於敬一亭下土中掘出）

樂毅論（趙孟頫臨本　刻在蘭亭石背）

爭坐位帖（趙孟頫臨本　舊在國子監御書樓下）

古文孝經（明蔡毅中集註　天啟三年刻石　舊在國子監西廡正堂壁間）"①

2.《北平寺廟調查碑刻》② 中關於孔廟國子監石刻

1932 年《北平寺廟調查碑刻》中關於孔廟國子監石刻的記載非常全面，保留了民國時期孔廟國子監石刻的風貌，這是我們今天研究孔廟國子監石刻難得的一手材料。

周石鼓文

鼓凡十宣王時作附刻清乾隆御題詩並跋在國子監

元石鼓文音訓刻石

凡二石首石橫額題石鼓文音訓潘迪書，至元五年五月在國子監

元加號大成至聖文宣王詔書碑

額題加號詔書潘迪書　謝端篆額　茅紹之刻　大德十一年七月立碑陰題名在國子監

元至正十一年進士題名碑

額題至正十一年進士題名王思誠記南正文燁篆在國子監

元加封啟聖公等制辭碑

額題加封制辭至正十六年六月碑陰題名在國子監

元至正二十六年國子中選生題名記

額題至正丙午國子監公試題名記在國子監

元進士題名碑

字跡漫漶多不可辨姑錄列元碑之末在國子監

---

① 《國立北平研究院院務彙報》第 2 卷第 2 期，1931 年，《史學研究會調查北平廟宇碑記報告》，第 1—3 頁。

② 《國立北平研究院院務彙報》1932 年第 3 卷第 2 期北平寺廟調查碑刻（續五·國子監）。另，民國二十三年（1934 年）九月，國立北平研究院史學研究會編輯出版的《北平金石目》中關於孔廟國子監石刻的記載與此內容相同，只是排列順序不同。

明國子監學制碑

碑文殘剝洪武二年十月在國子監

明御製新建太學之碑

額題御製新建太學之碑　正統九年三月在國子監

明文廟國子監圖碑

額題文廟國子監圖　無文字按國子監則例歷代石刻內列有廟學全國
（圖）　記一碑正統十二年十一月立石疑即此圖但拓片無記文未敢遽斷姑
列此俟攷在國子監

明洪武等年勅諭碑

額題勅諭二字文列三層下層　漫漶不可辨訳　只洪武宣德正統三朝勅
諭可讀　按國子監則例歷代石刻內列有五朝勅諭碑　成化三年三月立石即
此碑在國子監

明國子監題名記

額橫題國子監題名記　成化三年夏五月立在國子監

明敬一箴

額題御製二字　嘉靖五年六月在國子監

明宋儒范氏心箴

詳下注

明程子視聽言動四箴

連前心箴凡五橫石額均題宸翰二字　嘉靖六年十二月在國子監

明嘉靖諭旨及張璁奏摺碑

橫石一方額題聖諭二字　嘉靖六年十二月在國子監

明國子監續題名記

橫額國子監續題名記又額皇帝敕諭萬曆四年四月在國子監

明皇帝敕諭及題名碑

額題皇帝敕諭　萬曆四年四月在國子監

明國子監祭酒司業題名記

橫額國子監題記孫應鰲書　萬曆四年九月立有碑陰在國子監

清曉示生員臥碑

漢滿兩體文　順治元年二月立在國子監

清至聖先師孔子讚

額題御製二字張玉書奉敕書　康熙二十五年七月立在國子監

清四子讚

額題御製二字張玉書奉敕書　康熙二十八年閏三月立在國子監

清康熙御書聖經刻石

凡七石康熙三十三年五月在國子監

清御製訓飭士子文

額題御製宸翰康熙四十一年正月碑陰題名在國子監

清御製平定朔漠告成太學碑

額題御製平定朔漠告成太學碑　左有滿文　康熙四十三年三月在國子監

清崇實振雅二軒壁記

李周望撰並書　康熙五十七年十月在國子監

清祭酒司業題名碑

額題祭酒司業題名碑　康熙年在國子監

清昌明仁義題字

橫石大字康熙御筆在國子監

清靈瀆安瀾題字

橫石大字康熙御筆在國子監

清功存河洛題字

橫石大字康熙御筆在國子監

清嵩（高峻）極題字峻①

橫石大字康熙御筆在國子監

清平定青海告成太學碑

額題御製平定青海告成太學碑　雍正三年五月在國子監

清仲丁詣祭文廟敬成詩刻

雍正六年二月御筆在國子監

清御製釋奠先師孔子碑文

額題御製二字　乾隆四年十二月梁詩正奉敕書碑陰詩刻　額題勅建二字在國子監

清御製訓太學諸生文

凡五石大字　乾隆五年十一月　御筆又小橫石一題名在國子監

①　此"峻"為衍字。

清御製平定金川告成太學碑

額題御製平定金川告成太學碑　左有滿文　乾隆十四年四月　梁詩正奉勅書碑陰御製詩刻在國子監

清御製平定準噶爾告成太學碑文

額題御製二字　乾隆二十年五月御筆碑陰平定準噶爾勒銘伊犁之碑年月仝上又平定準噶爾後勒銘伊犁之碑　乾隆二十三年七月　御筆各有滿文在國子監

清御製平定回部告成太學碑文

額撰御製二字　左有滿文　乾隆二十四年十二月　御筆碑陰御製詩刻在國子監

清重修國子監碑

額題重修國子監碑　乾隆二十五年在國子監

清四廳官員題名碑

額題四廳官員題名碑記　乾隆三十一年在國子監

清乾隆上諭國學崇祀碑

乾隆三十二年三月在國子監

清重修文廟碑記

額題御製二字　左有滿文乾隆三十四年二月　御筆碑陰詩刻在國子監

清御製平定兩金川告成太學御文

額題御製二字　乾隆四十一年三月　御筆碑陰滿文在國子監

清太學古槐詩刻

乾隆四十二年十一月碑筆蔣溥繪圖　董邦達跋並奏摺觀保書在國子監

清三老五更說

額題御製二字　左有滿文乾隆四十三年十一月御筆在國子監

清諭禮部會試舉人合詞陳謝碑

雍正諭旨一道　乾隆四十四年八月立在國子監

清國學新建辟雍圜水工成碑記

額題御製二字　乾隆四十九年十月　御筆一面滿文一面張廷玉三老五更議董誥奉敕書一面題張廷玉三老五更議乾隆五十年七月御筆在國子監

清集石鼓所有文成十章製鼓重刻序

額題御製二字　乾隆五十五年御筆又石橫額題重排石鼓文音訓王杰彭

元瑞等跋並題名在國子監

清石鼓

乾隆年刻即重排石鼓文故錄次前序在國子監

清乾隆御題觀張照草書韓愈石鼓歌刻石

凡四長石張照書一橫石　乾隆五十五年二月御筆在國子監

清乾隆御定石經上諭銜名碑

額題乾隆御定石經之碑　乾隆五十六年十一月在國子監

清刻石經

額題乾隆御定石經之碑蔣衡寫十三經　乾隆六十年奉准刊刻連前上諭銜名碑凡百九十石兩面刻文在國子監

清石刻蔣衡書十三經於辟雍序

額題乾隆御製石刻蔣衡書十三經於辟雍序　乾隆五十七年正月御筆在國子監

清御製辟雍殿內滿文御

在國子監

清蔣湘帆先生寫經圖

馮敏昌題拙老人自題小照　未記年月附錄於石經各碑之次在國子監

清四廳官員題名碑記

額題四廳官員題名碑記　乾隆五十八年十二月立在國子監

清國子監兼管大臣祭酒司業題名碑

正背兩面題名碑側翁方綱書乾隆六十年二月法式善立石並寫序記文二則在國子監

清仲春丁祭禮成述事及釋奠詩刻

額題乾隆御製說經之文　乾隆六十年二月御筆在國子監

清乾隆御製說經文刻

十三冊每冊一石額均題乾隆御製說經之文　按國子監則例紀乾隆六十年立石在國子監

清御製平定回疆勦捷逆裔告成太學碑文

額題御製二字　道光九年六月碑筆在國子監

清國子監蒙古司業漢司業題名碑

未紀年月查題名內有咸豐五年任事人員當係咸豐年所立在國

子監

清管理國子監事務國子監祭酒國子監司業題名碑

額同碑名未紀年月查碑末有光緒三十年任事人員當係光緒末年所立在國子監

清國子丞衙門題名橫石

宣統三年十二月建在國子監

明永樂十三年進士題名碑

額題賜進士題名記楊榮撰朱暉書　永樂十四年四月立碑陰試官題名在國子監

查明清兩代進士題名碑至多既按試年標目挨次列之較便檢閱故不與他碑相間另行彙錄於此

明永樂十六年賜進士題名碑

額題賜進士題名記楊榮撰朱暉書並篆額　永樂十六年四月立石碑陰試官題名在國子監

明永樂十九年賜進士題名

額題賜進士題名記楊榮陳景茂書並篆額　永樂十九年五月立石碑陰試官題名在國子監

明永樂二十二年進士題名碑

額題永樂二十二年進士題名之記　楊士奇撰夏衡書並篆額宣德九年十月立石碑陰試官題名在國子監

明宣德二年進士題名碑

額題宣德二年進士題名記楊士奇撰程南云書並篆額　宣德二年三月立碑陰試官題名在國子監

明宣德五年進士題名碑

額題宣德五年進士題名記金幼孜撰陳景茂書並篆額　宣德五年四月立碑陰試官題名在國子監

明宣德八年進士題名碑

額題賜進士題名記楊溥撰黃養正書並篆　宣德九年十一月立石碑陰試官題名在國子監

明正統元年進士題名碑

額題賜進士題名記王直撰夏□書並篆　正統二年□月立石碑陰試官題名在國子監

明正統四年進士題名碑

額題賜進士題名記錢習禮撰程南云書並篆　正統八年十二月立石在國子監

明正統七年進士題名碑

額題正統七年進士題名記陳循撰程南云書並篆　正統八年十二月立石碑陰試官題名在國子監

明正統十年進士題名碑

額題正統十年進士題名記曹鼐撰陳學書並篆　正統十年六月立石碑陰試官題名在國子監

明正統十三年進士題名碑

額題賜進士題名記苗衷撰黃采書並篆　正統十三年七月立石碑陰試官題名在國子監

明景泰二年進士題名碑

額題賜進士題名記陳循撰王謙書　景泰三年九月立石碑陰試官題名在國子監

明景泰五年進士題名碑

額題賜進士太學題名記　陳循撰董璵書並篆碑陰試官題名在國子監

明天順元年進士題名碑

額題賜進士題名記李賢撰余謙書並篆額　天順三年正月立石碑陰試官題名在國子監

明天順四年進士題名碑

額題進士題名記　李賢撰淩耀宗書並篆額碑陰試官題名在國子監

明天順八年進士題名碑

額題賜進士題名記　李賢撰謝宇書並篆額　成化元年二月立石在國子監

明成化二年進士題名碑

額題賜進士題名記　陳文撰陳綱書並篆額　成化二年三月立石碑陰試官題名在國子監

明成化五年進士題名碑

額題賜進士題名記　彭時撰林章書並篆　成化五年三月立石碑陰試官題名在國子監

明成化八年進士題名碑

額題賜進士題名記　商輅撰謝宇書並篆　成化十年三月立石碑陰試官題名在國子監

明成化十一年進士題名碑

額題賜進士題名記　萬安撰謝宇書並篆在國子監

明成化十四年進士題名碑

額題賜進士題名記劉珝撰凌暉書並篆　成化十四年三月立碑陰試官題名在國子監

明成化十七年進士題名碑

額題賜進士題名記　劉珝撰凌暉書並篆　成化十七年三月立在國子監

明成化二十年進士題名碑

額題賜進士題名記　劉吉撰姜立綱書並篆額　成化二十二年五月立在國子監

明成化二十三年進士題名碑

額題賜進士題名記　徐溥撰姜立綱書並篆額在國子監

明弘治三年進士題名碑

額題賜進士題名記　丘濬撰書篆人名剝落在國子監

明弘治六年進士題名碑

額題賜進士題名記劉健撰周文通書並篆額在國子監

明弘治九年進士題名碑

額題賜進士題名記　李東陽撰劉棨書並篆額　弘治九年□月立在國子監

明弘治十二年進士題名碑

額題賜進士題名記劉健撰周文通書並篆額弘治十二年□月立在國子監

明弘治十五年進士題名碑

額題賜進士題名記　謝遷撰蔣恭書並篆額　弘治十五年□月立在國子監

明弘治十八年進士題名碑

額題賜進士題名記　李東陽撰沈冬魁書並篆額　弘治十八年□月立在國子監

明正德三年進士題名碑

額題賜進士題名記　焦芳撰周文通書並篆額　正德三年□月立在國子監

明正德六年進士題名碑

額題賜進士題名記　石珤撰劉榮書並篆額在國子監

明正德九年進士題名碑

額題賜進士題名記　楊廷和撰劉榮書並篆額在國子監

明正德十二年進士題名碑

額題賜進士題名記賈詠撰劉榮書並篆額在國子監

明正德十六年進士題名碑

額題賜進士題名記　楊廷和撰劉榮書並篆額在國子監

明嘉靖二年進士題名碑

額題賜進士題名記費宏撰劉榮書並篆額在國子監

明嘉靖五年進士題名碑

額題賜進士題名記　字跡殘剝攷進士題名碑錄　此碑系嘉靖五年因照鈔入在國子監

明嘉靖八年進士題名碑

額題賜進士題名記　李時撰周令書並篆額　嘉靖十一年七月立在國子監

明嘉靖十一年進士題名碑

額題嘉靖十一年進士題名記　夏言撰張宏書並篆額　嘉靖十一年四月立碑陰試官題名在國子監

明嘉靖十四年進士題名碑

額題賜進士題名記　李本撰張文憲書並篆額　嘉靖三十年四月立在國子監

明嘉靖十七年進士題名碑

額題賜進士題名記　嚴嵩撰張□書並篆額嘉靖二十四年十月立在國子監

明嘉靖二十年進士題名碑

額題賜進士題名記　此碑紀年系按進士題名碑錄填入在國子監

明嘉靖二十三年進士題名碑

額題賜進士題名碑制語一道在國子監

明嘉靖二十六年進士題名碑

額題賜進士題名記　顧可學撰吳昴書並篆額　嘉靖三十年六月立在國子監

明嘉（靖）二十九年進士題名碑

額題賜進士題名記　李默撰吳應鳳書並篆額　嘉靖三十年六月立在國子監

明嘉靖三十二年進士題名碑

額題賜進士題名記徐階撰王槐書並篆額嘉靖三十三年三月立在國子監

明嘉靖三十五年進士題名碑

額題賜進士題名記　字跡殘剝攷進士題名碑錄　此碑系嘉靖三十五年因照鈔入在國子監

明嘉靖三十八年進士題名碑

額題賜進士題名記　□朴撰顧從禮書並篆額　嘉靖三十九年□月立在國子監

明嘉靖四十一年進士題名碑

額題賜進士題名記　袁煒撰叢恕書並篆額嘉靖四十二年八月立在國子監

明嘉靖四十四年進士題名碑

額題賜進士題名記　嚴訥撰李中書並篆額　嘉靖四十五年四月立在國子監

明隆慶二年進士題名碑

額題賜進士題名記　李春芳撰吳自成書並篆額　隆慶二年九月立在國子監

明隆慶五年進士題名碑

額題賜進士題名記　申時行撰徐繼申書並篆額　萬曆十五年八月立在國子監

明萬曆二年進士題名碑

額題賜進士題名記　王錫爵撰成楫書並篆額　萬曆十八年十月立在國子監

明萬曆五年進士題名碑

額題賜進士題名記許國撰馬繼文書並篆額　萬曆十五年八月立在國

子監

明萬曆八年進士題名碑

額題試進士題名記　葉向高撰唐尚忠書　天啟三年四月立在國子監

明萬曆十一年進士題名碑

額題賜進士題名記　王錫爵撰趙應宿書並篆額　萬曆十八年十月立在國子監

明萬曆十四年進士題名碑

額題賜進士題名記　此碑紀年按進士題名碑錄填入在國子監

明萬曆十七年進士題名碑

額題賜進士題名記　此碑紀年按進士題名碑錄填入在國子監

明萬曆二十年進士題名碑

額題賜進士題名記　張位撰章如鋌書並篆額　萬曆二十四年□月立在國子監

明萬曆二十三年進士題名碑

額題賜進士題名記　陳于陛撰湯應龍書並篆額　萬曆二十四年□月立在國子監

明萬曆二十六年進士題名碑

額題賜進士題名記　此碑紀年按進士題名碑錄填入在國子監

明萬曆二十九年進士題名碑

額題賜進士題名記　此碑紀年按進士題名碑錄填入在國子監

明萬曆三十二年進士題名碑

額題賜進士題名記　此碑紀年按進士題名碑錄填入在國子監

明萬曆三十五年進士題名碑

額題賜進士題名記　此碑紀年按進士題名碑錄填入在國子監

明萬曆三十八年進士題名碑

額題賜進士題名記　此碑紀年按進士題名碑錄填入在國子監

明萬曆四十一年進士題名碑

額題賜進士題名記　葉向高撰周承禹書並篆額　天啟三年四月立在國子監

明萬曆四十四年進士題名碑

額題賜進士題名記　此碑紀年按進士題名碑錄填入在國子監

明萬曆四十七年進士題名碑

額題賜進士題名記　此碑紀年按進士題名碑錄填入在國子監

明天啟二年進士題名碑

額題賜進士題名記　字跡殘剝考進士題名碑錄此碑係天啟二年因照鈔入在國子監

明天啟五年進士題名碑

額題賜進士題名記　此碑紀年按進士題名碑錄填入在國子監

明崇禎元年進士題名碑

額題賜進士題名記　此碑紀年按進士題名碑錄填入在國子監

明崇禎四年進士題名碑

額題賜進士題名記　此碑紀年按進士題名碑錄填入在國子監

明崇禎七年進士題名碑

額題賜進士題名記　此碑紀年按進士題名碑錄填入在國子監

明崇禎十年進士題名碑

額題賜進士題名記　此碑紀年按進士題名碑錄填入在國子監

明崇禎十三年進士題名碑

額題賜進士題名記　此碑紀年按進士題名碑錄填入在國子監

明崇禎十五年進士題名碑

額題賜進士題名記　周延儒朱國詔書並篆額　崇禎十五年七月立在國子監

清順治三年進士題名碑

在國子監

清順治四年進士題名碑

額題丁亥科進士題名碑制誥一道　康熙三十一年八月王熙捐資建立在國子監

清順治六年進士題名碑

額題己丑科題名碑制誥一道　康熙四十九年八月立石在國子監

清順治九年進士題名碑

額題壬辰科題名碑制誥一道在國子監

清順治九年滿洲進士題名碑

額題壬辰科題名碑制誥一道左列滿文在國子監

清順治十二年進士題名碑

額題乙未科進士題名碑在國子監

清順治十二年滿洲進士題名碑

額題乙未科進士題名碑制誥一道左列滿文在國子監

清順治十五年進士題名碑

額題戊戌科進士題名碑制誥一道在國子監

清順治十六年進士題名碑

額題己亥科進士題名碑制誥一道　康熙三十八年五月吳琠蔣弘道等十二人仝建立在國子監

清順治十八年進士題名碑

額題辛丑科題名碑制誥一道在國子監

清碑（康）熙三年進士題名碑

額題甲辰科進士題名碑制誥一道在國子監

清康熙六年進士題名碑

額題丁未科進士題名碑制誥一道在國子監

清康熙九年進士題名碑

額題庚戌科進士題名碑制誥一道在國子監

清康熙十二年進士題名碑

在國子監

清康熙十五年進士題名碑

額題戊辰科進士題名碑制誥一道在國子監

清康熙十八年進士題名碑

額題己未科進士題名碑制誥一道在國子監

清康熙二十一年進士題名碑

額題壬戌科進士題名碑制誥一道在國子監

清康熙二十四年進士題名碑

額題乙丑科進士題名碑制誥一道在國子監

清康熙二十七年進士題名碑

額題戊辰科進士題名碑制誥一道在國子監

清康熙三十年進士題名碑

額題辛未科進士題名碑制誥一道在國子監

清康熙三十三年進士題名碑

額題甲戌科題名碑制誥一道在國子監

清康熙三十六年進士題名碑

額題丁丑科題名碑制誥一道在國子監

清康熙三十九年進士題名碑

額題庚辰科題名碑制誥一道在國子監

清康熙四十二年進士題名碑

額題癸未科題名碑制誥一道在國子監

清康熙四十五年進士題名碑

額題丙戌科題名碑制誥一道在國子監

清康熙四十八年進士題名碑

額題己丑科進士題名碑制誥一道在國子監

清康熙五十一年進士題名碑

額題壬辰科題名碑制誥一道在國子監

清康熙五十二年進士題名碑

額橫題萬壽並題癸巳科題名碑制誥一道在國子監

清康熙五十四年進士題名碑

額題乙未科題名碑制誥一道在國子監

清康熙五十七年進士題名碑

額題戊戌科題名碑制誥一道在國子監

清康熙六十年進士題名碑

額題敕建辛丑科題名碑制誥一道在國子監

清雍正元年進士題名碑

額題敕建癸卯科題名碑制誥一道在國子監

清雍正二年進士題名碑

額題敕建甲辰科題名碑制誥一道在國子監

清雍正五年進士題名碑

額題敕建丁未科題名碑制誥一道在國子監

清雍正八年進士題名碑

額題敕建庚戌科題名碑制誥一道在國子監

清雍正十一年進士題名碑

額題癸丑科題名碑制誥一道在國子監

清乾隆元年進士題名碑

額題丙辰年恩科題名碑制誥一道在國子監

清乾隆二年進士題名碑

額題丁巳年恩科題名碑制誥一道在國子監

清乾隆四年進士題名碑

額題己未年題名碑制誥一道在國子監

清乾隆四年繙譯會試題名記

額題己未科翻譯進士題名碑在國子監

清乾隆七年進士題名碑

額題壬戌科題名碑制誥一道在國子監

清乾隆十年繙譯會試題名記

額題乙丑科繙譯進士題名碑在國子監

清乾隆十年進士題名碑

制誥一道在國子監

清乾隆十三年進士題名碑

額題戊辰科題名碑制誥一道在國子監

清乾隆十三年繙譯進士題名碑

額題戊辰科繙譯進士題名碑制誥一道在國子監

清乾隆十六年進士題名碑

額題辛未科題名碑制誥一道在國子監

清乾隆十六年繙譯進士題名碑

額題辛未科繙譯進士題名碑制誥一道在國子監

清乾隆十七年進士題名碑

額題萬壽壬申科題名碑制誥一道在國子監

清乾隆十九年進士題名碑

額題甲戌科題名碑制誥一道在國子監

清乾隆二十二年進士題名碑

額題丁丑科題名碑制誥一道在國子監

清乾隆二十五年進士題名碑

額題庚辰科題名碑制誥一道在國子監

清乾隆二十六年進士題名碑

額題辛巳年恩科題名碑制誥一道在國子監

清乾隆二十八年進士題名碑

額題癸未科題名碑制誥一道在國子監

清乾隆三十一年進士題名碑

額題丙戌科題名碑制誥一道在國子監

清乾隆三十四年進士題名碑

額題己丑科題名碑制誥一道在國子監

清乾隆三十六年進士題名碑

額題辛卯年恩科題名碑制誥一道在國子監

清乾隆三十七年進士題名碑

額題壬辰科題名碑制誥一道在國子監

清乾隆四十年進士題名碑

額題乙未科題名碑制誥一道在國子監

清乾隆四十三年進士題名碑

額題戊戌科題名碑制誥一道在國子監

清乾隆四十五年進士題名碑

額題萬壽庚子科題名碑制誥一道在國子監

清乾隆四十六年進士題名碑

額題辛丑科題名碑制誥一道在國子監

清乾隆四十九年進士題名碑

額題甲辰科題名碑制誥一道在國子監

清乾隆五十二年進士題名碑

額題丁未科題名碑制誥一道在國子監

清乾隆五十四年進士題名碑

額題己酉科題名碑制誥一道在國子監

清乾隆五十五年進士題名碑

額題庚戌年恩科題名碑制誥一道在國子監

清乾隆五十八年進士題名碑

額題癸丑科題名碑制誥一道在國子監

清乾隆六十年進士題名碑

額題乙卯科題名碑制誥一道在國子監

清嘉慶元年進士題名碑

額題丙辰科題名碑制誥一道在國子監

清嘉慶四年進士題名碑

額題己未科題名碑制誥一道在國子監

清嘉慶六年進士題名碑

額題辛酉科題名碑制語一道在國子監

清嘉慶七年進士題名碑

額題壬戌科題名碑制語一道在國子監

清嘉慶十年進士題名碑

額題乙丑科題名碑制語一道在國子監

清嘉慶十三年進士題名碑

額題戊辰科題名碑制語一道在國子監

清嘉慶十四年進士題名碑

額題己巳年恩科題名碑制語一道在國子監

清嘉慶十六年進士題名碑

額題辛未科題名碑制語一道在國子監

清嘉慶十九年進士題名碑

額題甲戌科題名碑制語一道在國子監

清嘉慶二十二年進士題名碑

額題丁丑科題名碑制語一道在國子監

清嘉慶二十四年進士題名碑

額題己卯年恩科題名碑制語一道在國子監

清嘉慶二十五年進士題名碑

額題庚辰科題名碑制語一道在國子監

清道光二年進士題名碑

額題壬午年恩科題名碑制語一道在國子監

清道光三年進士題名碑

額題癸未科題名碑制語一道在國子監

清道光六年進士題名碑

額題丙戌科題名碑制語一道在國子監

清道光九年進士題名碑

額題己丑科題名碑制語一道在國子監

清道光十二年進士題名碑

額題壬辰年恩科題名碑制語一道在國子監

清道光十三年進士題名碑

額題癸巳科題名碑制語一道在國子監

清道光十五年進士題名碑

額題乙未科題名碑制誥一道在國子監

清道光十六年進士題名碑

額題丙申年恩科題名碑制誥一道在國子監

清道光十八年進士題名碑

額題戊戌科題名碑制誥一道在國子監

清道光二十年進士題名碑

額題庚子科題名碑制誥一道　花沙納書裕貴等立石在國子監

清道光二十一年進士題名碑

額題辛丑年恩科題名碑　花沙納書裕貴等立石制誥一道在國子監

清道光二十四年進士題名碑

額題甲辰科題名碑制誥一道　吉明書裕貴等立石在國子監

清道光二十五年進士題名碑

額題乙巳年恩科題名碑制誥一道　鈕福保書錫年等立石在國子監

清道光二十七年進士題名碑

額題己巳年恩科（丁未科）題名碑制誥一道車克慎書裕貴等立石在國子監

清道光三十年進士題名碑

額題庚戌科題名碑制誥一道　勝保書錫年等立石在國子監

清咸豐二年進士題名碑

額題壬子恩科題名碑制誥一道沈祖懋書錫年等立石在國子監

清咸豐三年進士題名碑

額題癸丑科題名碑制誥一道何彤云書依克機善等立石在國子監

清咸豐六年進士題名碑

額題丙辰科題名碑制誥一道依克機善等立石在國子監

清咸豐九年進士題名碑

額題己未科題名碑制誥一道在國子監

清咸豐十年進士題名碑

額題庚申恩科題名碑制誥一道在國子監

清同治元年進士題名碑

額題壬戌科題名碑制誥一道在國子監

清同治二年進士題名碑

額題癸亥恩科題名碑制誥一道　詹瀛書在國子監

清同治四年進士題名碑

額題乙丑科題名碑制誥一道　繼格書文麟等立石在國子監

清同治七年進士題名碑

額題戊辰科題名碑制誥一道　寶森書瑞麟等立石在國子監

清同治十年進士題名碑

額題辛未科題名碑制誥一道　寶森書尚儉等立石在國子監

清同治十三年進士題名碑

額題甲戌科題名碑制誥一道　寶森書徐志源等立石在國子監

清光緒二年進士題名碑

額題丙子恩科題名碑制誥一道　汪鳴鑾書文郁等立石在國子監

清光緒三年進士題名碑

額題丁丑科題名碑制誥一道在國子監

清光緒六年進士題名碑

額題庚辰科題名碑制誥一道　王邦璽書嵩峄等立石在國子監

清光緒九年進士題名碑

額題癸未科題名碑制誥一道恩棠書麟瑞等立石在國子監

清光緒十二年進士題名碑

額題丙戌科題名碑制誥一道盛昱書麟瑞等立石在國子監

清光緒十五年進士題名碑

額題己丑科題名碑制誥一道　麟瑞等立石在國子監

清光緒十六年進士題名碑

額題庚寅恩科題名碑制誥一道　麟瑞等立石在國子監

清光緒十八年進士題名碑

額題壬辰科題名碑制誥一道　麟瑞等立石在國子監

清光緒二十年進士題名碑

額題甲午恩科題名碑制誥一道　麟瑞等立石在國子監

清光緒二十一年進士題名碑

額題乙未科題名碑制誥一道　麟瑞等立石在國子監

清光緒二十四年進士題名碑

制誥一道　麟瑞等立石在國子監

清光緒二十九年進士題名碑

制誥一道在國子監

清光緒三十年進士題名碑

制誥一道　岑光樾書景格等立石在國子監

3. 《國子監碑目》中的石刻

范騰端在 1931 年《圖書館學季刊》第五卷第三四期上發表《國子監碑目》一文，文章較為詳細地記錄了當時孔廟國子監石刻情況。

國子監碑目

范騰端

本目各碑以時代先後為序，惟進士題名碑，合歷朝所刻而成一種巨製，不能分厠其間；故附各碑之後，以甲科先後鱗次云。

周

石鼓文

籀文

鼓凡十內己鼓臼形中刻清高宗御題

元

石鼓文音訓並記

潘迪撰隸書音訓正書篆額

至元十六年四月

加封孔子詔書碑

潘迪正書謝端篆額

大德十一年七月十九日　碑陰有後至元二年國子監等官題名漫沒難辨

加封孔子父母及聖配夫人顏曾思孟四子制辭碑

正書篆額

至順元年二月　碑陰王思誠等題名

明

學制碑

有額並正書

碑字多磨泐考國子監志為洪武二年立

新建太學碑

英宗御製正書篆額

正統九年三月一日

五朝敕諭碑

正書篆額

自洪武至成化敕凡七通合刻下截字全泐難辨考國子監志為成化三
年三月祭酒邢讓等立

國子監題名記

張業撰正書篆額

成化三年五月　　案起永樂迄嘉靖初自祭酒以下俱列入後半隨時攬
刻敘次無分

世宗御製敬一箴

正書篆額

嘉靖五年六月二十一日

頒發五箴聖諭石刻

正書

嘉靖六年十一月　　字多泐

世宗御注程子四箴

正書篆額

嘉靖六年冬　　凡四石

世宗御注宋儒范氏心箴

正書篆額

無年月當在嘉靖六年與四箴同時立

續題名碑

正書篆額

萬曆四年四月　　上截刻敕論一道

監丞以下題名碑

正書篆額題皇帝敕諭四字

萬曆四年八月　　上截敕諭其文與續題名碑同

國子監題名記

孫應鰲撰並正書篆額

萬曆四年九月　　下截刻題名碑陰亦刻題名

文廟國子監圖

篆額　　考國子監志載為明刻物下截有字今已剝蝕難辨

清

世祖御製曉示生員臥碑

正書　　字全泐考國子監志為順治元年二月立　　碑陰滿文

聖祖御製孔子贊

張玉書奉勑正書篆額

額康熙二十五年七月四日

聖祖御製顏曾思孟四子贊

張玉書奉勑正書篆額

康熙廿八年閏三月十六日

聖祖御書聖經

行書

康熙三十三年仲夏

訓飭士子碑

聖祖御製並正書篆額

康熙四十一年正月　　碑陰邵穆布等題名

平定朔漠碑

聖祖御製正書篆額　　右刻滿文

康熙四十三年三月二十一日

崇實振雅二軒壁記

李周望撰並正書

康熙五十七年十月　　凡二名

聖祖御筆昌明仁義四字石刻

正書

無年月

聖祖御筆靈瀆安瀾四字石刻

正書

無年月

聖祖御筆功存河洛四字石刻

正書

無年月

聖祖御筆嵩高峻極四字石刻

正書

無年月

祭酒司業題名碑

正書篆額

無年月考為康熙間立

平定青海碑

世宗御製正書篆額　右刻滿文

雍正三年五月十七日

仲丁詣祭文廟詩

世宗御製並行書

雍正六年二月十六日

孔子廟碑

高宗御製梁詩正奉勅正書篆額　右刻滿文

乾隆四年十二月朔日　碑陰釋奠禮成紀事詩二章

訓飭士子碑

高宗御製並行書

乾隆五年仲冬　碑陰弘晝等題名

平定金川碑

高宗御製梁詩正奉勅正書篆額

乾隆十四年四月　碑陰刻釋奠詩

平定準噶爾碑

高宗御製並正書篆額　右刻滿文

乾隆二十年五月　碑陰刻勒銘伊犁文

平定回部碑

高宗御製並正書篆額　右刻滿文

乾隆二十四年十二月　碑陰刻釋奠詩

太學古槐圖並高宗御題

行書

乾隆二十四年冬　凡四石

重修國子監碑

正書篆額

乾隆二十五年□月□日　碑字多泐

四廳官員題名碑

正書篆額

乾隆三十一年孟冬

高宗勅諭頒置太學禮器碑

滿漢二體書

乾隆三十二年三月廿一日

重修文廟碑

高宗御製並正書篆額　右刻滿文

乾隆三十四年仲春　碑陰刻釋奠禮成詩

平定兩金川碑

高宗御製並正書篆額

乾隆四十一年三月　碑陰滿文

世宗諭會試舉人碑

正書

乾隆四十四年八月十六日奉旨刊

國學新建圜水工成碑

高宗御製並正書篆額

乾隆四十九年孟冬　凡二石一刻滿文　二石碑陰分刻滿漢文三老五更說　滿文碑左側刻漢文御題老三五更議①　右側刻張廷玉三老五更議　董誥奉勅正書

集石鼓所有文成十章製鼓重刻序碑

高宗御製並行書篆額

乾隆五十五年正月　碑陰刻重排石鼓文音訓並王杰等恭識

高宗御製觀張照草書韓愈石鼓謌長卷作謌石刻

行書

乾隆五十五年二月　謌刻額右額左題壞辭神筆四字　碑四面張照草書韓謌

---

① 應為"三老五更議"。

乾隆摹刻石鼓文

籀文

無年月考為乾隆五十五年刻

石刻蔣衡書十三經於辟雍序

高宗御製並行書篆額

乾隆五十七年正月　凡二石一刻滿文

四廳官員題名碑

正書篆額

乾隆五十八年十一月

國子監題名碑

正書

乾隆六十年二月　凡二石第一石碑側刻撰書人姓名　碑陰刻王煜等題名

仲春丁祭禮成述事詩

高宗御製並行書

乾隆六十年仲春

乾隆石經

蔣衡正書篆額

乾隆六十年二月　凡一百九十石　周易六石　尚書八石　詩經十三石　周禮十五石　儀禮十七石　禮記廿八石　左傳六十石　公羊傳十二石　穀梁傳十一石　論語五石　孝經一石　爾雅三石　孟子十石末一石上刻命刊石經諭旨下刻和珅等上進石經告成表文

說經文石刻

高宗御製並行書篆額

無年月　凡十三石

蔣湘帆先生寫經圖

仲孫和刻石篆書

無年月　上截右有蔣衡自題小照詩行書

平定回疆碑

宣宗御製並正書篆額

道光九年六月

管理國子監事務祭酒司業題名碑

正書篆額

無年月考為道光間立

國子丞衛門題名碑

正書

宣統三年十二月十九日

進士題名碑目

元

進士朵列圖等題名碑

正書篆額

至正十一年辛卯科　案元時取士蒙古色目漢人南人甲科分立朵列圖為蒙古色目第一甲

國子中選生題名碑

正書篆額

至正二十六年丙午科

法達忽剌題名碑

正書

字全漫沒僅下列有數字可辨考其姓氏當為元人題名

明

進士費宏等題名碑

正書篆額

洪武元年戊申科　考為弘冶間徐溥奏請方建

進士陳循等題名碑

正書篆額

永樂十三年乙未科十四年立　碑陰讀卷等官題名

進士李騏等題名碑

正書篆額

永樂十六年戊戌科　碑陰讀卷等官題名

進士曾鶴齡等題名碑

正書篆額

永樂十九年辛丑科　碑陰讀卷等官題名

進士邢寬等題名碑

正書篆額

永樂廿二年甲辰科宣德九年立　碑陰讀卷等官題名

進士馬愉等題名碑

正書篆額

宣德二年丁未科

進士林震等題名碑

正書篆額

宣德五年庚戌科　碑陰讀卷等官題名

進士曹鼐等題名碑

正書篆額

宣德八年癸丑科九年立

進士周旋等題名碑

正書篆額

正統元年丙辰科二年立　碑陰讀卷等官題名

進士施槃等題名碑

正書篆額

正統四年己未科八年立

進士劉儼等題名碑

正書篆額

正統七年壬戌科八年立　碑陰讀卷等官題名

進士商輅等題名碑

正書篆額

正統十年乙丑科

進士彭時等題名碑

正書篆額

正統十三年戊辰科　碑陰讀卷等官題名

進士柯潛等題名碑

正書篆額

景泰二年辛未科三年立　碑陰讀卷等官題名

進士孫賢等題名碑

正書篆額

景泰五年甲戌科

進士黎淳等題名碑

正書篆額

天順元年丁丑科三年立　碑陰讀卷等官題名

進士王一夔等題名碑

正書篆額

天順四年庚辰科　碑陰讀卷等官題名

進士彭教等題名碑

正書篆額

天順八年甲申科成化元年立

進士羅倫等題名碑

正書篆額

成化二年丙戌科　碑陰讀卷等官題名

進士張昇等題名碑

正書篆額

成化五年己丑科　字泐難辨考是科一甲一名為張昇　碑陰讀卷等
官題名

進士吳寬等題名碑

正書篆額

成化八年壬辰科十年立　碑陰讀卷等官題名

進士謝遷等題名碑

正書篆額

成化十一年乙未科

進士曾彥等題名碑

正書篆額

成化十四年戊戌科　碑陰讀卷等官題名

進士王華等題名碑

正書篆額

成化十七年辛丑科

進士李旻等題名碑

正書篆額

成化二十年甲辰科廿二年立

進士錢福等題名碑

正書篆額

弘治三年庚戌科

進士毛澄等題名碑

正書篆額

弘治六年癸丑科

進士朱希周等題名碑

正書篆額

弘治九年丙辰科

進士倫文敘等題名碑

正書篆額

治弘①十二年己未科

進士康海等題名碑

正書篆額

弘治十五年壬戌科

進士顧鼎臣等題名碑

正書篆額

弘治十八年乙丑科

進士呂柟等題名碑

正書篆額

正德三年戊辰科

進士楊慎等題名碑

正書篆額

正德六年辛未科

進士唐皋等題名碑

正書篆額

正德九年甲戌科

進士舒芬等題名碑

正書篆額

正德十二年丁丑科

---

① 應為“弘治”。

進士楊維聰等題名碑

正書篆額

正德十六年辛巳科

進士姚淶等題名碑

正書篆額

嘉靖二年癸未科

進士龔用卿等題名碑

正書篆額

嘉靖五年丙戌科　字多漫漶

進士羅洪先等題名碑

正書篆額

嘉靖八年己丑科十一年立

進士林大欽等題名碑

正書篆額

嘉靖十一年壬辰科廿一年立　碑陰讀卷等官題名

進士韓應龍等題名碑

正書篆額

嘉靖十四年乙未科三十年立

進士茅瓚等題名碑

正書篆額

嘉靖十七年戊戌科廿四年立

進士沈坤等題名碑

正書篆額

嘉靖二十年辛丑科

進士秦鳴雷等題名碑

正書篆額

嘉靖二十三年申辰科

進士李春芳等題名碑

正書篆額

嘉靖廿六年丁未科三十年立

進士唐汝楫等題名碑

正書篆額

嘉靖二十九年庚戌科三十年立

進士陳謹等題名碑

正書篆額

嘉靖三十二年癸丑科三十三年立

進士諸大綬等題名碑

正書篆額

嘉靖三十五年丙辰科　字漫沒難辨

進士丁士美等題名碑

正書篆額

嘉靖三十八年己未科三十九年立

進士徐時行等題名碑

正書篆額

嘉靖四十一年壬戌科四十二年立

進士范應期等題名碑

正書篆額

嘉靖四十四年乙丑科四十五年立

進士羅萬化等題名碑

正書篆額

隆慶二年戊辰科

進士張元忭等題名碑

正書篆額

隆慶五年辛未科萬曆十五年立

進士孫繼皋等題名碑

正書篆額

萬曆二年甲戌科十八年立

進士沈懋學等題名碑

正書篆額

萬曆五年丁丑科十五年立

進士張懋修等題名碑

正書

萬曆八年庚辰科　無額

進士朱國祚等題名碑

正書篆額

萬曆十一年癸未科十八年立

進士唐文獻等題名碑

正書篆額

萬曆十四年丙戌科

進士焦竑等題名碑

正書篆額

萬曆十七年己丑科

進士翁正春等題名碑

正書篆額

萬曆二十年壬辰科廿四年立

進士朱之蕃等題名碑

正書篆額

萬曆廿三年乙未科廿四年立

進士趙秉忠等題名碑

正書篆額

萬曆二十六年戊戌科

進士張以誠等題名碑

正書篆額

萬曆二十九年辛丑科

進士楊守勤等題名碑

正書篆額

萬曆三十二年　辰科

進士黃士俊等題名碑

正書篆額

萬曆三十五年丁未科

進士韓敬等題名碑

正書篆額

萬曆三十八年庚戌科

進士周延儒等題名碑

正書篆額

萬曆四十一年癸丑科天啓三年四月立

進士錢士昇等題名碑

正書篆額

萬曆四十四年丙辰科

進士莊際昌等題名碑

正書

萬曆四十七年己未科　　無額

進士張天麟等題名碑

正書篆額

天啟二年壬戌科

進士余煌等題名碑

正書篆額

天啟五年乙丑科

進士劉若宰等題名碑

正書篆額

崇禎元年戊辰科

進士陳于泰等題名碑

正書篆額

崇禎四年辛未科

進士劉理順等題名碑

正書篆額

崇禎七年甲戌等

進士劉同升等題名碑

正書篆額

崇禎十年丁丑科

進士魏藻德等題名碑

正書篆額

崇禎十三年庚辰科

賜特用出身史惇等題名碑

正書篆額

崇禎十五年壬午科

清

進士傅以漸等題名碑

正書

順治三年丙戌科　無額　有清開國此為首科

進士呂宮等題名碑

正書篆額

順治四年丁亥科

進士劉子壯等題名碑

正書篆額

順治六年己丑科

進士鄒忠倚等題名碑

正書篆額

順治九年壬辰科

滿洲進士麻勒吉等題名碑

正書篆額　附滿文

順治九年壬辰科　案清初漢滿甲科分立

進士史大成等題名碑

正書篆額

順治十二年乙未科

滿洲進士圖爾宸等題名碑

正書篆額　附滿文

順治十二年乙未科

進士孫承恩等題名碑

正書篆額

順治十五年戊戌科

進士徐元文等題名碑

正書篆額

順治十六年己亥科

進士馬士俊等題名碑

正書篆額

順治十八年辛丑科

進士嚴我斯等題名碑

正書篆額

康熙三年甲辰科

進士繆彤等題名碑

正書篆額

康熙六年丁未科

進士蔡啟傅等題名碑

正書篆額

康熙九年庚戌科

進士韓菼等題名碑

正書

康熙十二年癸丑科　無額

進士彭定求等題名碑

正書篆額

康熙十五年丙辰科

進士歸元肅等題名碑

正書篆額

康熙十八年己未科

進士蔡升元等題名碑

正書篆額

康熙二十一年壬戌科

進士陸肯堂等題名碑

正書篆額

康熙二十四年乙丑科

進士沈廷文等題名碑

正書篆額

康熙二十七年戊辰科

進士戴有祺等題名碑

正書篆額

康熙三十年辛未科

進士胡任輿等題名碑

正書篆額

康熙三十三年甲戌科

進士李蟠等題名碑

正書篆額

康熙三十六年丁丑科

進士汪繹等題名碑

正書篆額

康熙三十九年庚辰科

進士王式丹等題名碑

正書篆額

康熙四十二年癸未科

進士王云錦等題名碑

正書篆額

康熙四十五年丙戌科

進士趙熊詔等題名碑

正書篆額

康熙四十八年己丑科　　　戴名世列一甲二名

進士王世琛等題名碑

正書篆額

康熙五十一年壬辰科

進士王敬銘等題名碑

正書篆額

康熙五十二年癸巳科

進士徐陶璋等題名碑

正書篆額

康熙五十四年乙未科

進士汪應銓等題名碑

正書篆額

康熙五十七年戊戌科

進士鄧鐘岳等題名碑

正書篆額

康熙六十年辛丑科

進士于振等題名碑

正書篆額

雍正元年癸卯科

進士陳惠華等題名碑

正書篆額

雍正二年甲辰科

進士彭啟豐等題名碑

正書篆額

雍正五年丁未科

進士周霈等題名碑

正書篆額

雍正八年庚戌科

進士陳倓等題名碑

正書篆額

雍正十一年癸丑科

進士金德瑛等題名碑

正書篆額

乾隆元年丙辰科

進士于敏中等題名碑

正書篆額

乾隆二年丁巳科

進士莊有恭等題名碑

正書篆額

乾隆四年己未科

繙譯進士等題名碑

正書篆額

乾隆四年己未科　　案繙譯會試咸滿蒙人所與

進士金甡等題名碑

正書篆額

乾隆七年壬戌科

進士錢維城等題名碑

正書篆額

乾隆十年乙丑科

繙譯進士安福等題名碑

正書篆額

乾隆十年乙丑科

進士梁國治等題名碑

正書篆額

乾隆十三年戊辰科

繙譯進士武敬等題名碑

正書篆額

乾隆十三年戊辰科

進士吳鴻等題名碑

正書篆額

乾隆十六年辛未科

繙譯進士寧舞立等題名碑

正書篆額

乾隆十六年辛未科

進士秦大士等題名碑

正書篆額

乾隆十七年壬申恩科

進士莊培因等題名碑

正書篆額

乾隆十九年甲戌科

進士蔡以臺等題名碑

正書篆額

乾隆二十二年丁丑科

進士畢沅等題名碑

正書篆額

乾隆二十五年庚辰科

進士王杰等題名碑

正書篆額

乾隆二十六年辛巳恩科

進士秦大成等題名碑

正書篆額

乾隆二十八年癸未科

進士張書勳等題名碑

正書篆額

乾隆三十一年丙戌科

進士陳初哲等題名碑

正書篆額

乾隆三十四年己丑科

進士黃軒等題名碑

正書篆額

乾隆三十六年辛卯科

進士金榜等題名碑

正書篆額

乾隆三十七年壬辰科

進士吳錫齡等題名碑

正書篆額

乾隆四十年乙未科

進士戴衢亨等題名碑

正書篆額

乾隆四十三年戊戌科

進士汪如洋等題名碑

正書篆額

乾隆四十五年庚子科　　　額題萬壽兩字當為恩科

進士錢棨等題名碑

正書篆額

乾隆四十六年辛丑科　　　案錢棨鄉會廷三試皆魁

進士茹棻等題名碑

正書篆額

乾隆四十九年甲辰科

進士史致光等題名碑

正書篆額

乾隆五十二年丁未科

進士胡長齡等題名碑

正書篆額

乾隆五十四年己酉科

進士石韞玉等題名碑

正書篆額

乾隆五十四年己酉科

進士潘世恩等題名碑

正書篆額

乾隆五十八年癸丑科

進士王以銜等題名碑

正書篆額

乾隆六十年乙卯科

進士趙文楷等題名碑

正書篆額

嘉慶元年丙辰科

進士姚文田等題名碑

正書篆額

嘉慶四年己未科

進士顧皋等題名碑

正書篆額

嘉慶六年辛酉科

進士吳廷琛等題名碑

正書篆額

嘉慶七年壬戌科

進士彭浚等題名碑

正書篆額

嘉慶十年乙丑科

進士吳信中等題名碑

正書篆額

嘉慶十三年戊辰科

進士洪瑩等題名碑

正書篆額

嘉慶十四年己巳恩科

進士蔣立鏞等題名碑

正書篆額

嘉慶十六年辛未科

進士龍汝言等題名碑

正書篆額

嘉慶十九年甲戌科

進士吳其濬等題名碑

正書篆額

嘉慶二十二年丁丑科

進士陳沆等題名碑

正書篆額

嘉慶二十四年己卯恩科

進士陳繼昌等題名碑

正書篆額

嘉慶二十五年庚辰科　　案陳繼昌鄉會廷三試皆魁繼錢榮後一人

進士戴蘭芬等題名碑

正書篆額

道光二年壬午恩科

進士林召棠等題名碑

正書篆額

道光三年癸未科

進士朱昌頤等題名碑

正書篆額

道光六年丙戌科

進士李振鈞等題名碑

正書篆額

道光九年己丑科

進士吳鐘駿等題名碑

正書篆額

道光十二年壬辰科

進士汪鳴相等題名碑

正書篆額

道光十三年癸巳科

進士劉繹等題名碑

正書篆額

道光十五年乙未科

進士林鴻年等題名碑

正書篆額

道光十六年丙申恩科

進士鈕福保等題名碑

正書篆額

道光十八年戊戌科

進士李承霖等題名碑

正書篆額

道光二十年庚子科

進士龍啟瑞等題名碑

正書篆額

道光二十一年辛丑科

進士孫毓溎等題名碑

正書篆額

道光二十四年甲辰科

進士蕭錦忠等題名碑

正書篆額

道光二十五年乙巳恩科

進士張之萬等題名碑

正書篆額

道光二十七年丁未科

進士陸增祥等題名碑

正書篆額

道光三十年庚戌科

進士章鋆等題名碑

正書篆額

咸豐二年壬子恩科

進士孫如僅等題名碑

正書篆額

咸豐三年癸丑科

進士翁同龢等題名碑

正書篆額

咸豐六年丙辰科

進士孫家鼐等題名碑

正書篆額

咸豐九年己酉科

進士鐘駿聲等題名碑

正書篆額

咸豐十年庚申恩科

進士徐郙等題名碑

正書篆額

同治元年壬戌科

進士翁曾源等題名碑

正書篆額

同治二年癸亥恩科

進士崇綺等題名碑

正書篆額

同治四年乙丑科

進士洪鈞等題名碑

正書篆額

同治七年戊辰科

進士梁耀樞等題名碑

正書篆額

同治十年辛未科

進士陸潤庠等題名碑

正書篆額

同治十三年甲戌科

進士曹鴻勳等題名碑

正書篆額

光緒二年丙子科

進士王仁堪等題名碑

正書篆額

光緒三年丁未科

進士黃思永等題名碑

正書篆額

光緒六年庚辰科

進士陳冕等題名碑

正書篆額

光緒九年癸未科

進士趙以炯等題名碑

正書篆額

光緒十二年丙戌科　　案是碑乃徐世昌補立

進士張建勳等題名碑

正書篆額

光緒十五年己丑科

進士吳魯等題名碑

正書篆額

光緒十六年庚寅恩科

進士劉福姚等題名碑

正書篆額

光緒十八年壬辰科

進士張謇等題名碑

正書

光緒二十年甲午科　　無額

進士駱成驤等題名碑

正書

光緒二十一年乙未科　　無額

進士夏同龢等題名碑

正書

光緒二十四年戊戌科　　無額

進士王壽彭等題名碑

正書

光緒二十九年癸卯科　　無額

進士劉春霖等題名碑

正書

光緒三十年甲辰恩科　無額　案自是科後科甲即廢

4. 1947—1948 年《孔廟崇聖祠國子監等處殿宇樹株碑匾器物清冊》①
中的石刻

在 1947—1948 年《孔廟崇聖祠國子監等處殿宇樹株碑匾器物清冊》
上有孔廟國子監石刻的情況記載，但較為簡單，見表 3—8、表 3—9。

表 3—8　　　　　　　　　　　　　　孔廟石刻部分

位置	名稱	說明
孔廟大門外	下馬碑 2 座	少殘
大成門外	碑亭內石碑 3 座	
	元朝御碑 2 座	
	元明清三朝賜進士題名碑共 198 座	內倒 3 座，內有損破
	石鼓碑 2 座	
	清石鼓 10 個	
大成門內	碑亭內碑 11 座	
	石鼓碑 1 座②	以上均在大成門內，系石鼓碑座 1 個

表 3—9　　　　　　　　　　　　　　國子監石刻部分

位置	名稱	說明
集賢門內	石碑 5 座③	損壞（應在太學門外）
太學門內	碑亭石碑 2 座④	

① 《孔廟崇聖祠國子監等處殿宇樹株碑匾器物清冊》，1947—1948 年，北京市檔
案館藏，檔案號：J003 - 001 - 00189。

② 應為潘迪音訓碑碑座，潘迪音訓碑與石鼓一起南遷，后陳列於故宮博物院。

③ 五座石碑分別為：曉示生員臥碑、敕修國子監碑、洪武學制碑、五朝上諭
碑、文廟國子監圖碑。

④ 御製國學新建圜水工成碑記，滿漢文各一方。

續表

位置	名稱	說明
彝倫堂內	石碑 16 座①	
	寫經圖石刻 3 方②	
	石刻屏 1 座③	
典籍廳內④	古槐贊石刻屏 1 座	
率性修道等六堂內	石經之碑 190 座⑤	內有數損傷
東廂房內	題名碑 10 座⑥	
	壁嵌石刻 1 方⑦	
西廂內	石刻屏 1 座⑧	
敬一亭內	石碑 2 座⑨	
	臥碑 10 座⑩	

(二) 乾隆御定石經

民國時期乾隆御定石經一直存放於國子監東西六堂，雖無大的破壞，但石經還是有些損壞。在民國時期修繕國子監檔案中曾記載："民國二十一年（1932 年）十月二十二日，孔廟事務員張清遠呈報：修理國子監大

---

① 御製說經文石刻十三方，御製石刻蔣衡書十三經於辟雍序石刻滿漢文各一方，御製丁祭釋奠詩石刻一方。

② 蔣湘帆先生寫經圖一方，崇實振雅二軒記二方。

③ 康熙手書大學碑。

④ 應為彝倫堂西西講堂。

⑤ "乾隆御定石經"一百八十九方，告成表文一方，共計一百九十方。

⑥ 官師題名碑十方。

⑦ 東廂房內壁嵌石刻應為"老彭觀井圖"，此碑 1918 年已被國立歷史博物館帶走，表格此處有誤。詳見"國博石刻"。

⑧ 西廂房石刻屏應為"古文孝經石刻"，此碑 1918 年已被國立歷史博物館帶走，表格此處有誤詳見"國博石刻"。

⑨ 敬一亭石碑應為：御製敬一箴石刻和康熙訓斥士子文碑。

⑩ 敬一亭十座臥碑應為：御注宋儒范氏心箴石刻一方，御注程子四箴石刻四方，頒發五箴聖諭石刻一方，康熙御書嵩高峻極等石刻四方。

和齋工竣，事計東西碑廊飛頭兩處、太學門、南學序飛頭兩處，計西碑廊禮記碑一通……"① 民國二十三年（1934 年）九月，國立北平研究院史學研究會編輯出版的《北平金石目》例言中載："國子監之石經，近因坍房，砸毀其一。" 推斷，兩則資料應為一事。經現場勘查，孔廟國子監"十三經碑林"中現存一通"乾隆石經"《禮記》石碑，該碑由鐵條加固，碑身遺存鐵銹。

圖 3—5　鐵條加固的"乾隆石經"《禮記》石碑

---

① 《天壇孔廟事務員王際森、張清遠等人關於保護天壇壇牆禁掘牆磚、黃土調查箭廠空地承租事給壇廟管理所的呈》，1932 年，北京市檔案館藏，檔案號：J057 - 011 - 00289。

從 1932 年石刻調查情況來看，"蔣湘帆先生寫經圖""附錄于石經各碑之次在國子監"，應該是位於國子監的率性堂內，鑲嵌於壁間。但在 1947—1948 年《孔廟崇聖祠國子監等處殿宇樹株碑區器物清冊》和 1950—1955 年《北京市人民政府民政局管理壇廟食物所屬孔廟、國子監殿宇碑區數目清冊》上，"蔣湘帆先生寫經圖"與"崇實振雅"二石一起放置在彝倫堂，推測應是脫落後三方石刻放置在一起的。

1937 年北平市政府向各機關大學各文化團體發佈通知並登報徵集拓印"乾隆石經"，並成立拓印石經委員會，具體事宜由委員會組織：

"本市國子監貯藏石刻十三經矗立兩廡，計石林一百九十座，兩面鑴文，可拓三百八十余幅，為遜清蔣湘帆先生手書迻經，勘校勒為定本。有關一代文獻甚巨，此項石刻海內流傳甚鮮，年來各處請求開拓者甚多。……棉連紙墨拓全部約需工料七十元，粉連紙全部六十元。如部數較多，則工價尚可酌減。茲假定為五十元至七十元（俟拓印數目確定後再行招標核實估計）特先函征同好，有願訂拓者，請於函到十五日內開示所需要部數，以便彙集計算，招商承辦。實際核數若干，再行通知繳費。"①

"經商估計，棉連紙者每部工料七十元，粉連紙者每部工料六十元……變通辦法如下：（一）成立拓經委員會，以支出最少限度之經費為原則，（二）拓印工料，應由委員會招商比價，以拓印棉連紙工料五十元，粉連紙公料四十元為最高額，（三）預定公家拓百部在三個月內發售預約，定價應在八十元以下，以適合我國知識界之經濟情形，而便出售，（四）援照去年拓印三希堂快雪堂法帖成例，向本市各機關及政委會綏靖公署所屬職員，按工料原價徵求附拓者一百部，價款按三個月由各職員薪水項下扣足，以便如期開工拓印，依上情形，兩項共可拓印二百部，流傳國內，對於文化方面裨益當匪淺。"②

（三）進士題名碑

進士題名碑一直矗立於戶外，保存狀況不如十三經刻石，在 1947—1948 年《孔廟崇聖祠國子監等處殿宇樹株碑區器物清冊》中記載進士題名碑"內倒三座，內有損破"。因為記載不詳，具體倒伏損壞情況不

---

① 《拓印十三經碑》，1937 年，北京市檔案館藏，檔案號：J065 - 003 - 00672。
② 同上書，檔案號：J001 - 003 - 00098。

可知。

（四）石鼓南遷

石鼓為國之重器，陳列於北京孔廟大成門內。清乾隆皇帝為石鼓設立欄杆加以保護，民國五年（1916 年）民國政府內務部又增加玻璃櫥櫃保護石鼓。"清高宗臨雍講學見石鼓原刻，懼其日益漫漶，為立重欄以護之。易朔後，內務部當局又加玻璃櫃櫥以實之。故此二千年以上的大古董尚存留於古都中也。"①

圖 3—6　民國時期加玻璃櫥櫃保護的周秦石鼓

1931 年日本在瀋陽發動"九一八"事變，1933 年更攻陷山海關，平津震動。為保護古國之文物，始有文物南遷之計劃。原計劃十枚石鼓、元代潘迪的石鼓文音訓碑、十件周代彝器為第三批南遷文物，因石鼓包裝運輸復雜，改為第四批南遷。石鼓南遷之事由故宮博物院馬衡院長、莊嚴科長親自主持。

"令國子監石鼓並清頌銅器交由故宮博物院同第三批古物南運……清頌銅器已由歷史博物館於本月十五日付古物專車南運……石鼓南運一節業經本院馬館長衡帶同莊科長尚嚴，前往視察並代為招商裝包在案。石鼓須

① 《北京第一大古董——孔廟石鼓》，《北京畫報》1927 年第 2 卷。

俟第四批古物起運一併裝運。"①

關於石鼓南遷，馬衡院長在《跋北宋石鼓文》中有所記載：

"二十二年春，榆關告警，北平古物，多數南遷，此石亦在議遷之列。余適董其役，得以摩沙而審辨之。石質堅頑，審為花崗岩，其剝落之狀，異于常石，乃石皮受風雨寒暑之侵蝕，漸次與石骨分離，日久則脫落一層，石骨暴露，十石如出一轍。存字之處，石皮完好，亦有已分離而猶未脫落者，扣之則其聲虛廓而不實，倘遭外力之壓抑，可即時脫。當靖康之際，脫落程度，雖不若今日之甚，已入於此種狀態……其損字原因，必系北徙之時，修縆大索，長途挽致，遂使石皮脫落可斷言也。自虞集潘迪以後，至於今日，皆在孔廟大成門左右，有大廈覆蓋之，有疏櫺扃鐍之，保護不可謂不周，然五百年來，又損五十余字，皆分離之石皮，經椎拓而脫落者也。余鑒於此種情況，及既往之事實，知保護石皮為當務之急。乃先就存字之處，糊之以紙，縱使石皮脫落猶可粘合，次乃裹以絮被，纏以枲縆，其外復以木箱函之，今日之南遷，或較勝於當日之北徙也。"②

石鼓大而重，每個石鼓重約1噸，字在石皮上，而石皮已與鼓身分離，稍受外力，便會脫落。南遷路途遙遠，兇險未卜，包裝石鼓是首要問題。根據馬衡先生對石鼓狀況的分析，以糊紙裹絮之法包裝石鼓。此項工作具體由莊嚴負責，在莊嚴的《再談我與石鼓》一文中對包裝石鼓過程有詳細說明：

"先去請教一位好朋友，北平當年最大古物收藏家之一，達古齋主人霍保祿。根據霍先生告訴我的秘方，在石鼓包裝之前，先要用極薄極軟的棉紙蘸水浸濕，然後用鑷子把濕軟的棉紙塞進石鼓的裂縫里。這樣裂縫由於有紙襯托，一旦受到壓力，就不容易損壞。這項填縫的工作做來非常困難，而且進度也十分緩慢。這樣一字字一鼓鼓地逐件工作，花了將近一個月的時間才全部完成。在這一步工作之後，還要把初步處理過的石鼓，再用薄棉花層層覆裹，一直包上四五層之多；先用漿糊黏好，再用細麻繩捆扎停當；而後外面再用厚棉紙裱糊妥帖，用粗麻繩捆牢，最後再在外面包

① 《國子監孔廟周石鼓等件南運》，1933年，北京市檔案館藏，檔案號：J057-001-01032。

② 轉引自那志良《典守故宮國寶七十年》，紫禁城出版社2004年版，第68頁。

上三四層之多的棉被，並且用粗麻繩扎緊。這時候，每一個石鼓已經變成了比原來體積大上一倍有余的龐然大物。完成了這一步工作后，再把每一包大石鼓裝進定做的木箱，塞緊釘牢之後，外面再用稻草覆蓋，然後用鐵條綁扎封死，這樣才算完成了石鼓的包裝工作。"①

1933 年 4 月 19 日在北平西車站，十枚石鼓與音訓碑包裝成十一個大木箱裝車準備南遷。

"故宮第四批古物四千余箱，截至昨日止，也已全部準備完竣。如無特別原因，今日即可裝車起運。國子監之周代石鼓，亦隨該車南運。考石鼓自西周迄今，已四千余年。歷代國體變遷，對之均加以保存。在中國文化史上，有莫大之價值，為當今希世之珍奇。自奉命南運後，已於日前趕裝完畢。於昨日運往西車站，將與古都人士，暫時告別云。"②

1933 年 4 月 20 日石鼓、音訓碑隨同第四批文物一同南運，由平漢轉隴海，津浦過京至上海保存。

"第四批古物，於昨晚九時許，向西車站裝車。屆時天安門前，仍照常戒嚴。聞第四批古物總約四千余箱。同裝四十余輛大車。每車由武裝保安隊一人護衛。三時許進西直門，經西單，司法部街，西交民巷始裝車。俟故宮第四批古物裝置完竣後，於今晨同時南下，運京轉滬存儲云……午門內古物陳列所古物，昨日開始南運。仍由平漢轉隴海，津浦過京至上海。該所昨日上午，尚開放任人遊覽。"③

1933 年 4 月 21 日第四批文物途經鄭州：

"四批古物六千二百六十七箱，裝三列車，共計五十二輛車馬。（二十一日）下午七時至九時，先後過鄭轉隴海路運滬。政院參事柳錫均、故宮博物館副館長馬衡等率中央憲兵三十余，及一百零五師兵士三百名護送至鄭站，由平隴兩路警戒備。據馬談，該批古物，第一列車多裝銅器、法藍、古書及周宣王時國子監石鼓多個，第二列中鐘錶銅器，第三列多文獻檔案及銅器。"④

1933 年 4 月 25 日第四批文物運至上海，安置在法租界天主堂街一幢

①　轉引自劉佳《話說石鼓文》，山東友誼出版社 2010 年版，第 82 頁。
②　《周代石鼓隨第四批古物南遷》，《京報》1933 年 4 月 19 日第 6 版。
③　《第四批古物今晨南遷》，《京報》1933 年 4 月 20 日第 6 版。
④　《四批古物昨抵鄭》，《中央夜報》1933 年 4 月 22 日。

7 層樓的仁濟醫院庫房的底層，即故宮博物院上海庫房：

"【南京二十四日電】第四批古物，今晨在浦搬運⋯⋯明日搬畢，即運滬存儲。"①

"1936 年 11 月，國民政府行政院核准，將保存在上海庫房的南遷文物全部運往南京朝天宮庫房⋯⋯從 1936 年 12 月 8 日起，南遷文物包括石鼓在内全部分五批，用專車和 20 名護兵，隨在職 40 名人員，負責由上海轉運到南京朝天宮裝有空調的新庫房，到 12 月 17 日全部轉遷完畢。"②

1937 年抗日戰爭全面爆發，那志良負責將石鼓等文物運離南京，先乘火車走津浦綫，途經徐州、鄭州，暫停於西安火車站；後來到寶雞；再遷至漢中；翻越秦嶺，走蜀道進入四川成都；1939 年 7 月運至峨眉，存於西門外武廟西配殿。③

1945 年抗戰勝利後，故宮博物院將存放於各處的文物先集中在重慶，1946 年 9 月 12 日，包括石鼓在内 7000 余箱文物全部轉移到重慶。南遷文物又由重慶陸續運回南京。石鼓因笨重，走陸路，從重慶直接用汽車運回南京。那志良負責押運石鼓。1947 年 5 月 30 日裝車，31 日上午開車出發，運送石鼓回南京。從四川經湖北、湖南、江西回到南京。石鼓運到九江后，因公路不通，换船改走水路，1947 年 7 月 26 日晨到達南京下關，當天即運回庫房。④ 路上翻車兩次，所幸石鼓都安然無恙。為避戰火，石鼓離開南京整十年，歷盡千辛萬苦，終於安全返回。

1948 年國民黨戰場節節失利，國民政府行政院向故宮博物院下達緊急命令，要求將珍貴文物分批運往臺灣。精品文物先後分三批運往台灣。第三批文物由軍艦"昆侖號"運送，石鼓本在其中，因沉重體大，在 1949 年 1 月 29 日軍艦開出前，臨時決定將其留在下關碼頭。

（五）國立歷史博物館收藏國子監石刻

1912 年 7 月，教育部在國子監籌建國立歷史博物館，1918 年，"因原有館址地處偏僻，房舍狹隘"，教育部決定將該館遷往故宮午門，國子監珍貴石刻作為館藏文物一併帶走。"國學舊存各項石刻中移歸歷史博物館

①　《第四批古物今日運滬》，《新北平》1933 年 4 月 25 日。

②　劉佳：《話說石鼓文》，山東友誼出版社 2010 年版，第 86 頁。

③　那志良：《典守故宮國寶七十年》，紫禁城出版社 2004 年版，第 114 頁。

④　參見那志良《典守故宮國寶七十年》，紫禁城出版社 2004 年版，第 141—147 頁。

保管的有《老彭觀井圖》（宋陳靖銘明刻）、《蘭亭序》（趙孟頫臨定武本）、《樂毅論》（趙孟頫臨本刻在蘭亭序背）、《爭坐位帖》（趙孟頫臨本）、《古文孝經》（明蔡毅中集注）、《丁香花詩並序》（康熙五十七年謝履忠集《聖教序》《興福寺》二碑字刻石）、清仁宗御製《喜雨山房記》（鐵保書）、《樂毅論》（金特赫臨），石鼓文（光緒十二年長白盛氏據阮氏舊藏宋本重刻石）等十種，共計刻石二十一方。"① 表3—10 為 1928 年6 月國立歷史博物館陳列室物品目錄中有關國子監石刻部分。

表3—10　　　　1928 年國立歷史博物館陳列室目錄之國子監石刻

文物序號	文物名稱	朝代	件數	備註
189	老彭觀井圖（刻石）	明	1	第三陳列室刻石（原國子監文物）
190	古文孝經（刻石　明蔡毅中集注）	明	2	同上
191	爭坐位貼（刻石　趙孟頫臨本）		2	同上
192	石鼓文（盛氏）（刻石）		10	同上
193	丁香花詩（並序）（刻石）		1	同上
194	蘭亭序（趙孟頫臨定武本）趙孟頫臨本《樂毅論帖》（在蘭亭背）		1	同上
195	樂毅論（金特赫臨）（刻石）		1	同上
196	清仁宗喜雨山房（刻石　鐵保書）		2	同上
197	八旗箴（清）石	清	1	同上

　　《北平學術機關指南》記載了歷史博物館各種石刻拓本出版及售價，其中有關國子監石刻拓本有："老彭觀井圖（宋靖銘 明萬曆五年刻石 舊在國子監東廡後堂壁間）、丁香花詩並序（康熙五十七年謝履忠集聖教序興福寺二碑字刻石 舊在國子監御書樓下）、清仁宗御製喜雨山房記（嘉慶十八年鐵保奉敕書 舊在國子監）、樂毅論（嘉慶十八年金特赫臨 刻石

---

　　①　《國立中央研究院歷史博物館籌備處十八年度報告》，歐陽哲生主編《傅斯年全集》第六卷，湖南教育出版社 2003 年版，第 94 頁。轉引自李守義《民國時期國立歷史博物館藏品概述》，《中國國家博物館館刊》2012 年第 3 期。

舊在國子監）、石鼓文（光緒十二年　重摹阮氏覆宋本　舊在國子監韓文公祠壁間）、石刻彝器圖　、木刻彝器圖、彝器銘、唐支氏小娘子墓誌（陳書撰　大中十年五月　舊在國子監　）、宋郭文慶妻劉氏墓誌（刻石　嘉佑八年十月　舊在國子監）；蘭亭序（趙孟頫定武本　舊在國子監御書樓下後失　在光緒中期於敬一亭下土中掘出　）；樂毅論（趙孟頫臨本　刻在蘭亭石背　）；爭坐位帖（趙孟頫臨本　舊在國子監御書樓下）；古文孝經（明蔡毅中集注　天啟三年刻石　舊在國子監西廡正堂壁間）"① 其中關於唐支氏小娘子墓誌和宋郭文慶妻劉氏墓誌是否為國子監舊有石刻有待考察。石鼓文拓片、石刻彝器圖、木刻彝器圖、彝器銘，道光版《欽定國子監志》雖無記載，但都是從孔廟國子監舊存金石中衍生而來。

圖 3—7　國立歷史博物館第三陳列室陳列的國學石刻

图片来源：《國立歷史博物館館刊》1926 年第 1 卷第 2 期。

歷史博物館收藏孔廟國子監 21 方石刻皆為珍品，其中尤以《蘭亭》石刻最為珍貴，它是《蘭亭》單本石刻中唯一流傳至今的刻石，彌足珍

---

① 《北平學術機關指南》，北平圖書館協會 1933 年版，第 117—120 頁。

貴。"關於國學《蘭亭》石刻的評價，前人頗有讚美之詞：'佳刻'（《萬曆野獲編》）。'精神意度奕奕動人'（《竹雲題跋》）。'字法遒勁，氣味深厚，宋人諸家所臨遠不及之'（孫澤卿：《庚子消夏記》）'校讀一過，然後知此本之足珍也'（劬園老人《題國學蘭亭乾隆拓本》）。"① 該石原立於國子監御書樓，故稱之為"國學《蘭亭》石刻"或"監本《蘭亭》石刻"。"國學《蘭亭》刻於細潤的青石，橫幅，縱 35 釐米、橫 90 釐米、厚 7.5 釐米，重 71.5 公斤。字豎行，共 28 行 324 字，邊有界局，行有絲欄未署刻石年月亦無題跋。石背面刻小楷《樂毅論》，文末署有'孟頫'二字及'趙子昂氏'方印。"② 關於此碑的時代、版本、流傳經歷，歷來眾說紛紜。孫承澤在《春明夢餘錄》中認為"此石一云明初出天師庵土中，一云順帝北還，棄諸路，徐達取置國學"。"疑是薛師正翻刻本，或紹彭所刻本。"③ 道光版《欽定國子監》採用孫承澤的說法，只說"蘭亭敘系前代摹勒"。④ 因石碑背面為趙孟頫臨的《樂毅論》，"清王澍便認為是趙孟頫的臨本上石"。⑤ 在國立歷史博物館陳列室物品目錄中標注《蘭亭序》為"趙孟頫臨定武本"。張振新、楊文和撰文《談國學〈蘭亭〉石刻》1984 年發表於《中國歷史博物館館刊》⑥，該文認為原立於國子監御書樓的《蘭亭》石刻摹刻於宋代。

（六）　新增石刻

民國二十六年（1937 年），孔廟國子監進行過一次較大規模的修繕，為紀念此次修繕，立石三方。

第一方鑲嵌於國子監太學門內西側壁上，寬 40 厘米，高 63 厘米，石灰岩。碑文如下："國子監六堂四廳及敬一門敬一亭等修繕工程於中華民國二十六年六月二日開工二十七年十二月二十日完工。"

---

① 張振新、楊文和：《談國學〈兰亭〉石刻》，《中國歷史博物館館刊》1984 年第 6 期。

② 同上。

③ （清）文慶、李宗昉等纂修：《欽定國子監志》，北京古籍出版社 2000 年版，第 1137 頁。

④ 同上。

⑤ 王連起：《〈兰亭序〉重要傳本簡說》，《紫禁城》2011 年第 9 期。

⑥ 參見張振新、楊文和《談國學〈兰亭〉石刻》，《中國歷史博物館館刊》1984 年第 6 期。

圖3—8　國子監太學門內西側石刻　　圖3—9　國子監太學門內東側石刻

　　第二方鑲嵌於國子監太學門內東側壁上，寬4厘米，高64厘米，石灰岩。碑文如下："國子監辟雍彝倫堂琉璃牌樓太學門東西碑亭鐘皷亭等修繕工程及成賢街木牌樓改筑鋼筋混凝土工程於中華民國二十六年四月三十日開工二十八年二月六日完工。"

　　第三方鑲嵌于孔廟先師門內西側壁上，寬44厘米，高76厘米，石灰岩。碑文如下："孔廟大成殿大成門先師門及內外院碑亭十四座修繕工程於中華民國二十六年七月十三日開工二十七年十二月二十九日完工。"

图3—10　孔廟先師門內西側石刻

二　十件彝器

圖 3—11　國立歷史博物館第五陳列室陳列的十件彝器

圖片來源:《國立歷史博物館館刊》1926 年第 1 卷第 3 期。

　　1912 年 7 月，教育部在國子監籌建國立歷史博物館，1918 年，"因原有館址地處偏僻，房舍狹隘"，教育部決定將該館遷往故宮午門。十件周代彝器作為歷史博物館最初藏品，隨同館舍變更，1920 年移運至歷史博物館。[①] "每年春秋丁祭仍送孔廟陳列，祭畢運還。"[②]

圖 3—12　京師文廟內陳列清帝所頒商周銅器

圖片來源:《東方雜誌》1915 年第 12 卷第 3 期。

---

　　①　參見李守義《民國時期國立歷史博物館藏品概述》，《中國國家博物館館刊》2012 年第 3 期。

　　②　《館藏周代彝器記》，《國立立石博物館館刊》1926 年第 1 冊。

圖 3—13　康侯鼎銘文拓片

圖片來源：哈佛大學燕京圖書館。

根據 1915 年《東方雜誌》第十二卷第三期中《京師文廟內陳列清帝所頒商周銅器》照片可以了解十件彝器祭孔時的擺放位置。從右至左依次為：內言卣、康侯鼎、子爵、雷紋壺、盟簋、召仲簠、犧首罍、素洗、犧尊、雷紋觚。

康侯鼎"高八寸四分，橫六寸六分，縱四寸三分。耳高一寸八分，足高三寸五分。四面鑄饕餮紋，有銘。"[①] 內壁有銘文"康侯豐作寶尊"。康侯豐指周文王之子，周武王之弟姬封。因其初封於康，故稱康侯或叔康。《易·晉》："康侯，用錫馬蕃庶，晝日三接。"高亨注："康侯，周武王之弟，名封，故稱康侯或康叔。"此鼎為康叔所作，可知其為西周初年青銅器，價值非凡！

1931 年日本在瀋陽發動"九一八"事變，華北岌岌可危，為保護古國之文物，始有文物南遷之計畫。1933 年 3 月 15 日十件周代彝器分裝兩個木箱，同第三批古物南遷。

"清頒銅器交由故宮博物院同第三批古物南運……清頒銅器已由歷史博物館於本月十五日付古物專車南運""清頒國子監古銅器共計十件，自民國元年以來即歸本館妥慎保管，現因世局不靖，已於本月十五日分裝兩木箱，交由運輸故宮古物專車南運。"[②]

"由上海、南京、陝西、漢中至四川峨嵋。對日抗戰期間，甫成立的中央博物院在四川作藏品登記的工作。民國三十三年，國子監十件銅器皆正式編目登錄，典藏號分別為 J·W·一一九一一三三至 J·W·一二〇〇一三三。民國三十五年，勝利還都，民國三十七年，古物再登旅途，播遷來台。"[③]

---

① （清）文庆、李宗昉等纂修：《钦定国子监志》，北京古籍出版社 2000 年版，912 頁。

② 《國子監孔廟周石鼓等件南運》，1933 年，北京市檔案館藏，檔案號：J057 - 001 - 01032。

③ 張臨生：《真贋相參的國子監周範十器》，《故宮文物月刊》1989 年第 73 期。

　　1948 年十件周代彝器又來到臺灣，現收藏於臺北故宮博物院。經張臨生先生考證，此十件彝器並非皆為周代器物，其中盟簋、召仲簠、內言卣、雷紋壺、雷紋瓠為後世仿品，子爵為商代器物，素洗為漢代器物，康侯鼎、犧尊、犧首罍為周代器物。

附錄：

《國立歷史博物館館刊》1926 年第 1 冊《館藏周代彝器記》和張臨生先生 1989 年發表於《故宮文物月刊》的《真贋相參的國子監周範十器》這兩篇文章是了解研究國子監周代彝器的重要參考文獻，現附於此。

館藏周代彝器記

本館現存周代彝器十件。曰周康侯鼎、曰周犧尊、曰周内言卣、曰周犧首罍、曰周雷紋壺、曰周召仲簠、曰周盟簋、曰周雷紋瓵、曰周子爵、曰周素洗。此項銅器。原係清代内府舊藏，乾隆三十四年頒設國子監大成殿，四十四年復頒十種彝器圖冊，光緒二十八年國子監司業管廷鶚曾仿圖冊欵識摹刻於木。民國九年移歸本館，每年春秋丁祭，仍送孔廟陳列，完畢運還。茲詳誌各件形製欵識如左。

周康侯鼎

高建初尺一尺一寸一分強。今尺八寸六分強。深建初尺四寸七分強。今尺三寸五分。耳高建初尺二寸四分強。今尺一寸七分強。耳闊建初尺二寸一分強。今尺一寸五分強。口縱建初尺六寸五分強。今尺四寸八分。口横建初尺八寸七分強。今尺六寸四分。腹縱建初尺五寸五分。今尺四寸強。腹横建初尺七寸四分強。今尺五寸四分強。四面鑄饕餮紋。銘曰康侯手作寶鱄。六字二行。

國子監志按銘曰寶鱄而名鼎者。考宋薛尚功鐘鼎欵識所載商伯申鼎而銘為寶彝。周師寏鼎銘為尊鋼。正與此相類。

周犧尊

為全犧形。鑿背為尊口。高建初尺一尺二寸二分強。今尺九寸弱。深建初尺五寸七分強。今尺四寸二分強。耳高建初尺二寸四分。今尺一寸七分強。耳闊建初尺一寸強。今尺八分。口徑建初尺三寸八分。今尺二寸八分。通長建初尺一尺七寸一分。今尺一尺二寸六分。闊建初尺七寸二分。今尺五寸三分。遍體雷紋銀錯。

周内言卣

通蓋高建初尺一尺三寸七分。今尺一尺一分。深建初尺八寸五分強。今尺六寸三分弱。口縱建初尺三寸七分強。今尺二寸七分強。口横建初尺五寸三分。今尺三寸九分強。腹圍建初尺二尺七寸四分強。今尺二尺二分。兩耳有提梁。通體饕餮雷紋。蓋內器內皆有銘曰內言二字一行。

周犧首罍

高建初尺一尺八寸強。今尺一尺三寸二分強。深建初尺一尺六寸二分。今尺一尺一寸九分。口徑建初尺七寸七分。今尺五寸六分強。腹圍建初尺四尺四寸七分強。今尺三尺三寸。兩肩有犧首二。各銜銅環一。近足處亦飾犧首一。

周雷紋壺

高建初尺一尺九寸八分。今尺一尺四寸五分。深建初尺一尺七寸四分。今尺一尺二寸三分強。口徑建初尺八寸一分強。今尺六寸。腹圍建初尺四尺五分。今尺三尺。底徑建初尺八寸九分弱。今尺六寸五分。壺旁兩耳連環。遍體雷紋銀錯。

周召仲簠

通蓋高建初尺一尺二分強。今尺七寸五分強。深建初尺三寸五分。今尺二寸五分強。口縱建初尺一尺。今尺七寸三分強。口橫建初尺一尺三寸六分。今尺一尺。蓋器各有兩夔耳。蓋腹合縫處。四面各飾夔首一。通體蟠螭紋。蓋內器內皆有銘。銘曰惟六月初吉丁亥。召仲考父自作壺。用祀用饗多福溍。用蘄眉壽。萬年無疆。子子孫孫。永寶是尚。三十七字六行。

國子監志按此器為簠而銘詞稱壺者。考宋薛尚功鐘鼎欵識載召仲考父壺銘詞三十七字。亦與此同。而形製大小。體質輕重。乃絕不相類。或簠與壺兩物可通稱也。

周盟簋

通蓋高建初尺一尺強。今尺七寸四分弱。深建初尺五寸弱。今尺三寸六分強。口縱建初尺七寸三分強。今尺五寸四分。口橫建初尺九寸四分。今尺六寸九分。兩旁有夔耳。通體周鑄夔紋。蓋內器內皆有銘。銘曰大師小子師盟作鬻彝。九字二行。

國子監志按簋為飯器而銘曰鬻彝。考宋薛尚功鐘鼎欵識鬻訓熟食。簋盛黍稷。熟乃可食，義正相符。又宣和博古圖載望簋銘文同此。亦作鬻彝。是其例矣。

周雷紋瓢

高建初尺一尺四寸三分。今尺一尺五分。深建初尺九寸八分強。今尺七寸二分強。口徑建初尺七寸九分。今尺五寸八分強。足徑建初尺三寸七分強。今尺二寸七分強。腹足以下周鑄饕餮雷紋。

周子爵

高建初尺一尺六分強。今尺七寸八分強。深建初尺四寸七分強。今尺三寸五分。口縱建初尺三寸七分。今尺二寸七分強。口橫建初尺八寸七分。今尺六寸四分弱。足長建初尺四寸九分。今尺三寸六分。口有雷紋。腹有饕餮雷紋。兩柱三足。有流有鋬。有銘為一子字。在鋬內。

周素洗

高建初尺二寸強。今尺一寸五分。深建初尺二寸弱。今尺一寸四分強。口徑建初尺一尺二寸四分弱。今尺九寸一分。

真贋相參的國子監周範十器

張臨生

國子監周範十器

國子監的沿革

自漢朝以來，古代的教育管理機構和最高學府，或稱"太學"，或稱"國學"，隋朝才改稱"國子監"，除作育英才之外，也兼管教育行政，唐、宋、元、明沿襲不輟。

化民成俗，育賢成材必由學。清代初，對此造士之地大抵上仍承明代制度，掌成均之法，以教國子，分經、書、文藝，以課諸生。事實上，國子監雖有國子之名，而卻非皆滿、漢世祿之家子弟，有天下貢生，有民間俊選，也有流球、鄂羅斯留學學子。國子監，除了尊奉孔子的文廟之外，另設鄂羅斯館，掌管該國遣送入學的留學生；算法館教授算學。而八旗官學也隸屬此監。又有御書樓，舉凡經書講義等經史木刻原版皆藏於此。

國子監的編制設祭酒、司業、監丞、博士等官職。祭酒，古代凡會同饗讌，必尊長老者先舉酒祭地，而得此名。祭酒官名始於漢朝的博士祭酒，乃以同列中聰明有威重的人擔任。國子監祭酒，以白話文來講，相當於國學校長。

清初國子監一度隸屬禮部，康熙十年才成為獨立單位。康、雍、乾三朝對此行禮樂、宣德化、昭文明之地非常重視，而對萬世道統之宗的孔子，更為崇敬，迺皆有臨雍釋奠之典的舉行。

乾隆皇帝增添國子監祭器

清代國子監仍因元初遺址及建築，在北京城的安定門內。經過了明朝，幾三百年，楹舍急需修葺及增建。康熙、雍正、乾隆三代都曾發帑幣整修，而且也將過去屋頂覆蓋的青瓦改易琉璃瓦、分別舖設黃瓦及綠瓦，以示尊崇。尤其是高宗乾隆皇帝從事國子監禮儀定制及修建黌舍最力。乾隆十四年，曾經頒新造祭器給國子監，鑑於前代以盌盤磁爵等木磁之物充作祭器祭孔，未符典制，乃按器譜圖將祭器全部釐正，重加審定，以青銅豆、簠、簋昭事神明，於是法物燦然大備。

乾隆三十三年，高宗皇帝諭內閣發帑金二十余萬，以大學士傅恆負責總理修葺文廟。

乾隆三十四年，文廟工成，高宗皇帝引頒內府珍藏，又屬姬朝（即周朝，周為姬姓國，孔子為周朝人，故用周器。）之法物十件、玉磬兩件，及添修禮器、樂器，以至雜項等物，包括金、銀、銅、錫，計數千余件，於是典章美備。

國子監文物的聚散播遷

民國元年，北京政府教育部就北平國子監創設歷史博物館。民國六年，以午門房舍為館址，以太學祭器等百余件為基礎陳列示眾。北伐成功後，該館先由中央研究院接管，民國二十五年，中央博物院成立，歷史博物館乃歸併為一。

國子監大成門兩廡有周宣刻詩石鼓十枚。石鼓於唐初在陝西鳳翔出土後，先置於鳳翔文廟，宋大觀年間遷至汴京，直到元朝仁宗皇慶元年，始移至孔廟之兩廡，斯後明、清兩代，未再搬動。

民國二十二年，鑒於日本侵略我國，氣焰方熾，佔領東北，平津震動，乃有古物南遷、躲避烽火的計劃。國子監的十枚碩大石鼓及乾隆三十四年頒給國子監的周范銅器裝成十一箱，一併南運。由上海、南京、陝西、漢中至四川峨嵋。

對日抗戰期間，甫成立的中央博物院在四川作藏品登記的工作。民國三十三年，國子監的十件銅器皆正式編目登錄，典藏號分別為 J・W・一一九一一三三至 J・W・一二〇〇一三三。民國三十五年，勝利還都，民國三十七年，古物再登旅途，播遷來臺，十件石鼓未及托運，國子監文物僅此"姬朝法物"十件銅器運抵臺灣。

姬朝法物　周范十器

高宗皇帝隆禮先師孔子，於乾隆三十四年，特頒內府珍藏周范十器給太學陳設，乾隆四十四年，又頒此十種彝器之圖像畫冊，藏國子監內。計有銅鼎、尊、卣、罍、壺、簠、簋、瓠、爵、洗各一。此欽頒十種彝器的圖像見於乾隆四十三年梁國治編纂的《國子監志》及光緒十二年敕編、二十五年刊印的《欽定大清會典圖》等書。今此十器皆由本院保管典藏，目驗原器，比對著錄，試介紹於下：

一　康侯鼎（J・W・一一：九一三三）

乾隆四十四年欽頒十種彝器圖冊或即是《國子監志》卷四十六"金石門"所載的圖像。按其記載："康侯鼎高八寸四分，橫六寸四分，縱四寸三分，耳高一寸八分，足高三寸五分。四面鑄饕餮紋，有銘在唇，曰康侯手作寶鱄六字。按銘曰寶鱄而名鼎者，考宋薛尚功鍾鼎款識所載，商伯申鼎而銘為寶彝、周師袁鼎銘為尊鍘，正與此類。曰康侯者，從銘詞而名之也。"

時至今日，我們給彝器定名仍遵循"從銘詞而名之"的原則，有銘

文的銅器，則依作器者的名字來稱呼它，無銘文的銅器，則依其器身上主
要的紋飾名之。

原著錄將銘文隸定為：康侯手作寶䵼

"手"應係丰（封）之誤，而"䵼"今人多作障。前者在光緒〔大
清會典圖〕中已改正為丰。康侯封見於尚書康誥，乃周武王之弟，周建
國初，先封於康，繼封於衛，又稱衛康叔。障即尊，障或障彝是禮器的總
名。全銘可譯作：康侯封作寶貴的禮器。這件宗邦重器可視作周初的標準
器，與近年出土的利簋、何尊同樣的重要。

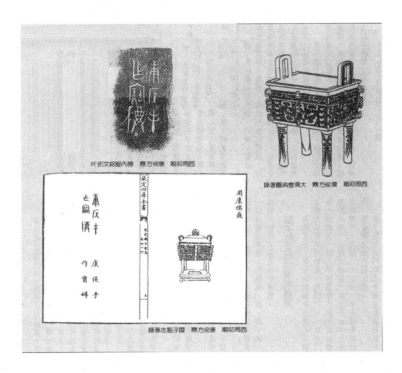

器為方形，今人多稱作方鼎。商周青銅鼎形制的演變，大致而言，有
器腹由深漸淺，器足由短變長的發展趨勢。即由早商至西周，器腹與器足
長度的比例有明顯的變化。康侯方鼎較之早商鄭州方鼎或晚商殷墟婦好墓
方鼎，其四足顯得細長，器腹顯得扁淺。

本器的紋飾，在口沿上為一道目雷紋，器腹的主紋為饕餮獸面，獸面
已隱然有解體之勢，眼眶附近且微凹陷，獸面兩側有刀紋，相同的紋飾也
見於院藏御尊（往一〇四之四號）。四邊的稜脊也一反商代樸質的作風，

而採 C 形鏤空紋。

西周初期　蟠龍紋瓦蓋　蓋面紋拓片

　　實測本器，重 5.15 公斤，高為 27.8 公分，參照原著錄，可知公制約為清代工部營造尺的 3.3 倍。再者，比對兩種清代圖像，《大清會典圖》傳移摹寫的功夫到家，十分寫真；而《國子監志》的圖像則離譜遠甚。

　　二　盟簋（J・W・一一九二—三三）

　　本器器高 23.8 公分，寬 20.8 公分，壁厚 0.25 公分，重 6.4 公斤。

　　形制為長方形，圓角，附耳，圈足四邊有缺口，圈足下附四只獸面扁足。蓋上有四短扉。西周中期開始，出現了這種帶圓角的橢方形器，自名為"盨"，盨與圓形的簋一樣，是粢盛器，但這種形制流行的時間不長、地域不廣，雖有專名"盨"，但也經常見到盨形器自名為簋的情形，院藏華季盨（J・W・三一二三）即是一例。蓋盨為簋的旁支，因此，《國子監志・金石篇》的編者將本器稱作"簋"，不算離題。

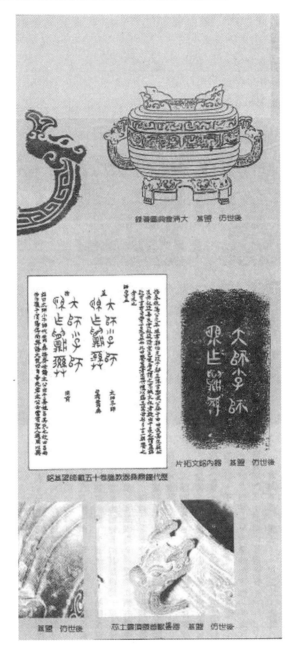

本器器蓋對銘，據《國子監志》，隸定為：太師小子師盟作鬻彝

太師，《周禮・春官》大師職掌樂律之事。小子之稱，蓋謂官屬。大師下有小師、下大夫、磬師、鍾師、笙師、鎛師等職，皆大師的屬

官。師盟則必典同磬師、鍾師諸職之官，以其職業為樂師，故本名上加師，稱師盟。鼒，同"將"字。《詩經》有"我將我享""或肆或將"之文，"將"有進奉之意。彝，《爾雅》及其他傳註都訓作"常"，宗廟常器謂之彝。

細審本器銘文，係刻款而非鑄製，每筆筆劃均為兩頭尖、中間肥，筆梢輕飄、頓弱無力；同時，字形似是而非，"大""師""鼒""彝"皆多誤筆，當是偽銘無疑。偽銘往往有所本，查南宋薛尚功《歷代鍾鼎彝器款識》卷十三有師望敦、卷十五有師望簋，皆九字銘，與本器相同。而本器又似仿卷十五的師望簋所刻。《歷代鍾鼎彝器款識》一書為手書傳刻，已有亥豕魯魚之譌，此銘再摹，失之更遠，譌謬更多。《國于監志》"金石篇"及《大清會典圖》的編者不察，而將本器徑改名為師盟。

傳世器中有西周晚期的大師小子師望壺，參照其銘文拓本，可知作器者"望"的字形，南宋以降，摹寫傳抄，譌變為"盟"字之迹。

本器紋飾以橫條的瓦紋為主，器、蓋的口沿皆飾變形的動物紋——竊曲紋。蓋子中央的長方形框欄內飾一對夔紋，作對角線的鋪排，長方形框外四弧形短扉各飾吐舌螭紋，蓋子掀開放置，短扉成立足，作支撐用。

器側兩鋬手以分叉立耳獸首為飾，鋬內側及獸首額頂皆露土芯，鋬或係預鑄成的零件。全器除底外有斜方格陽綫紋之外，器身不見范綫痕跡。

按商周銅器幾乎皆為塊範法鑄製，範與範相接處往往留下範綫，雖經打磨整治，範綫遺痕仍隱約可見。而圈足器如簋、盨之類的器底往往有斜方格陽綫紋，這可能是鑄造時為器底透氣所設計，陽綫紋皆十分纖細，絕不類本器器底所呈現者。

先秦青銅器上的瓦紋、竊曲紋流行的時間約在西周晚期至春秋初期。本器的瓦紋、竊曲紋及對角夔紋全有臃腫之病，夔紋上的陽綫杏眼更為特異。由過高的器形觀之，較西周晚期的盨形器，本器器腹綫條太過僵直而不符合當時器腹下曲的規範。

在形制、紋飾、鑄造痕跡、銘文筆法皆不合西周晚期規矩之外，加上器壁特厚，外底的假銹等，使人有十足的把握將本器歸到偽器類中。

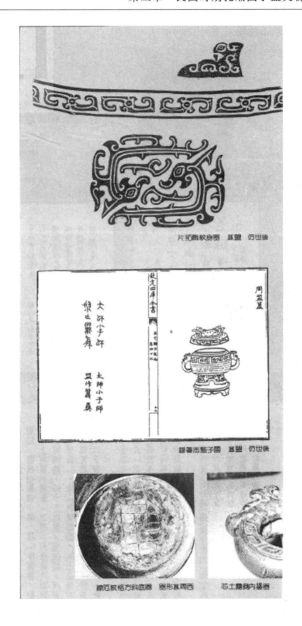

三　召仲簋（J・W・一一九三一三三）

本器器高 24.2 公分，寬 25.5 公分，壁厚 0.3 公分，重 11.7 公斤。

本器的蓋與器造形基平相同，長方形，腹斜收，圈足每邊有缺，兩側置獸耳一對，蓋沿與器合口處，每邊正中央有一個牛首形卡，可以固定器蓋不致滑落，這種設計自西周晚期就已使用了。

　　這種斜角方形器，器蓋形制對稱者，往往自名作匨、匿或盨。有人從聲韻學的觀點，認為這幾個字與“胡”字對音，即經傳上所載“胡簋”之胡。但是漢代鄭康成注解周禮，曰“方曰簠，圓曰簋，盛黍稷稻粱器”、宋人根據鄭說，加上這種方形器銘常自言用途：“用盛稻粱。”於是千載以下皆習慣性的將這種器形稱作“簠”。

　　全器皆裝飾著吐舌蟠虺紋，所謂的“新鄭式”花紋的網紋章法，但是本器紋飾的起綫粗厚，舖排疏鬆，皆不合規制；且蟠虺紋的尾端不僅僅分叉而已，且在分叉點加飾眼紋，畫蛇添足，露出仿古偽製的破綻。

召仲考父簠內銘拓片　簠仲召　仿世後

大會潤會典器簋錄　簠仲召　仿世後

圖錄彝器款識薛與卷十一載召仲考父簠銘　　召仲簠　簠仲召　仿世後

召子簠志卷器簠　簠仲召　仿世後

　　本器器蓋對銘，據《國子監志》隸定作：“維六月初吉丁亥，召仲考父自作壺，用祀用饗多福滂，用蘄眉壽萬年無疆，子子孫孫，永寶是尚。”

　　陳簠齋論古器銘文：“鑄字佳者，上狹而下寬，古人字有力，筆筆到，筆筆起結，立得住，貫得足。”本器器銘泐蝕且頓弱無力。按本銘係取自薛尚功的《歷代鍾鼎彝器款識》卷十一的召仲考父壺。宋代著錄的銘辭，由此器款移於彼器類，壺銘鑄刻於簠形器上，確實荒謬。《國子監志》的編者已察覺此點，卻仍牽強解釋為"或簠兩物可通稱也"。事實上，簠、盨可通稱，鼎、鬲可通稱，盃、匜可通稱，皆因其器用功能同。而今簠為粢盛器，壺為盛酒器，絕無通用之理。錯在鑄器者毫無常識的將壺銘安在簠器上！本院尚藏有召仲尊（J·W·一六六七），銘文亦取用召仲考父壺銘，的確過矣！

本器器銘完全摹自《歷代鍾鼎彝器款識》，銘文開頭第一個字應是"佳"，本器卻訛舛作"甲"字形，第三行最後一字可能是"祿"字的譌變，而非"淓"字，在看出筆劃不周全、誤筆多之病。

由上述紋飾，銘文方面的差池，本器顯然是偽器。然而單就其鑄造言，尚稱精美，除了以蟠虺紋裝飾外，器與蓋的口沿及兩鋬都有紅銅鑲嵌，簡單的幾何形紋分別用銅片、銅絲嵌飾。蓋上牛首形卡，前後兩枚係焊接，左右兩枚以鉚釘鎖住。

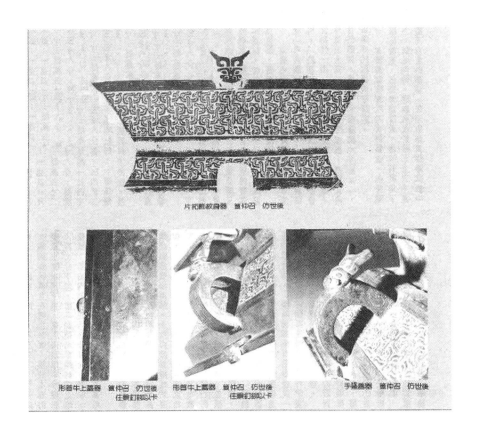

片拓飾紋身器　簋仲召　仿世後

形器牛上蓋器　簋仲召　仿世後　住鎖釘鉚以卡

形器牛上蓋器　簋仲召　仿世後　住鎖釘鉚以卡

手提耳器　簋仲召　仿世後

四　周内言卣（J·W·一一九四一三三）

《國子監志》著錄本器：“通高一尺、蓋高二寸一分，頂高一寸，腹高五寸二分，足高一寸九分，梁高五寸八分，蓋圍一尺四寸，腹圍二尺三寸，足圍一尺四寸。通體有饕餮雷紋，有銘在蓋，曰內言二字。”《大清會典圖》增補曰：“梁為夔紋，梁兩端飾作夔首，底為斜方井紋，器、蓋皆有銘。”

實測本器，全高 34.3 公分，器高 32.2 公分，重 6.99 公斤，器壁厚0.3 公分。

本器形制，器體橢長，長頸直口，下腹略鼓，圈足，器蓋四面皆出稜脊，扁提梁上飾相錯夔紋，每以圓鈕間隔，頗有雙龍抱珠之意。器身紋飾分三段，頸及圈足飾夔紋，頸中央有浮雕獸首。腹壁飾饕餮獸面紋，皆無地紋。蓋為子母口，蓋鈕呈花苞形，蓋面亦前後飾獸面紋。

這種有提梁及蓋的深腹圈足器，自宋朝《考古圖》即稱作“卣”；後人相襲沿用。《詩經》《左傳》及毛公鼎等器皆言秬鬯一卣，蓋卣乃盛秬鬯鬱酒的容器。今見出土魚父己卣，有勺並出，叔趯父卣自名鬱彝。傳世兮公卣蓋銘“作旅卣”，卣與卣的關係尚待探討。

本器饕餮獸面紋的安排鬆散，由於兩眼距離寬，而眉無處擱置，遂擠到獸角下方，緊貼角尾，而無法置於眼正上方。這種不合宜的舖排，在先秦商周銅器紋飾中無先例可援證，此外，耳在角下，咧張的大嘴綫條怪異且在嘴角分叉。至於本器的夔紋，吻長而下垂，前爪向前作 S 形展延，再叉分下勾，而非如商周青銅紋飾上的夔紋：前吻內勾，前爪平伸再向下內拳。總之，全器花紋雖有原器按覆，略具其形而不能得其韵及力道。

商周提梁卣的鑄造，由於當時尚無銲接技術，所以極復雜的器形亦須由鑄接法一步步完成。商代卣的形制大致可分為長頸卣與短頸卣兩類。長頸卣提梁兩端的環鈕，在獸首裝飾後多一橫桿，較商末迄西周流行的短頸卣的直環裝置，在鑄造上難度較高，也可以說短頸卣提梁的鑄接已簡化了。其程序大致如下：先鑄提梁，包括兩端的環，再鑄接包裝兩端環鈕的獸頭，獸頭的功能在於包裝、美化。另備 C 形環，將 C 形環套入提梁環鈕中，置於卣形器的范模內所預留的位置，俟灌注銅液鑄造卣的器身時，C 環兩頭即與卣頸鑄接成一體。這樣的設計安排與長頸卣一樣可使提梁緊靠器身，形成很平順簡潔的綫條。

本器屬短頸式卣，而提梁兩端的設計則是採長頸卣的方式。長頸卣提梁兩端獸首，包括橫桿的安排，經過簡化處理，雖然省事些，卻導致變形。在宋以後的仿古卣形器中，幾乎如出一轍，提梁都是變相的橫桿鈕環，這種雖有獸首包裝的鈕環，因設計欠佳，其背後的接環無法經包裝而掩飾，因此整件器的器形綫條走樣，顯得臃腫、繁復。例如本院藏品亞丑卣（J·W·二六五一）、子孫自卣（J·W·一九八二）、周婦卣（J·W·一九○四）、仲駒父卣（J·W·二二八三）等皆是此類宋以後仿品的範例。

本器器蓋對銘二字。字雖匀整，但嫌呆板，《國子監志》據《歷代鍾鼎彝器款識》卷三，隸定為“內言”二字。薛尚功所收錄之卣，刀首在右，而本器在左。按後世《攈古錄》《愙齋集古錄》《三代吉金文存》《小校經閣金石文字》等書都著錄此二銘。金石文字的偏旁部首左右調換無礙，後人有繼續考釋此銘者，第二字或解作“享”，或作“重屋”，並無定論。

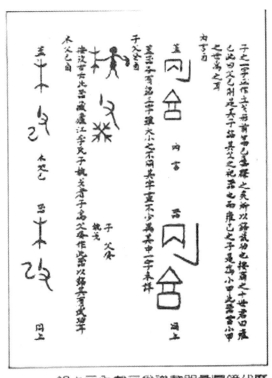

銘卣言內載三卷識款器彝鼎鐘代歷

　　本器的鑄造方法，紋飾、銘文等皆多可議之處。同時卣外底圈足內有斜方格紋及假銹，且全器不見範綫，與第二器師盟簋相類。本器即非《歷代鍾鼎彝器款識》書中著錄之器，或出自明、清仿古高手。

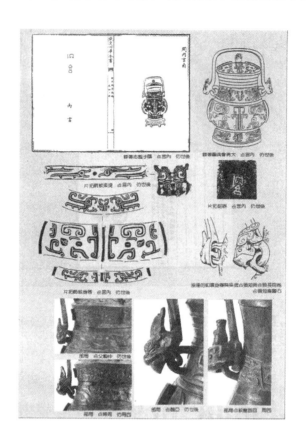

　　五　周犧尊（J‧W‧一一九五一三三）

　　《國子監志》著錄如下："尊為全犧形，鑿背為尊，口徑二寸八分，身高九寸，橫一尺三寸五分，遍體雷紋。"《大清會典圖》增補曰："耳為夔紋，項嵌石一十有三，皆橢圓。"

　　全器為相當寫實的圓雕動物形，肌理畢現。立耳、垂尾、短肢，偶蹄足。身軀腹內中空，背上有口，口上加鍍金鑿紋銅圈，當是清朝所加，犧口有孔，尊乃酒器，可備酒由口流出。犧尊腹內腔僅至肘即為銅封閉，四足蹄至肘處皆有土芯，蹄底銅未全包住，透芯。這種鑄造方法與戰國時代銅敦的鑄法相同。

實測本器，高 28.5 公分，長 41 公分，腹寬 17 公分，重 6.4 公斤。頸上有孔雀石、綠松石橢圓形的嵌片鑲在頸圈，眉額上嵌孔雀石及銀絲，眼珠為銅瞳，外包銀眼框，鼻吻上又嵌綠松石，器身嵌飾幾何卷云紋。仔細觀察，可以發現無論是綫、是面都是由細銅絲鑲嵌，較大的面係由銅絲細密盤繞，填入預鑄的空間。

近年來，在江蘇漣水、山東臨淄、河北平山的中山王墓等處皆出土尺寸、形制與本器大同小異的犧尊。器表的幾何卷云紋或是鑲嵌金、銀、鋼絲，頭頸部份或嵌綠松石、或飾孔雀石，皆裝點華麗。其中中山王墓葬的年代約可定在西元前三〇八—三〇七年左右，而本器頭頸部份的裝飾如耳廓內虁形紋、頸圈上橢圓形半寶石皆與該墓發現的犧尊極似，年代亦當相距不遠，是本器應屬戰國中期的作品。

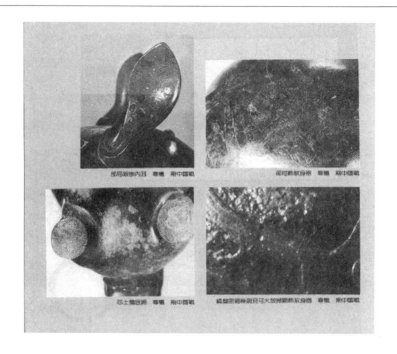

六　周雷紋壺（J·W·一一九六一三三〉

器高 45.7 公分，口徑 19.4 公分，腹徑 30.9 公分，器壁厚 0.25 公分，重 11.1 公斤。

斂口、鼓腹，下承圈足的器形在商周青銅禮器中稱作"壺"。壺在青銅酒器中佔有極重要的位置，相當於食器中的鼎。自晚商至戰國、兩漢，壺的使用經歷一千五百年之久。壺為自名器，且明言用途："用盛旨酒"。近年出土戰國中期中山王國墓中，有蓋的壺內尚有未揮發完的醇酒。

《圈子監志》著錄本器，除詳述尺寸之外，只有"壺旁兩耳，徧體雷紋。"數語，而《大清會典圖》作"旁有兩耳，飾作犧首，各銜環，體為大小雷紋。"皆未提到本器為鑲嵌器。

本器紋飾以簡化的獸帶紋為主，填以回紋地。由上至下，第一道為三角紋，第二、三道為獸帶紋。三角紋及獸帶紋以紅銅片鑲嵌，回紋地子以銀絲嵌飾。口沿及圈足上也有銀絲嵌的心形紋、螺形紋及三角紋。

以異金屬鑲嵌裝飾銅器，流行於春秋中期至戰國，然當時壺的形制不類本器。本器圈足在比例上嫌重，頸部嫌長。春秋戰國時期的金屬鑲嵌花紋以幾何紋為主，好用陽剛直綫的三角紋，對角綫搭配陰柔的旋渦紋、刀刃紋，絕無如本器，用金屬絲作回文、螺形紋、心形紋鑲嵌者。

本器兩側有鋪首——獸耳銜環為飾。獸面雖從古制，但與春秋戰國器上之獸首銜環比較，則迥然別矣。

本器器表有棕紅及墨綠色銹，係偽銹，放大鏡下，可見細密的碎裂開片。由前述種種，應可斷言本器也是後世仿古之作。

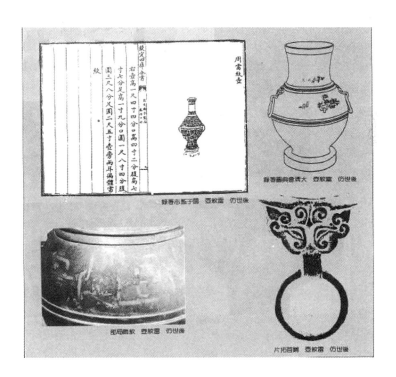

七　周犧首罍（J·W·一一九七一三三）

器高 41.8 公分，口徑 16.1 公分，底徑 17.9 公分，重 11 公斤。

本器束頸、圓肩、深腹，下腹斜收，圈足外移，傷缺一處，兩側肩頭有牛首銜環耳，前下腹內側有牛首環形捉手。此類形制稱作“罍”，多自名器，如陵罍、父乙罍、邛伯罍等。觀此器形，兩側有鋬，下腹又置一捉手，好似古時人汲取井水用的器皿。一手握橫穿過兩鋬的絢繩，另一手握穿過腹下捉手的繩，斜拋罍入井取水，非常實用。《儀禮》：“少牢饋食禮”有“設罍水”之文，可知罍確曾用做盛水器。而《詩經》：“卷耳”也有“我姑酌彼金罍”之文，可知罍也用以盛酒。

　　本器肩飾圓渦紋六，頸飾弦文二道，余皆素地。

　　近年來在陝西扶風齊家村、北橋村、岐山賀家村、山西靈石旌介村、遼寧喀左北洞村等地皆出土形制、花紋大同小異的罍形器，時代應屬西周初期。因此本器的年代也可定在同時。

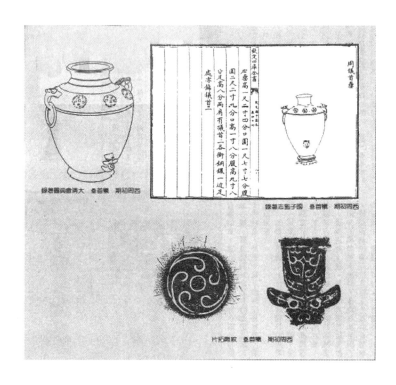

八　周雷紋觚（J·W·一一九八一三三）

　　《大清會典圖》著錄本器較《國子監志》詳備，但是尺寸皆作："高七寸八分，口圍一尺六寸，腹圍藻稜三寸六分……" 按實測本器，高34.4公分，口徑18.4公分，足徑8.8公分，壁厚0.3公分，器重1.6公斤。由此可見本器在《國子監志》編目時，測量有誤，高度失之甚遠。

　　一般人將商周時期，一種長筒形身，喇叭口，細腰足可盈握，高圈足，腹底不外露的青銅容器稱作 "觚"。觚，至今不見有自署專名的，但是從宋代，彝見於著錄以來，博洽之士皆將這種形制的容器識作觚，學者間對於此器形的認定並無太大的歧見，於是千載下仍無以易其說，觚名沿用至今。

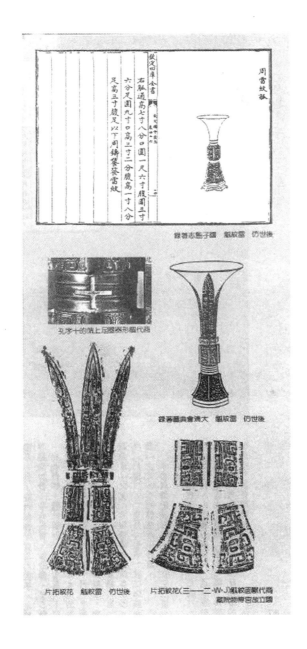

本器的紋飾：上段飾所謂鍔形的蕉葉紋，蕉葉紋內倒飾雷紋地獸面紋，腹、足亦飾雷紋地獸面紋，雷紋地的起線纖細遒勁，若合符節。乍看之下，此器的紋飾、形制皆合乎殷商後期的風格，但若詳為

審核，疑端迭起。腹、足上的邊帶花紋及獸面兩旁的填飾頗多訛舛，僅略具其形而已，腰間圓渦四瓣花紋及圈足上端的垂首夔紋皆簡化、走樣，若以本院所藏商晚期獸面紋瓿（J・W・二一一三）相較，不合規制之處頗多。

商朝，高圈足的瓿形器往往在圈足上端，近器底處有大小不等的十字形或長條形孔，此乃鑄造時圈足十字形的內範凸起的遺痕。本器圈足上不見十字形孔，也毫無銅液流過內範凸起的跡象。

本器由以上的數點疑點度之，當是仿古器，而其雷紋地及獸面紋的鑄造不惡，仿古器中又當屬上乘之作。本院尚有饕餮紋瓿（J・W・二二三五）、饕餮紋瓿（J・W・二九八四）與本器形制、花紋一樣，應出於一源。

九　周子爵（J・W・一一九一三三）

本器高 35.2 公分，深 11.4 公分，長 20.3 公分，重 1.1 公斤。

本器杯身圓體，三隻三角錐形實足，足兩側有凹槽，似斝形器上常見的足。前流、後尾，兩柱直立在器口流折處與鋬手之間，柱鈕蓋作桶帽形。這種形制未見自署專名的，自宋以來，識者皆將此造形之器稱作爵。根據同事陳芳妹整理出來的近百座商晚期中原各地出土的墓葬資料，幾乎出銅爵的墓中也必有瓿的出現，爵與瓿二者往往相伴出土。爵的功能，推測或為盛酒器或為溫酒器：由於杯身前有流、側有鋬，應是盛放液體的，其體形不大，容量有限，當是盛酒而非盛水；再由部份爵器底部有烟炙痕，可推知或作溫酒器。

商周爵形器形制的演變，大致而言，由早商至西周，杯身由平底演變為圓底，器側鋬手由寬變窄，兩柱位置由器口流折點上漸移至靠近鋬手處。本器形制正值於爵器演變的中點。

銘文一字"子"鑄於鋬下的杯身上，器身飾滿裝飾花紋，主紋為獸面紋，兩側夾以直立夔紋，皆作淺浮雕式，以云雷紋補地。器口下，主紋之上飾三角蕉葉紋飾帶，蕉葉紋並且延伸至流及尾下。本器稜脊不僅裝飾杯身，流、尾下的中線上亦有，河南安陽殷墟小屯十八號子漁墓出土的爵，婦好墓出土的一五七九號爵等稜脊的安排與本器一樣，可算是典型殷墟風格，此器的時代也應定在商晚期。

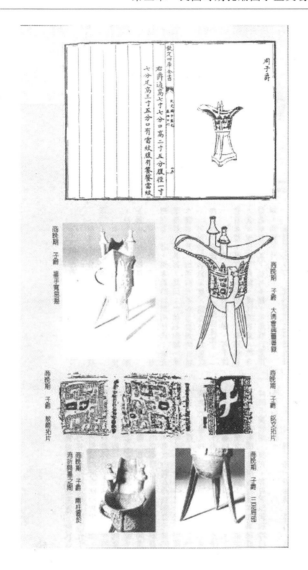

十　周素洗（J·W·一二〇〇一三三）

器高五公分，口徑 28.8 公分，壁厚 0.2 公分，重 1.27 公斤。

本器光素無紋，細口緣，平底無圈足，沿器底有一道細弦紋，棕黃色的銅質地上滿佈孔雀石綠銹及石青藍鏽。

羅振玉的《夢郼草堂吉金周》續編卷四七有一器，與本器的形制相彷彿，也光素無紋，但具銘，銘曰：“律石衡蘭，承水盤容六升，始建國元年正月癸酉朔日制。”可知該器名為承盤，為漢代王莽篡位時所作，因此，本器也可視作西漢器。

漢代的鑪，燒木炭用以取暖，其下往往有承盤。漢代照明的燈，造形琳瑯滿目，其下也往往有承盤。漢代的香薰，燃香營造氣氛，其下也有承盤。是盤為日常用器，功能不外承托。

本器原名作洗，洗形器往往腹器較深，作水器用。本器器腹淺，當是承盤而非洗。

錄善志監子國　洗素　代漢　　　　　錄善圖典會清大　洗素　代漢

結語

以上乾隆皇帝頒賜的“周範十器”，詳為賞核，竟有標列為“師盟簠”“召仲簠”“內言卣”“雷紋壺”“雷紋觚”等五件，計半數為偽器，而“子爵”乃商器，“素洗”為漢器，余僅“康侯鼎”“犧首罍”“犧尊”三件是真正的周代作品。

高宗乾隆皇帝為了崇儒重道，使風行教化廣披，乃有修葺孔廟之舉；又因孔子志在從周，乃引頒內府珍藏的周代法物，陳設殿庭，於義為允，並諭令所司典守勿替。“周範十器”如此看來，應當是稀世重器，為何竟有半數為後世仿古的偽器呢？

說到偽器，春秋戰國時，諸侯國間常掠奪戰敗國的宗廟祭器，也有弱國用銅器行賄求和的。這其中就有用假銅器充數的故事。《韓非子·說林二十三》：“齊伐魯，索讒鼎，魯以其贗往。齊人曰：‘贗也’，魯人曰：‘真也’，齊曰：‘使樂正子春來，吾將聽子。’魯君請樂正子春，樂正子春曰：'胡不以其真往也。'君曰：'我愛之。'答曰：'臣亦愛臣之信。'"
韓非子原意是用這段故事來諷刺諸侯的不講信用，現在，却可用作戰國時
已有偽器的明證。

　　宋、元、明以降，趙希鵠、曹昭、高濂等都發表過新舊銅器辨正、新
鑄偽造之類的高見，可知長久以來，偽器就困擾着鑑賞者、好事家。

　　乾隆中葉，宮中主事當值者有大學士傅恆、兵部尚書兼國子監事陸宗
楷，大學士劉綸、尹繼善、劉統勳，起居注官彭元瑞、沈初、福明安、哈
靖阿、那穆齊禮等人。這些人士或參與提選文物一事。對於皇帝敬謹從事
的大事，諒無人敢魚目混珠、濫竽充數的。他們雖為博學碩儒，未必專精
古器鑑別，在真贗相參、精華糟粕雜列的宮廷收藏中特選十件周代禮器，
確非易事。主事者所能依據的或僅在閱驗古物的經驗及參考宋以來各家的
著錄。今按師盟簋、召仲簠、内言卣等具銘器，其銘文皆見於南宋《歷
代鐘鼎彝器款識》，可見有司選提器物儘量有所本。

八、後世仿　銅紋簋　高三四・四公分　國立故宮博物院藏

九、商晚期　子爵　高二五・二公分　國立故宮博物院藏

　　今日我們回顧這段史事，不能苛責過去主事者的眼光，只有慶幸吾生
也晚，能有前輩研究的心得可資借鑒；能有科學考古發掘及公私收藏的材

料及實物可資參考，庶幾可進一步作辨明真贋的嘗試。

部局足圈　觚紋雷　仿世後

部局身器　爵子　陶燒商

藏所物博宮故立國　分公八・七二高　鼎方侯庚　期初周西・一

鑄范底器　鼎方侯庚　期初周西

部局耳器身器與柔摩　古內　仿世後

蓋面　卣言內　仿世後

紋格方斜底器　卣言內　仿世後

戴院物博宮故立國　分公三·四三高　卣言內

即是首鏡　壺紋需　仿世後

戴院物博宮故立國　分公七·五四高　壺紋需　仿世後·六

西周初期　犧首尊　下提樑鋒獸首影提于

西周初期　犧首尊　瓷獸首銜環耳

七、西周初期　犧首尊　高四一・八公分

後世仿　簋蓋　蓋銘

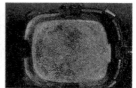

後世仿　簋蓋方格紋飾　蓋器

二、後世仿　簋器　高二三・八公分　據故宮博物院藏

五、戰國中期　犠尊　高二八．五公分　國立故宮博物院藏

十、美代　先秦　高五公分　國立故宮博物院藏

三　匾額

（一）民國時期孔廟國子監匾聯情況概述

歷史上，孔廟國子監懸掛很多匾聯：大成殿內懸掛清代康熙至宣統九位皇帝御書的匾聯；辟雍內皇帝講學的題匾；彝倫堂內皇帝諭旨匾；各處建築懸掛的匾額；東西廡內大量的文人題匾；就連國子監的土地祠內都懸掛有很多匾聯。這些匾聯上的文字大多出自儒家經典，體現了孔廟國子監獨特的地位。民國時期，由於社會動蕩，孔廟國子監匾聯出現較大變遷。

1. 国立历史博物馆收藏匾联

1912年7月，教育部在國子監設立國立歷史博物館籌備處，1918年，"因原有館址地處偏僻，房舍狹隘"，教育部決定將該館遷往故宮午門、端門，國子監57127件文物[①]也隨同遷走。孔廟國子監匾聯作為藏品也被帶走。

---

① 李守義：《民國時期國立歷史博物館藏品概述》，《中國國家博物館館刊》2012年第3期。

在 1928 年國立歷史博物館出版的《國立歷史博物館陳列室物品目錄》中記載在第五陳列室陳列著大成殿對聯（木）4 件，也就是乾隆皇帝御書的兩幅聯："氣備四時，與天地鬼神日月合其德；教垂萬世，繼堯舜禹湯文武作之師。"和"齊家治國平天下，信斯言也，布在方策；率性修道致中和，得其門者，譬之宮牆。"由於目前沒有見到國立歷史博物館帶走孔廟國子監所有藏品的清單，無法斷定具體帶走了哪些匾聯，但推斷應該不只大成殿這兩幅對聯。

1935 年孔廟大成殿經修繕後，管理壇廟事務所準備將祭孔禮樂祭器及一切陳設恢復陳列。曾呈報當時的北平市政府，請求國立歷史博物館將所存匾聯送回懸掛。同年 9 月 23 日北平市政府函呈內政部，請予協調處理。1936 年內政部復函"……准此，查歷史博物館並非隸屬本部，相應復請貴市政府就近向該館接洽辦理。"① 市政府於 1936 年 11 月 23 日訓令轉發內政部復函，令管理壇廟事務所協同辦理。

1938 年 9 月 6 日，歷史博物館向管理壇廟事務所發函："查本館保存孔廟匾聯核與貴所單列名稱相符，現仍在本館保存陳列……"② 並附大成殿匾聯名單："清代孔廟大成殿懸聯曰：氣備四時，與天地鬼神日月合其德；教垂萬世，繼堯舜禹湯文武作之師。又齊家治國平天下，信斯言也，布在方策；率性、修道、致中和，得其門者，譬之宮牆。匾九塊：萬世師表（康熙二十三年），生民未有（雍正五年），與天地參（乾隆二年），聖集大成（嘉慶四年），聖協時中（道光元年），德齊幬載（咸豐元年），聖神天縱（同治元年），斯文在茲（光緒元年），中和位於（宣統元年）。"③

9 月 8 日，北京特別市公署指令准教育部"函復孔廟大成殿內匾聯已令歷史博物館檢交建設總署運回"。④ 至此，孔廟大成殿兩副楹聯，九方御匾由國立歷史博物館歸還孔廟。

---

① 《北平市管理壇廟事務所關於歷史博物館所存孔廟大成殿匾聯給市政府的呈及市政府的訓令》，1936 年，北京市檔案館藏，檔案號：J057 - 001 - 00456。

② 《孔廟存禮樂祭器在大成殿陳列需派守護及物品清冊》，1938 年，北京市檔案館藏，檔案號：J057 - 001 - 01010。

③ 同上。

④ 同上。

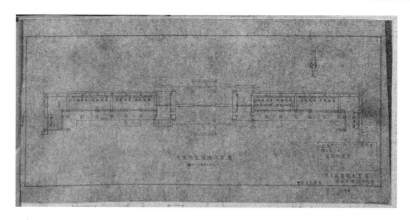

圖 3—13　民國三十二年（1943 年）國子監修繕工程圖——太學門
及兩廊平面圖分布

圖片來源：中國文化遺產研究院藏。

根據民國三十二年（1943 年）國子監修繕工程圖——太學門及兩廊
平面圖上所示，由西至東依次懸掛：光緒平區、光緒陛區、[①] 同治陛區、
咸豐陛區、道光陛區、嘉慶陛區、嘉慶蛤蜊聯、[②] 乾隆陛區、乾隆蛤蜊
聯、雍正陛區、康熙陛區、宣統陛區。由此推斷，歷史博物館歸還的區聯
在民國年間懸掛在國子監太學門兩側廊房內。

2. 孔廟國子監匾額去除滿文

滿人入關後，建築上的漢文匾額逐漸演變為滿漢合璧匾額或純滿文匾
額。孔廟國子監的建築匾額也逐漸增添了滿文。據道光版《欽定國子監
志》記載："門中恭懸高宗純皇帝御書'先師廟'額。清、漢文……二門
為大成門，恭懸高宗純皇帝御書'大成門'額。清、漢文。……中為大
成殿，恭懸高宗純皇帝御書'大成殿'額。清、漢文。"[③] "乾隆三十三
年，高宗純皇帝因飭工修廟之時，特頒明詔，增廟門額曰'先師廟'，改
殿額曰'大成殿'。二門額曰'大成門'云。"[④] 孔廟先師廟、大成門、

---

① 陛區：又名"鬥區"，"華帶區"。因形如稱量古物的"鬥"而得名。

② 蛤蜊聯：有些楹聯上面鑲嵌蛤蜊、螺鈿等作為裝飾，故俗稱蛤蜊聯。

③ （清）文慶、李宗昉等纂修：《欽定國子監志》，北京古籍出版社 2000 年版，
第 37—38 頁。

④ 同上書，第 40 頁。

大成殿匾額是在乾隆三十三年（1768 年）修繕孔廟時更換匾額，並添加上滿文。

　　乾隆版《欽定國子監志》則記載了國子監匾額添加滿文的時間：“乾隆五十年詔建辟雍，繩愆、博士兩廳及六堂並易清漢文暨額。”① 民國年間由於“排滿”，在歷次維修中逐漸刪除匾額上的滿文。

　　（1）袁世凱祭孔去除孔廟匾額滿文

圖 3—14　　“大總統告令”匾懸掛於大成殿門外舊照

　　① （清）紀昀等：《文淵閣四庫全書》《史部·職官類·欽定國子監志·卷六十一》，上海古籍出版社 2003 年版，第 600 冊，第 777 頁。

　　1911 年辛亥革命勝利，成立了以袁世凱為臨時總統的北洋軍閥政府。袁世凱為了籠絡人心，鞏固統治，表示自己一貫反清的態度，將故宮中的太和殿、中和殿、保和殿、午門、東華門、西華門等外朝宮殿、宮門上的匾額去掉滿文，只用漢文書寫。同時又為了避免清朝遺老遺少的反對，所以當時溥儀居住的乾清宮、坤甯宮、甯壽宮、神武門等內廷宮殿、宮門上的滿漢合璧匾額未做改動。

　　1914 年 9 月 28 日，袁世凱效仿帝王，來北京孔廟祭孔。祀孔大典舉行後，袁世凱下令整修北京孔廟，這是清末將祭孔升為大祀後擴建孔廟的延續。

　　目前無法找到袁世凱祭孔有匾額的照片，但在祭孔後不久"大總統告令"匾懸掛於大成殿門外的老照片上，可以發現，"大成殿"匾額只剩下漢文而沒有滿文。由此推斷，孔廟院內先師廟、大成門、大成殿等匾額上的滿文應該是在袁世凱祭孔前後去掉的：一種可能是在袁世凱祭孔前，為了消除滿清影響，刪除掉匾額上的滿文；另一種可能是在袁世凱祭孔後，整修孔廟時將匾額上的滿文去掉。

　　（2）1940 年修繕去除國子監匾額滿文

　　國子監院內匾額去除滿文的時間，通過檔案上隻言片語的記載及國子監老照片，大致推斷是在民國二十六年至二十八年（1937—1939 年）期間修繕國子監時，刪除了匾額上的滿文。

　　民國二十六年至二十八年（1937—1939 年）由舊都文物整理實施事務處主持，對孔廟和國子監進行了一次大規模的修繕。"民國二十六年（1937 年），四月二十九日，舊都文物整理實施事務處公函：'國子監整理工程擬分三步進行，以期妥速。第一步先行修繕辟雍、彝倫堂、琉璃牌樓、太學門、東西碑亭、鐘鼓亭，成賢街牌樓等工程，並經標由永興木廠承做，擬於本月 30 日開工。相應函請查照轉知並希予以便利為荷，此致管理壇廟事務所。'"①"民國二十六年（1937 年）六月五日，舊都文物整理實施事務處公函：查國子監修繕工程，擬分三步進行。第一步工程標由

①　《舊都文整實施處關於天壇、國子監等處伐樹、修繕事宜的公函及管理壇廟事務所的轉呈以及市政府的指令》，1937 年，北京市檔案館藏，檔案號：J057－001－01017。

永興木廠承做，業經函達查照在案，至第二步整理六堂、四廳、敬一亭等工程，現已標由廣茂木廠承修。"① 為紀念此次修繕，立石三方。（見金石部分）

　　此次修繕留下了很多的珍貴的照片和圖紙，我們在中國文化遺產研究院查找到其中一些照片和圖紙。

圖 3—15　集賢門修繕前後

圖片來源：中國文化遺產研究院藏。

圖 3—16　修繕後辟雍大殿

　　從集賢門修繕前後的照片，很容易就能發現，在修繕古建築的同時，也把"集賢門"匾額上的滿文去除掉。修繕一新的辟雍大殿也一樣，懸掛的匾額只有漢文。據此推測，國子監院內東西六堂、太學門、博士廳、繩愆廳匾額也在此次修繕時去掉滿文。

　　3. 民國時期匾聯清冊

　　在民國三十六年（1947 年）孔廟崇聖

————————

　　①　《舊都文整實施處關於天壇、國子監等處伐樹、修繕事宜的公函及管理壇廟事務所的轉呈以及市政府的指令》，1937 年，北京市檔案館藏，檔案號：J057 - 001 - 01017。

祠國子監等處殿宇樹株碑匾器物清冊①中對孔廟國子監匾聯情況記載見
表3—11。

表3—11　　　　民國三十六年（1947年）孔廟國子監匾額清冊

匾額位置	備註
大成殿內匾額1方	（應為"道洽大同"匾）
文公祠內匾額11方	
對聯4付	內欠1聯
辟雍殿內匾額3方	乾隆、道光、咸豐
對聯3幅	應為乾隆、道光、咸豐
彝倫堂內匾額12方	（後收儲大成殿內後邊）
東廂內中廳匾額5方	
後軒木匾13方	
紙匾3方	殘毀無存
對聯1副	
東房內匾3方	

　　清單中只記載了匾聯的數量而未注明文字情況，因此，無法斷定具體
為哪些匾聯。

　　（二）祭孔匾額

　　1912年清帝退位，民國建立。袁世凱和黎元洪曾效仿舊制親自為北
京孔廟大成殿題寫匾額並懸掛。黎元洪任北洋政府大總統時為消除清朝統
治的影響，下令將大成殿內康熙至宣統九位清代皇帝御書的匾額全部摘
下。黎元洪題寫的"道洽大同"匾額懸掛在大成殿內孔子牌位上方正對
大門處，也就是"萬世師表"匾額懸掛的位置。

---

① 《孔廟崇聖祠國子監等處殿宇樹株碑匾器物清冊》，J003－001－00189。

圖 3—17　民國年間大成殿內只懸掛"道洽大同"

1．"大總統告令"匾額

"大總統告令"匾額現懸掛在大成殿內正門上方，與北面黎元洪的
"道洽大同"匾相對。因"大總統告令匾"面向北，懸掛得高，匾上字多
且密，所以不易被發現。匾芯橫長約 465 厘米，縱寬約 153 厘米，四周邊
框寬約 50 厘米。木製橫匾，四邊框雕刻描金花草紋，匾額黑漆底，金字
楷書袁世凱的《舉行祀孔典禮令》，俗稱"大總統告令"，鈐章"中華民
國之璽"，整塊匾保存完好。1914 年 9 月 25 日，袁世凱發佈《舉行祀孔
典禮令》，文中表達了袁世凱對孔子和儒家思想的崇敬，並定於 9 月 28 日
親自率領百官來北京孔廟祭祀孔子。這塊匾是袁世凱民國祭孔的見證，全
國各地孔廟僅北京孔廟大成殿有此一塊，因此具有重要的歷史價值。

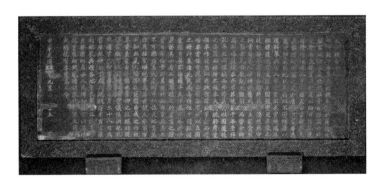

圖 3—18　袁世凱"大總統告令"匾額

匾文內容如下：

　　"中國數千年來，立國根本在於道德。凡國家政治、家庭倫紀、社會風俗，無一非先聖學說，發皇流衍。① 是以國有治亂，運有隆污，② 惟此孔子之道，亙古常新，與天無極。③ 經明於漢，④ 祀定於唐，⑤ 俎豆馨香，⑥ 為萬世師表。⑦ 國紀民彝，⑧ 賴以不墜。隋唐以後，科舉取士，人習空言，不求實踐，濡染⑨醞釀，道德浸⑩衰。近自國體變更，無識之徒，誤解平等自由，踰越範圍，蕩然無守，綱常淪棄，人欲橫流，幾成為土匪禽獸之國。幸天心厭亂，大難削平。而黌舍鞠為荊榛，⑪ 鼓鐘委於草莽，⑫ 使數千年崇拜孔子之心理，缺而弗修，其何以固道德之藩籬，而維持不敝。⑬ 本大總統躬膺⑭重任，

---

① 發皇流衍：發皇，宣揚。流衍，廣發流布。

② 運有隆污：喻盛衰興替。

③ 與天無極：與天一樣長久，沒有終極。

④ 經明於漢：儒家經典"五經"在漢代被確立和繼承發揚，漢代出現很多經學家"傳經""注經"。

⑤ 祀定於唐：貞觀四年（630年），唐太宗下詔州縣皆立孔廟，形成"廟學制度"，孔廟自此遍及全國，祭祀孔子也隨之徧及各地，並一直延續下來。

⑥ 俎豆馨香：俎和豆，古代祭祀、宴饗時盛食物用的兩種禮器，泛指祭祀、奉祀。馨香，指用作祭品的黍稷。

⑦ 為萬世師表：康熙二十三年（1684年），康熙皇帝到山東曲阜祭孔，書"萬世師表"匾額，頒行全國孔廟，以此讚頌孔子千秋萬世永遠都是人們的老師和表率。

⑧ 國紀民彝：國紀，國家的禮制法紀。民彝，人倫，人與人之間相處的倫理道德準則。

⑨ 濡染：沾染受薰陶。

⑩ 浸：漸漸。

⑪ 黌舍鞠為荊榛：黌舍，校舍，亦借指學校，這裡指國子監。鞠，困窘。荊榛，泛指叢生灌木，多用以形容荒蕪情景。這裡指國子監衰敗，雜草叢生。

⑫ 鼓鐘委於草莽：鐘鼓，古代禮樂器。草莽，草木叢生。禮樂之器，淹沒於雜草之中。這兩句意思是國子監孔廟衰敗，祭孔禮樂廢弛，尊孔之心淡漠。

⑬ 維持不敝：敝，衰敗。不敝，不衰敗。

⑭ 躬膺：躬，親自；膺，承當、擔當。

早作夜思，以為政體雖取革新，而禮俗要當保守。環球各國，各有所以立國之精神，秉諸先民，蒸為特性。① 中國服循聖道，自齊家、治國、平天下，無不本于修身②。語其小者，不過庸德之行、庸言之謹，皆日用倫常所莫能外，如布帛菽粟之不可離；③ 語其大者，則可以位天地，育萬物，為往聖繼絕學，為萬世開太平。④ 苟有心知血氣之倫，胥在範圍曲成之內，⑤ 故尊崇至聖，出於億兆景仰之誠，絕非提倡宗教可比。前經政治會議議決，祀孔典禮，業已公佈施行。九月二十八日為舊曆秋仲上丁，本大總統謹率百官，舉行祀孔典禮。各地方孔廟，由各該長官主祭，用以表示人民，俾⑥知國家以道德為重。群相興感，⑦ 潛移默化，治進大同。⑧

本大總統有厚望焉。此令。

中華民國三年九月二十五日

---

① 蒸為特性：蒸同烝，出自《詩經·大雅·烝民》。"天生烝民，有物有則。民之秉彝，好是懿德。"烝，眾。秉，執。天生眾民，民所執持常道，莫不好有美德之人。"秉諸先民，蒸為特性"這裡指各國人民執持常道，形成各自特性。

② 齊家、治國、平天下，無不本於修身：出自《大學》，"修身、齊家、治國、平天下"。這是儒家由完善自我德行"內聖"而至建功立業"外王"的最高理想。

③ 布帛菽粟之不可離：儒家之道，從小的方面看可以為日常言行提供準則，就像布匹糧食一樣是必需之物。

④ "致中和，天地位焉，萬物育焉。"出自《中庸》。北宋大儒張載："為天地立心，為生民立命，為往聖繼絕學，為萬世開太平。"後世稱為"橫渠四句教"。儒家之道，從大的方面看可以使萬物各安其位，各遂其性，繼承先聖之學說，開創萬世之太平。

⑤ 胥在範圍曲成之內：胥，都；皆。範圍，效法。曲成，多方設法使有成就；委曲成全。

⑥ 俾：使。

⑦ 群相興感：群，百姓。相，互相。興，提倡。感，感應；影響。

⑧ 治進大同：治，統治，治理。大同，我國古代一些思想家提出的一種天下為公，人人平等的社會政治理想。《禮記·禮運》："大道之行也，天下為公。選賢與能，講信修睦，故人不獨親其親，不獨子其子，使老有所終，壯有所用，幼有所長，矜寡孤獨廢疾者皆有所養，男有分，女有歸。貨惡其棄於地也，不必藏於己；力惡其不出於身也，不必為己。是故謀閉而不興，盜竊亂賊而不作，故外戶而不閉，是謂大同。"

祀孔大典舉行後，袁世凱下令整修北京孔廟，在此次修繕中製作了"大總統告令"匾，最初懸掛於大成殿門外。"恭查上年舉行秋丁祭孔典禮，祇奉告令一通，煌煌渙號，海內同欽，本部現特恭錄原文製成匾額，於大成殿門首，敬謹懸掛，用垂久遠。"[①] 這方匾後來何時移至大成殿內，目前无相關材料，有待進一步查找。

2. "道洽大同"匾額

"道洽大同"匾額為時任中民國總統黎元洪於 1917 年題寫。匾額橫長為 468 釐米，縱寬為 186 釐米。木質，黑底，正中為楷書"道洽大同"四個大金字。匾額四邊框為雙燈草線邊。匾額左側上款為："中華民國六年三月吉日"。"道洽大同"四個大字上端鈐章："大總統印"。右側下款為"黎元洪敬題"，如圖 3—19 所示。

圖 3—19　"道洽大同"匾額

1917 年 3 月，大總統黎元洪效仿舊制為北京孔廟親自題寫了"道洽大同"匾額，為了清除清朝的影響，他下令將大成殿內清朝九位元皇帝手書的匾額全部取下，將"道洽大同"匾額懸掛在大成殿內孔子牌位上方正對大門處，即原康熙皇帝"萬世師表"匾額的位置。1983 年首都博物館準備開放大成殿，經過商議決定：黎元洪"道洽大同"匾額不動，康熙"萬世師表"匾額移至大成殿外前簷高懸，其他清朝皇帝御製匾額還按原位懸掛。這就是現在北京孔廟大成殿匾額懸掛的情況。

① 教育紀事：三月二十六日內務部呈報京師孔子廟工程告竣及刊刻告令敬謹懸掛情形，《中華教育界》1915 年第 4 卷第 4 期，中華教育界雜誌社編輯，中華書局。

（三）後收藏匾額

1. 科舉匾額

（1）"畢沅狀元"匾額

"畢沅狀元"匾額橫長182釐米，縱寬87釐米，厚6.5釐米。木質橫匾，黑色素邊框，黃底黑字，正中楷書"狀元"二字。左側上款題"乾隆庚辰科"，右側下款題"第一甲第一名畢沅"。"乾隆"和"畢沅"四個字為紅色。此匾額保存情況一般，有多處裂痕，還有脫漆現象。該匾作為展品現陳列於孔廟和國子監博物館"科舉展"中。

圖3—20　　"畢沅狀元"匾額

（2）"張建勳狀元"匾額

孔廟和國子監博物館現藏有兩塊"張建勳狀元"匾額。編號為06.1499"張建勳狀元"匾額橫長119釐米，縱寬59釐米，厚5釐米。木制橫匾，素邊框，黑地紅字，正中楷書"狀元"二字。左側上款題"光緒己丑科"，右側下款題"張建勳"。此匾保存情況較差，匾額右上角破損，黑色底漆全部脫落。該匾作為展品現陳列於孔廟和國子監博物館"科舉展"中。

圖3—21　　"張建勳狀元"匾額（編號06.1499）

編號為 06.1504 "張建勳狀元" 匾額橫長 119 釐米，縱寬 59 釐米，厚 5 釐米。木製橫匾，黑色素邊框，黃地黑字，正中楷書 "狀元" 二字。左側上款題 "光緒己丑科"，右側下款題 "張建勳"，其中 "光緒" "張建勳" 五個字為紅色。此匾保存情況一般，有脫漆現象。該匾現存於孔廟和國子監博物館文物庫房內。

圖 3—22　 "張建勳狀元" 匾額（編號 06.1504）

（3） "龍啟瑞狀元" 匾額

"龍啟瑞狀元" 匾橫長 119 釐米，縱寬 59 釐米，厚 5 釐米。木製橫匾，素邊框，匾額底子和字體都已無法辨別最初顏色，正中楷書 "狀元" 二字。左側上款題 "道光辛丑科"，右側下款題 "龍啟瑞"。此匾額保存情況較差，匾額脫色嚴重，還有掉漆開裂現象，有些字跡很模糊。該匾現收藏於孔廟和國子監博物館文物庫房內。

圖 3—23　 "龍啟瑞狀元" 匾額

（4）"劉福姚狀元"匾額

孔廟和國子監博物館現藏有兩塊"劉福姚狀元"匾，編號為06.1506"劉福姚狀元"匾橫長107釐米，縱寬53釐米，厚2.5釐米。木製橫匾，無邊框，黃地黑字，正中楷書"狀元"二字。左側上款題"光緒壬辰科"，右側下款題"劉福姚"，其中"光緒"和"劉福姚"五個字為紅色。此匾保存情況一般，有脫漆現象，匾額上還有被塗抹的痕跡。該匾現收藏於孔廟和國子監博物館文物庫房內。

圖3—24　"劉福姚狀元"匾額（編號為06.1506）

編號為06.1502"劉福姚狀元"匾橫長106釐米，縱寬53.5釐米，厚3釐米。木製橫匾，無邊框，黃地紅字，正中楷書"狀元"二字。左側上款題"光緒壬辰科"，右側下款題"劉福姚"。此匾保存情況一般，底子漆全部脫落。該匾現存於孔廟和國子監博物館文物庫房內。

圖3—25　"劉福姚狀元"匾額（編號為06.1502）

（5）"于建章榜眼"匾額

"于建章榜眼"匾橫長119釐米，縱寬59釐米，厚5.5釐米。木質橫匾，素邊框，黃底黑字，正中楷書"榜眼"二字。左側上款題"同治乙丑科"，右側下款題"于建章"，其中"同治"二字為紅色。此匾額保存情況較差，底子漆基本脫落無余，字跡也不甚清晰。該匾作為展品現陳列於孔廟和國子監博物館"科舉展"中。

圖3—26　"于建章榜眼"匾額

（6）"羅文俊探花"匾額

"羅文俊探花"匾橫長110釐米，縱寬57釐米，厚4釐米。木質橫匾，素邊框，黃底黑字，正中楷書"探花"二字。左側上款題"道光壬午科"，右側下款題"殿試第一甲第三名羅文俊立"，其中"道光"和"文俊"四個字為紅色。此匾額保存情況較好，邊框和底子有脫漆現象，字跡清晰可識。該匾作為展品現陳列於孔廟和國子監博物館"科舉展"中。

圖3—27　"羅文俊探花"匾額

（7）"黎湛枝傳臚"匾額

"傳臚黎湛枝"匾橫長111釐米，縱寬57.5釐米，厚4釐米。木製橫匾，黑色素邊框，黃地黑字，正中楷書"傳臚"二字。左側上款題"光緒辛丑壬寅恩正併科"，右側下款題"殿試二甲第一名黎湛枝立"，其中"光緒""恩""湛枝"五個字為紅色。此匾保存情況較好，僅在匾額下方有一條通裂紋。該匾作為展品現陳列於孔廟和國子監博物館"科舉展"中。

圖3—28　　"黎湛枝傳臚"匾額

（8）"陳繼昌三元"匾額

孔廟和國子監博物館現藏有兩塊"陳繼昌三元"匾，編號為06.1508"陳繼昌三元"匾橫長157釐米，縱寬70釐米，厚5釐米。木製橫匾，素邊框，紅地黑字，正中楷書"三元"二字。左側上款題"嘉慶癸酉科鄉試第一名　庚辰科會試第一名"，右側下款題"殿試第一甲第一名陳繼昌"。此匾保存情況一般，有脫漆、開裂現象。該匾作為展品現陳列於孔廟和國子監博物館"科舉展"中。

圖3—29　　"陳繼昌三元"匾額（編號06.1508）

編號為 06.1509 "陳繼昌三元" 匾橫長 126 釐米，縱寬 56 釐米，厚 5 釐米。木製橫匾，素邊框，紅地黑字，正中楷書 "三元" 二字。左側上款題 "嘉慶癸酉庚辰"，右側下款題 "陳繼昌"，鈐章一枚，模糊不清。此匾保存情況較差，底子漆幾乎全部脫落，印章也模糊無法辨識。該匾現存於孔廟和國子監博物館文物庫房內。

圖 3—30　 "陳繼昌三元" 匾額（編號 06.1509）

（9） "程可則會元" 匾額

"程可則會元" 匾橫長 105 釐米，縱寬 52 釐米，厚 6 釐米。木製橫匾，素邊框，黃底黑字，正中楷書 "會元" 二字。左側上款題 "順治壬辰科"，右側下款題 "會試第一名進士　程可則立"，其中 "順治" 和 "可則" 四字為紅色。此匾額保存情況較好，有裂紋，字跡非常清晰。該匾作為展品現陳列於孔廟和國子監博物館 "科舉展" 中。

圖 3—31　 "程可則會元" 匾額

（10）"彭樹芳貢元"匾額

"彭樹芳貢元"匾額橫長 159 釐米，縱寬 73 釐米，厚 5 釐米。木質橫匾，四周邊框有花紋裝飾，紅底金字，正中楷書"貢元"二字。左側上款題寫"清光緒戊申三十四年月穀旦"，右側下款題寫"例授貢生彭樹芳立"。此匾保存較好，除去"貢元"二字金漆脫落外，其余字跡金漆完好。該匾作為展品現陳列於孔廟和國子監博物館"國子監原狀陳列展"中。

圖 3—32　　"彭樹芳貢元"匾額

通過匾上的題款，我們可以知道，此匾為光緒戊申年（1908 年）為貢生彭樹芳刻立。

（11）"刑部山東司主事丁酉科舉人"匾額

a(正面)　　　　　　　　　　　　b(背面)

圖 3—33　　"刑部山東司主事丁酉科舉人"匾額

"刑部山東司主事丁酉科舉人"匾額縱長 77 釐米,橫寬 52.5 釐米,厚 2 釐米,木質豎匾,無邊框,紅底黃字,匾額正面楷書"刑部山東司主事",背面楷書"丁酉科舉人"。此匾額保存情況一般,有掉漆現象。該匾作為展品現陳列於孔廟和國子監博物館"科舉展"中。

2. 其他匾額

孔廟和國子監博物館文物庫房還保存一些匾額,雖然歷史上不是孔廟國子監懸掛之匾,但這些匾額中不乏精品,故冠以"其他匾額",列入本書。

(1)"集賢堂"匾額

"集賢堂"匾額橫長 198 釐米,縱寬 80 釐米,厚 4.5 釐米。木質橫匾,無邊框,匾正中楷書"集賢堂"三個大字。左側上款題寫"咸豐壬子孟秋",右側下款題寫"祁寯藻書"。此匾保存尚好,雖然漆皮脫落,但字跡清晰。

圖 3—34 "集賢堂"匾額

此匾是祁寯藻在咸豐壬子年,也就是咸豐二年(1852 年)題寫。集賢堂不是孔廟國子監廳堂,所以此匾本不是孔廟國子監懸掛之匾。

(2)"典御十方"匾額

"典御十方"匾額橫長 169 釐米,縱寬 50 釐米,厚 5.5 釐米。木制橫匾,無邊框,黑底紅字,匾正中隸書"典御十方"四個大字。左側上款題寫"乾隆乙卯菊月穀旦",右側下款題寫"仁和余集書",鈐章二枚"余集之印""秋室"。此匾保存完好,只在匾額右下角有些磨損。

圖3—35　"典御十方"匾額

　　"菊月"指農曆九月，因此月菊花盛開而得名。此匾為余集在乾隆乙卯年，也就是乾隆六十年（1795年）九月題寫。此匾額內容為佛教用語，顯然與孔廟國子監無關。

　　（3）"乾隆御筆詩"匾額

　　"乾隆御筆詩"匾額橫長90米，縱寬170.5釐米，厚3.5釐米。木質豎式，灰地金字，字體為黃銅鎏金鑲嵌而成，四周邊框飾以玉質回紋裝飾，並以團壽銅釘固定。匾額上為乾隆御筆行書七言詩一首："春來春去此相仍，忽爾六旬更五增。望道①敢云造岸極，勑②幾祇勵履冰兢。③ 雕龍④祭獺⑤誠奚益，扢雅揚風⑥亦底稱。踐阼⑦歲如夫子矣，自惟不惑又何曾。"下款題："乙未正月晦日偶爾成詠御筆"，鈐章二枚"乾隆宸翰""陶冶性靈"。此匾保存不甚理想，有些銅字已經脫落，因採用鑲嵌工藝，故字跡尚可辨識。

------

　　①　望道，敬慕有道之人。

　　②　勑（chì），同敕。告誡。

　　③　出自《詩經·小雅·小旻》："戰戰兢兢，如臨深淵，如履薄冰。"比喻行事小心謹慎。

　　④　雕龍，雕鏤龍紋。比喻善於修飾文辭或刻意雕琢文字。

　　⑤　獺祭，獺食魚前習慣將魚捕獲而陳列，若陳物而祭，因有此稱。後用以比喻文中羅列或堆砌辭藻典故。

　　⑥　風，《詩經》中《國風》。雅，《詩經》中的《大雅》《小雅》。風雅，指詩文。扢（jié），頌揚。揚風扢雅，品評詩文。

　　⑦　踐阼，即位登基。

圖3—36　"乾隆御筆詩"匾額

　　此詩作於乾隆乙未年，也就是乾隆四十年（1775 年）正月晦日，正值乾隆皇帝 65 歲，登基四十周年。

　　（4）"大學士陳宏謀"匾額

　　孔廟和國子監博物館現藏有兩塊"大學士陳宏謀"匾額。編號為06.1495"大學士陳宏謀"匾額橫長 194 釐米，縱寬 90 釐米，厚 5.5 釐米。木製橫匾，無邊框，正中楷書"大學士"三個大字。左側上款題"乾隆戊子年"，右側下款題"桂林陳宏謀立"。此匾保存情況一般，匾面漆皮脫落，有多處裂痕，但字跡還清晰可辨。

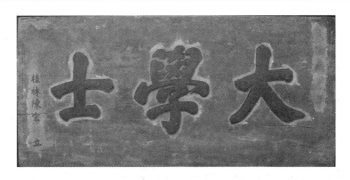

圖 3—37　"大學士陳宏謀"匾額（編號 06.1495）

　　編號為 11.13 "大學士陳宏謀"匾額橫長 173 釐米，縱寬 77 釐米，厚 4.5 釐米。木製橫匾，無邊框，正中楷書"大學士"三個大字。左側上款題"乾隆朝"，右側下款題"陳宏謀"。此匾保存情況較差，匾面漆皮脫落，有多處裂痕，匾額四角有磨損，且字跡模糊不清。

圖 3—38　"大學士陳宏謀"匾額（編號 11.13）

　　（5）戴鴻慈"軍機大臣"匾額和"協辦大學士"匾額

　　孔廟和國子監博物館現藏有戴鴻慈的兩塊匾額："軍機大臣"匾額和"協辦大學士"匾額。

　　"軍機大臣"匾額橫長 111 釐米，縱寬 57 釐米，厚 4 釐米。木製橫匾，素邊框，黃底黑字，正中楷書"軍機大臣"四個字。左側上款題"宣統朝"。右側下款題"戴鴻慈"。此匾保存較為完好，匾面無損，字跡清晰。

圖 3—39　"軍機大臣" 匾額

"協辦大學士" 匾額橫長112釐米，縱寬57釐米，厚4.5釐米。木製橫匾，素邊框，黃底黑字，正中楷書"協辦大學士"五個字。左側上款題"宣統朝"。右側下款題"戴鴻慈"。此匾保存不如"軍機大臣"匾額好，漆皮脫落，但字跡還清晰。

圖 3—40　"協辦大學士" 匾額

（6）"貨真價實" 匾額

"貨真價實" 匾額橫長44.5釐米，縱寬94釐米，厚3.5釐米。木製豎匾，無邊框，黑底金字，正中楷書"貨真價實"四個大字。匾額損壞嚴重，匾額上部缺失，"貨"字不全，漆皮脫落，有一道通裂紋。

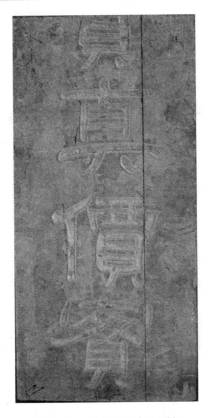

圖3—41　"貨真價實"匾額

　　舊時，在一些商鋪內懸掛"貨真價實""童叟無欺"之類的匾額，表明商家重視誠信，講求信譽。這塊匾額即是此類。雖然"貨真價實"這塊匾額保存情況並不理想，但是作為商業匾額的一類，填補孔廟和國子監博物館庫存匾額的空白。

　　（7）"旌表節孝"匾額

　　"旌表節孝"匾額橫長84釐米，縱寬108釐米，厚30釐米。木製華帶豎匾，四邊框雕刻有云龍。黑底金字，正中楷書"旌表節孝"四個大字，左側上款題寫"光緒十三年正月吉日"，右側下款題寫"閻定堯之妻王氏立"。此匾保存完好，少有損壞，字跡清晰。

圖 3—42　　"旌表節孝"匾額

　　匾額中有一類具有表彰作用，表彰民間百姓品行端正、忠孝節義，表彰婦人恪守婦道。這塊"旌表節孝"匾額就是在光緒十三年（1887 年）正月為表彰闓定堯之妻王氏矢志守節，孝順長輩而立。闓定堯及其妻王氏生平不詳。

　　　　　　　　　　　　　　　　　　（修撰人：鄒鑫、王琳琳①）

　　①　本章第一、第二節為鄒鑫修撰，第三節為王琳琳修撰。

第四章

人 物 志

甲午戰爭後，中國被推向了半殖民地的深淵，國際列強與中華民族的矛盾成為國內主要矛盾，社會各階層紛紛掀起了救國圖存的鬥爭。洋務運動，戊戌變法，義和團運動等此起彼伏，清政府推行"新政"以維護統治。1898 年，設立了包括經科、法政科、文科、農科、工科、格致科和商科七科的京師大學堂（1912 年改為北京大學）。這所中國近代歷史中開辦的新式綜合性大學，逐步取代了國子監最高學府的地位。光緒三十一年（1905 年）國子監並歸學部，完成了它的歷史使命。

1911 年，辛亥革命推翻了清朝統治，中國資產階級為建立民主制度開始變革。在教育領域，改革封建教育模式成為了首要任務。教育部成立後，在首任教育部部長蔡元培的主持下，推行家庭教育、學校教育、社會教育模式。為實現社會教育目標，開始創辦博物館、圖書館機構，舉辦講座、展覽會等活動。1912 年 7 月—1918 年 7 月，在國子監創辦國立歷史博物館籌備處；1915 年，又將京師圖書館遷至在國子監南學（方家胡同）。

1912—1918 年前後，社會上掀起了一場以孔教為"國教"的運動，對國家政治及文化教育等方面產生了深刻影響。民國元年十月七日，孔教會在上海成立，康有為被推舉為會長，陳煥章任總幹事，該會得到了教育部、內政部獲准立案。同年，教育部指定"孔子誕日"作為學校多種紀念會之一，在北京孔廟和國子監，祭祀孔子大典及講經活動不斷。民國二年（1913 年）九月，教育部頒布指令，擬定在孔子誕日"由總長率領部員恭詣聖廟行跪拜禮"，這不僅是民國官員到孔廟祭孔的最早記錄，而且也延續了每年春、秋兩季到孔廟祭孔的慣例，民國以後，雖然祭孔禮儀、形式多有變化，但對孔子的祭祀一直延續到 1948 年。

民國期間，孔廟、國子監功能的轉變也使管理機構發生了變化，先後由內務部壇廟管理所、教育部、北平市社會管理局等單位管轄。孔廟、國子監宏偉的建築群，曾幾經損壞和修復，基本保持了原狀，成為珍貴的歷史遺跡。原有文物，一部分成為歷史博物館籌備處、京師圖書館的藏品，一部分被搬移到壇廟管理所的天壇庫房，更有一些文物在抗日戰爭中隨故宮文物南遷至南京。但所幸的是，孔廟祭孔禮、樂器等文物，基本保存完整，為我們留下了部分珍貴文物。總括民國時期的孔廟、國子監，涉及的名人很多，如袁世凱、黎元洪、徐世昌、段祺瑞、張作霖、汪大燮、范源廉、嚴復、陳煥章、周樹人、周作人等。本章試將一些重要人物匯集成篇，分別加以簡述，並著重於與孔廟、國子監的關聯。

袁世凱

袁世凱（1859—1916 年），字慰亭，號容庵，河南項城人，北洋新軍的創始人。清朝末年在天津小站督練新軍，辛亥革命期間，逼清帝溥儀退位，後當選為中華民國第一任大總統。

圖 4—1　袁世凱像

1913 年 6 月，袁世凱發佈《尊孔令》。次年 9 月又頒發《祭孔令》，並進行中華民國總統首次祭祀孔子的隆重典禮。1914 年 9 月 25 日，袁大總統發佈了《祀孔典禮令》，並且制定了相關禮儀、服飾等一整套規章。《祀孔典禮令》被製作成牌匾懸掛於孔廟大成殿內南側中門上方。同年 9 月 28 日，即仲秋上丁日，袁世凱在一大群全副武裝的侍從護衛下到孔廟祭孔。當天，他於早晨 6 點半抵達孔廟，換上了繡有四團花的十二章大禮服，下圍有褶紫緞裙，頭帶平天冠，由閣員朱啟鈐、周自齊與侍從武官及諸護從隨侍行禮，俎豆馨香，一跪四拜。據當時記者報導，袁大總統"跪拜從容，自始至終，絕無稍倦"，[1] 7 點多禮畢回府。當天所有參與祀孔禮的執事各官都"佩戴齋戒牌，以昭誠敬。如僅持門照，不得入持敬門"，[2] 內務部並發出通告，所有執事各官，應於當天寅正（淩晨 4 點）齊集。[3] 這是袁世凱擔任總統後的唯一一次親祀祭孔。1915 年春、秋丁祀，袁世凱均派國務卿徐世昌赴孔廟恭代行禮主祭孔子。1916 年春丁祀，袁世凱派教育總長張一麐恭代祭祀。1916 年 6 月，袁世凱因患病不治而死，時年 57 歲。

黎元洪

黎元洪（1864—1928 年），字字卿，湖北武漢黃陂縣人，曾任中國同盟會會長，參加過中日甲午海戰。袁世凱任中華民國大總統時，黎元洪任副總統兼領鄂督，1916 年 6 月袁世凱死後，黎元洪繼任北洋政府大總統，1917 年張勛復辟，黎元洪被迫辭職。馮國璋任代總統後，在解決分裂、統一中國的問題上，與段祺瑞發生了第二次府院之爭，馮國璋辭職。1918 年徐世昌當選大總統。1922 年直系軍閥曹錕、吳佩孚趕走皖系總統徐世昌後，黎元洪再任大總統。但好景不長，第二年被曹錕逼迫下野，回到天津。1928 年因病逝於天津。

圖 4—2　黎元洪像

黎元洪二次任大總統期間，只有 1923 年春丁祀時親詣孔廟行禮，[4]並改跪拜禮為三鞠躬禮。1916 年秋丁祀、1917 年春丁祀，黎元洪都是派

---

① 《總統崇儒勤政》，《愛國白話報》1914 年 9 月 26 日第 4 版。

② 《誠敬祀禮》，《群強報》1914 年 9 月 27 日第 4 版。

③ 《祀孔典禮聞》，《愛國白話報》1914 年 9 月 24 日第 3 版。

④ 《大總統令（三月二十五日為春丁祀孔之期）》，《政府公報》1923 年第 2519 號。

時任教育總長的范源廉到孔廟恭代行禮。[①] 值得一提的是，1917 年 3 月，黎元洪效仿舊制為孔廟提寫的"道洽大同"的手書匾，現在仍高懸於大成殿內。

徐世昌

徐世昌（1855—1939 年），字卜五、菊人，號東海、弢齋，直隸天津人。光緒八年（1882 年）進京參加鄉試，中舉人。光緒丙戌年（1866 年）參加會試，考中進士，入翰林院被授職編修。中日甲午戰爭後，慈禧提出訓練 5000 新式陸軍，交北洋大臣榮祿找人辦理。曾在袁府做過執教的北洋大臣幕府總文案的徐世昌保薦袁世凱為訓練新軍大員。1914 年 5 月，徐世昌接受袁世凱大總統任命的國務卿一職。1915 年 10 月，由於袁世凱復辟帝制的企圖遭到了馮國璋、段祺瑞等人的反對，徐世昌辭去了國務卿職。1916 年 6 月，袁世凱死，隨後爆發了府院之爭，徐世昌兩次出面調停。1918 年，代總統馮國璋與國務總理段祺瑞因政見不同爭權奪利，最終徐世昌被段祺瑞擁戴並當選為大總統，但實際上有職無權。

圖 4—3　徐世昌像

徐世昌就任總統後，沿用之前國會宣佈的孔子誕辰日作為全國的假日的決定，並提倡尊孔讀經。徐世昌任國務卿期間，擬定並發佈了《國務院轉禮制館擬定祀孔樂章譜呈並大總統批令》《內務部呈明祀孔齋戒日期文並批令》等；任大總統期間，1919 年 1 月，發佈了《崇祀先儒令》，指示內務部擬定《祀孔行跪拜禮的辦法》，《呈明祀孔齋戒日期並進齋戒牌文》等。1915 年春季 3 月 17 日和秋季 9 月 13 日，徐世昌以國務卿身份參加了北京孔廟的祀孔典禮，恭代袁世凱大總統行禮。他任大總統後，雖然沒有親自參加孔廟祀孔，但都委派國務總理靳雲鵬參加並主祭孔子。1920

① 《丁祭制服通告》，《愛國白話報》1917 年 2 月 9 日第 3 版。

年和 1921 年春秋丁祭也都是由其代祭。

　　直奉戰爭後，迫於政治壓力，被奉系軍閥吳佩孚逼迫下臺，1939 年 6 月 6 日病故於天津。

靳雲鵬

　　靳雲鵬（1877—1951 年），字翼青，山東鄒縣（今山東鄒城嶧山鎮）人。18 歲加入袁世凱小站練兵的陸軍當兵，曾擔任北洋第五師師長、將軍。在徐世昌擔任大總統期間，他被任命為國務總理。徐與袁結為兄弟，是袁世凱執政時期的重要謀士，並擔任國務卿一職。1919 年五四運動後，徐世昌為了緩和社會輿論壓力，極力宣傳“尊孔讀經”。1920—1921 年，孔廟舉行春、秋丁祭孔典禮，徐世昌都是派國務總理靳雲鵬恭代他行禮。

圖 4—4　靳雲鵬像

　　1922 年第一次直奉戰爭後，徐世昌被曹錕、吳佩孚逼迫辭職，靳雲鵬辭去了國務總理職務。1951 年病逝於天津。

段祺瑞

　　段祺瑞（1865—1936 年），原名啟瑞，字枝泉，安徽合肥人，皖系軍閥首領，1924 年 10 月馮玉祥發動北京政變，推翻了曹錕政府，邀段祺瑞任中華民國臨時政府的臨時執政。1926 年 3 月 18 日，以段祺瑞為首的政府鎮壓學生運動，並製造了“三一八慘案”，被馮玉祥驅逐下臺。

　　1925 年 3 月 25 日，春丁祀孔，段祺瑞

圖 4—5　段祺瑞像

親詣孔廟行禮。[1] 同年 9 月 20 日，秋丁祀孔，段祺瑞定在卯初刻（5 刻）上祭。當天要求所有參加祭祀者日寅（3 刻）齊集。[2] 所有擔任分獻及執事的人都著大禮服，武職官員著軍大禮服，警員著警大禮服等。1926 年春丁祀孔時派國務總理賈德權恭代行禮。[3] 同年 4 月，段祺瑞下野，出現了北京政府無元首，由國務院攝行總統職權局面。

張作霖

圖4—6　張作霖像

張作霖（1875—1928 年），字雨亭，遼寧海城人，1927 年 6 月，奉系軍閥張作霖出任安國軍政大元帥，總攬海陸軍政大權，代表中華民國行使統治權，並企圖以黃河以北實行南北分治。1927 年秋和 1928 年春，兩次到孔廟親詣行禮。

1927 年秋，張作霖親自祭孔。《順天時報》分別以“大元帥正殿祀孔禮節 內務部禮俗司昨頒發禮節單 與祭各員定今日午後演禮”，“莊嚴隆重之昨日祀孔 與祀者於五時行禮六時禮成 其秩序禮節為洪憲後所僅見” 題目進行了報道（所載內容詳見本書第二章）。根據記載，祭孔當天，大元帥身著大禮服，從大成門左門入，並從大成殿前中階左升詣拜褥位前立，按照迎神、初獻、亞獻、終獻禮程，行一跪四拜禮，禮成後，張作霖換便服回府。1928 年春祭孔，規模極大，國務總理及各閣員均前往孔廟陪祀。所有的侍從武官、隨員，都在當晚十一時集合於大元帥府。準備了 80 多輛車派送。2 月 27 日晨三時啟程。當天參與祭孔人員，文官著大禮服，武官著軍大禮服，勳章

---

① 《命令》，《申報》1925 年 3 月 18 日第 3 版。

② 《內務部通告（秋丁祀孔典禮）》，《政府公報》1925 年第 3400 號。

③ 《關於春丁祀孔的命令》，《晨報》1926 年 3 月 15 日第 6 版。

大綬一律佩戴。其他陪祀官員，都穿乙種常禮服。從大帥府到孔廟沿途，馬路重新墊了黃土，警備由軍警機關負責，持槍上崗。為了保證此次祭孔不出差錯，因公務赴天津的國務總理潘復，提前一天返回，檢查各項籌備工作；內務部禮俗司司長李昇培，親自督領樂舞生演練了兩天。祭孔時，大元帥服大禮服，肅立，按照禮程，進香、獻爵、行三跪九叩禮。禮成後，大元帥捧帛，送到燎池焚帛。還在休息室，行了"飲福受胙"禮（詳見本書第二章）。

1928 年 6 月，由於蔣介石率領馮玉祥、李宗仁等各路軍北上直逼北京、天津，張作霖感到大勢已去，下令撤退，乘車行進到瀋陽皇姑屯附近，被日本關東軍事先預埋的炸藥炸成重傷後而亡。

汪大燮

汪大燮（1859—1929 年），原名堯俞，字伯唐，一字伯棠，原籍安徽黟縣，生於浙江錢塘（今杭州）。1913 年任熊希齡內閣的教育總長，9 月 27 日令教育部部員參加於次日在國子監舉行的祭孔。魯迅在 1913 年 9 月 28 日的日記中對這次祭孔做了如下描述："星期休息。又云是孔子生日也。昨總長汪（大燮）令部員前往國子監，且需跪拜，眾已譁然。晨七時往以視之，則至者近三四十人，或跪或立，或旁立而笑，錢念敏又從前大聲而罵，頃

圖 4—7 汪大燮像

刻間便草率了事，真一笑話。"1914 年 2 月辭去教育總長後，至 1929 年，先後擔任過平政院院長兼行政院副院長；段祺瑞內閣交通總長、外交總長，代理國務總理；徐世昌內閣外交委員會委員長；黎元洪內閣國務總理兼財政總長。晚年創辦北京平民大學，任董事長兼校長，並致力於紅十字會等慈善事業。編有《英國憲政叢書》《分類編輯不平等條約》。

高淩霨

圖4—8　高淩霨像

高淩霨（1868—1939 年），字澤佘，天津人。民國初年，曾擔任民政司長。1923 年 9 月 11 日到孔廟恭代行禮。1923 年 10 月 12 日至 1924 年 1 月 10 日，高淩霨任代理國務總理攝行大總統一職。曹錕執政時期任國務總理，後改任稅務督辦。1924 年馮玉祥發動北京政變後，回到天津，後到上海。1935 年，任冀察政務委員會委員。"七七事變"爆發後，擔任偽天津市治安維持會委員長，同年冬天，在北平成立了偽華北臨時政府，任政府委員、天津市市長、河北省省長等偽職。

嚴復

圖4—9　嚴復像

嚴復（1854—1921 年），字又陵，原名宗光，字幾道，又陵，福建侯官（今福州）人。嚴復翻譯的《天演論》《社會通詮》等著作，對社會影響巨大，是中國近代啟蒙思想家、翻譯家。

嚴復 13 歲時以第一的成績考進船政大臣沈葆楨新辦的福州馬尾船廠船政學堂。經過 5 年的苦讀，畢業後被派上軍艦實習。1877 年，被派往英國學習，先後在抱士穆德大學院、格林尼茨海軍學院，學習"戰術及炮臺建築諸學"。在英國留學期間，他接觸到了西方哲學、社會科學著作。1879 年，他以優異成績畢業歸國。歸國後，他歷任福州船政學校、煙臺海軍學校教習。1880 年調任天津北洋水師學堂教習，1890 年升任學堂總辦。1894 年，中日甲午戰爭爆發，清軍節節後退，北洋水師全軍覆沒，清政府割地賠款，嚴復對時局痛心疾首，他在許多報刊上發表文章，大聲疾呼，猛烈抨擊封建專制統治和孔學，提倡鼓民力，開民智，新民德，自強自立的救國綱領。1896 年，他翻譯英國人赫胥黎的《天演論》，藉"物競天擇，適者生存"，"以人持天"等生物進化理論闡發其救亡圖存的思想。1897 年，他在天津創辦《國聞報》，積極宣傳維新變法。1900 年義和團運動在天津爆發，他離開天津赴上海，潛心從事翻譯事業。他曾 4 次參加科舉考試，但均未成功。辛亥革命後，京師大學堂改成北京大學。1912 年，嚴復受袁世凱之邀擔任北京大學校長一職，此時嚴復的中西文化比較觀已逐步走向成熟，開始趨向對傳統文化的復歸。他擔憂中國喪失本民族的"國種特性"會失其本性，而"失其本性未能有久存者也"。出於這樣一種對中華民族前途與命運更深一層的憂慮，嚴復曾經試圖將北京大學的文科與經學合而為一，完全用來治舊學，"用以保持吾國四五千載聖聖相傳之綱紀彝倫、道德文章於不墜"。

1913 年孔廟恢復祭孔後，社會賢達祭孔講經活動也開始實行。是年 9 月 28 日孔廟舉行秋丁祭孔典後，嚴復登壇說經，以"民可使由之不可使知之"為題目講解《論語》相關章節，使聽其講經的人感歎不止，受益匪淺。

1915 年，嚴復參與袁世凱帝制運動，為籌安會的發起人，因之名聲一落千丈，1921 年病逝於福建。

陳煥章

陳煥章（1880—1933 年），字重遠，廣東高要人，清末民初思想家、社會活動家。15 歲入廣州萬木草堂，師從康有為。光緒二十九年（1903年）鄉試中舉。光緒三十年（1904 年）甲辰恩科考中進士。1905 年赴美留學，取得哥倫比亞大學哲學博士學位。1912 年回國，在上海創辦"孔教會"任總幹事，康有為任會長。1913 年被袁世凱聘為總統府顧問，與嚴復、梁啟超等聯名上書參眾兩院，請定孔教為國教。1919 年，在北京發起建"孔教總會"會堂。1923 年在京創立"孔教大學"，任校長。1926 年，赴東南亞各國傳揚孔教。1927 年應紐約世界和平聯合會邀請，

赴瑞士日內瓦參加世界宗教和平大會，被大會推舉為副會長。1929 年，
從歐洲講學返香港，設"孔教學院"，自任院長，每週親作專題講學。
1931 年，應聘為《宣統高要縣誌》主編，不久因故而停頓編纂工作。
1933 年 10 月，在香港病逝。

　　1913 年 9 月，陳煥章在北京參加孔廟祭孔，祭孔後，在國子監講經。
此次講經內容是"朱熹略行"報告。

圖 4—10　陳煥章像

　　1914 年 3 月 2 日（舊曆二月
初六），孔教會在孔廟舉行丁祀。
《愛國白話報》對這次祭孔進行
了較為詳細的報導："前天舊曆
二月初六為仲春上丁，孔教會在
國子監文廟行釋奠禮。前一日行
演禮，陳煥章、李時品諸君，皆
宿於廟，是日與祭者及觀禮者皆
次第到場。……鐘鳴九點，伐鼓
三通，執事者各司其事，樂舞生
就位，陪祭者皆就位，贊禮者引
主祭者李君文治（李文治，時任
參議院參議員），行三獻禮，其
跪拜之節，仍照三跪九叩，牲牢籩豆，皆豐潔異常。禮樂器具，亦均齊
備。各樂舞生，皆昔日樂部弟子，演習有素。執事人員，多系京師大學校
學生、蒙藏學校之學生，以尊崇孔教。……蒙古王公塔旺布理甲拉等，及
高麗人李承熙、全秉熏等均來助祭。……第一次大典，政府因服制未
備。"[1] 通過報導，可以看到孔教會對此次祭孔的重視。這次祭孔演禮後，
參加祭孔的人們"齊聚彝倫堂講經"。[2]

　　1917 年舊曆二月，陳煥章在孔廟祭孔，祭孔後在國子監講經。

梁啟超

　　梁啟超（1873—1929 年），字卓如、任甫，號任公，別號飲冰室主

---

① 《國學釋奠祭盛》，《愛國白話報》1914 年 3 月 3 日第 3、第 4 版。
② 同上。

人，廣東省新會縣人。1894 年，梁啟超提倡變法，與譚詞同等人同參新政，因保守派反對，變法失敗，譚詞同等被殺，梁啟超逃亡日本。中華民國成立後，梁啟超回國，起初支持袁世凱政府，並積極參與民主黨與共和黨、統一黨合併，改建進步黨。1913 年進步黨"人才內閣成立"，梁啟超出任司法總長，參與了同年 3 月 2 日在孔廟舉行的祭孔典禮。1915 年袁世凱稱帝野心日益暴露，他於 1916 年赴兩廣地區參加以蔡鍔為首的反袁鬥爭。袁世凱死後，他出任段祺

圖 4—11　梁啟超像

瑞北洋政府財政總長兼鹽務總署督辦。段祺瑞政府倒臺後，他選擇出國學習。後回國，致力於學術研究。1925 年被清華國學研究院聘為導師，在學術和教育領域做出了傑出貢獻，與王國維等並稱清華國學院四大導師。1929 年因病去世。

蔡元培

　　蔡元培（1868—1940 年），字鶴卿，又字仲申、民友、子民，曾化名蔡振、周子餘，漢族，浙江紹興山陰縣人。蔡元培為晚清進士，曾任清翰林院庶吉士，補編修。從青年時代起就立志興辦教育，培養人才，提倡新學。早年他與龔寶銓在上海建立了反清的革命組織光復會，並被推選為會長，後又加入同盟會，有了"革命翰林"之稱號。1907

圖 4—12　蔡元培像

年赴德國留學，在萊比錫大學研究哲學、文學、美學和心理學。1911 年

武昌起義勝利後回國，孫中山任命他為教育總長，後隨教育部遷入北京。他是近代中國著名的革命家、教育家、政治家。

　　中華民國元年臨時政府成立，蔡元培任教育總長。面對教育部一切草創局面，魯迅的同鄉許壽裳被蔡元培邀請到南京幫忙，負責草擬各種規章制度。因為工作量很大，許壽裳向蔡元培推薦魯迅。蔡元培聞後非常高興，他說"我久慕其名，正擬馳函延請，現在就託先生（這裡指許壽裳）代函敦勸，早日來京（指南京）"①。不久魯迅就到南京。後來，袁世凱篡奪政權，將政府遷到北京。1912 年 5 月，教育部也遷到北京。蔡元培就職教育總長後，竭力提倡"以美育代宗教"教育主張，得到支持的人甚少，只有魯迅等少數人"深知其原意，蔡元培也知道魯迅研究美學、美育，富有心得，所以請他擔任社會教育司第一科科長，主管圖書館、博物館、美術館等事宜"。② 同年 7 月，蔡元培請辭教育部總長獲批准。他雖然在教育部工作僅近半年時間，但是組建了教育部的組織機構，4 月 26 日派員"高文彬、晏考儒接管了國子監事物"，③ 5 月 23 日，任命"江瀚為京師圖書館第一任館長"，④ 5 月 31 日，"通諮各省調取局刻官書送京師圖書館"，⑤ 7 月 9 日"改國子監為歷史博物館，委任胡玉縉、齊宗頤籌辦開館事宜，仍派前接收員高文彬幫同籌辦"，⑥ 主持在國子監籌建國立博物館籌備處，籌建京師圖書館徵集圖書工作。1916 年 12 月擔任北京大學校長，對教學進行了兩個方面調整。一是聘請"積學而熱心"的著名學者任教，調整科、系設置，充實教育內容，舉辦各種學會和演講會；二是提倡學術自由，提倡白話文，聘請當時在政治上、學術上具有革新思想的大批學者到北大任教。1919 年 5 月 9 日，為抗議北洋政府鎮壓五四運動，辭職離開北京大學。後在多方勸慰支持下，放棄辭職，並於 9 月回校主持工作。1923 年辭去北京大學校長職務。1926 年擔任中國國民黨中

---

　　① 許壽裳：《亡友魯迅印象記》，峨眉出版社 1947 年版，第 40 頁。

　　② 同上書，第 44 頁。

　　③ 教育部編纂處月刊社：《教育部編纂處月刊》《本部紀事》，全國圖書館文獻縮微中心 1990 年版，第 1 頁。

　　④ 同上書，第 2 頁。

　　⑤ 同上書，第 3 頁。

　　⑥ 同上書，第 4 頁。

央監察委員。1927 年 10 月 1 日，掌管全中國學術及教育行政之最高行政機構中華民國大學院成立，蔡元培任第一任院長。為了保護歷史古物，在他任院長期間，主持成立了"古物保管委員會"。雖然該會一年後交由教育部管理，但還是做了大量工作，如 1928 年 11 月 16 日 "函北平分會反對平磁護路司令部強佔歷史博物館房屋"① （指已從國子監遷到午門的歷史博物館）；1928 年 11 月 23 日，"函北平警備司令部請嚴禁北平各壇廟駐軍任意砍伐樹木的調查"②。1940 年 3 月 5 日，病逝於香港，享年 72 歲。

蔡元培一生雖然歷經坎坷，但是他為廢除封建教育制度奠定新式教育基礎、為我國教育、文化、科學事業的發展做出了巨大貢獻。代表作品《蔡元培自述》《中國倫理學史》等。

范源廉

范源廉（1875—1927 年）字靜生，湖南湘鄉人。早年就學于長沙時務學堂。戊戌變法失敗後流亡日本，入東京高等師範學校學習。清光緒三十一年（1905 年）回國，在北京任學部主事，並創辦法律學校等。民國期間曾於 1912 年和 1915 年兩次擔任教育部總長。雖然兩次擔任教育總長的時間都不長，但為籌備歷史博物館、京師圖書館等近代社會教育工作做了大量的工作。蔡元培擔任北京大學校長就是他在

圖 4—13 范源廉像

1915 年 7 月再次出任段祺瑞內閣教育總長時推薦的。1917 年，他還兼任過代理內務總長。1923 年，代表政府赴英，與英政府商洽將庚子賠款用

---

① 中央古物保管委員會編：《古物保管委員會工作彙報》，綫裝書局 2006 年版，第 168 頁。

② 同上。

於國家的教育事業。回國後，歷任北京師範大學校長、中華教育文化基金委員會董事長、南開大學董事、北京圖書館代理館長。他是中國近代史上的一位著名教育家。

夏曾佑

圖4—14 夏曾佑像

夏曾佑（1863—1924年）字遂卿，作穗卿，號別士、碎佛，筆名別士。杭縣（浙江杭州）人，清光緒十六年（1890年）進士，因參加康有為的變法維新和譚嗣同等提倡的"詩界革命"，所以有了名氣。清光緒二十三年（1897年）在天津與嚴復等創辦《國聞報》，宣傳新學，推動變法。後致力於中國古代歷史的研究，用章節體編著《最新中國學》《中國歷史教科書》，重版時改名《中國古代史》，這是近代中國嘗試用進化論研究中國歷史的第一部著作。

1912年5月，夏曾佑被任命為教育部社會教育司司長，是在教育部供職的魯迅先生的上司。在他組織領導下，為在國子監籌備歷史博物館，特別是在原京師圖書館館長江瀚被調任後，夏曾佑又兼任京師圖書館館長工作，多次與魯迅到孔廟、國子監、國子監南學考察指導工作。

胡玉縉

胡玉縉（1859—1940年），字綏之，江蘇元和（今蘇州）人。光緒十四年（1888年）任江陰學古堂齋長。光緒十七年（1891年）中舉。光緒二十六年（1900年）任福建興化教諭。光緒二十九年（1903年）為湖廣總督張之洞幕僚。次年東渡日本考察政學。光緒三十二年（1906年）補學部主事，升員外郎。光緒三十四年（1908年）任禮學館纂修，後任京師大學堂講習。民國元年（1912年）七月九日，與齊宗頤等人一起在國子監開始籌辦歷史博物館，[①] 胡玉縉擔任籌備處處長。[②] 後曾任北京大學、北京高等師範學校教授。抗日戰爭爆發後返里，專事著述。著有《甲辰東遊日記》六卷、《四庫全書總目提要補正》六十卷、《四庫未收書目提要補正》二卷、《四庫未收書目提要續編》二十四卷以及《說文舊音補注》等。胡玉縉是中國近現代文學家、學者。

魯迅

魯迅（1881—1936 年）原名周樹人，字豫才，浙江紹興人。"魯迅"是 1918 年他在《新青年》雜誌上發表《狂人日記》時開始使用的筆名。1912 年中華民國臨時政府在南京成立後，魯迅應教育部總長蔡元培之邀，任職於教育部，同年 5 月隨教育部北遷於北京。任教育部僉事、社會教育司第一科科長等職，負責籌建圖書館、國立歷史博物館等工作。魯迅還在北京大學（原京師大學堂）任教。1926 年 8 月魯迅辭去在教育部的工作離開北京，先後在廈門大學、廣州中山大學任教。1927 年，赴上海定居，專事著譯。1936 年 10 月 19 日，在上海逝世，享年 56 歲。

圖 4—15　魯迅像

一　魯迅與歷史博物館籌備處

魯迅擔任社會教育司第一科科長後，從 1912 年 6 月起，為在國子監設立歷史博物館籌備處，多次到孔廟和國子監督察工作。這些工作歷程被他記錄在自己的日記中。具體如下：

---

① 教育部編纂處月刊社：《教育部編纂處月刊》《本部紀事》，全國圖書館文獻縮微中心 1990 年版，第 4 頁。

② 魯迅：《而已集》，北新書局 1933 年版，第 190 頁。

1912 年 6 月 25 日 "午後視察國子監及學宮,見古銅器十事及石鼓,文多剝落,其一曾剜以為臼。中國人之於古物,大率爾爾"。① 該文中提到的學宮特指北京孔廟。"古銅器十事" 指原收藏于孔廟的清乾隆皇帝欽頒內府舊藏周康侯鼎等十件後代禮器,現收藏於臺北故宮博物院。石鼓是指從元代起就收藏于孔廟大成門內的周代石鼓,現在收藏於北京故宮博物院。這是我們找到的魯迅第一次到孔廟和國子監的相關記錄。有關魯迅先生所提到的文物情況,詳見本書第三節。

1912 年 6 月 26 日 "上午太學守者持來石鼓文拓本十枚,元潘迪《音訓》二枚,是新拓者,我以銀一圓二角五分易之"。這是魯迅收藏孔廟、國子監有關石刻拓片的記錄。②

1912 年 9 月 5 日 "上午同司長及數同事赴國子監"。③

此時國子監已變成為歷史博物館籌備處所在地。教育部委任 "胡玉縉、齊宗頤籌辦開館事宜"。④ 齊宗頤,字壽山,河北高陽人。早年留學德國,畢業于柏林大學政法科。回國後曾任教育部主事、僉事、視學,與魯迅先生同事。

1913 年 6 月 2 日 "下午同夏司長、戴蘆舲、胡梓方赴歷史博物館觀所購明器土偶,約八十余事"。⑤

1913 年 8 月 12 日 "同戴蘆舲、許季上遊雍和宮,次至歷史博物館"。⑥

此時教育總長為汪大燮。魯迅為了保護博物館的文物,親力親為。為了籌備參加於 1914 年 5—8 月在德國萊比錫舉辦的 "萬國書業雕刻及他種專業賽會" 參展品的安全,魯迅於 1913 年 11 月 20 日夜宿於教育部辦公室看護。他在日記中寫道:"歷史博物館送藏品十三種至部,借德人米和伯持至利俾瑟雕刻展覽會者也,以其珍重,當守護,回寓取氈二枚,宿於

---

①　魯迅:《魯迅全集·日記》第一卷,人民文學出版社 2006 年版,第 7 頁。

②　魯迅:《魯迅全集·日記》第一冊,人民文學出版社 2006 年版,第 7 頁。

③　魯迅:《魯迅全集·日記》第一卷,人民文學出版社 2006 年版,第 19 頁。

④　教育部編纂處月刊社:《教育部編纂處月刊》《本部紀事》,全國圖書館文獻縮微中心 1990 年版,第 4 頁。

⑤　魯迅:《魯迅全集·日記》第一冊,人民文學出版社 2006 年版,第 66 頁。

⑥　同上書,第 75 頁。

部中。夜許季上來談，九時去，不眠至曉"，① 第二天"上午米和伯來部取藏品去。午與稻孫、蘆舲飯於益錩。下午回寓"。②

1914 年 4 月 1 日（同蔣孟平、蔡國青等人）"午飯後同遊歷史博物館"。③

1914 年 6 月 23 日，教育部呈文就國子監籌設歷史博物館辦成後要兼管文廟，並要對外開放。文中寫到："查文廟及國子監兩處，自民國元年經本部接管，當以國子監一處所有辟雍等建築……於歷史博物館性質甚為合宜，是以經國務會議議決改國子監為歷史博物館，並由本部先就該地設立籌備處在案。歷史博物館一項……既為文明各國所重，尤為社會教育所資，本部現在設法進行，一俟籌辦完畢，自應正式開放……"④ 在國子監的歷史博物館籌備處還訂立了遊覽暫行規則，對有"訪信"的中外人士有"館役"（是對導遊接待人員的稱呼）負責接待參觀。如 1916 年第 2期《北京高等師範學校校友會雜誌》中有題為"孔廟國子監歷史博物館雍和宮柏林寺等處報告"中就提到了參觀孔廟和國子監並所看到的文物情況，其實籌備處中的文物收藏還遠沒有達到真正意義上的"歷史博物"，更多的是孔廟、國子監原有舊物而已。文中提到："民國四年（1915 年）四月三日早九時，本部教務主任王桐齡等人帶領學生 48 人參觀孔廟及國子監，跟隨館役導遊各處。"

二　魯迅在敬一亭整理"大內檔案"

在歷史博物館籌備期間，魯迅曾在敬一亭整理了原存放於此的"大內檔案"。整理過程，魯迅以一篇《談所謂大內檔案》文章記錄，並於 1928 年 1 月發表。

文章原文：

> 談所謂的"大內檔案"這東西，在清朝皇宮積存了三百多年……民國元年我到北京的時候，它們已經在裝為八千袋（？）塞在

① 魯迅：《魯迅全集·日記》第一冊，人民文學出版社 2006 年版，第 87—89頁。

② 同上書，第 89 頁。

③ 同上書，第 112 頁。

④ 史樹青：《魯迅先生和北京歷史博物館》，《文物》1956 年第 10 期。

孔廟之中的敬一亭裏了，的確滿滿地埋滿了大半亭子。其實孔廟裏設了一個歷史博物館籌備處，處長是胡玉縉先生。籌備處云者，即裏面並無"歷史博物"的意思。我確在教育部，因此也就和這些麻袋發生了一點關係……這些麻袋們躺在敬一亭裏，就很令歷史博物館籌備處處長胡玉縉擔憂，日夜提防工役們放火。為什麽呢？這事談起來可有些繁復了。弄些所謂"國學"的人大概都知道，胡先生原是南青書院的高才生，不但深研舊學，而且博學前朝掌故的。他知道前朝武英殿裏藏過一副銅活字，後來太監們你也偷，我也偷……後來似乎要來查的時候，就放了一把火。自然，連武英殿裏也沒有了。……而不幸敬一亭裏的麻袋，也仿佛常常減少，工役們不是國學家，所以他們將內容的寶貝倒在地上，單拿麻袋賣錢。胡先生因此想到武英殿失火的故事，深怕麻袋缺的多了之後，敬一亭也照例燒起來；就到教育部去商議一個遷移，或整理，或銷毀的辦法。

圖4—16　敬一亭外景舊照

图片来源：中国文化遺產研究院提供。

專管這一類事情的是社會教育司，然而司長是夏曾佑先生。弄些什麽"國學"的人大概都知道的，我們不必看他另外的論文，只要看他所編的兩本中國歷史教科書，就知道踏勘中國人有怎地清除。他是知道中國的一切事萬不可"辦"的；即如檔案罷，任其自然，爛掉，蛀掉，偷掉，甚而至於燒掉，倒是天下太平；倘一加人為，那就輿論沸騰，不可開交了。結果是辦事的人成為眾矢之的，謠言和誹謗，百口也分不清。所以他的主張是"這個東西萬萬動不得"。

這兩位熟於掌故的"要辦"和"不辦"的老先生，從此都知道各人的意思，說說笑笑……但竟拖延下去了。於是麻袋們又安靜地躺了十余年。

這回是 F 先生來做教育總長了，他是藏書和考古的名人。他一定聽到了什麼謠言，以為麻袋裏有好的宋版書——"海內孤本"。有一天，他就發了一個命令，叫我和 G 主事試看麻袋。即日搬了二十個到西花廳，我們兩個在塵埃中看寶貝，大抵是賀表，黃綾封……還有奏章，小刑名案子居多，文字是半滿半漢……殿試卷是一本都沒有。

後來派幾十人，我有幸不在內。……遷到午門，處長早換了 YT，麻袋們便在午門被整理。

魯迅在文中提到的這些被整理過的"大內檔案"，部分被歷史博物館作為文物收藏。

1918 年 7 月，受國子監地理位置偏僻、辦公場館狹隘等原因，歷史博物館籌備處搬出國子監，遷到了午門及端門辦公。孔廟國子監原有的大量文物作為歷史博物館的藏品也隨之搬離。為了籌備開放，魯迅多次到那裏工作，還將自己的收藏的文物無償捐獻出來，這些都在自己的日記中記錄下來。歷史博物館籌備處在午門又經過了 8 年的籌備，於 1926 年 10 月正式對外開放。只可惜，魯迅先生未能目睹到這座由他親自參與籌建的中國第一座博物館的正式對外開放，因為他早於開放前的兩個月離開了北京，到廈門大學任教去了。被歷史博物館作為藏品的原孔廟和國子監的部分文物，在歷史博物館正式開放的展覽中展出，展出文物內容見本書第三章第二節"歷史博物館征收保存的孔廟國子監文物"。

三 魯迅與京師圖書館

在籌備歷史博物館同時，魯迅負責的社會教育司第一科還負責籌建各類圖書館工作。他先後參與籌備並組織建立了"京師圖書館"（現國家圖書館前身）、"京師圖書館分館""通俗圖書館"（現首都圖書館前身）工作。特別是在重組並建立京師圖書館工作中，許多事情都親力親為，為了選址、組建等工作，多次親臨國子監南學。

圖 4—17　方家胡同國子監南學的京師圖書館大門
圖片來源：北京魯迅博物館提供。

京師圖書館即今國家圖書館前身，由當時內閣大學士的張之洞主持的學部創辦，建於宣統元年（1909 年），設在什刹海後海北岸的廣化寺內。京師圖書館初期的藏書是以宋、元、明、清四代皇家部分藏書、內閣大庫殘存的宋元舊刻、翰林院殘存的《永樂大典》等為主，藏書僅10 余萬冊。1912 年由民國政府教育部接管，江瀚擔任第一任館長。為了豐富京師圖書館館藏，教育部把原藏於翰林院、國子監南學典籍及內閣大庫殘本調撥到這裏，還從奉天（瀋陽）、直隸（河北）、云南、河南、山西等各省地調來大批官書收藏。1912 年 8 月 27 日正式對外開放。由於藏書不斷增加，再加上地處較為偏僻、交通不便等原因，教育部決定另辟新址建館，魯迅為此做了大量工作。他在 1913 年 10 月 29 日的日記中寫到"在部終日造三年預算及議改組京師圖書館事，頭腦岑岑然"。① 經過近一年多的籌劃，1915 年 6 月，決定在地處方家胡同的國子監南學舊址設立京師圖書館籌備處。此時，第一任館長江瀚已被調往四川擔任鹽運使，改由教育部社會教育司司長夏曾佑兼任，但實際負責人為魯迅與沈商耆。他們負責並參與籌劃新館選址、老館搬遷、新館開館等工作的全過程。1917 年 1 月 26 日舉行了開館儀式，27 日正式對外開放接待讀者。

此期間魯迅日記中的相關記載為：

1915 年 6 月 1 日"午後，往國子監南學"。②

1915 年 6 月 21 日"下午同戴蘆舲往南學"。③

1915 年 8 月 20 日"午後往方家胡同圖書館"。④

1916 年 7 月 18 日"午後往京師圖書館"。⑤

1917 年 1 月 26 日"上午赴京師圖書館開館式"。⑥

隨著圖書館事業發展和館藏圖書的增加，京師圖書館於 1928 年 12 月搬離國子監南學，遷到了中海居仁堂，由大學院接收並管理，改名為北平圖書館。1931 年遷移到北海公園西岸，與 1926 年 3 月建於此地的北京圖書館合併，更名為國立北京圖書館。

在京師圖書館籌備的同時，魯迅還參與籌備了通俗圖書館，並於 1913 年 10 月開館。這座除按照普通用書、兒童用書分類的圖書館，還附設了一個兒童體育場，這在當時開闢了圖書館的先河。魯迅從建館起，就經常去檢查工作，給予指導和幫助，並捐贈圖書。新中國成立後曾在國子監設立的首都圖書館就是在其基礎上發展起

① 魯迅：《魯迅全集·日記》第一冊，人民文學出版社 2006 年版，第 84 頁。
② 同上書，第 173 頁。
③ 同上書，第 176 頁。
④ 同上書，第 183 頁。
⑤ 同上書，第 235 頁。
⑥ 同上書，第 273 頁。

來的。

圖4—18 1917年1月26日京師圖書館舉行開館儀式，魯迅與嘉賓們的合影
圖片來源：北京魯迅博物館提供。

四　魯迅因工作參與孔廟祭孔

袁世凱任中華民國大總統後，頒佈了系列祭孔令，恢復祭孔。教育部負責執行在孔廟舉辦的祭孔活動。為了辦好祭孔，教育部於1913年2月專門"派僉事沈彭年赴內務部會議民國祀典事宜"，① 教育部部員擔任了祭孔演禮中的陪祀官等角色。魯迅對尊孔很反感，但因為工作原因還是被安排在崇聖祠擔當陪祀官，多次到孔廟參與演禮活動。按照祭祀古禮規格，祭孔時間大多在黎明時間，為了不誤時間，魯迅多在祭孔的頭天晚上住在國子監西廂中。

1913年9月28日"星期休息。又云是孔子生日也。昨總長汪（大

---

① 教育部編纂處月刊社：《教育部編纂處月刊》《本部紀事》，全國圖書館文獻縮微中心1990年版，第3頁。

變）令部員前往國子監，且需跪拜，眾已譁然。晨七時往以視之，則至者近三四十人，或跪或立，或旁立而笑，錢念敏又從前大聲而罵，頃刻間便草率了事，真一笑話……晚國子監送來牛肉一方"。[1] 清末到民國初年，政府每年舊曆二月、八月的丁日在國子監毗鄰的孔廟舉行祭禮，稱"丁祭"。祭禮中所用牲禮祭後分發給參祭者。汪大燮於 1913 年 9 月 11 日被任命為教育總長，15 日到位就職，28 日便率部員到孔廟行禮。他僅任部長半年多時間便辭職。

1914 年 3 月 2 日"晨往郅中館要徐吉軒同至國子監，以孔教會中人舉行丁祭也，其舉止頗荒陋可悼歎……"[2]

1915 年 3 月 10 日"晴，午後云。赴孔廟演禮，下午畢"。[3]

1915 年 3 月 15 日"晴，午後曇。赴孔廟演禮"。[4]

1915 年 3 月 16 日"夜往國子監西廂宿"。[5]

1915 年 3 月 17 日"黎明丁祭，在崇聖祠執事，八時畢歸寓"。[6]

1915 年 9 月 11 日"晴。午後赴文廟演禮"。[7]

1915 年 9 月 12 日"晴。……晚訪陶念卿先生，夜就國子監宿"。[8]

1915 年 9 月 13 日"晴。黎明祭孔，在崇聖祠執事，八時訖歸寓"。[9]

1917 年 2 月 22 日"晴。午後赴孔廟演禮"。[10]

1917 年 2 月 23 日"晴。……夜至平安公司觀景戲，後赴國子監宿"。[11]

1917 年 2 月 24 日"晴。晨丁祭，在崇聖祠執事"。[12]

---

① 魯迅：《魯迅全集·日記》第一卷，人民文學出版社 2006 年版，第 80 頁。

② 魯迅：《魯迅全集·日記》第一冊，人民文學出版社 2006 年版，第 108 頁。

③ 同上書，第 163 頁。

④ 同上書，第 164 頁。

⑤ 同上。

⑥ 同上。

⑦ 同上書，第 187 頁。

⑧ 同上。

⑨ 同上。

⑩ 同上書，第 276 頁。

⑪ 同上。

⑫ 同上。

1918 年 3 月 19 日 "午後往孔廟演禮"。①

1918 年 3 月 20 日 "晴。……夜往國子監宿"。②

1918 年 3 月 21 日 "晴。晨祀孔執事畢歸寓臥"。③

1919 年 3 月 4 日 "午後赴孔廟演禮"。④

1919 年 3 月 6 日 "晨五時往孔廟為丁祭執事，九時畢，在寓所息"。⑤

1919 年 9 月 30 日 "晴。午後往孔廟演禮"。⑥

1919 年 10 月 2 日 "晴。晨二時往孔廟執事，五時半畢歸"。⑦

1920 年 3 月 18 日 "晴。午後赴孔廟演禮"。⑧

1920 年 3 月 20 日 "晴。向晨赴孔廟，晨執事訖歸睡"。⑨

1921 年 3 月 12 日 "晴，風。午後往孔廟演禮"。⑩

1921 年 3 月 15 日 "未明赴孔廟執事"。⑪

1921 年 9 月 11 日 "星期。未明赴孔廟執事"。⑫

1923 年 3 月 23 日 "晴。下午往孔廟演丁祭禮"。⑬

1923 年 3 月 25 日 "黎明往孔廟執事，歸塗墜車落二齒"。⑭

1924 年 9 月 3 日 "晴。午後往孔廟演禮"。⑮

1924 年 9 月 4 日 "晴。夜半往孔廟，為丁祭執事"。⑯

魯迅關於祭孔被派作執事及將自己在參加完祭孔回寓所途中摔掉了牙

---

① 魯迅：《魯迅全集・日記》第一冊，人民文學出版社 2006 年版，第 322 頁。
② 同上。
③ 同上。
④ 同上書，第 362 頁。
⑤ 同上。
⑥ 同上書，第 380 頁。
⑦ 同上。
⑧ 同上書，第 398 頁。
⑨ 同上。
⑩ 同上書，第 426 頁。
⑪ 同上。
⑫ 同上書，第 442 頁。
⑬ 同上書，第 464 頁。
⑭ 同上。
⑮ 同上書，第 527 頁。
⑯ 同上書，第 528 頁。

齒的事情，編寫進了《從鬍鬚說到牙齒》文中。節錄如下：

　　袁世凱也如一切儒者一樣，最主張尊孔。做了離奇的古衣冠，盛行祭孔的時候，大概是要做皇帝以前的一兩年。自此以來，相承不廢，但也因秉政者的變換，儀式上，尤其是行禮之狀有些不同：大概自以為維新者出則西裝而鞠躬或頓首之列的；但屆春秋二祭，仍不免要被派去做執事。執事者，將所謂‘帛’或‘爵’遞給鞠躬或頓首之諸公的聽差之謂也。民國十一年秋，我‘執事’後坐車回寓去，既是北京，又是秋，又是清早，天氣很冷，所以我穿著厚外套，帶了手套的手是插在衣袋裏的。那車夫，我相信他是因為瞌睡，胡塗，決非章士釗黨；但他卻在中途用了所謂‘非常處分’，以‘迅雷不及掩耳之手段’，自己跌倒了，並將我從車上摔出。我手在袋裏，來不及抵按，結果便自然只好與地母接吻，以門牙為犧牲了。於是無門牙而講書者半年，補好於十二年之夏，所以現在使朋其君一見放心，釋然回去的兩個，其實卻是假的。[①]

宋哲元

　　宋哲元（1885—1940 年），字明軒，山東樂陵縣人，1908 年從軍，曾任國民革命軍第二十九軍軍長。抗日戰爭爆發後，1933 年在喜峰口、羅文峪一綫抗擊日軍，曾率五百余官兵持大刀殺入敵營，殺死敵軍二千余人，鼓舞了軍民戰勝敵軍的信心。1935 年宋哲元出任平津衛戍司令兼北平市長、冀察政務委員會委員長等職。1936 年他下令開始恢復祭孔。同年 8 月 27 日，宋哲元以委員長身份，親自到北京孔廟祭孔，並在大成

圖4—19　宋哲元像

---

①　周樹人：《墳》，《魯迅全集》1948 年版，第 229—230 頁。

殿作為主祭官行禮。[①] 1937 年爆發“七七事變”後，他下令“堅決抗擊日軍”，率將士們打退了日軍一次又一次進攻。1938 年 3 月 6 日在北京孔廟舉行春季丁祀活動中，他派時任教育總長的湯爾和代祀行禮。[②] 1940 年 4 月，病逝於四川。

馬衡

圖 4—20　馬衡像

馬衡（1881—1955 年），浙江鄞縣人，字叔平，曾擔任西泠印社社長，1924 年受聘於“清室善後委員會”，參加點查清宮物品工作。1925 年 10 月故宮博物院成立後，曾兼任臨時理事會理事、古物館副館長，1926 年 12 月任故宮博物院維持會常務委員。1929 年後，任故宮博物院理事會理事兼古物館副館長，1933 年 7 月任故宮博物院代理院長，1934 年 4 月任故宮博物院院長。抗日戰爭期間，他為了保護北平這座文化古城，做了大量工作。

1933 為了保護國家文物，開始文物南遷計劃，原藏於孔廟的石鼓、元代潘迪的石鼓文音訊碑、十件周代彝器等文物都在其中，由當時的故宮博物院長馬衡等人主持搬遷工作。這些文物輾轉到了鄭州、上海，於 1936 年運到南京天朝宮保存。1948 年十件周代彝器現藏於臺北故宮。1952 年，馬衡調任北京文物整理委員會主任委員，1955 年 3 月在北京病逝，終年 74 歲。作為國之重器的周石鼓，原存於北京孔廟大成門內。清乾隆皇帝為石鼓設立欄杆加以保護，民國五年（1916 年）民國政府內務部又增加了玻璃櫥櫃保護。1931 年“九一八”事變後，山海關被攻陷後，平津危機，現在周石鼓藏於故宮博物院。

---

① 《國子監內春丁祀孔古樂聲中禮成》，《大公報》1937 年 3 月 22 日第 6 版。
② 《臨時政府令（春丁祀孔）》，《北平偽中華民國臨時政府公報》第 7 號。

梁思成

梁思成（1901—1972 年），廣東新會人，梁啟超之子，中國著名建築史學家、建築師、城市規劃師和教育家，一生致力於保護中國古代建築和文化遺產，是古代建築學科的開拓者和奠基者。1937 年作為在中國營建學社供職的中國古代建築研究領域的著名學者梁思成，被北平市文物整理實施事務處聘為技術顧問直接參與了北平的文物整理工程。孔廟、國子監也在此期間進行過

圖 4—21　梁思成像

修葺。1947 年 1 月，北平文物整理委員會恢復成立，梁思成任委員之一。1947 年 12 月，該委員會對於孔廟及雍和宮保養工程那行了驗收。[①] 任教育部組織成立的"戰區文物保存委員會"副主任，在抗日戰爭期間調查古代文物建築做出了巨大貢獻。

除上述人物外，民國時期還有很多參與祀孔的名人，表 4—1 簡述之。

表 4—1　　　　　　　　　　民國時期其他祀孔名人

時間	執政者	姓名	職務	備註
1913 年 9 月 28 日	袁世凱	梁士詒	總統府秘書長、交通銀行總理	（代行）大成殿主祭
1917 年 2 月 22 日	袁世凱	梁鼎芬		孔教會在國子監行釋菜禮
1923 年 9 月 11 日	曹錕	高凌霨	內務總長	恭代行禮[②]

① 中國文物研究所編：《中國文物研究所七十年：1935—2005》，文物出版社 2005 年版，第 211 頁。

② 《大總統令（本年九月十一日為秋丁祀孔之期）》，《政府公報》1923 年第 2691 號。

續表

時間	執政者	姓名	職務	備註
1924 年 3 月 9 日	袁世凱	孫寶琦	國務總理	恭代行禮①
1926 年 3 月 19 日	段祺瑞	賈德權	國務總理	恭代行禮②
1936 年 2 月 25 日	中華民國蔣介石執政時期	秦德純	北平市長	崇聖祠承祭官③
1937 年 9 月 7 日	日偽統治時期	江朝宗	偽市長	大成殿主祭
		潘毓桂	偽警察局長	崇聖祠
1938 年 3 月 6 日	日偽統治時期	湯爾和	偽教育部總長	大成殿主祭
		余晉龢	偽北京特別市市長	崇聖祠行禮④
1940 年 3 月 15 日	日偽統治時期	王揖唐	偽內政部總長	
1942 年 3 月 25 日	日偽統治時期	齊燮元、周作人、王蔭泰、殷同、朱深		在四配十二哲兩廡做分獻官⑤
1946 年 8 月 27 日	中華民國蔣介石執政時期	熊斌	市長	大成殿主祭⑥

（修撰人：董豔梅）

---

① 《大總統令（本年春丁祀孔派孫寶奇代行禮）》，《晨報》1924 年 3 月 1 日第 6 版。

② 《關於春丁祀孔的命令》，《晨報》1926 年 3 月 15 日第 6 版。

③ 《春丁祀孔明晨六時舉行》，《北平晨報》1936 年 2 月 24 日第 6 版。

④ 《臨時政府令（春丁祀孔）》，《北平偽中華民國臨時政府公報》第 7 號。

⑤ 《華北政務委員會命令（本年春丁祀孔由本委員長恭詣行禮）》，《華北政務委員會公報》1942 年第 128—130 合期。

⑥ 同上。

第五章

中華人民共和國成立初期的孔廟和國子監（1949—1956 年）

1949 年 1 月 31 日，古老的北平宣佈和平解放。2 月 4 日北平市人民政府（9 月 27 日更名為北京市人民政府）接管舊北平市政府，歷史進入了一個新的時代。

北京是中國歷史上的五朝古都，世界聞名的歷史文化名城，有三千多年的建城史，遺存有大量的文物古跡。孔廟和國子監就是一處具有獨特建築風格，保藏有大量珍貴文物的重要文化遺址。

一百多年的近代歷史中，外強的侵略，政權的更替，軍閥的混戰，長期的動蕩與戰亂，使古老的北京城滿目瘡痍，孔廟和國子監的古建文物也遭到不同程度的損毀。新中國成立初期，新的政權剛剛建立，舊時代遺留下來的許多問題亟待解決，新的問題又不斷產生，孔廟和國子監古建文物也經歷了新舊交替時期的陣痛。

這一時期雖然時間不長，但變化較大，是孔廟和國子監歷史沿革中不可或缺的重要階段，因此專設一章，依據文獻檔案的記載，精心編撰，真實地反映這一時期的復雜情況，以期達到承前啟後的作用。

第一節　管理

國子監自隋代設立以來，就是中國古代管理教育的行政機構。歷史上無論是直屬朝廷（中央政府）管理，還是由高層部院兼管，都受到歷代帝王的高度重視。尤其是明、清兩代，對國子監的管理更為嚴格，相關政令與監規很多都是由皇帝來下勅諭制定的。

國子監作為管理機構，隋唐至宋管轄國子學、太學、四門學等中央官學；元代僅負責管理教授漢文化的國子學；明初新建太學後，將太學與國子監合二為一，統稱國子監，自此確立了國子監即是管理教育的行政機構，又是最高學府的雙重職能；清沿明制，又把具有民族特色的八旗官學以及算學和接納留學生的琉球學館等歸屬國子監兼管。另外，國子監的管理模式與教學方法對地方府、州、縣學也具有一定的指導作用。

作為最高學府，國子監也稱太學，國學。國子監的校長稱為祭酒，副校長稱為司業，總管一切教學和行政事務。具體負責教學的老師有博士、助教、學正、學錄；負責教務和行政的有監承、典簿、典籍等，組成國子監的教學和管理體系，制定嚴格的監規。國子監衙署和教學區實行半封閉式管理，除官師和各類監生外，一般人是不能隨便出入的，這種傳統的管理方式一直延續至清末。

孔廟是國子監的重要組成部分。孔子自漢代就被尊為先師，也有過在學校祭祀孔子的記載，但正式在太學建立孔子廟始於唐初武德二年（619年），貞觀年間又詔令各地方學校一律建孔廟並按時祭奠，形成了有學必建廟，廟學一體的建制。北京孔廟和國子監都建於元代，是國子監師生祭拜先師的聖地，也是元、明、清三代帝王祭祀孔子的廟堂。除重大祭祀活動由朝廷各部、寺、院分工組辦外，其日常管理仍歸國子監祭酒、司業負責。北京孔廟的祭孔典禮歷經朝代更替、民國戰亂，雖然有所改革，但基本沒有中斷。

清末光緒三十一年（1905年）實行教育改革，國子監管理教育和最高學府的職能同時被廢止，國子監歸屬新設立的教育機構“學部”管轄。學部派遣監承等官員留守國子監衙署和負責孔廟的祭孔典禮。祭孔禮儀由原先的中祀升為大祀，並動工將大成殿擴建為九間制，孔廟和國子監的古代建築和大量文物基本得以完整保存下來。

民國初立，國子監和孔廟順理成章地由教育部接管。國子監被規劃為社會教育的場所。1912年7月，在國子監創立了“國立歷史博物館籌備處”（國家博物館的前身），後來又將“京師圖書館”（國家圖書館前身）遷至國子監南學。北京孔廟亦由籌備處代管，仍延續每年定時祭祀孔子的典禮。1916年，孔廟和國子監改由民國政府壇廟管理處管轄（後改名壇廟管理所）。歷史博物館籌備處和京師圖書館也相繼遷出國子監和南學。

孔廟和國子監正式作為壇廟類文物古跡進行管理和使用。1928 年在增加了相關設施和服務項目後，正式作為文化文物景點對外開放。1935 年 1月，南京政府將北京的壇廟管理正式移交給當時的北平市政府接管，又改名為北平市管理壇廟事務所。管理壇廟事務所先是歸市政府直管，抗戰勝利後歸北京市社會局管轄。管理所設在天壇，所轄壇廟 20 余處，孔廟和國子監是其中重要的大型廟宇之一。主管單位一般派遣 1—2 名管理員負責管理，其他人員多為臨時調派，負責售票、安保等具體工作。由於孔廟每年都要舉行祭孔典禮，大成殿及東西兩廡的清理和陳設等仍由世代相襲的殿戶、廟戶負責，這種管理形態一直維持到民國末年。

民國時期政局動蕩，文物古跡疏於管理。孔廟和國子監的管理人員更換頻繁，各項管理制度也不夠完善，尤其是古建得不到及時的修繕，致使孔廟和國子監的古建和設施遭受到很大損壞，除主體建築尚保存完整外，附屬建築，如國子監御書樓、國子監南學及射圃等處損毀嚴重，因未能修葺，今已不存。文物方面雖然損失不大，但文物的歸屬發生了很大的變遷，主要是因為民國初年在國子監設立過“國立歷史博物館籌備處”和“京師圖書館”，國子監所有可移動文物，如清代皇帝臨雍講學的御用物品、御書樓所藏歷代精品石刻、古籍善本、明清古籍雕版以及孔廟御用祭器和部分精品禮器全部作為該館藏品一同帶走。至今國子監僅有乾隆石經等刻石尚存；孔廟由於祭孔典禮照例舉行，大部分祭禮樂器得以保存。

新中國成立後，中華人民共和國定都北京。中央和北京市人民政府對古建文物的保護和利用非常重視，實行中央直屬部門和北京市主管單位的雙重管理，加強了管理力度。但由於歷史環境和條件所限，採取了側重使用兼顧保護的方針。雖然在當時起到了較好的作用，但也留下了後遺症。直到改革開放後，隨著政治的改革，經濟的發展，在旅遊業、服務業的促進下，古建文物的保護與利用才遂漸步入正軌。但目前尚有不少古跡被各種機關單位佔用，有待進一步統一管理，使其得到更好的保護，發揮更大的作用。

一　中央管理機構

1949 年 1 月 31 日，古都北平和平解放，北平的文化古跡得到完整的保存。次日，中國人民解放軍北平軍事管制委員會和北平市政府進城辦公。在軍管會的文化接管委員會設有文物部，由尹達任部長，王冶秋任副部長，李楓、于堅、羅歌為聯絡員，負責接管市內的文物博物館，圖書館等單位。①

　　1949 年 2 月 19 日，北平軍管會所屬的文化接管委員會開始接管北平文物整理委員會及其文物整理工程處，並要求其原有職工繼續正常工作。到 3 月上旬，北平市軍管會對北平舊有的文物、博物館事業的接管工作基本完成，隨即開始建立健全領導管理機構，並對原有單位逐步進行整頓和改造……

　　1949 年 6 月 6 日，華北人民政府高等教育委員會在北平成立。北平市軍管會文化接管委員會的文物部隨即併入該會，改稱"華北高教委員會文物處"，由王冶秋任處長；而此前由北平市軍管會所接管的北平舊有文物，博物館等單位，同時劃歸"華北高教委員會"直接領導。在該委員會領導下，北平文物整理委員會錄用一些專業技術人員，繼續從事北平文物古跡的修繕保護和調查研究工作。②

　　北平文物整理委員會的前身是"舊都文物整理委員會"。舊都文物整理委員會最初是 1928 年 3 月民國政府在南京成立的"中央文物保管委員會"，1929 年 1 月，移設北平。1934 年 11 月籌劃改設"舊都文物整理委員會"；1935 年 1 月 11 日在北平正式宣告成立。1945 年抗戰勝利後改名"北平文物整理委員會"。1946 年 10 月恢復組建北平文物整理委員會；1947 年 1 月 1 日北平文物整理委員會正式成立，由著名專家學者馬衡、朱啟鈐、梁思成等擔任主任委員和委員。該委員會主要擔任北平市古建文物的調查研究和保護修繕工作。1949 年之後由新政府接管，工作性質沒有發生變化。

　　"1949 年 10 月 1 日，中華人民共和國成立，北平文物管理委員會及其工程處更名為北京文物整理委員會。" 1949 年 6 月，"北平文物整理委員會派祁英濤主持設計北京孔廟、真覺寺金剛寶座（俗稱五塔寺塔）修

---

①　北京市文物事業管理局編：《北京文物博物館事業紀事》（上），1994 年，第 1 頁。

②　中國文物研究所編：《中國文物研究所七十年》，文物出版社 2005 年版，第 221 頁。

繕工程"。① "至 1949 年底，北京文物整理委員會工程處主持完成的北京
古建築修繕整理專案計有：孔廟大成殿、真覺寺金剛寶座塔、西郊大慧寺
大悲閣、護國寺金剛殿等修繕工程。"② 但由於資金所限，孔廟的修繕僅
為被破壞的局部修復，規模不大。

　　1949 年 11 月 1 日，中央人民政府文化部成立，下設一廳六局，
文物局是其中之一，負責指導管理全國的文物、博物館、圖書館事
業。11 月 9 日，中央人民政府教育部致函中央人民政府文化部，將
前華北人民政府高等教育委員會所屬故宮博物院、中國歷史博物館和
北京文物整理委員會等單位劃歸文化部領導。16 日，中央人民政府
任命鄭振鐸為文化部文物局局長，王冶秋為副局長。北京文物整理委
員會由文化部領導，成為國家從事古建築修繕保護和調查研究工作的
專門機構。1951 年 10 月 1 日，文化部文物局更名為社會文化事業管
理局，同年 12 月 14 日政務院任命鄭振鐸為文化部社會文化事業管理
局局長，王冶秋、王書莊為副局長。北京文物整理委員會隸屬於文化
部社會文化事業管理局。③

　　1955 年 1 月 15 日，文化部部務會議決定，3 月底成立文化部文物管
理局，主管文物博物館事業。1956 年 1 月，文化部決定"北京文物整理
委員會"更名為"古代建築修整所"……由俞同奎任所長，姜佩文任副
所長，聘請朱啟鈐先生為顧問。④

二　北京市管理機構

（一）市政府

在北平和平解放前夕，1949 年 1 月，中國人民解放軍北平軍事管制

---

①　國家文物局編：《中華人民共和國文物博物館事業紀事》（上），2002 年 9
月，第 6 頁。

②　中國文物研究所編：《中國文物研究所七十年》，文物出版社 2005 年版，第 223 頁。

③　同上書，第 228 頁。

④　國家文物局編：《中華人民共和國文物博物館事業紀事》（上），2002 年 9
月，第 84 頁。

委員會宣告成立，葉劍英任主任。同日，華北人民政府下屬的北平市人民政府也宣告成立，葉劍英兼任市長，徐水任副市長。2 月 4 日，北平市人民政府正式接管舊北平市政府。1949 年 8 月，聶榮臻繼任市長，張友漁為副市長（1949 年 5 月任）。1949 年 9 月 27 日，中國人民政府政治協商會議第一屆全體會議決定將北平更名為北京，北平市人民政府遂更名為北京市人民政府。1949 年 11 月，吳晗被任命為北京市副市長，主管文化教育工作。1955 年 2 月，王昆侖、薛子正等同時被任命為副市長。

孔廟國子監的保護和利用一直得到北京市政府的高度重視，很多命令和批復由市領導親自簽發。

1951 年 7 月 1 日，北京市文物調查研究組成立，由傅振倫先生任主任，金梁任顧問。這是直屬北京市人民政府的第一個主管文物的機構。該組的任務是在北京市人民政府文化教育委員會的領導下，進行保護物質和精神文化遺產的工作。主要任務“以文獻工作為重點，目前以搶救文物為主……”1952 年 6 月 25 日，北京市人民政府任命朱欣陶為北京市文化教育委員會文物調查研究組主任。

1953 年 4 月，北京市副市長吳晗和中央文化部社會事業管理局局長鄭振鐸出訪蘇聯後，提出籌建“首都歷史與建設博物館”的設想，並組織了專家座談會。1954 年 2 月 18 日“首都歷史與建設博物館籌備處”正式成立（首都博物館前身），與北京市文物調查研究組合署辦公，主要工作由市文物組兼管並初步考慮以北京孔廟為博物館展覽場地（廳）。但由於當時孔廟國子監被企業和學校佔用等狀況，計劃在孔廟建博物館展廳的設想未能實現。直到 1979 年 9 月，首都博物館籌備處才幾經沉浮，最終進駐孔廟。經過兩年籌備，於 1981 年 10 月 1 日在北京孔廟正式開館。

（二）上級單位

孔廟國子監一直由壇廟管理事務所管轄。壇廟管理事物所 1949 年初仍歸屬舊北平市社會局管理。局長溫崇信（原舊政府人員）。1949 年 2 月，北平市和平解放，該局由中國人民解放軍北平市軍事管制委員會接管。接管後稱北平市人民政府社會局。1949 年 3 月，歸屬北平市人民政府民政局管轄。新中國成立後，稱為北京市人民政府民政局。所轄壇廟祠寺共 20 處，孔廟國子監為其中之一。局長先後由史懷璧、董汝勤擔任；副局長周鳳鳴、馬玉槐。1950 年 5 月 1 日，市政府建設局公園管理科撤消，成立了北京市人民政府公園管理委員會。9月26日，壇廟管理事務所撥歸北京市公園管理委員會管轄。公園管理委員會由市政府副秘書長李公俠兼任主任委員。副主任委員先後由王明之、武志平、范棟申擔任。1953年6月19日，市政府公園管理委員會撤銷，成立人民政府園林處，吳思行兼處長，范棟申爲副處長。1955年2月28日，市政府園林處撤銷，成立北京市園林局。先後擔任該局局長的有劉仲華、汪菊淵，擔任副局長的有許禹范、范棟申、藏文林、陳昭文、丁洪、李禄章。①

　　1955年，孔廟國子監的規劃方案基本確定。3月，北京市人民委員會決定撤銷在北京市教育局文藝處基礎上成立的北京市文化事業管理處，成立北京市文化局。1956年3月，又決定將北京市文物調查組劃歸文化局領導。北京市文化局直接參與了孔廟國子監的規劃、修繕及使用（詳細情況見規劃修繕和使用的相關內容）。② 1958年4月24日北京市園林局發文［國秘字（58）第164號］："根據市人委決定及你我兩局的協議：我局所管理的孔廟國子監自即日起移交你局看管。工人也自行即日起改由你局領導，作爲你局的工人。特此函知，以便訂期辦理移交手續……"③ 自此孔廟國子監正式歸屬文化局領導。

（三）主管單位和孔廟國子監管理人員

　　新中國成立后，北京市壇廟管理事務所（原稱北平市管理壇廟事務所）的主管單位幾度變更，本身的名稱、組織機構、管理人員也都有變化，但作爲甲級壇廟，孔廟國子監一直由其管理。

　　"1949年2月，華北人民政府，華北軍事管制委員會派軍管小組代表楊作良等接管北平壇廟管理事務所。改稱北平市民政局壇廟管理事務所，原所長樑秉瑛及管理員劉增齡等繼續留任。"④ 楊作良1949年初任指導員，1950年2月被任命爲管理處代主任（後任主任）。"1950年9月，壇廟管理事務所撥歸北京市公園管理委員會……1950年10月，奉令把乙、

---

①　摘自北京市檔案館編《北京市檔案指南》，中國檔案出版社1996年版。

②　參北京市文物事業管理局編《北京市文物博物館事業紀事》（上），1994年。

③　《關於移交孔廟大成殿（等）問題的函》，1958年，北京市檔案館藏，檔案號：098 - 001 - 00398。

④　北京市地方誌編纂委員會編：《北京志·世界文化遺產卷·天壇志》，北京出版社2006年版，第248頁。

丙級壇廟（地壇、日壇、月壇、風神、雷神等廟）移交北京市公逆産清管局。甲級壇廟——天壇、孔廟國子監、五塔寺等處仍由事務所管理。1951 年 1 月，爲壇廟管理事務所工作便利，及符合實際所管業務範圍起見，壇廟管理事務所改組爲北京市人民政府天壇管理處，負責管理天壇、先農壇、孔廟國子監及農場等處。……楊作良被任命爲管理處秘書兼代主任。"①

孔廟國子監的隸屬關係是隨壇廟事務所而變更，機構和人員變動不大。1949—1950 年初管理員爲留用人員王郁如，1950 年 2 月以後由原看管職工（原廟戶）袁福負責管理，其他工作人員的相關資料目前尚未見到明確記載，僅有的一點資料還有待核實。

主管單位及孔廟國子監管理人員名錄：

（1）（舊）北平市政府社會局管理壇廟事務所

所長：梁秉瑛（1945 年 8 月—1949 年 1 月）

（2）北京市人民政府民政局管理壇廟事務所（新中國成立前稱北京市人民政府民政局）

所長：梁秉瑛（1949 年 2 月—1950 年 12 月，爲留用人員）

指導員：楊作良（1949 年 2 月—1950 年 12 月）

（3）北京市人民政府天壇管理處

代主任、主任：楊作良（1951 年 1 月—1952 年 9 月）

主任：任靖芳（1952 年 10 月—1957 年 9 月）②

（4）孔廟國子監管理人員

管理員：王郁如（1945 年 8 月—1950 年 2 月，爲留用人員）

負責人：袁福（1950 年 2 月—　　）

其他人員：據 1974 年北京市文物工作隊趙仁甫、趙迅兩位同志《袁福訪問記要》記載，他們還訪問了前廟戶高國瀛，因其病重，由他兒子高玉山代爲回答，據他說："解放前……有十來個人看守孔廟，而管大成殿的有四家，這四家袁福是頭（袁福又名兆玉），其次就是高國瀛（高瀛），黃德榮（黃榮）和李洪貴（不知道爲什麽上報時都改爲一個

---

① 北京市地方誌編纂委員會編：《北京志·世界文化遺産卷·天壇志》，北京出版社 2006 年版，第 248 頁。

② 同上書，第 253 頁。

字）……還有比他們低一等的打掃院子的。"[1]

（四）壇廟管理方面的分歧與矛盾

新中國成立初期，北京市政府成立"公逆產清查管理局"（簡稱"清管局"）。全市公產皆由清管局統一管理，並負責適時維護和上交房地產稅。因此產生了一些問題，當時民政局所屬管理壇廟事務所上呈了一份"意見書"，闡述了幾條意見，大略意思是：

> 本所現在所轄二十個壇廟，從管理和稅收上不宜分割，一旦管理缺失，就會造成文物古跡的損毀。
>
> 清管局適合管理宜於使用的房屋，從管理理念上與文物保管單位完全不同，標準也不一樣，為便於對古老建築的保護和利用，應該仍由各個文物管理機構來管理。
>
> 由原文管單位管理，目前遇到很大困難，而且主要產生在大的壇廟中，如天壇、孔廟國子監、五塔寺等，由於管理權所限，被一些企業和學校等侵佔，造成了不小損害。又沒有收稅權，維修經費難以為繼，希望能夠以租養房，加強保護與管理。

以上意見，並沒有得到真正落實，各單位佔用情況普遍存在，造成的損失也不小。孔廟國子監的古建文物也遭受了一定的損壞，直到 1955 年，整體規劃落實後才有所改觀。

第二節　古建文物的遺存情況

北京國子監、孔廟自元代建立，歷經明、清兩朝都是國家最高學府和皇家祭祀至聖先師孔子的廟宇，由禮部、國子監統一管理和保護。其建築輝煌、崇高且又獨具特色，是北京古都非常重要的文物古跡。及至民國，也都派有專人負責保護，由管理壇廟事務所管轄。雖然國子監的教學和管理教育的功能已於清末廢止，孔廟祭祀孔子的活動卻一直得以延續（除 1928 年秋因與國慶日重合免祭，1929—1933 年由北平壇廟管理處簡單祭祀，每年皆隆重舉行）。民國時期（含日

---

[1]　參見趙仁甫、趙迅《袁福訪問記要》，1974 年 2 月 4 日。

偽時期）戰亂不斷，孔廟國子監古代建築遭到一定毀損，文物的收藏發生一些變更和損壞，但古建築群基本保存完整，祭祀禮樂器等文物保存也較為完整。

新中國成立初期，孔廟國子監古建文物的遺存情況，大致可以從1949—1951年分別進行回收、整理、登錄的清冊（表格形式）中詳細了解。對於損毀和文物變更情況單列一節加以陳述。

一　回收東北大學及後來華北大學因戰事來京學生佔用的文物和其他物品

1949年4月，據孔廟管理員報稱：“查孔廟自三十七年（1948年）被東大先修班學生佔居後，孔廟保管各物品即屢次丟失，最後該東大學生由孔廟分班分期以梯形方式遷出，進住路南樓房。孔廟所有門窗傢俱等物多被該學生等夜間搬出……現該樓房又被華北大學接收。經查以前從孔廟搬來的門窗傢俱等物，除被燒毀者外，尚存樓內。經職（注：管理員王郁如）交涉結果已由東大學生、華大接收人員及孔廟負責人三方當面開單……民政局備具公函，令交孔廟再行持函向華大負責人交涉，俾除棕毯大小十數件被華大學生佔用未發還外，其餘木器等項均如數發還，理合開具清單呈報……”①

現將清單按原表詳列如下：

表 5—1　　　　　北平市壇廟事務所孔廟辦事處由華北大學領回
前東大學生佔用器具清單

名　稱	件　數	單　位	備　考
插燈罩	15	個	內殘破特甚一個，擬請註銷實有十四個
小門	1	對	
二牲匣	1	個	
三牲匣	1	個	鐵皮已無底，板不全，擬請註銷
窗戶	20	個	內殘破特甚一個，擬請註銷

---

① 《孔廟南樓房記憶體有一部分被前東北大學生運去之門窗、傢俱等，現該樓被華北大學接收，交涉索還一案（檔案摘錄，含器具清冊）》，1949年，北京市檔案館藏，檔案號：098－001－00019。

續表

名　稱	件　數	單　位	備　考
八仙桌	1	個	
隔扇	1	個	
做籩豆案	1	個	
孔桌面	2	個	
花香案	3	個	內殘破特甚一個，擬請註銷，實有兩個
筵桌	3	個	
板凳	1	個	
竹筐	19	個	均　殘
打牲案	1	個	
鐵臘拖	20	個	內殘破兩個
爵墊	31	個	
窗心	4	個	
窗框	1	個	
廁所小門	1	扇	
燈座	1	個	僅存碎木一塊，無保留必要擬請註銷
小黃木箱	1	個	太小欠蓋，無保留必要擬請註銷
破桌箱面	12	個	破爛不堪，只可供零星使用擬請註銷

　　事後孔廟管理員彙報："查孔廟路南華北大學佔用木器傢俱前已收回，呈報在案，其棕毯數十件因當時學生正在鋪用未便收回。茲查該處學生業已他遷，協同民政局關君，向華大保管科交涉，計收回大小棕毯三十三件……"

　　"本年四月十八日發字第三十四號簽呈悉。關於棕毯一項，已經派本局職員關福祿同志會同孔廟管理員王郁如向華大交涉，已允全部交還，至殘破傢俱亦同時查驗，與冊開相符，准予註銷，希仍將華大交回棕毯數目具報備查，並希知照。"①

　　至此，東北大學和華北大學學生佔用的部分文物、器物收回案至此圓

---

　　①　《為孔廟棕毯已派員會同孔廟管理員向華大交涉收回，其殘破傢俱查驗相符，准予登出的呈文與指令（摘錄）》，1949 年，北京市檔案館藏，檔案編號：098 - 001 - 00019。

滿了結。

二　孔廟國子監古建文物清理情況（1950 年）

北京市人民政府接管舊北平政府後，管理廟壇事務所即歸屬北京市民政局管轄。1950 年 10 月在交接之前，根據市民政局的部署，壇廟事務所對孔廟、國子監、大和齋、五塔寺等古建文物進行了勘查、整理和登記。按類別分為兩大部分，再按類目列表登錄。

1. 北京市人民政府民政管理局廟壇事務所所屬孔廟國子監殿宇碑匾數目清冊（表），該清冊實為古建和碑匾部分，具體分為孔廟殿宇部分、國子監殿宇部分；孔廟碑匾部分、國子監碑匾部分；樹株部分，共計五部分；

2. 孔廟及國子監存儲物品清冊（表），分為：木器、銅器、錫器、鐵器、磁（瓷）器、金漆祭器、軟片類、辦公用品、樂器、書誌；共計十類物品。為尊重歷史記載基本按原表列目（備考亦為原表所列），編者在表末增加備註一欄，以便說明有區別的稱謂等，另外已將表中數字均改為阿拉伯數字。

現將兩份清冊（表）詳列如下：

表 5—2　　　　北京市人民政府民政局管理廟壇事務所所屬
孔廟國子監殿宇碑匾數目清冊①

孔廟殿宇部分			
名　稱	間　數	備　考	備　注
孔廟大門	3		
大門内碑亭	3 座		前院碑亭
神廚	5		
井亭	1 座		
廁所	1		
宰牲亭	3		
神庫	5		
持敬門	1		

① 《北京市人民政府民政局管理壇廟事務所所屬孔廟國子監殿宇碑匾數目清冊》，1950 年，北京市檔案館藏，檔案號：098 - 001 - 00019。

續表

名　稱	間　數	備　考	備　注
致齋所	3		
大成門	5		
大成門內南廊房	東西共 22	兩門在內	
大成殿	1 座	九楹五間進身	
東西分列碑亭	11		
燎爐	1		
大成殿東西掖房	18		
東西廡	38		
西掖房北四扇屏門（院門）	1		指後院崇聖祠前西側通 國子監夾道的屏門
西掖房北北院門	1		大成殿后西側通崇聖祠的門
崇聖祠街門	1 座		
大門	3		
正殿	5		
東西廡	6		崇聖祠東西配殿
合　計	138		

國子監殿宇部分

名　稱	間　數	備　考	備　注
成賢街木坊	2 座		應為民國年間改建的鋼筋水泥柱牌樓
國子監木坊	2 座		同上
集賢門	3		
集賢門內井亭	2 座		
西大門	1		
西大門迤北房	5		
西大門迤南房	3		
太學門	3		
兩旁儀門	2		
儀門內兩旁南廊房	14		
鐘鼓亭	2 座		

續表

名　稱	間　數	備　考	備　注
琉璃坊	1		
碑亭	2		
辟雍殿	1		四面各三間，合為一殿，共九間
彝倫堂	7		
後殿	3		彝倫堂後抱廈
東西典簿典籍廳	6		應為東西講堂
門	2		東西講堂兩側通第三進院的門
東西轉角廊房	4		
東西繩愆、博士廳	6		
東西庋鐘鼓房	2		明代鐘鼓房
東西大堂房	66		即東西六堂
敬一亭門	1座		
敬一亭	5		
東廂大門	1座		
西廂大門	1座		
通箭廠大門	1座		
通東廂磚門	1座		
舊辦公處北瓦房	3		應為東磚門外或東廂外（現鍋爐房位置）殘余瓦房
北平臺	3		原東西廂房屋已坍塌嚴重，北平臺指何處不明
合　計	153		

孔廟碑匾部分

名　稱	座　數	備　考	備　注
下馬碑	2	孔廟大門外殘	
碑亭內石碑	3	大成門外	孔廟前院
元朝御碑	2	同上	大成門階下兩側"加號碑"
元明清賜進士題名碑	198	內倒三座有殘壞	具體哪朝哪科沒有標明

續表

名　稱	座　數	備　考	備　注
石鼓碑	2	大成門上	東西兩側即乾隆御製重刻石鼓文序和張照書石鼓歌碑
清石鼓	10	大成門上	東西兩側各五個
碑亭內石碑	11	大成門內	孔廟中院御碑亭
石鼓碑座	1	同上	即元代潘迪石鼓音訓碑座，當時還在大成門內西側
大成殿內匾額	2方		即黎元洪"道洽大同"匾和袁世凱"大總統令"
文公祠內匾額	7方		具體內容不明

國子監碑匾部分

名　稱	座　數	備　考	備　注
石碑	5	太學門上損壞	太學門外。階上
碑亭石碑	2	太學門內	中院御碑亭內
石碑	16	彝倫堂內	乾隆說經文等大碑
寫經圖石刻	3方	同上	包括崇實、振雅二軒記
石刻屏	1	同上	即康熙御書大學石刻
古槐贊石刻屏	1	典籍廳內	西講堂正中
石碑	1	典簿廳內	應為乾隆年刻雍正聖諭、禮部會試舉人合詞陳謝碑
十三經石碑	190	率性、修道等六堂內，有損壞	即清乾隆十三經碑189座，告成表文一座
題名碑	10	東廂房內移國子監	即原東廂內官師題名碑
石刻屏	1	博士廳內	應為乾隆訓示士子碑，原刻立在南學率性堂內，後移至博士廳存放
石碑	2	敬一廳內	特指明嘉靖敬一箴和清康熙訓示士子文兩座豎碑
臥碑	10	同上	即明嘉靖視、聽、言、動、心和頒發令六碑及康熙四大臥碑

續表

名　稱	座　數	備　考	備　注
辟雍殿內匾額	3 方		即乾隆，道光、咸豐三方御匾
對聯	3 副		有記載的是乾隆和道光的御書楹聯，另一幅未見記載，推測為咸豐御書聯
彝倫堂內匾額	12 方		除清康熙御書彝倫堂匾額之外，其余後來都收藏於孔廟大成殿內
後軒木匾	10 方		指彝倫堂後抱廈內所存木匾，具體內容不明
東廂內中廳匾額	5 方	移國子監	原就是國子監東廂內匾額，後移至國子監中院
南廊房內匾額	9 方		所記匾額都是後來移至的，具體情況和內容不詳
南廊房內對聯	2 副		同上
合　計	277		有些匾聯因標識不明，有待查考

樹株部分（僅列總數，可對照 1951 年樹株表）

類　別	株　數	備　考	備　注
柏樹	194		
雜樹	65		
合　計	259		

表 5—3　　　　　　　　孔廟及國子監存儲物品清冊[①]

			木器	
編　號	品　名	件　數	備　考	備　注
1－20	插燈座燈	20	編號 9 註銷	實存 19 件
21－39	木箱	19	大小長方不等，均殘	
40－47	牲匣	8	40 號牲匣註銷	實存 7 個
48	木杠	1	註銷 1 件	

---

① 《孔廟及國子監存儲物品清冊》，1950 年，北京市檔案館藏，檔案編號：098－001－00019。

續表

編　號	品　　名	件　數	備　　考	備　注
49 – 123	平翹頭籩豆案	75		
124 – 136	筵桌	13	編號 124 註銷	
137 – 139	高櫈	3	註銷 1 件	實存 2 張
140 – 141	馬牙案	2		
142 – 150	榆木炕櫈	9	提出列傢俱冊	
151 – 152	洋式黑漆飯台	2	同上	
153 – 156	榆木八仙桌	4	同上（註銷 1 張）	
157	四孔板櫈	1	同上（註銷 1 張）	
158 – 161	大小板櫈	4	同上	
162 – 165	茶几	4	同上	
166 – 168	衣架	3	同上	
169	祝板座	1		
170 – 176	饌盤	7		實存 9 件
177 – 226	爵墊	50		實存 52 件
227 – 241	紅花香案	15		實存 16 張
242 – 245	孔桌	5	即尊桌	
246 – 265	饌桌	20		
266	祝板桌	1		
267 – 276	琴桌	10		
277 – 278	紅燈座	2	註銷 1 件	
279 – 283	木櫃	5	註銷 1 件，編號 283 號	
284 – 286	晾牲架	3	應改為 4 件	實存 4 件
287 – 290	打牲案	4	內殘 1 件，編號 287 號註銷	實存 3 件
291	做籩豆菜案	1		
292 – 293	洋式二屜桌	2	提出列傢俱冊	
294 – 295	木階級	2		
296	紅色飯台	1	提出列傢俱冊	
297 – 298	鋪板	2 副	同上	
299	黑色三角架	1	同上	

續表

編　號	品　　名	件　數	備　　考	備　　注
300－303	椅子	4	同上（因駐軍借用換回板凳1條）	
304－305	立櫃格	2	同上	
306	長桌	1	同上（註銷）	
307－308	玻璃櫃	2	同上	
309	長書桌	2	同上	
310－315	露椅	6	提出列像俱冊	露天放置，供遊人休息的長椅
316－317	木床	2	同上	
318－319	硬木長方桌	2	同上	
320－321	三屜桌	2	同上	
322	四屜六仙桌	1	同上	
323	木打杜	1		
324－337	燈罩	14	註銷14件（原28件）	實存14件
338－339	小門	2	提出列像俱冊	
340	桌簋豆菜案面	1	註銷	
341－342	孔桌面	2	註銷1件（原3件）	實存2件
343	寶座	1		推測為彝倫堂暖閣內寶座，不知現存何處
344	金漆圍屏	1		應為辟雍內木丹墀圍屏
345－370	大欄杆上龍頭	26		為辟雍內丹墀圍屏柱頭
371－385	瑟衣架	15	註銷2件	實存13件
386－393	麾旛架	8		
394－395	武成門立圍	2		後為首都博物館帶走
396	鼓架	1份	計12件，欠立柱	
397－404	架木底座	8		
403－409	架木橫樑	5	大3、小2	
410－411	架木立柱	2		
412－417	架木花牙板	6		
418	架木	1份	計金聲玉振，建鼓、編鐘、編磬五套	

	銅器			
編　號	品　名	件　數	備　考	備　注
	銅竹橋	1		
	銅尊	22		
	銅鉶	31	已註銷 1 件	實存 31 件
	銅簠	123	註銷 7 件	實存 116 件
	銅簋	125	註銷 1 件	實存 124 件
	銅豆	499	已註銷 5 件	實存 494 件
	銅豆蓋	324		
	殘豆底	4	註銷	
	銅簠蓋	116		
	銅簋蓋	116		
	銅鉶蓋	26		
	銅香爐	38	已註銷 12 件	實存 26 件
	銅香靠	38	原 39，少 1 個，又註銷 6 件	實存 32 件
	銅勺匙	1		
	銅提爐	4		
	銅燭臺	94	已註銷 5 件	實存 89 件
	銅剪燭罐	10		
	銅杆盤	6	原 7 個少 1 個	
	銅盥洗盆	1		
	銅爵	259	殘 25 件（註銷）	實存 234 件
	銅登	2	欠蓋 1	有 1 件改成豆
	銅廟兒燈	24		
	銅燻殿爐	16 副	蓋 16	爐身帶蓋
	範銅五供	1 份		5 件
	銅門鐘	1		原為國子監鐘亭內明代銅鐘
	銅缸	2		
	銅鍋	1		
	銅茶盤	1		
	鍍金銀質圓燈	4		

編　號	品　名	件　數	備　考	備　注
	鍍金銅質方燈	4		
	鎏金三供	1 份		3 件

錫器

編　號	品　名	件　數	備　考	備　注
	錫盥洗盆	2		
	錫沽子	2		
	錫荷葉提	1		
	錫酒提	12		
	錫酒勺	4		
	錫水提	2		
	錫香盤	23		
	錫油罐	2		
	錫三供	2 份		
	錫五供	1 份	實存 3 件殘	已缺 2 件

鐵器

編　號	品　名	件　數	備　考	備　注
	鐵香爐	78	原註銷 1 個，後註銷 11 件。	實存 67 件
	鐵燭杆	136		
	鐵鍋	2		
	鐵缸	4	殘 3 件註銷 1 件	實存 3 件（殘）
	鐵行皂	1		
	31 號鐵爐子	1	提注傢俱冊	
	小煤球爐子	1	同上	
	鉛鐵水筒	1	同上	
	井上鐵零件	1 份	不全，擬註銷	

磁器				
編　號	品　名	件　數	備　考	備　注
	白磁（瓷）盤	58	註銷 3 件	實存 55 件
	白磁（瓷）尊	2		
	黃磁（瓷）登	2		
	白磁（瓷）大碗	2		
	白磁（瓷）豆	16		
	白磁（瓷）爵	4		
	搪磁（瓷）臉盆	1	註銷	
	磁（瓷）茶壺	1	註銷	
	白磁（瓷）執壺	1		
	白磁（瓷）胙盤	1		
	白玉爵	3	殘 1，會不會是從先農壇借來 "白玉爵" 民國二十四年	孔廟實際應該有玉爵
	帽筒	4		

金漆祭器				
編　號	品　名	件　數	備　考	備　注
	竹籩	200	註銷 56 件	實存 144 件
	紅漆竹筐	25	註銷 19 件	實存 6 件
	云口竹籩	12		
	黃漆竹筐	1	原 2 個少 1 個	
	金漆木簋	3	註銷 1 件	實存 2 件
	金漆木簠	2		
	金漆木豆	20		

軟片類				
編　號	品　名	件　數	備　考	備　注
	紅云緞龕簾	191		
	紅云緞翹平頭案衣	125		

編　號	品　名	件　數	備　考	備　注
	紅云緞祝饌接桌衣	26		
	紅云緞孔桌衣	10	註銷1件	實存9件
	紅云緞琴桌衣	8	註銷4件	實存4件
	紅云緞瑟桌衣	4		
	黃緞扶手	2	殘	
	黃緞小桌衣	1		
	綠袍	1		
	尊袱	21		
	鼓圍	1		
	鐘條	1	註銷	
	磬條	12	註銷2件	實存10件
	大紅絨繩	10	擬註銷	
	小紅絨繩	10	擬註銷	
	大次氈頭	1		
	大次裹頂	1		
	廁所氈頂	1		
	廁所裹頂	1		
	大次紅緞開口簾	1		
	紅綢條	3捆	擬註銷	
	大次紅緞椅套	1		
	紅緞拜墊	2		
	紅氈	1	擬註銷	
	大次雪頂	1		
	紅布拜墊	70		

辦公用品

編　號	品　名	件　數	備　考	備　注
	雨傘	1	擬註銷	
	廁所竹簾	1		

續表

編　號	品　　名	件　數	備　　考	備　　注
	大次竹簾	1		
	漆盤	1		
	魚尾鐘	1	提出列傢俱冊	
	玻璃印色盒	1	提出列傢俱冊	
	銅筆架	1	同上	
	銅臥筆架	1	同上	
	銅墨水匣	1	同上（註銷）	
	磁（瓷）筆洗	1	同上	
	磁（瓷）印色盒	1	同上	
	洋鐵印色盒	2	同上（註銷 1 件）	
	黑漆螺甸盤	2		
	馬蹄錶	2	提出列傢俱冊	
	玻璃煙架	2	同上（註銷）	
	水缸	2	大小各 1（註銷或列為傢俱冊）	
	掛鐘	1	提出列傢俱冊	
	天文鐘	2	大小各 1	
	棕毯	38	大小不等，均是殘的，擬註銷	

樂器

編　號	品　　名	件　數	備　　考	備　　注
	建鼓	3	內小者 1	
	瑟	4		
	琴	6		
	旄球	2	原 6 個	
	旌節	2	原 11 個	
	麾旛	1	原 2 個	
	麾旛龍頭	5		
	鸞鳳鳥	19	原 13 個	

續表

編　號	品　名	件　數	備　考	備　注
	旌蘇	12		
	敔	1		
	柷	2		
	搏拊	2		
	門鼓	1		
	籥	1	註銷（殘壞）	
	羽	1	註銷（殘壞）	

書誌

編　號	品　名	件　數	備　考	備　注
	國子監則例	1 部	8 本	
	國子監滿文則例	1 部	7 本	
	釋奠禮樂記	1 部	4 本	
	文廟通考	1 部	2 本	
	國學禮樂錄	1 部	4 本	
	祭器樂錄	1 部	2 本	
	文廟丁祭譜	1 部	1 本	
	國學司成題名碑錄	1 部	1 本	

三　孔廟庫存物品情況（1951 年）

1950 年 11 月，北京市人民政府聯合辦公會決定，將管理廟壇事務所移交公園管理委員會（後來的園林局）管轄，孔廟國子監由天壇管理處兼管。近一年後，1951 年 9 月，天壇管理處代主任楊作良報呈公園管理委員會："一、關於本處整理孔廟庫存物品一項業於 9 月 27 日全部清理完竣。二、大部庫存及殿內陳列完好，物品經重新編號造冊，仍擬繼續保存。其中一部物品能提出使用者，如桌、椅、櫃等件，改到傢俱清冊內。另一部殘破物品，失去保存價值，造冊報請註銷。三、檢附庫存物品清冊一份，傢俱物品清冊一份（即提用物品清冊），註銷物品清冊一份報請核示。"①

此次清理庫存文物和其他物品情況分為 4 份清冊（表格），按時間和順序分別為①天壇管理處移運大和齋庫物品清冊（6 月）；②天壇管理處孔廟庫存物品清冊（10 月 6 日製表，含部分大和齋庫存物品）；③天壇管理處擬行註銷孔廟庫存一部殘壞物品數目清冊（未注明具體時間也含部分大和齋物品）；④天壇管理處由孔廟庫內提用物品數目清冊（未注明具體時間並多為辦公用品）；現將 4 份表格按原格式分列如表 5—4：

（一）天壇管理處移運大和齋庫物品清冊

需要說明的是由於大和齋毀損比較嚴重，庫內所存物品急需找地方存放，據天壇管理處代主任楊作良報呈公園管理委員會的函件稱："一、關於本處移運大和齋庫存物品一案，經呈奉 1951 年 6 月 16 日園財字第七三零號指示，運費准予列支，並應將清冊報會備查；二、查本處原有大和齋庫存物品轉移孔廟保存，並未移交其他機關接管，不必造具交接清冊，報請簽核。"因時間早於孔廟庫存物品的整理清點和註冊登錄，所以將此表列在前面以便核查。有些文物，如佛像等一直存儲至 2005 年首都博物館搬遷到新館時才搬離孔廟。

表 5—4　　　　　　　　天壇管理處移運大和齋庫存物品清冊②

類　別	編　號	品　名	件　數	備　考
佛像	1 – 36	木胎貼金羅漢	36	
	37 – 39	木胎貼金釋迦佛	3	
	40 – 41	木胎泥神	2	
	42 – 49	木胎菩薩	8	
	50	木胎真武	1	
	51 – 53	木胎真武泥神	3	
	54 – 62	木胎神像	9	
	63 – 75	木胎泥神	13	殘

---

① 《關於整理孔廟庫存物品及移運大和齋物品問題的報告、清冊及本會的指示》，1951 年，北京市檔案館藏，檔案號：098 – 001 – 00053。

② 同上。

類　別	編　號	品　名	件　數	備　考
	76	木胎番佛	1	
	77	木胎宗鏡禪師	1	
佛像	78	木胎韋馱	1	
	79	木胎關帝像	1	
	80－81	木胎從神	2	
	82	金漆雕花神牌	1	
	83	金漆八寶	1份	計8件，殘
	84	木胎觀音	1	
	85－86	木胎泥神	2	
	87	香胎火祖	1	
	88－91	泥神	4	
	92－95	泥胎龍王	4	
	96－100	泥神	5	
木器	101－106	彩漆神龕	6	殘
	107－139	紅漆木供桌	33	殘
	140－145	木立櫃	6	殘
	146－152	木座櫃	7	殘
	153－154	木立格子	2	殘
	155	金漆圓亭	1	殘
	156	金漆方亭	1	殘
	157	祝釐壇匾額	1	
	158	樂善堂匾額	1	
	159	六角亭子燈	9	殘
	160	木魚	1	
	161－163	紅漆供桌	3	殘
	164－166	木立櫃	3	殘
	167	木神牌	1	
	168	鼓	1	殘
雜類	169	鐵炭盆	1	殘
	170	鐵燈架	1	

（二）天壇管理處孔廟庫存物品清冊（1951 年 10 月 6 日）

該清冊清單比較規範，種類比較齊全，但缺點是以物品存放地點為大類，然後按文物品類再分，造成同一種類別的文物分開注錄。為尊重歷史記錄起見，編者沒再集中類目，按原表詳列如下：

表 5—5　　天壇管理處孔廟庫存物品清冊（1951 年 10 月 6 日）①

大成殿庫				
類　別	編　號	品　名	件　數	備　考
樂器	1 – 3	建鼓	3	
	4	鎛鐘	1	附木架
	5	編鐘	16	附木架
	6	特磬	1	附木架
	7	編磬	16	附木架
	8 – 11	瑟	4	附瑟椅 8 件
	12 – 17	琴	6	
	18 – 23	琴桌	6	
	24	柷	2	
	25	敔	1	
	26 – 27	搏拊	2	
	28	麾	1	
	29 – 30	旌	2	附架
	31 – 32	節	2	附架
祭器	33 – 37	範銅五供	5	
	38 – 53	銅爇殿爐	16	
	54	銅登	1	
	55	銅鉶	8	
	56	鎏金銅鉶	2	
	57	銅簠	8	

---

① 《關於整理孔廟庫存物品及移運大和齋物品問題的報告、清冊及本會的指示》，1951 年，北京市檔案館藏，檔案號：098 – 001 – 00053。

類　別	編　號	品　　名	件　數	備　　考
祭器	58	銅簠	8	
	59	銅豆	32	
	60	鎏金三供	3	
	61	銅廟兒燈	2	
	62	銅尊	6	
	63	鐵三供	18	
	64	金漆木豆	20	
	65	金漆木簠	2	
	66	金漆木簠	2	
	67	云口竹籩	12	
	68	竹籩	32	
	69	竹筐	5	
木器	70－79	紅翹頭案	7	
	77－92	紅平頭案	16	
	93－110	祝饌桌	18	
	111	祝板桌	1	附祝板座
	112－118	小花香案	7	
	119－120	三孔桌	2	
	121	三牲匣	1	
	122－127	二牲匣	6	
	128－136	饌盤	9	
	137－155	座燈	19	
	156	麾幡架	3	
	157	瑟椅	7	
	158	琴桌	4	
	159	鐘磬架木	22	有殘
	160	晾牲架	4	
	161	打牲案	3	
	162	平頭案	3	
	163	孔桌	2	
	164	筵桌	12	

續表

類　別	編　號	品　名	件　數	備　考
木器	165	花平頭案	7	
	166	小花香案	9	
	167	武成門匾	2	
	168	金漆圍屏	8	
	169	金漆寶椅	1	
	170	木階級	2	
	171	木欄杆	1 套	
	172	供案	26	
	173	長條供案	22	
	175	平翹頭案	21	
	176	座櫃	5	
	177	立櫃	3	
	178	木架	6	
	179	木箱	4	
祭器	180	竹籩	112	
	181	竹筐	2	
	182	爵墊	32	
	183	三爵墊	20	
	184	木神牌	20	
	185	銅簠	116	
	186	銅豆	280	
	187	銅豆	182	
	188	銅簋	108	
	189	銅鉶	22	
	190	銅鉶蓋	18	
	191	銅豆蓋	42	
	192	銅豆蓋	250	
	193	銅簠蓋	108	
	194	銅簋蓋	108	
	195	紅云緞龕簾	18	
	196	紅云緞翹頭案衣	7	

續表

類　別	編　號	品　名	件　數	備　考
祭器	197	紅云緞平頭案衣	16	
	198	紅云緞祝饌桌衣	17	
	199	紅云緞祝板桌衣	1	
	200	紅云緞孔桌衣	2	
塑像	1－36	木胎貼金羅漢	36	殘
	37－39	木胎貼金釋迦佛	3	
	40－41	木胎泥神	2	
	42－49	木胎菩薩	8	帶靠背底墊
	50	木胎真武	1	
	51－53	木胎真武泥神	3	
	54－62	木胎神像	9	
	63－75	木胎泥神	13	
	76	木胎番佛	1	
	77	木胎宗鏡禪師	1	
	78	木胎韋馱	1	帶座
	79	木胎關帝像	1	
	80－81	木胎泥神	2	
	82	金漆雕花神牌	1	
	83	金漆八寶	1 份	8 件殘
	84	木胎觀音	1	
	85－86	木胎泥神	2	
	87	香胎火祖	1	
	88－91	泥神	4	
	92－95	泥胎龍王	4	帶座
	96－100	泥神	5	
匾額	157	祝靈壇匾額	1	
	158	樂善堂匾額	1	
燈	159	六角亭子燈	6	
雜品	160	木魚	1	
	167	木神牌	1	
	170	鐵燈架	1	

注：塑像、木魚等均為大和齋移存孔廟物品，殘破者見註銷清冊。

類　別	編　號	品　　名	件　數	備　　考
祭器	1	銅爵	200	
	2	銅爵	34	
	3	銅尊	16	
	4	燭橋	1	
	5	銅磬	1	
	6	臘罐	10	附臘夾 10 件
	7	銅香爐	26	
	8	銅香靠	32	
	9	銅提爐	4	
	10	盥洗盆	1	
	11	銅蠟扡（托）	49	
	12	大銅杆盤	2	
	13	小銅杆盤	5	
	14	銅蠟杆	40	
	15	銀方燈	4	
	16	銀圓燈	4	
	17	錫盥洗盆	2	
	18	錫鉆子	2	
	19	錫油罐	2	
	20	錫荷葉提	1	
	21	錫水提	2	
	22	錫酒勺	4	
	23	錫酒提	12	
	24	錫香盤	23	
	25	銅勺匙	1	
	26	玉爵	3	殘 2 件
	27	白瓷爵	4	
	28	白瓷尊	2	
	29	白瓷胙盤	1	
	30	白瓷豆	16	
	31	白瓷執壺	1	

孔廟庫內存儲物品

類　別	編　號	品　名	件　數	備　考
祭器	32	白瓷大碗	2	
	33	白瓷盤	55	
	34	黃瓷登	2	
	35	螺甸盤	2	
	36	黑漆盤	1	
	37	錫香爐	3	
	38	錫蠟杆	6	
		銅廟兒燈	22	
		大次竹簾	1	
		廁所竹簾	1	
軟片	1	紅云緞平頭案衣	70	
	2	紅云緞平頭案衣	11	
	3	紅云緞平頭案衣	8	
	4	紅云緞饌桌衣	9	
	5	紅云緞孔桌衣	7	
	6	紅云緞琴桌衣	4	
	7	紅云緞椅套	1	
	8	紅云緞龕簾	175	
	9	大次開口簾	1	
	10	紅緞尊袱	5 份	
	10	祝板袱	2	
	10	黃緞尊袱	10 份	
	11	紅云緞翹頭案衣	17	
	12	大次氈頂	1	
	13	大次裹頂	2	
	14	小黃桌衣	1	殘
	15	廁所氈頂	1	
	16	大次雪頂	1	
	17	綠袍	1	
	18	黃緞扶手	1	
	19	磬縧	10	

續表

類　別	編　號	品　　名	件　數	備　　考
	20	紅緞拜墊	2	
	21	紅布方墊	9	
	21	紅布方墊	9	
軟片	21	紅布方墊	13	
	21	紅布方墊	13	
	21	紅布方墊	10	
		紅布方墊	16	

　　注："此項紅布方墊（約二尺見方）共七十個，為敵偽時期新制，現存於箱中，日久恐致糜爛，是否設法使用，請考慮！"

庫內及院內物品

類　別	編　號	品　　名	件　數	備　　考
	21	鐵香爐	14	庫內
	21	鐵臘杆	34	同上
	22	鐵臘杆	70	同上
	23	鐵香爐	28	同上
	24	鐵香爐	19	同上
器物		大門鼓	1	大成門上
		大銅門鐘	1	大成門上
		銅海	2	院內
		銅鍋	1	同上
		鐵鍋	3	同上
		木踏渡	1	同上
		日晷	1	國子監
		國子監則例	1 部	8 本
		國子監滿文則例	1 部	7 本
		釋奠禮樂記	1 部	4 本
		文廟通考	1 部	2 本
書誌		國學禮樂錄	1 部	4 本
		祭器樂錄	1 部	2 本
		文廟丁祭譜	1 部	1 本
		國學司成題名碑錄	1 部	1 本

（三）天壇管理處由孔廟庫內提用物品數目清冊

提用物品多為日常辦公用具，但也有部分屬於文物類，且提出使用後即去向不明，所以照列表如下：

表5—6 天壇管理處由孔廟庫內提用物品數目清冊①

類　別	編　號	品　名	件　數	備　注
木器	木 1	紅漆木飯台	1	
	木 2	路椅	6	
	木 3 – 4	木格子	2	
	木 5	木立櫃	2	
	木 6	黑漆三角架	1	
	木 7	三屜桌	2	
	木 8	木立櫃	1	
	木 9 – 10	長方桌	2	
	木 11 – 13	衣架	3	
	木 14	木踏渡	1	
	木 15	椅子	1	
	木 16 – 25	木條櫈	10	
	木 26 – 34	木方櫈	9	
	木 35	水缸	1	
	木 36 – 37	二屜桌	2	
	木 38 – 39	高櫈	2	
	木 40	鋪板	4	
	木 41 – 43	八仙桌	3	
	木 44	六仙桌	1	
	木 45 – 46	祝饌桌	2	
	木 47	小書桌	1	
	木 48 – 49	黑漆木飯台	2	

① 《關於整理孔廟庫存物品及移運大和齋物品問題的報告、清冊及本會的指示》，1951 年，北京市檔案館藏，檔案號：098 – 001 – 00053。

續表

類　別	編　號	品　名	件　數	備　　注
木器	木 50－53	方茶几	4	
	木 54－55	木櫃	2	
	木 56	籩豆案	1	
	木 57	洋鐵桶	1	
	木 58－59	鐵火爐	2	
鐵器	木 60	鐵行竈	1	
	木 61－62	鐵鍋	2	
	木 63－64	掛鐘	2	
	木 65	手車	1	
	木 66－67	木床	2	
	木 68－69	鐵器馬蹄錶	2	
木器		小門	1 對	

注：提用物品大部分為日常用具，不再作為文物登記。

（四）天壇管理處擬行註銷孔廟一部殘壞物品數目清冊

在擬註銷的物品多為殘壞文物，因此上級比較慎重，有關批示附錄於後作為核查備考的依據。現照原表詳列如下：

表 5—7　　天壇管理處擬行註銷孔廟庫存一部殘壞物品數目清冊[①]

名　稱	件　數	編　號	附　注
插燈座燈	1	9	
牲匣	1	40	
木杠	1	48	
平翹頭籩豆案	10	50、51、53、54、56、58、60、63、81、95	
筵桌	1	124	
榆木八仙桌	1	153	

---

①　《關於整理孔廟庫存物品及移運大和齋物品問題的報告、清冊及本會的指示》，1951 年，北京市檔案館藏，資料號：098－001－00053。

續表

名　稱	件　數	編　號	附　注
四孔板凳	1	157	
紅燈座	2	237 – 238	
木櫃	1	283	
打牲案	1	287	
椅子	2		
長桌	1	306	
燈罩	14	324 – 337	
小門	1 扇	339	
做邊豆菜案面	1	340	
孔桌面	2	341 – 342	
瑟衣架	2		
銅籩	7		
銅簠	1		
銅豆	5		
殘豆底	4		
銅香爐	12		
銅香靠	6		
銅燭臺	5		
銅爵	25		
銅香爐	11		
鐵缸	1		
井上鐵零件	1		
白磁（瓷）盤	3		
搪瓷臉盆	1		為民國後日常用品（應列入傢俱冊）
磁（瓷）茶壺	1		同上
竹籩	56		
紅漆竹筐	19		
金漆木簠	1		
紅云緞空桌衣	1		
紅云緞琴桌衣	4		

續表

名　稱	件　數	編　號	附　注
大紅絨繩	10		
小紅絨繩	10		
鐘繸	1		
磬繸	2		
紅綢繸	3 捆		
紅氈	1		
雨傘	1		日常用品（應列入傢俱冊）
銅墨水匣	1		同上
洋鐵印色盒	1		同上
玻璃煙架	2		同上
水缸	1		同上
棕毯	38		
簾	1		同上
羽	1		
彩漆神龕	6		大和齋物品
紅漆木供桌	5	109、114、135、113、133	大和齋物品
木立櫃	2		大和齋物品
木座櫃	2		大和齋物品
六角亭子燈	3		大和齋物品
鼓	1		
鐵炭盆	1		大和齋物品
金漆圓亭	1		大和齋物品
彩漆方亭	1		大和齋物品

　　對於前表中所列註銷和提用物品，天壇管理處於 1951 年 10 月初上報主管單位公園管理委員會。為慎重起見，管委會批復："所請註銷物品，擬請派人勘查後再為決定。"（黃繼堯 10 月 5 日）對提用物品批示："由黃繼堯點勘後，確失古物價值者擬同意該園提用"（社占平 10 月 9 日）。11 月 16 日黃繼堯的勘察結論是：

　　　　登出部分：一、銅器類雖已殘壞，但內中皆為乾隆、光緒年者，擬仍予保留登冊，應將殘壞程度注明，其他凌亂破碎者擬可註銷。
二、此外，木器皆已破壞，確無古物價值，擬准予註銷，並將可以利
用者拼湊使用，以便節省開支。

提用部分：所擬提用者，據天壇管理處意見，仍存孔廟，擬囑天
壇將先提用者與備用者劃開，分別造冊併案辦理……11 月 21 日，北
京市人民政府公園管理委員會指示："一、1951 年 10 月 8 日壇字第
188 號報告悉。二、所註銷物品應分別如下處理：（一）銅器類雖已
殘壞，但皆有歷史性質，仍應保存，不註銷，惟應注明殘壞程度。
（二）其他破壞之木器，准為所請，但應積存一處暫不動用。（三）
所請提用之物，應將先提用者與備用者分別編入庶務保管傢俱清冊，
以便稽考。"① （以上引用報告和批示均摘自手寫相關檔案資料。如有
不確文字，可查閱相關資料）

以上幾分清冊，基本較為詳實的反映了解放初期孔廟國子監古建文物
的遺存情況，總的缺憾是列表說明不夠詳盡，如國子監碑石匾額等的存放
時間、內容均無說明；對孔廟庫存文物年代（含款識）也沒有注錄等；
另外，對國子監古建內後院東西廡，尤其是國子監周邊所屬御書樓、射
圃、南學等處損毀後的狀況和再利用的情況沒有必要的交代，有待本續志
工作中深入檢索、努力求證，儘量加以補充。

四　孔廟國子監樹株情況

孔廟、國子監均始建於元代，兩院所植樹株歷經明、清以至民國，都
注重保護和補種。百年、三百年、五百年以上的古樹名木隨處可見，有的
鬱鬱蔥蔥枝繁葉茂，有的枯乾蒼勁古藤纏繞，神態各異，古樸蒼勁，是孔
廟國子監文物遺存的重要組成部分。

（1）1949 年 12 月，北京市人民政府民政局管理壇廟事務所經實地勘察
對先農壇及孔廟國子監（含文公祠）樹株進行登記造冊。現將孔廟、國子
監、文公祠（原屬國子監的一部分，志書上稱為國子監"土地廟"，供奉的
土地神為唐代韓愈，所以又稱文公祠）樹株清冊（原表摘出）復列如下：

---

① 《關於整理孔廟庫存物品及移運大和齋物品問題的報告、清冊及本會的指
示》，1951 年，北京市檔案館藏，檔案號：098 - 001 - 00053。

表 5—8　　　　北京市人民政府民政局管理壇廟事務所松柏
樹株清冊（1949 年 12 月）①

孔廟、國子監、文公祠						
區別	樹別	株數	排列方向	起止數	起止地點	備考
大成門前	松柏樹	72	東西排列	1－72	起點南面終點北面	前院
大成殿院		46	東西排列	73－118	起點南面終點北面	中院（未列號小柏樹 1 株）
崇聖祠院		14	東西排列	119－132	起點南面終點北面	
辟雍殿院		57	東西排列	133－189	起點南面終點北面	國子監中院（未列號小柏樹 7 株）
敬一廳院	松柏樹	3	東西排列	190－192	起點南面終點北面	國子監後院
文公祠		2	東西排列	193－194	起點南面終點北面	
						松柏樹共計 194 株
孔廟門外	雜樹	3		195－197		
大成門前		10		198－207		
崇聖祠院		1		208		
舊辦公處		2		209－210		
文公祠		2		211－212		
太學門前		5		213－217		
辟雍殿院		17		218－234		內有 260 號 1 株
敬一門前		15		235－249		
東廡		1		250		
敬一廳		6		251－256		
西廡		4		257－260		260 號在辟雍院
						雜樹共計 66 株

---

①　《北京市人民政府民政局管理壇廟事務所松柏樹株清冊（孔廟、國子監部分）》，1949 年，北京市檔案館藏，檔案號：098－001－00019。

　　以上樹株表有三個問題應加以說明：一是孔廟院中以側柏為主，並無松樹，但舊時松柏沒有嚴格區分，統稱而已；二是國子監院內國槐數量不少，而國子監內植槐典出唐代太學"槐市"，寓意庇蔭子孫，且國子監"彝倫堂古槐"（又稱復蘇槐）是北京市內最著名最古老的國槐，有乾隆題詩並刻立古槐碑為證。因此樹別應單列古槐數量為宜。三是雜樹類，如果把樹種及位置注明就更好了。

　　（2）1954 年 5 月北京市人民政府園林處上報中央人民政府文化部《關於孔廟、國子監已枯死古柏的處理意見》並抄送北京市文物整理委員會，市府文物組。8 月 24 日文化部辦公廳復函：

　　　　一九五四年五月卅一日園字第八七六號函悉。關於孔廟、國子監已死古柏的處理問題，我部社會文化事業管理局曾派員會同北京市文物組前往勘查。據在該處看守的袁同志談：'這些古柏其中八株係早已枯萎，有些並已枯近百年。'據與文物組研究結果，認為這些枯萎古柏如予全部伐除，將來在開放時，使整個柏林漏出很大空缺，如在伐除之後，補植新柏，大小懸殊極不美觀。因此建議按中山公園處理已死古柏的辦法，除將樹幹已經腐朽，可能被大風刮倒，或因樹幹腐朽已成窟窿，容易滋生蚊蚋之死柏，或者此種死柏下有害蟲，可以影響其他樹木者予以伐除外，其他仍予保留，希你處加以考慮。此外在勘察時，見到職工學校和北京機床廠兩使用單位，堆放大量煤塊、煤末，把柏樹樹根擁塞堆壓，這樣下去，這些古柏勢將逐漸枯萎死去。查此項古柏皆元、明兩代遺物，去今已有四五百年，培植不易。一旦枯死將為不可彌補的損失。除再函請第一機械工業部轉知北京第一機床廠早日設法遷出，以便將國子監整理開放外，請你處經與該兩單位聯繫，注意保護為荷。[①]

10 月 12 日園林處發文（園字第 1789 號）

　　　　呈送北京文物整理委員會嗣接中央文化部辦公廳函，並抄致你會

　　① 《關於孔廟、國子監已枯死古柏的處理意見復函》，1954 年，北京市檔案館藏，檔案號：011 - 0001 - 00162。

在案。茲根據該部建議，實地復查，以為其中五株（樹號四、八、十七、四一、一七三）樹幹下部腐枯，易為大風吹折影響安全，應於伐除，其中六株保留，特請查核並賜示。①

就此可以看出，從中央到北京市相關部門，對孔廟、國子監古樹的保護非常重視，對已枯死的古柏調查詳細、考慮周全，處理慎重。為廟學保留了枯柏紫藤的景觀，我們今天更應該加倍愛護，使之長青長壽，松節槐蔭，造福於子孫後代。

五　孔廟國子監部分珍貴文物的遷移和歸屬

（一）周石鼓的回遷

周（秦）石鼓是我國保存至今最早的石刻文字之一。它以其獨特的形狀，古樸的文字和優美的詩歌相結合而著稱於世。自唐代發現后，其歷史和文化價值就倍受重視，文人學者競相研究，極為推崇。專門的研究文章和著述以及歷代拓本不下千百種，并形成一門學問，而石鼓則被視為歷史文物中的國之重器。

石鼓自元代皇慶元年（1312 年）移置北京孔廟大成門內，直到 1933 年抗日戰爭全面爆發前夕隨北平大批珍貴文物南遷，在北京孔廟內存放了整整 621 年之久，是孔廟國子監最重要的歷史文物。

石鼓南遷情況詳見本志金石章。1947 年 7 月 26 日，石鼓重新運回南京朝天宮庫房。1949 年 1 月 29 日原準備隨第三批由"昆侖艦"運往台灣，但由於石鼓體積大，分量重，艦船已無法承載，臨時留在了下關碼頭，留在了大陸。

1949 年 10 月 1 日中央人民政府成立后，文化部即決定將遺存于南京的大量文物回遷北京。1949 年 12 月，"文化部派遣鄭振鐸、趙萬里、于堅、梁澤楚赴南京，參加政務院指導接收工作委員會華東工作團文教組，鄭振鐸任組長。此次決定：將暫存故宮博物院南京分院的南遷文物萬余箱

---

① 《關於孔廟、國子監已枯死古柏的處理意見復函》，1954 年，北京市檔案館藏，檔案號：011 - 0001 - 00162。

全部運回北平本院，并立即開始籌運第一批文物……"① 原存放在北京孔廟的周石鼓及音訓碑計 11 箱也被列入第一批回遷文物之中。時任故宮博物院院長、傑出的金石學家、考古學家馬衡先生曾在日記中多次提到相關計劃和具體實施情況。1949 年"十二月三十一日，晨（文化部）召集各單位主管人談話。……會場晤冶秋（國家文物局王冶秋副局長），言分院文物首批可運一千二百九十九箱"。1950 年"一月十一日，南京分院北運計劃寄到，召集各單位談話，商如何籌備"。"一月十三日，與各單位主管人看北運文物臨時庫。先看奉先殿……嗣看新修之戲衣庫廿九間，可容納千五百箱。九龍壁前作卸車之場，亦可敷用。冶秋聞風而來，亦贊此議。繼看上馬四院應拆除房屋，未作決定。"馬衡先生對石鼓的存放尤為重視："一月廿三日，電約冶秋會勘存放石鼓地點，未來。""一月廿四日，下午冶秋來，同看中和殿，以儲石鼓。冶秋同意。""一月廿五日，與暢安商置石鼓計劃。""一月廿六日……十一時與冶秋、景華、洪江同赴西車站……車於一時抵和平門，約半小時始入站，共裝十一車……五時首批到達九龍壁，共裝四十六排車，約三百余箱，卸入院中，以備明晨入庫。""一月廿七日，晨入東華門，至九龍壁……四時車站存箱已運畢，惟石鼓十一件以換車故，至六時始畢。偕常學詩等勘中和殿，備安置石鼓。"②

1950 年 1 月，石鼓運回北京，經過商議，決定將石鼓放置於故宮博物院。中央人民政府文化部發函（50）文秘字第二九〇號：

為請將由寧還京之文物中石鼓一項撥交故宮博物院陳列由

據本部文物局呈稱："本年一月廿六日由寧還京之文物中，內有石鼓一項，今後隸屬何處尚未確定。查石鼓原在孔廟陳列，系屬京市府壇廟管理所所管。我們認為石鼓為有字石刻之最古者，對此有歷史文化價值之文物，如能交故宮博物院陳列展覽，最為適宜，此事業經政局長與市府負責人談妥，同意撥交我局"等情。查石鼓如能交故

① 國家文物局黨史辦公室編：《中華人民共和國博物館事業紀事》（上），文物出版社 2002 年版，第 10 頁。

② 馬衡：《馬衡日記（一九四九年前後的故宮）》，紫禁城出版社 2006 年版，105—111 頁。

宮陳列，似較相宜，特此函商，即請見復，以憑辦理。

　　此致北京市人民政府

　　　　　　　　　　　　　中央人民政府文化部部長沈雁冰

　　　　　　　　　　　　　一九五零年四月十五日

對此，北京市人民政府民政部回復：

簽呈一九五零年四月二十九日　　民一字一二八〇號：

　　一、奉交下中央人民政府文化部一九五零年四月十五日（50）文秘字第二九〇號函，以由寧還京城之文物中石鼓一項，業經政局長與市府負責人談妥，同意撥交故宮博物院陳列，並請見復一節。二、查上項石鼓，系周宣王時所製造，已有二千七百年余年的歷史，自元代由汴梁運達燕京，置之孔廟，以至於今，則是石鼓放置孔廟，已有幾個朝代的歷史，至滿清乾隆為立重欄，並為石鼓建立序碑及石鼓歌碑兩座，說明石鼓的歷史和放置孔廟陳列的意義，乃是與石鼓不可分開的石刻。三、經我局徵詢了管理壇廟事務所的意見，他們以為石鼓與碑是不可分離的，倘若將石鼓撥交故宮博物院存放，則為石鼓建立之序碑，自亦失其作用，且故宮單存石鼓，而無序碑，則亦有失其歷史說明的價值，反不若仍還原處，俾復舊觀而便展覽，等語。四、我局意見：孔廟既有說明石鼓序碑兩座，自屬不可各自分開，有失完整，但孔廟現在為職工學校住用，石鼓遷回，一時亦不克陳列，可暫先在故宮博物院保存，一俟該職工學校遷移，再將石鼓遷還孔廟，俾資與序碑吻合陳列，以供展覽。是否有當，專此簽請核示。

　　謹呈　聶市長　張副市長　吳副市長

　　民政局局長　董汝勤　　副局長　周鳳鳴　馬玉槐

　　另外，在 1949 年 4 月 29 日北京市民政局發文（民一字一二八〇號）之前，民政局所屬管理壇廟事務所曾草擬了一份上報材料，內容雖然與正式發文大致相同，但其中一些資料性內容可備參考，因此補錄如下：

　　一、查孔廟石鼓系周代宣王時製作，是二千七百年余年古物。由此石鼓可以考證我國二千七百年以前石刻情形。本所《孔廟紀略》

有這一段記載："周代石鼓，周宣王獵于歧陽，命史籀氏作文勒之於石。唐代末葉始出土於歧陽，鄭余慶遷之於鳳翔孔子廟，而失其一；宋皇祐朝復搜訪而足之，則已由民間鑿為臼矣；徽宗移置汴梁；金人得之，輦至燕京；元大德朝置之大都路學，至皇慶元年移置聖廟門左右；明代仍之；清乾隆五十五年為立重欄，并集周石鼓字為歌十章，新刊石鼓十列於門外，其石鼓序及歌并另勒碑；民國五年幕之以玻璃，以資保存。蓋已為二千七百余年前物矣。"唐韓愈石鼓歌有這樣兩句詩："聖恩若許留太學，諸生講解相切磋。"所以由唐代起，歷代都接受了韓愈的這個意見，將石鼓永遠放在孔廟和太學。二、石鼓放在孔廟既然有了千余年的的歷史，他在考據上、歷代文字記載上都有不可分開的關係。況且現在同周石鼓一同運回的元碑的石座還在孔廟大成門內。同時那裡還有清石鼓十個，重刻石鼓序碑一石，石鼓歌碑一，都是與周石鼓不可分的。三、所以此項周石鼓自然仍以放置孔廟為宜。不過現在孔廟仍為職工學校暫行借用期間，擬俟職工學校遷移后再行運回。

中央人民政府文化部文物局又發函：

　　函洽故宮博物院保存之孔廟石鼓在未取回陳列前，希能先在該院陳列由

　　關於暫存故宮博物院之石鼓問題，茲據文化部五月十五日通字五一七號通知轉來你府民政局五月十日民一字第一五六三號函稱，業經簽奉你府指示以孔廟既有說明石鼓序碑兩座，自屬不可各自分開，有失完整，但孔廟為職工學校住用，石鼓遷回，一時不克陳列，可暫先在故宮博物院保存等語。按石鼓為我國刻石文字之祖，頗為社會所重視。郭副總理等均一再問詢此物，希望能早日陳列。我局意見，擬將石鼓即在故宮博物院陳列，以供眾覽，你府有無不同意見，即希函復為荷。

　　此致北京市人民政府

　　　　　　　　　　　局長鄭振鐸　副局長王冶秋

　　　　　　　　　　　一九五零年五月廿三日

中央人民政府文化部再發（50）文秘字第三九三號函：

　　事由：為石鼓是否可以永久陳列在故宮請考慮示覆由

　　關於由寧還京之文物中石鼓隸屬陳列問題，前按，貴府民政局五月十日民一字第一三六三號函稱，略以石鼓在職工學校未遷出前，可暫先在故宮博物院保存，一俟該職工學校遷移後，再將石鼓遷還孔廟，俾資與序碑吻合陳列以供展覽等語，本部當即通知文物局辦理，頃接該局故宮博物院呈提供意見稱："一、石鼓為石刻之祖，年代久遠，石質表皮已分離剝落，而其體重每鼓均在一公噸左右。南遷之際曾特別慎重設計，封以綿紙，裹以重綿，纏以麻辮，最後則函以木箱。故由京而滬，而南京，而寶雞，而漢中，而成都，而峨嵋，復員時又由峨嵋而重慶，經九江而南京，今春甫由南京還京，轉徙數萬里歷時十余年，終未開箱檢視，良以色裝嚴密，非運至固定終點不輕啟視，現在既仍以孔廟為固定地點，系無臨時性展覽之必要。一、石鼓之置孔廟，在今日視之，是否仍為適當地點，亦值得重新考慮。石鼓發現地為今之陝西鳳翔，唐末移置鳳翔孔廟，宋大觀間始自鳳翔遷今開封，即宋之東京。初置辟雍，繼遷入保和殿。金人破東京，石鼓亦被劫北運，留王宣撫宅，棄之荒草中。宅後改為大興府學，元虞集始置之大成門廡下。在昔國家無博物館等之機構，置之太學，俾諸生作講解切磋之用，不得不謂之適宜地點。今時勢推移，國子監已非太學，而博物館亦應運而生，以石刻之祖與商鼎周彝並列誰曰不宜？此應請重新考慮者也。一、乾隆序碑為弘曆自製十鼓而作，非指原刻石鼓也。今具載于乾隆詩文集中，其題為'集石鼓所有文成十章制鼓重刻序'此為弘曆之親筆口供毫無疑義。今重刻之鼓，仍在孔廟，並未分離，亦並未失其作用也。至原刻石鼓，亦有附刻之碑，乃元至元己卯所立為潘迪所著石鼓音訓，南遷時以其與石鼓不可分離，遂亦附運去，故石鼓十箱之外，又有一箱，即此音訓碑也。綜合前項各問題，如必須回復舊觀，移存孔廟，此時似無須作臨時性陳列，如為切合實際為保護古物著想，似可於開箱陳列之後，即作永久保存之計，不再他遷。"本部以該院所提意見，尚屬有其必要，故特再函商，石鼓是否可永久在故宮陳列？請再考慮示覆。

此致

北京市人民政府

文化部

一九五零年六月三十日

1950 年 7 月 13 日北京市人民政府發文政民一字第 29 號：

受文者：中央人民政府文化部

事由：同意孔廟石鼓永久在故宮博物院陳列保存

一、接你部一九五零年六月三十日（50）文秘字第三九五號函，以運回孔廟石鼓是否可以永久在故宮陳列，囑再考慮，見復一案，敬悉。

二、你部既以該項石鼓有在故宮博物院永久保存陳列之必要，我府同意辦理，自毋庸再行運回孔廟保存。

三、希即查照為荷。

本件抄附管理壇廟事務所。

市長　聶榮臻　　副市長　張友漁、吳晗

石鼓於 1950 年 1 月回返進京，即存放於故宮。自此，十枚石鼓與潘迪音訓碑一起留在了故宮博物院。

根據葉恭綽在《遐庵談藝錄》記載："回京后即原箱存放於故宮。1956 年，故宮設置銘刻館之議，因約同人于英華殿開箱檢視有無損壞，余與焉。箱啟，則氈棉包裹多重，原石絲毫無損。"[1] 1956 年開箱檢驗石鼓，完好無損。"1958 年開箱，陳列于故宮博物院箭亭。"[2] 后於珍寶館專設石鼓展廳陳列展出。

（二）十件禮器

北京孔廟有十件珍貴的祭祀禮器，即康侯鼎、犧尊、內言卣、犧首罍、雷紋壺、召仲簠、盟簋、雷紋觚、子爵、素洗。民國九年

---

[1]　轉引自劉佳《話說石鼓文》，山東友誼出版社 2010 年版，第 108 頁。

[2]　劉佳：《話說石鼓文》，山東友誼出版社 2010 年版，第 107 頁。

（1920 年）正式作為國立歷史博物館藏品，① 1933 年 3 月 15 日分裝兩個大木箱，同第三批古物一同南遷（關於十件禮器的詳細資料詳見本志金石章）。

1948 年又隨第一批珍貴文物運往台灣，現存于台北故宮博物院。

（三）乾隆“臨雍講學”御用器具

民國初年國立歷史博物館籌備處在國子監創立，國子監的珍貴文物包括乾隆“臨雍講學”御用器具歸屬籌備處收管，國立歷史博物館籌備處為現在中國國家博物館的前身，現在國子監和孔廟絕大部分文物仍收藏在國家博物館中。（詳見本志第三章文物狀況中的相關表格）

據筆者親眼所見和了解，“臨雍講學”御用器物中的大件木器文物，由於常年存放于端門之上，有部分缺失和損壞；銅器和小件陳設、文房四寶等基本保存完好。可惜的是曾於 1933 年古物南遷的“表彰經學之寶”御印，目前收藏於何處尚待查證。

（四）珍貴刻石

北京孔廟和國子監歷經元、明、清三代，現存有大量珍貴的碑刻，1912 年在國子監籌建國立歷史博物館，1918 年該館遷往故宮午門，國子監 21 方珍貴石刻作為館藏文物一併帶走。現大部分仍收藏於國家博物館（關於這些刻石的詳細情況見本志文物和金石志相關章節）。歷史博物館曾將部分石刻藏於端門內的朝房，2000 年 3 月 30 日，由天安門管理處將原國子監東西廡保存的“老彭觀井圖”和“孝經注”刻石移交給北京市文物局五塔寺石刻博物館，現收藏於石刻博物館。

（五）其他文物

除了周（秦）石鼓、十件祀器、乾隆“臨雍講學”御用器具、珍貴石刻外孔廟國子監還有很多珍貴文物，其中被國立歷史博物館帶走的大成殿辟雍匾額楹聯在 1935 年、1938 年兩次歸還孔廟國子監（詳見各石匾聯部分）。

1. 祭孔器物

1918 年國立歷史博物館遷走時，還帶走了不少祭器，其中以皇帝親詣行禮祭器最為珍貴：“鎏金銀爵一；鎏金銅爵一；銀勺一，鎏金銅爐一，

---

① 《館藏周代彝器記》，《國立历史博物館館刊》1926 年第 1 冊。

鎏金香羣一，錫香盒一"① 等（詳見本志相關文物清單）。這些祭器目前仍收藏於國家博物館。

2. 書籍版刻

（1）書籍　國子監作為古代國家設立的最高學府，收藏有大量的書籍。據清道光版《欽定國子監志》記載，國子監藏書約有幾百種，數千冊，上萬卷古籍。到清光緒十年（1884 年），國子監典籍廳編印了一冊《國子監南學存書目錄》，登錄書籍約 700 種。據《大清會典事例》記載：光緒十二年，南學藏書 51400 余卷；光緒十五年（1889 年）又編制了一卷《國子監南學第二次存書目》。南學由各地方和個人捐贈書籍近 600 種，可惜由於當時編制體例所限，冊數和卷數沒有全部標明（詳見《續修國子監志·經籍志》）。統觀光緒中期兩種書目，南學藏書是相當可觀的，並可推測原國子監御書樓和六堂存書基本上歸屬南學，但與《欽定國子監志·經籍志》相對照，書籍種類數量尚有出入（比如賜書部分），不排除清末國子監歸併學部後被提調和少量散失的可能性，也有部分書籍歸屬歷史博物館收藏。1928 年《國立歷史博物館陳列室物品目錄》中就登錄有《北齊書》《南齊書》等古籍。1915 年京師圖書館籌備搬遷至方家胡同南學舊址，1917 年正式在南學開館，南學藏書絕大部分交歸圖書館收藏。京師圖書館即現在國家圖書館前身，所以國子監存書，現大部分收藏於國家圖書館。

（2）書版　國子監御書樓原貯存有大量書籍雕版，據相關文獻記載，"民國初年國立歷史博物館籌備處於 1912 年在國子監成立時，該館最初的館藏文物主要是國學（國子監、孔廟）舊存的禮器、書版、石刻等約 57127 件……這批文物中，書版數量占絕大多數。"② 初步估算書版有 5 萬 6 千片左右。1918 年國立歷史博物館遷至故宮午門和端門時，將國子監所存書版作為館藏品一起運走，收藏於端門內東朝房中（當時的東西朝房除部分西朝房用於辦公外，大部分房屋是作為庫房使用的），至此一放就是三十多年。1950 年國立歷史博物館已改稱北京歷史博物館，並對文物

---

① （清）文慶、李宗昉等纂修：《欽定國子監志》，北京古籍出版社 2000 年版，第 487 頁。

② 李守義：《民國時期國立歷史博物館藏品概述》，《國家博物館館刊》2012 年第 3 期。

家當進行了一次清理，"在二十三四萬件的文物中，清代的書版（木刻的印刷板子）就佔了十九萬件。"① 當然，這十九萬片書版大部分是從原故宮武英殿等處收集而來的《大藏經》等書版，也包括早前收貯的國子監所藏明清書版。對新時代的歷史博物館來說，在館舍面積和展覽場地非常有限的情況下，數量龐大的書版保藏，對當年博物館的展陳和發展不啻成為一種負擔。1950 年 5 月 27 日，北京歷史博物館給文化部文物局呈報（文件號為"歷字第一二三號"）：

> 擬將清代殿本書版撥交故宮博物院保管，以便東朝房作為籌設中國原始共產社會陳列室需用由
> 文物局
> 我館決定在東朝房籌設"中國原始共產社會陳列室"，現存該房內的清代殿本書版原數十一萬二千四百零七塊有移存他處之必要。查我館過去已將一部分書版（原數七萬九千三百六十七塊）寄存在故宮太和門東庫房內。現擬將二宗書版（原總數十九萬一千七百七十四塊）一併撥交故宮博物院保管。……希望你局指示我館辦理。
> 此致敬禮。

後來文物局做了批示，於 1950 年 6 月 5 日給北京歷史博物館發了通知：

> 中央人民政府文化部文物局通知（物字第 1202 號）
> 事由：同意殿本書版撥交故宮博物院，並已通知該院，希徑給辦由
> 通知歷史博物館
> 五月二十七日歷字第一二三號呈悉，關於你館所存殿本書版按性質講，宜由故宮博物館院存儲，除已通知故宮博物院準備接收外，希你館徑與該院聯繫辦理撥交手續，並將結果報局。
> 特此通知。

根據這一通知，"歷史博物館於 1950 年 7 月 27 日正式將經書版片移

---

① 李志檀：《滿文〈大藏經〉經版今安在》，《紫禁城》2001 年第 4 期。

交給故宮博物院，並辦理了移交手續。"①

　　另外，該文還提到："據歷史博物館的老同志回憶，這 19 萬塊書版是以經書書版為主，但其中也包括不少其他殿版書的書版，如《國子監志》等。"由此也可以佐證書版中包含當年從國子監納入館藏的大量書版。

　　以上記載可以證明，國子監御書樓所存儲的書版，到民國初年僅有 5 萬多塊，現存故宮博物院。

　　在國子監的文物中，原御書樓收藏有大量的書籍和雕版。我國雕版印刷術歷史悠久，數量龐大。國子監作為最高學府和管理教育的行政機構，也具有印刷發行書籍的功能。國子監所藏雕版多為明清兩朝國子監刊刻的經史等類書籍版刻，稱之為監本。另外還有很多宮中武英殿雕版存放在御書樓。民國初期京師圖書館（國家圖書館前身）曾遷址國子監南學，國子監古籍絕大部分移交京師圖書館，當然也有少量散失。而全部書籍雕版和少量書籍，由歷史博物館（現國家博物館）收藏。國子監印章也收藏在國家博物館。

第三節　中華人民共和國成立初期孔廟國子監 被佔用及古建文物損壞情況

一　被軍隊佔用及古建文物損壞情況

　　1949 年初，孔廟被解放軍一部暫時佔用。2 月 20 日，孔廟管理人員上報"查孔廟所住第一汽車兵團第五、六兩連，國子監所住第二、四兩連已於二月十六日開走。經查，曾燒毀大成殿東廡門一扇，大成殿迤東窗一扇，崇聖祠西廡窗一扇，大成門迤東枯柏樹一株。其營部原住蒙藏委員會者（方家胡同）又於十七日移住孔廟省牲亭、神廚、致齋所三處。理合備文呈報。"②

　　2 月 21 日社會局（發文字第 34 號）呈報孔廟駐軍開走，燒毀門窗及省牲亭等處……據此究應如何之處理，特請簽核。1949 年 3 月 4 日北平市人民政府社會局指令（社四 38 字第 14 號）令管理廟壇事務

---

　　① 李志檀：《滿文〈大藏經〉經版今安在》，《紫禁城》2001 年第 4 期。
　　② 《解放軍入城後暫駐孔廟國子監情況呈報》，1949 年，北京市檔案館藏，檔案號：011 - 001 - 00162。

所 "……呈悉即派管理人員協同駐軍一同點驗並託該駐軍負責保護之責。仰該所遵辦具報。"① 3 月 19 日孔廟管理員呈報："……社會局指令為汽車兵團損毀門窗，應協同駐軍一同點驗並託該駐軍負責保護等。因奉此查，該駐軍營部留守人員及協同辦理之解放軍二員業於本月九日完全遷走，其以前駐軍破壞古柏樹一株，大成殿東廡門一扇，大成殿東窗一扇，崇聖祠西廡窗一扇，無從協同點驗。"② 1949 年 3 月 23 日北平市人民政府民政局（民農字第 636 號）令管理壇廟事務所（此時市民政局已接管管理廟壇事務所）："本年三月廿二日呈一件，為呈報孔廟、國子監佔住之第一汽車兵團營部隊人員業於本月九日完全遷走。請核備由呈悉，准予備查。"③ 至此，部隊暫時進駐情況得以解決，但造成的小部分損失有待彌補。

二　企業、學校佔用對古建文物的損壞情況

1947—1949 年初，孔廟和國子監曾被難民、流亡學生所佔用，還被用為發放救濟糧食的倉庫，設立過手工作坊，古建文物遭受到一定損壞。1949 年 2 月以後，又被七十兵工廠、第一機器廠、職工學校等強行佔用，情況較為混亂，古建文物處於危險之中。

（一）第一機器廠（七十兵工廠）佔用和破壞情況

1949 年 2 月 20 日，孔廟管理員王郁如報稱："查國子監原住難民尚有數百人未走，其在被服廠工作者已完全搬出。今日，又有軍管會北平市企業公司大部工人佔作宿舍，到處張貼北平市第一機器廠字樣，其最重要者，如辟雍、彝倫堂已被佔用。"④ 21 日，管理壇廟事務所上報社會局，社會局軍事管制委員會代表（程）、局長（溫）又向上級請示如何處理。3 月 3 日社會局復函："呈悉，業備函該公司妥為保護，如有借用傢俱應

---

① 《解放軍入城後暫駐孔廟國子監情況呈報》，1949 年，北京市檔案館藏，檔案號：011 - 001 - 00162。

② 《關於孔廟國子監被北京機器廠佔用、拆毀問題的報告來往函》，1951 年，北京市檔案館藏，檔案號：011 - 001 - 00162。

③ 同上。

④ 同上。

立借據。仰所經與洽辦為要，此令。"①

1949 年 3 月 14 日孔廟管理員呈報："國子監十三經碑房柵欄現被七十兵工廠派人鋸斷甚多，擬改為工人家眷住室。"② 3 月 15 日管理廟壇事務所上報民政局："經第七十工廠鋸斷十七間，計毀木柵欄五十一根（每間三根），連橫帶一併鋸下。現在用泥土施以隔斷，預備作工人眷屬住房。……似與保護古跡文物之原則不合……"③

3 月 19 日又呈報："承市府秘書處派員張文凱於三月十八日前來視察。據派員張文凱面囑，業與七十兵工廠接洽停止工程進行。……茲查該項工程仍然進行，未稍停止。六十二間已全數改作住房，合理呈報。鑒核轉呈民政局，再呈市政府，沒法制止，以保存名勝古跡為要。謹呈。"④ 3 月 20 日又據報："查國子監自難民收容所取消，管理人員遣散後，尚余少數難民未走，無人負責管理，嗣又搬來北京市企業公司工人數百住宿，近又有七十兵工廠工人強佔修改六堂，擬作眷屬住房。似此各方雜居，看管殊非易事。最近又丟失碑樓木柵欄一面（尚余三根大木，由難民搬家車上搜出者）；敬一廳正門迤西小門門框一付（迤東小門門框業已收回保管）。詢問居近難民，均云不知。難民既無人員管理，當辦無從查問。國子監既如長此紊亂，各房門窗、樹株以及各種文物實無法保管。職責所關，自難漠視，究如何處理？……"⑤ 3 月 28 日民政局報市政府"……查國子監內建築輝煌，碑碣林立，皆為北平著名之文物古蹟（跡），如任各方隨意佔用，不惟古物難免損失，且秩序紊亂，不易維持，於管理方面殊有困難……"

1949 年 4 月 28 日，北平市人民政府民政局指令（民民字第 1357 號）管理壇廟事務所"案查接管社會局卷內，關於企業公司機器廠工人佔用孔廟房屋一案。經函准：北京市企業公司函復略開；該廠已由軍管處接收，當尊囑轉函機器廠查明，即還希該廠洽辦手續等由，即希你所遵照。

---

① 《關於孔廟國子監被北京機器廠佔用、拆毀問題的報告來往函》，1951 年，北京市檔案館藏，檔案號：011 - 001 - 00162。

② 同上。

③ 同上。

④ 同上。

⑤ 同上。

逐與機器廠洽辦手續，並將辦理情形具報為要。此令。" 至此，經辦理手續後同意該廠暫用孔廟房屋。

5 月 3 日，北平市人民政府民政局通知（民民字第 1358 號）"……關於國子監兩廡十三經碑房被第七十兵工廠鋸斷木柵欄為單間，改作工人宿舍一案，經呈奉市政府轉奉北平市軍事管制委員會通知：准予轉飭第七十兵工廠，注意保存文物，並附致該廠通知一件，轉發到局。茲持檢發上項通知，希即查照辦理具報為要。" 當日孔廟管理員即報："……奉此查國子監十三經碑房木柵欄業經第七十兵工廠補齊，恢復舊觀。其軍管會二八八號通知已轉交第七十兵工廠收訖，並索回收到條一紙，理合呈復……" ①

5 月，孔廟管理員還呈報："查國子監被第一機器廠佔用，正在商立借約期間，該工廠庶員黃香穀竟將與工廠毫無關係之于雄飛家眷三口強行引入……又有吳姓一家數口進住彝倫堂後廈……彝倫堂前東西除原有難民七家，計二十六口外，又有第七十工廠工人佔用十一間作為宿舍，並將向後走的穿堂門洞用磚磊（壘）死，作為茶爐。第一機器廠工人眷屬佔用皮鐘鼓房共二間，復將太學門以西磊（壘）圈養豬，太學門內磊（壘）竈燒水，東廡十三經碑房駐有第一機器廠衛隊，磊（壘）竈做飯，臺階下掘地養豬，竟將清靜輝煌儲列文物之所，變為爐灰豬糞汙穢不堪之地。又辟雍殿一向非常完整壯觀，因各方雜處，事權不統一，無法看管，以致玻璃曾被毀壞十數處，其他各屋玻璃亦大有損壞……不但有礙中外人士觀瞻（注：當時還對外開放），且於古蹟（跡）文化亦有大妨害，若不急速設法制止，恐最近、將來其一切建築古蹟等物或不堪設想……" ② 此情況當時的 "北平文物整理委員會" 也有呈文上報。

6 月 30 日又呈報 "第一機器廠……又在太學門內磊（壘）牆作廚房，太學門外安設球架，儲放材料，十三經碑房經其守衛隊伍佔用十間，又被工人作飯廳佔用十間，其余四十多間幾成遊人、工人、住戶等大小便之所，糞溺狼藉，目不忍睹。北頭四扇屏門大開，南北通行……" ③

7 月 6 日《人民日報》以 "平市國子監將修繕，華北人民政府令某廠

---

① 《關於孔廟國子監被北京機器廠佔用、拆毀問題的報告來往函》，1951 年，北京市檔案館藏，檔案號：011 - 001 - 00162。

② 同上。

③ 同上。

遷出"爲題報導稱："平市國子監現有某廠人員佔住，致該地遭受汙燬破損，高教委員會以國子監爲重要文物，自應設法保存，以維政府保護古物之旨；且此次經政府批准以三百八十萬元修繕之五處重要文物建築，國子監即其一處，即將進行修繕工程。爲此特呈請華北人民政府令飭某廠從速設法遷移，以維文物。華北人民政府據報後，已令企業部轉飭某廠遷移。"①

1949 年 7 月 30 日："查國子監爲第一機器廠暨第七十兵工廠工人佔用，業經另案函請華北人民政府企業部轉飭遷出……"②

同日孔廟管理員又呈報："現該廠工人又擅自搬入彝倫堂兩廳房，復將兩邊大門隨意堵塞，工人眷屬又任意把保管鎖鏈破壞，勸阻不但無效，且態度強橫。"③ 當時雖已下令遷出，但實效不佳，加之第一機器廠仍佔用國子監大部分房屋和院落，情形更加紊亂。

1949 年 11 月，報告中又提到："第一機器工廠人員現竟重行遷回，復在東廊下東頭作廚房，並任意於牆上鑽洞改作煙筒，彝倫堂、博士廳等殿房亦被第一機器廠佔用。"④

1950 年 7 月民政局又報稱："近查你廠佔用國子監碑房五間，於碑房內緊靠碑碣存儲煤炭……希你廠對管轄權及愛護名勝古蹟（跡）加以考慮並祈將碑房所存煤炭速予清除，不要緊靠碑碣，以免對碑文有所侵蝕，即請查照爲荷。"⑤ 在此期間 1950 年 7 月 11 日（府秘字第三六一七號）北京市人民政府對保護文物古跡已有明確指令（由市長聶榮臻，副市長張友漁、吳晗簽署）但機器廠卻一再反映各種困難，致使搬遷之事又拖延下來。

1952 年 7 月 8 日北京市人民政府第二十八周聯合辦公會上決定："北京機器廠佔用國子監本不應該，現在爲了保存古建築物，該廠勢必遷移……"⑥

1953 年 6 月北京市文教委員會文物組報稱：

---

① 《平市國子監將修繕，華北人民政府令某廠遷出》，《人民日報》，1949 年 7 月 6 日。

② 《關於孔廟國子監被北京機器廠佔用、拆毀問題的報告來往函》，1951 年，北京市檔案館藏，檔案號：011 - 001 - 00162。

③ 同上。

④ 同上。

⑤ 同上。

⑥ 同上。

接天壇管理處致北京機器總廠函；為你廠未經我處同意，即在國子監內動工修建的問題，請檢查處理，並將處理結果見復。抄件中列舉：（一）該廠擅將國子監太學庫房內懸匾兩方卸下，移放碑亭內，並將該房內隔斷牆開通一門；（二）在屋內修砌吹風灶，並將屋內對聯摘移西大堂屋內碑後存放；（三）在屋內懸匾上寫著許多粉筆字，有的還糊著報紙；（四）經過檢查阻止後，還把碑亭欄杆改做小門，又在另一座古建築內搭建鍋灶兩個，擬作為廚房；（五）工人及幹部漠視組織紀律等等。……（解放後）該機器廠利用國子監，原屬臨時性的措施，乃一再忽視政府保護文物建築的法令和組織紀律……謹呈文化部社會文化事業管理局。①

1954 年 8 月 24 日，中央人民政府文化部發文：

關於你部第二機械工業局所屬北京第一機床廠（改用名）借用國子監古建築問題，前曾函請你部轉知該廠早日遷移。你部在一九五三年十一月四日 [53] 機辦秘字第二零八號函復同意我部意見。

並稱：

遷廠事正設法研究解決，為策安全，保護文物建築，已通知第二機器局轉告該廠，在未遷出前，迅速徹底清除國子監院內堆積的各種雜物……②

據我部社會文化事業管理局會同北京市文教委員會文物組最近的調查，‘國子監’的保護情形，仍無改善，東西埒兩廊下及辟雍前面琉璃牌坊東西兩側堆積了許多雜物，對古建築的保存是不利的；尤其是在古柏樹下堆積了大量的煤塊煤末，將對這些樹木危害很大。因此特再函請你部轉知該廠，盡可能早日設法遷出，即希查照見復為荷。③

---

①　《關於孔廟國子監被北京機器廠佔用、拆毀問題的報告來往函》，1951 年，北京市檔案館藏，檔案號：011－001－00162。

②　同上。

③　同上。

直到 1955 年 4 月，在周恩來總理的親自幹預下（見後面第三節），該廠才徹底清理，遷出國子監。

（二）北平市總工會職工學校佔用及破壞情況

1949 年 4 月孔廟管理員呈報"查本日突有北平市總工會職工學校承辦人鐵崗，高致民等來孔廟，聲稱該校擬佔用孔廟大成殿為講室，兩廡為職工宿舍之用，已經軍管會房產委員會允其來孔廟調查，並帶來有木工用尺度量，並稱為居住職工學習便利起見，擬將大門加窗修改等語。究應如何處理……鑒請示遵。"

管理壇廟事務所又呈報民政局："孔廟為北平最重要之古蹟（跡），其殿宇建築之輝煌，所藏文物之珍貴，碑碣林立，松柏古老，對於歷史文化之價值，較之故宮尤為重要。本所設有管理員專任管理，售票，任人參觀。藉以發揚文化，如經改為學校，再將古跡建築加以修改，殊與保存文化古蹟（跡）之旨相背，據呈前情，擬請鈞局呈請市人民政府轉向該會交涉，另行尋覓房屋，以保古跡……"①

11 月又報告："孔廟大成殿院內，東西南北房七十七間，前由文整會將破壞之處方行整修完竣，近突為職工學校於殿房內每兩間磊（壘）隔斷牆一座，且將地上的方磚拆掉多處。孔廟大門自職工學校佔用將門關閉，門外無人照料，昨發現影壁牆上的琉璃磚瓦近竟被對門第二女中識字班學生破壞，復被行人隨意竊取，且破壞情況頗為嚴重。昨日又有華北大學瓦工更任意拆毀影壁牆磚使用的事件發生。"

管理壇廟事務所呈報："自職工學校佔用孔廟國子監後，本所對該處停止售票，禁止任人遊覽……。本所對該處古蹟（跡）之保護問題，已經屢次向上級提出意見，至希你會（注：文整會）派員前來詳為勘查，協助反映，以保北京文物古跡為荷。"②

1950 年 2 月 27 日管理壇廟事務所報民政局：

查孔子廟國子監為職工學校佔用以來，對於屋內屋外建築等物不

---

① 《關於孔廟國子監被北京機器廠佔用、拆毀問題的報告來往函》，1951 年，北京市檔案館藏，檔案號：011 - 001 - 00162。

② 同上。

斷小有損壞，業已呈報有案。茲查第一期學員畢業走後，各處巡視，結果大成殿院南房東南角房檐琉璃龍頭碰下，並連帶下來琉璃瓦兩塊；又大成殿臺階雕刻龍石，乃系中外馳名最有價值的古物，外來人在此多半照相，互相傳觀。因此對此石特別注意。一、原置石墩四個放在雕石兩端，石上插以木棍，棍上用鐵絲圍繞，以防損壞。不想上方兩個石墩經學員推下，將龍石碰壞八處，階石碰壞六處。理合呈報鑒核。二、查該雕龍石階名為‘螭陛’，雕鏤精細，為北京著名文物，現在政府撥發鉅款修整各壇文物之時，他校竟毫不珍護，任意毀壞，至堪惋惜。三、查他校與（於）1949 年曾將文整會新修整的孔廟窗櫺鋸成洞穴，安裝煙囪，又將地面金磚拆毀多處，壘砌隔斷，業經呈報有案。最近他校又將琉璃瓦及著名文物‘螭陛’破壞，對國家瑰寶文物，人民財產不知愛惜，長此而往，本所殊難盡保護之責。故擬請鈞局轉請市政府令飭他校，從速照樣修補，嚴行制止。並頒發佈告張貼警告，無論何人進入孔廟，對一切文物建築，碑碣等，應一體愛護。① （附圖）

7 月 6 日職工學校申請在神廚第二、第三間處開天窗兩個，經管理廟壇事務所批復：“原則上同意，務希避免破壞古代建築及有礙觀瞻。開天窗不能過高，拆除灰瓦儘量保持完整，妥為存放，以便將來容易恢復舊觀。”②

1951 年 5 月 7 日，文物調查研究組（1951 年 7 月 1 日正式成立）報告：

事由：報告關於總工會職工學校不遵守市府指示，將孔廟東西兩廡及大成殿后崇聖祠正殿龕壇全部拆毀由。

一、市總工會職工學校借用孔廟，該校為防疫方便，充分利用房舍，向園管會申請將大成殿東西兩廡歷代從祀之士的木龕拆移。後經本組、社文局、文整等單位勘查，決定東西兩廡木龕各保留一間，大成殿后崇聖祠正殿磚壇亦保存，其余東西兩廡之木龕及崇聖

---

① 《關於孔廟國子監被北京機器廠佔用、拆毀問題的報告來往函》，1951 年，北京市檔案館藏，檔案號：011 - 001 - 00162。

② 同上。

祠東西配殿磚壇均准由該校拆除。由園管會、壇廟事務管理所通知該校執行。

　　二、園管會曾將各單位勘察情形報告市政府批准後，通知該校按照各單位查勘後意見執行。

　　三、昨接園管會來電稱："該校不遵照市府批示執行，已將木龕、磚壇全部拆毀，制止不能生效。"

　　四、本日會同園管會高、楊等同志前往查勘，見大成殿東西兩廡及崇聖祠正殿、配殿等處木龕、磚壇全部拆除完了，正在辦理善後，修補地皮。

　　五、謹將查勘情形據實報告。①

　　以上文物調查組的報告中，可以明確了解到，當時在使用和保護方面的尖銳矛盾。雖然文物專家組退而求其次，要求部分保留原狀，最終在使用單位嚴重違規操作中，孔廟東西兩廡及崇聖祠主、配殿的磚壇、木龕被全部拆毀。至今我們再也不能看到歷史的原貌了，令人遺憾之余甚感憤怒。一些單位對古建文物的無知和漠視，對市府指令的公然違反，到了令人髮指的程度。

三　孔廟國子監古建文物被佔用的狀況最終得以解決

　　1954 年隨著北京市各項規劃的制定和實施，副市長吳晗同志於 8 月 18 日上午向周恩來總理彙報工作，"總理當面指示了幾件事情……孔廟國子監問題他問了兩次，要我們選擇北京少數幾個外賓要參觀的名勝地方修繕保存，不必搞得太多，但一定要搞。第一次我答：'國子監由市總工會職工學校佔用，孔廟由第一機械部用作倉庫，已經交涉多次都不能搬家。'總理說為什麼不把這事提給他處理，早提不是早解決了。今天又談到，他要我們把機器部的倉庫用地和職工學校的情況寫一簡單報告，由他處理（即交文物組辦）。"②

---

　　①　《關於孔廟國子監被北京機器廠佔用、拆毀問題的報告來往函》，1951 年，北京市檔案館藏，檔案號：011 - 001 - 00162。

　　②　《關於音樂堂增加頂棚、孔廟、國子監修繕工程、接管明十三陵及修建問題的報告》，1954 年，北京市檔案館藏，檔案號：002 - 006 - 00202。

　　在周恩來總理的關心和親自囑辦下，1954 年 8 月 24 日，中央人民政府文化部致函第一機械工業部："請你部轉知北京第一機床廠，盡速設法遷出國子監。"① 1955 年 4 月 14 日，北京市園林局報送主管領導薛子正副市長《彙報接交國子監房屋情形核備由》［發文園管列（55）字302 號］：

　　　　一、關於國子監的全部房屋曾於 1950 年 11 月間經市府決定由民政局移交園林局（當時公園管理委員會）管理，惟以接管當時除一部分房屋由北京市總工會職工學校佔用外，其余大部由中央第一機器工業部第二工業管理局機床廠住用，故實際上迄未接管恢復開放。解放後園林局即派員袁福（看管國子監已達三十年之久）常住此看管。二、遵於本年三月二十五日由園林局會同房管局、機床廠，依照民政局一九五〇年移交清冊進行清點完竣。三、現該院尚有北京市總工會職工學校佔用敬一廳（注：敬一亭）大殿五間，彝倫堂側廈三間，東西鐘鼓樓二間，博士廳三間，東西大堂房北頭十間（應即率性堂十間）辟雍大殿一座，集賢門一間，典籍廳東房三間（即東講堂）東轉角房二間，繩愆廳三間，共計佔房三十三間座，此外，院內尚有該校安設的籃球架二對，跳高架二個，單杠二個未能移出。四、謹將接交情形付（附）清冊一份報請鑒核備查。②

附表　　　　　　1955 年北京市機器廠交回國子監殿宇碑碣清冊

名　稱	數　量	備　考
集賢門內井亭	2 座	西邊一座磚牆殘壞
西大門	1	北邊一扇門板破裂
西大門迤北瓦房	5	
西大門迤南瓦房	3	

　　① 《關於孔廟國子監被北京機器廠佔用、拆毀問題的報告、來往函》，1954 年，北京市檔案館藏，檔案號：011 - 001 - 00162。
　　② 《關於孔廟國子監被北京機器廠，市總工會職工學校拆毀問題的報告、來往函（附表）》，1955 年，北京市檔案館藏，檔案號：011 - 001 - 00162。

續表

名　稱	數　量	備　考
太學門	3	
兩旁儀門	2	西邊儀門門框壞
儀門內兩旁南廊房	14	
鐘鼓亭	2 座	
琉璃坊	1	
碑亭	2	
彝倫堂	7	
東西典簿、籍廳	6	
門	2	東西講堂兩側
東西轉角廊房	4	
東西大堂房	55	
合　計	109	
石碑	5 方	存太學門上殘壞
碑亭石碑	2	太學門內
石碑	16	彝倫堂內
寫經圖石刻	3	同上（含崇實、振雅石刻）
石刻屏	1	同上（大學石刻）
古槐讚石刻屏	1	典籍廳內（西講堂）
石碑	1	典簿廳內（雍正考核舉人碑）
石刻十三經碑	159	存東西六堂，數量不準確，或因該廠只佔用 55 間之故。
彝倫堂內匾額	9 方	後存放在大成殿。
南廊房匾額	9 方	兩方存放鐘樓內（具體內容不詳）
南廊房內對聯	2 副	一副存鐘樓內（內容不詳）
合　計	213	

　　至此第一機器廠（後改稱北京市機床廠）全部遷出國子監。清退國子監殿宇房屋情況見上附表。

　　1955 年 9 月 8 日，北京市總工會職工學校經清理後由孔廟國子監遷至陶然亭路 53 號新校址，改建為“北京市總工會幹部學校”。至此，孔廟和國子監被佔用和損壞情況得以解決。相關的規劃和修繕開始逐步實施。

第四節　古建文物的保護、規劃與修繕

一　相關政令與法規

北平解放前夕，"毛澤東在 1948 年 12 月 13 日北平戰況的電報上曾代中央軍委批示，請平津前線司令部通知部隊注意保護清華、燕京等學校及名勝古跡等"。[①] "1 月上中旬（注：1949 年），中國人民解放軍同國民黨軍隊領導人的和平談判尚未達成協議，黨中央要求軍隊做好兩手準備；一方面抓緊談判，一方面不放鬆做好攻城的準備。1 月 16 日毛澤東在為中央軍委起草關於積極準備攻城部署給平津前線總前委聶榮臻等負責人的電報中強調指出 '此次攻城，必須做出精密計畫，力求避免破壞故宮、大學及其他著名而有重大價值的文化古跡。你們務使各縱隊首長明瞭並確守這一點。'"北平地下黨根據中央部署積極開展宣傳工作。使和平解放北平以及保護古都文化古跡的要求成為社會各界的普遍呼聲。"[②] 最終古都北平和平解放，北平的文化古跡得以完整保存，體現了黨中央、毛澤東主席對古建文物保護的重視。

新中國成立之初，國家百廢待興，中央和北京市人民政府還是對古建文物的保護極為關注，並著手對合理使用進行規劃。

1950 年 5 月 24 日，政務院頒佈了《禁止珍貴文物圖書出口暫行辦法》《古跡、珍貴文物、圖片及稀有古生物保護暫行辦法》《古文化遺址及墓葬之調查發掘暫行辦法》。同年 7 月 7 日，政務院還頒佈《關於保護古文物建築的指示》等文物保護法規。作為新中國成立初期發佈的文物保護政策的指導性文件，上述文件精神要求全國各地在國家經濟建設和土地改革過程中落實文物保護政策，積極保護文物古跡。[③]

7 月 11 日，北京市人民政府遵照中央人民政府政務院指示精神，也

---

① 《北京文物博物館事業紀事》（上），北京市文物事業管理局，1994 年，第 1 頁。

② 同上。

③ 中國文物研究所編《中國文物研究所七十年》，文物出版社 2005 年版，第 228 頁。

發佈了加強文物保護的命令。

二　對孔廟國子監文物古建的具體保護措施

孔廟國子監與其他壇廟有所不同，是歷史上皇家廟宇與古代最高學府建築相結合的特殊古建群。整體建築可以用輝煌、莊重、嚴整和獨特來形容，是中國古代建築的瑰寶；既有眾多的珍貴文物，又蘊含著豐富的文化教育內涵。對其古建文物的保護歷來都很注重，解放以後更是為中央和地方政府高度重視，存有大量的文獻檔案資料記載。本章在文物遺存以及被佔用情況等內容中多有涉及，為避免重復，關於孔廟國子監古建文物保護的呈文、批示不再重復列舉。

解放之初，由於文物古跡管理許可權不夠明確，出現了交叉管理等一些問題。1950 年 7 月，文物整理委員會經過調查評比，編訂了"北京文物古建等級初評表"，孔廟國子監被列入甲級名錄，屬於重點保護的文物古建。在初評表說明中還針對一些問題提出了建議。北京市政府對此非常重視。1950 年 7 月 24 日北京市人民政府指示（府秘一字第三八四三號）："……關於管理壇廟事務所與公逆產清管局劃分許可權問題辦理情形既附表均系。（一）管理壇廟事務所所轄二十處壇廟祠寺等級之劃分及保護與管理辦法應準照辦。（二）育才小學及職工學校（注：即指佔用孔廟國子監部分殿宇之市總工會職工學校），應設法遷出，以重古跡。（三）凡有價值之壇廟……可與公園管理委員會洽商辦理……"[①] 7 月 25 日，管理壇廟事務所又將各壇廟佔用單位情況清單上報。8 月 12 日復函指示："……凡屬列入甲級之重要古跡如天壇、先農壇、孔廟國子監、五塔寺等四處，絕對不許機關、學校、軍隊、團體住用，現在仍在住用的單位限期一律遷出。"[②]

但以上指令在當時的情況下並未起到實質作用，直到 1954 年 8 月 19 日，北京市副市長吳晗向國務院總理周恩來彙報北京市古跡使用修整初步規劃時，關於孔廟國子監問題，總理親自過問並安排處理。

1955 年 4 月，機床廠遷出國子監；9 月，市總工會職工學校遷走。孔

---

① 《關於孔廟國子監被北京機器廠，市總工會職工學校拆毀問題的報告、來往函（附表）》，1950 年，北京市檔案館藏，檔案號：011 - 001 - 00162。

② 同上。

廟國子監的使用規劃加速落實。

三 規劃與修繕

（一）總體規劃

對孔廟國子監的規劃，解放之初（1949 年 4 月），作為基層管理部門的北平市民政局管理壇廟事務所就曾在《今後工作意見書》中提出，孔廟可作為人民博物館，國子監為革命陳列館，經清理整頓之後即可售票任人參觀的設想。由於孔廟國子監長期被企業和學校佔用，相關計畫也僅停留在設想的層面，並未付諸實施。

1953 年 4 月，市領導和文化部相關領導提出籌建"首都歷史與建設博物館"的設想，並得到專家學者的一致支持。1954 年"2 月 18 日'首都歷史與建設博物館籌備處'正式成立……"①。計劃以孔廟作為博物館展覽廳。孔廟國子監的使用規劃被提到日程上，並由文物組和籌備處擬訂初步方案，將國子監規劃為北京市圖書館（首都圖書館）新館址。

1955 年 5 月 26 日，北京市文物調查研究組呈文吳晗副市長"關於孔廟和國子監的使用和整修計畫（劃）"（草案）。②

1955 年 10 月 27 日，北京市人民委員會擬定了《關於孔廟和國子監的使用計畫及修繕撥款請示》。11 月 8 日正式上報國務院秘書長並轉總理：

關於孔廟和國子監的保存和使用問題，經我市文化局，園林局擬出初步計畫（劃），各項工程據市第一建築公司"古建隊"勘估，計需人民幣陸拾萬元，擬請由國務院批准撥發專款，以爭取寒冬前完工。茲將使用和修繕具體計畫摘要報告如後：

一、使用計畫（劃）：

甲、孔廟部分：

兩廊房屋作為"首都歷史與建設博物館籌備處"的展覽廳。崇

---

① 北京市文物事業管理局編《北京文物博物館事業紀事》（上），1994 年，第 21 頁。

② 《關於孔廟和國子監的使用計畫（劃）及修繕撥款問題的請示及批復》，1955 年，北京市檔案館藏，檔案號：002－008－00160。

聖祠的房屋作為工作室。

乙、國子監部分：

作為北京市圖書館總館，兩廊作閱覽室。

國子監二門外一帶的空地（注：即第一進院落）全部綠化，增設兒童遊戲場及兒童閱覽室。

二、整修計畫（劃）：

甲、孔廟部分：

一、兩廊和南北房前沿裝修一概不動，改裝玻璃門窗，後牆加開窗戶，室內改換洋灰磚地，（起出前磚修補廊下磚地）。

二、大成殿后牆加開窗戶，前槽門窗原裝不動，裝配玻璃門窗。

三、崇聖祠正配殿改裝玻璃門窗，整補磚地。

乙、國子監部分：

一、正院兩廊和南北房都將原來隔窗外推，前槽做坎牆玻璃門窗。後牆開窗戶，室內加灰條吊頂，改做洋灰地，按其具體需要分成隔斷。

二、彝倫堂、敬一堂均改裝玻璃門窗加灰色吊頂，找補磚地。

三、為了擴大房屋內部使用面積，將國子監西廊十三經刻石共一百九十塊，彝倫堂立碑十六塊，平面臥碑三塊，敬一堂立碑兩塊，橫碑十塊一起移置國子監的東廊後空院內保存。

四、"辟雍"重新油漆彩畫，其他房屋只迎面柱子及改裝窗門上紅油，不做彩畫。

五、"泮池"（注：應稱環池）利用原有水井，增設電力水泵，除寒冬外，可經常保持有水。

丙、總的方面：

一、做上下水道，裝設必要數量的消火栓。

二、照明設備，室內前簷一律用鉛皮線。

三、房頂拔草，裹壟，勾抹。磚，木，石部分閃（扇）鼓殘缺加以找補。

四、新增房舍

國子監為了作"北京市圖書館"總館的使用，須增建房三十三間，計汽車房、司機宿舍、自行車棚等十二間；宿舍、飯廳、廚房等十七間，成人廁所、兒童廁所共三個。（引自北京市檔案［全宗8目

錄 160 卷]）①

　　以上請示報告，是在 5 月文物調研組給市領導函件的基礎上擬就的，主要內容相同，更為簡明扼要和全面。擬定這一計劃時，主要考慮到："國子監和孔廟都是較有價值的古建築，應該加以保護，但如不加以適當使用，也就不容易保護。因面積很大，需要很多人管理，因此保護古建築與適當使用相結合，是保護古建築最有效的辦法……"② 1955 年 11 月 28 日經國務院批准。國務院（55）國二辦習字第 72 號函稱"原則上同意所提計劃，同時也抄致了財政部和文化部"。③

　　（二）具體修繕

　　總體規劃中就包括了整修計劃，但修繕工程從申報、審批到具體施工，也是非常慎重和細緻的。

　　其實早在 1949 年 6 月，"華北人民政府財政部為修整北平國子監、天壇等處古代建築，特撥款人民卷三百八十萬元，作為整修費。現已由文物整理委員會擬定 修整計畫（劃），不日即可動工"④。7 月 16 日，管理壇廟事務所"接到文物整理委員會來函，該會又計畫（劃）除修孔廟工程用去九十余萬外，先農壇、天壇、國子監等處停止修葺，擬將工程款改修午門"⑤。這次維修由於資金不足，只是將孔廟大成殿及兩廡被破壞的門窗、地面等加以修補。9 月 29 日文物整理委員會和高等教育委員會派員前來驗收，可以說草草收場，並且隨後不久，又被佔用單位破壞了不少。

　　1955 年，孔廟國子監在使用計劃明確後，文物調研組初步擬定了孔廟國子監修繕工程具體方案：

---

　　① 《關於孔廟和國子監的使用計畫（劃）及修繕撥款問題的請示及批復》，1955 年，北京市檔案館藏，檔案號：002 - 008 - 00160。

　　② 《關於孔廟和國子監的使用計畫（劃）及修繕撥款問題的請示及批復》，1955 年，北京市檔案館藏，檔案編號：002 - 008 - 00162。

　　③ 同上。

　　④ 紀清：《華北人民政府撥款修整天壇》，《人民日報》1949 年 6 月 21 日第二版。

　　⑤ 《關於孔廟國子監被北京機器廠，市總工會職工學校拆毀問題的報告、來往函（附表）》，1949 年，北京市檔案館藏，檔案號：011 - 001 - 00162。

孔廟國子監修繕工程施工計畫草案

孔廟部分（注：工程施工說明）：

1. 照壁：如馬路不漲寬，恢復原狀，西旁紅牆拆除。

2. 先師門：櫺星門原樣不動，略加整理，大門挑頂整脊、勾抹、粉刷。

3. 前院（包括神廚、宰牲亭、神庫、致齋所及西門）

（1）神廚、宰牲亭、神庫、致齋所前後改裝玻璃窗戶，紗窗，紗門磚地整補。

（2）神廚後北邊空地，建較大規模男女廁所。

（3）神廚、省牲亭作觀眾休息室。

（4）致齋所作收發傳達室。

4. 大成門恢復原狀。

5. 中院：南北連拐角44間（包括過道3間）作展覽館。（南北房連拐角）後面開玻璃窗、紗窗與前面一樣（沒有門）。南北及拐角各作煙筒口三個，共十二個。室內周圍下腳一律用洋灰踢角板，地面用"洋灰磚"地，起出的方磚利用在廊內。

6. 中院兩廡：兩廡38間做展覽室。前簷坎牆不動，改裝玻璃門窗加紗窗門。後牆上頂開橫玻璃紗窗，窗下方一律加裀畫板條。東西各作煙筒口四個，共八個。室內周圍下腳一律用洋灰踢腳，地面用"洋灰磚"地。室內磚台及後加隔斷一律拆除。

7. 大成殿：後牆改為坎牆窗戶，室內牌位台及木隔斷拆除。前面基本上不動，另加全部玻璃門（帶紗門）玻璃窗（帶紗窗）。東西牆上各作煙筒口兩個，兩牆上邊依裀畫板條，地面金磚不動。

8. 崇聖門：加前後裝修，玻璃門紗門。

9. 後院東西房換玻璃窗門、紗窗門、屋地整修。

10. 後院北房換玻璃門窗、紗窗門，屋地整修，房頂拔草、裹壟、勾抹。牆壁內外一律紅色、米黃色。（注：應為外紅、內黃）

11. 後院崇聖祠北牆西邊開門。

總的方面：

1. 所有磚、木、石閁（扇）鼓殘缺一律找補。

2. 廊柱及新配門窗一律油新，彩畫不作。

　　3. 消火栓八個（包括國子監四個）

　　4. 下水道：增添下水道及水泵一台（為洋池供水）

　　5. 室內前簷走鉛皮線（包括國子監）吊頂用暗線，多裝插銷頭。（1）辦公室日光燈。（2）展覽室日光燈及壁燈。（3）大成殿另加探照燈。（4）院內扣罩灣燈。

　　遷碑問題：

　　國子監兩廊十三經石刻共 190 塊，彝倫堂立碑十六塊，平面臥碑三小塊（注：應指寫經圖和崇實、振雅三塊刻石），敬一堂立碑兩塊，橫碑十塊，一起移置到國子監東、孔廟西夾道內，另蓋棉瓦頂房，三面磚牆，前面利用國子監兩廊拆下的木柵欄整修裝置。

　　國子監修繕工程施工說明：

　　1. 集賢門：上架雅烏墨，下架廣紅油，屋面裹壟，內外粉刷，打點見新，地面翻墁，東小屋拆除。

　　2. 值班室：東面坎牆落低，距室內地平 80 公分，做玻璃門窗，室內板條吊頂，上架卡箍頭，下架廣紅油，內外粉刷，打點見新。[附] 阿斷門：按原樣修復，西面做坎牆門窗，兩山各開門一個。

　　3. 太學門及轉角房：

　　太學門：按原樣修復，上架雅烏墨，下架廣紅油，牆面粉刷見新，地面找補。

　　轉角房：南坡揭瓦，北坡裹壟，沂、墊、枋門首更換，坎牆拆翻做淌白（面磚用機磚）改做玻璃門窗，室內板條吊頂，後牆拆砌開窗；室內外抹灰粉刷，上架卡箍頭，下架廣紅油。

　　角房：前槽推出，其他同轉角房。

　　側門：大門拆除，前後牆做玻璃門窗，其餘同轉角房。

　　4. 東西廊：屋面裹壟，隔火間拆除，新砌坎牆，改做玻璃門窗，室內板條吊頂，上架卡箍頭，下架廣紅油，內牆抹灰粉刷台明打墁，石活歸安。

　　5. 彝倫堂及轉角房：

　　彝倫堂：屋面裹壟，外沿上架雅烏墨，下架廣紅油，屋面裹壟，改做玻璃門窗，內外抹灰粉刷，室內板條吊頂，後牆四間開窗，中間四扇大隔扇拆除，改做避風板，暖門配門兩樘，月臺翻墁，石活歸安。

　　轉角房：同太學門轉角房。

　　側門：按原樣修復。

　　6. 敬一門：按原樣修復，上架雅烏墨，下架廣紅油。

　　7. 敬一堂：屋面裏壟，外沿上架雅烏墨，下架廣紅油，室內板條吊頂，牆面抹灰粉刷，做玻璃門窗，石活歸安。

　　8. 東西廂、牌樓門（注：即東廂大門）：按原樣修復。

　　9. 辟雍：外沿上架按原樣修復彩畫，下架廣紅油，內沿彩畫不動，下架油飾見新，屋面揭瓦，石活歸安。

　　10. 井亭：上架、下架均做廣紅油，屋面裏壟。

　　11. 鐘鼓樓：下架廣紅油，上架找補。

　　12. 碑亭：同鐘鼓樓。

　　13. 琉璃牌坊：屋面捉節裏壟，粉刷見新。

　　14. 大牆：後牆加高 70 公分（舊砧摻灰泥砌），全部圍牆粉刷見新。

　　15. 甬路翻墁：太學門至辟雍、彝倫堂、敬一堂，甬路翻墁。

　　16. 移碑：

　　（1）兩廡十三經等移至東夾道（排列方法由文物組派員在現場指導）。碑基運土夯實，二七灰土兩步。

　　（2）其余各室之碑碣其遷移位置及排列方法由文物組決定並派員指導。

　　17. 室內油漆：均做乳白色，刷調和漆兩度。

　　18. 地面：彝倫堂做水磨石，其他各室除另有說明外，均做水泥花磚地面。走廊做洋灰地面劃格。

　　19. 地杖：上架做單皮灰，下架做一零五灰。

　　20. 活扇窗一律加紗窗。

　　21. 小五金：一律用上等品，品質堅固耐用。

　　22. 門窗工程：另詳大樣圖（舊扇中能修繕使用者應改裝玻璃，儘量使用）；上亮不夠高時，上亮可加高，在上亮子上部加做迎風板。

　　23. 衛生設備：廁所內恭桶、水箱等，並包括上下水道，化糞池。

　　24. 板條吊頂：大龍骨 $8 \times 12 @ 70e - e$、小龍骨 $5 \times 5 @ 40e - e$、

吊杆 3 × 5@ 70e － e。

　　25. 水磨石地：先打 1：3：6 碎磚三合土，厚 15.70，再鋪白石渣砂漿厚 1，磨光打蠟。

　　注：以上為具體施工方案及說明。因其中多為古建修繕之專用名詞，編者只能照錄，供讀者參考，如有錯差，請查閱相關檔案資料。

　　1955 年 10 月，根據修繕工程計畫，古建隊進行了工程估算，現按原表詳列見表 5—9：

表 5—9　　　　修建國子監孔廟工程估算單①（1955 年 10 月　日）

	工程名稱	材料合價	人工合價	小計
	一、修建國子監部分			
1	值班房	5384.34	1243.20	6627.54
2	大學門及兩側轉角房	21100.98	4798.67	25899.65
3	東西群房	60230.82	19526.40	79757.22
4	彝倫堂及兩側轉角房	27953.85	9563.30	37516.15
5	敬一堂	5811.32	1728.64	7539.96
6	集賢門	4676.39	1801.60	6477.99
7	裹壟、拆除運輸粉刷等	19051.91	9928.33	28980.24
8	石碑遷移	1488.00	11131.20	12619.20
9	石活歸安	542.24	3729.60	4271.84
10	電器照明安裝工料合價	（工料）	28408.30	28408.30
11	上下水道工程安裝工料合價	（工料）	10412.87	10412.87
12	其他			640470
13	利潤 2.5% 稅金 3% 業務管理費 30% ＝ 35.5%			90495.05
	合計			345410.70

①　《關於孔廟和國子監的使用計畫（劃）及修繕撥款問題的請示及批復》，1955 年，北京市檔案館藏，檔案號：002 － 008 － 00160。

續表

	工程名稱	材料合價	人工合價	小計
	二、修建孔廟部分			
1	先師門	2822.26	6027.53	8849.79
2	前院神廚神庫省牲亭	5341.66	2857.95	8199.61
3	大成門	998.38	2801.79	3800.17
4	中院南北轉角房	25105.92	11389.78	36495.70
5	中院東西廡房	22333.00	9297.21	31630.21
6	大成殿	7149.98	6909.25	14059.23
7	後院東西廡房	2313.14	3582.92	5896.06
8	崇聖門	3405.18	2810.16	6215.34
9	後院北房	2420.44	4554.35	6974.39
10	電器照明安裝工料合價			26496.39
11	架木裹壋拆除粉刷工程工料合價			150000.00
12	其他零星修繕			1292.19
13	利潤2.5%稅金3%業務管理費30%共35.5%			58542.63
	合計			223451.57
	三、新建圖書館附屬房屋工料合價			31137.73
	全部工程總計			600000.00

北京市文化局

　　以上孔廟國子監修繕工程預算爲 60 萬圓，這在當時已是一個不小的數目。1955 年 11 月 28 日，國務院批復："同意所提計畫（劃），所需修繕費六十萬圓，應當本著節約的精神再加詳細核算，分編今明年實際用款預算報請財政部核發。該項用款可在本院二辦本年度文教預備費中動支，並追列入文化部支出。"[①] 北京市人民委員會在接到國務院批復公文後，即將具體施工計畫和預算報財政部，因辦理各種手續，直到 1956 年二月

---

　　① 《首都歷史與建設博物館修繕使用孔廟、國子監的計畫（劃）、報告》，1956年，北京市檔案館藏，檔案號：011－001－00162。

才正式施工。1956 年 9 月，孔廟和國子監改造性修繕基本竣工，10 月 9 日，北京市圖書館開始陸續由西華門遷到國子監新址。10 月 31 日，經市人民政府批準同意，更名爲"首都圖書館"（請郭沫若先生題寫館名）。1957 年 3 月 18 日，首圖在國子監新館正式對外開放。

　　（三）國子監碑刻的搬遷

　　關於國子監碑刻的搬遷工作，涉及重要文物的保護，古建的利用，也是整體修繕工程的重要環節。在規劃時就提出幾種方案：一是原處保存，二是移至國子監後院東西廡，三是遷移至國子監東三堂東，孔廟西的空地（夾道內）。後經多方面考慮決定將十三經碑刻等移至國子監東的夾道內（當時文化部不同意遷移，經市政府與文化部溝通協商後，不再反對）。規劃中決定加蓋洋灰瓦頂，三面砌牆，南面用木柵欄圍擋。後來取消了這項計劃。

　　1956 年 3 月初，北京市文化局文物調查研究組報文化局：

　　　　關於國子監內全部石碑遷移的問題，我組派員勘察後，作出具體規劃，請照附圖內容，切囑施工人員重視文物，在有計劃有條理的部署下，妥慎地依次序移置新地點。據瞭解，新地點地基鬆軟，碑身高大笨重，請考慮妥善措施，勿使碑身下沉傾倒，致文物遭受損壞。在進行移置工作時，如有必要，可電知我組派員到現場照料。[1]

　　1956 年 6 月 28 日，又函報文化局（第 242 號）

　　　　國子監乾隆石經遷移工作已大部完成，經我組派員前往視察，十三經石碑共 190 座（現已安好 164 座），計分五排，每排 40 座，面均向西，自南首往北順序排列。其第二排與第三排之間，距離較寬，因地下有暗溝必須避開，遂形成西邊兩排，東邊三排，中間留一走道之情形。在當時佈置計畫（劃）時，亦曾詳加考慮，會同研究，因為大量碑刻移置於此一狹窄之地，且需避開暗溝，除如此排列之外，則無妥善辦法，限於事實，不得不然。現在移置情形，俱與原計劃藍圖

---

　　① 《首都歷史與建設博物館修繕使用孔廟、國子監的計畫（劃）、報告》，1956 年北京市檔案館藏，檔案號：011 - 001 - 00162。

相符。惟經過一次遷移，部分石碑不免有所損傷，例如在升吊之時，偶一不慎倒鏈之一端搭於碑石之上，幾分鐘的工夫即可將石碑的邊沿磨去一塊。此種情形如果施工單位很好的加以注意，亦可避免的，但傷痕大都在碑額之上，並未損及字跡，情形尚不嚴重。再刊刻石經重在摹拓，現在位置對於摹拓並無不便。我組並已掌握全部拓本，如願參考時，即可送閱。除俟全部遷移完竣後檢查外，特先報核。[①]

從以上報告中，可以大體了解當年遷移十三經碑刻時的情況，總之：一是事先規劃合理。二是文研組主要負責指導和督查。三是在基本使用人工作業，用吊鏈吊裝，板車運送的條件下，損壞不大。四是形成東三排，西兩排的排列順序並不在計劃之內，是遇到特殊情況造成的。但目前看來也並非壞事，反而便於開放後公眾的參觀。五是全部刻碑面西而立（注：面向國子監豎立），是當時計劃內的，無可厚非。因此特別加以說明。

另外，據《北京文物博物館事業紀事》記載："1957 年 12 月 5 日，經北京市文化局同意，國子監 21 座石碑被遷移到國子監與孔廟之間的空地。"[②] 據此推論，1956 年移碑時，並未將國子監內碑刻全部移至東夾道內，後移這 21 座石碑應該是太學門外的 "學志" "五朝上諭" "孔廟國子監圖碑" "敕修國子監碑" 及原後院東廡歷代官師題名碑等，具體情況有待進一步調查考證，加以補充。（見折圖一　孔廟和國子監十三經碑林平面示意圖）

附記：1957 年後孔廟國子監碑刻
保护與变迁

1949 年以後，孔廟國子監的古建曾被軍隊，企業，學校佔用，古建文物曾遭到一定的損壞。1956 年首都圖書館在國子監成立，1981 年北京

---

① 《首都歷史與建設博物館修繕使用孔廟、國子監的計畫（劃）、報告》，1956 年北京市檔案館藏，檔案號：011 – 001 – 00162。

② 北京市文物事業管理局編：《北京市文物博物館事業紀事》（上），1994 年，第 38 頁。

孔廟作為首都博物館館址對外開放，因孔廟國子監一直由兩文化單位使用，古建文物的維護和利用處於比較穩定的狀態。2005 年兩館漸次遷出，兩院合併，成立孔廟和國子監管理處。2005 年，北京市政府批准斥資逾億元大修國子監和孔廟，恢復其舊有格局，左廟右學，珠聯璧合。2007 年歲末完工。2008 年 4 月 24 日經上級批准孔廟和國子監管理處更名為"孔廟和國子監博物館"，6 月 14 日舉行開館儀式正式對外開放。

孔廟國子監保存的歷代石刻，共計 482 塊（含民國二十六年至二十九年大規模修繕後，記載修葺情況的 3 塊刻石及新增加和新發現碑刻），不僅數量龐大，而且自成體系，是孔廟和國子監博物館的重點文物和對外展示的重要組成部分，國內外參觀者無不對其倍加關注和讚歎。

1. 十三經碑林

清乾隆五十六年至五十九年刊刻的儒家經典十三經刻石，共計 190 塊碑刻（十三經文為 189 塊，刻完後的"告成表文"一塊），原刻立於國子監東西六堂內。1955 年，經國務院批准，將國子監規劃作為圖書館館舍使用，為了給圖書館騰出更多的收藏和借閱空間，經研究決定，把原六堂內十三經碑刻以及彝倫堂、敬一亭等處的所有碑刻，統一遷移至國子監與孔廟之間的空地（夾道）存放（共計 241 塊刻石），形成了今天碑石林立的壯觀景象。因為十三碑石刻立於清乾隆時期，又是乾隆皇帝欽定御制的，所以又稱"乾隆石經"。十三經碑刻在民國時期已有少量損壞，1956 年整體搬遷時，由於設備簡陋，主要是人工搬移，碑體也稍有損傷，尤其是上世紀 80 年代之前，十三經碑林基本上是露天存放的，碑刻文字也有一定的風化，唐山地震時又有倒伏損傷，所幸都得到及時的修復整體保存依然完好，絕大部分文字清晰可辨。1981 年首都博物館對外開放後，曾搭建簡易棚加以保護。2011 年 7 月至 10 月間，對十三經碑林進行清洗、加固、移碑等項施工，把十三經碑林建成為現代化的"乾隆石經"碑刻展廳，並於 11 月 1 日重新對外開放。這次修整為碑刻的保護創造了更好的條件，也為遊客提供了舒適和便利的觀賞條件。展廳還設置了電子顯示屏，為觀眾深入瞭解歷史、人物、查看碑刻文字，提供了便捷、清晰的現代化手段。

2. 進士題名碑

在孔廟前院的四處邊角，豎立著元、明、清三個朝代總計 198 塊進士題名碑（其中元碑 3 通，明碑 77 通，清碑 118 通）碑上鑴刻著三代

51624 名進士的姓名、名次和籍貫，具有極高的文物和史料價值，也是孔廟和國子監博物館獨有的珍貴石刻文物。

進士題名碑由於長年露天存放，風吹、日曬、雨淋使其多半風化嚴重，字跡不清，很多文字已無法辨認，令人惋惜。歷史上也曾搭建過碑亭（如明英宗時期），但不久又倒塌並損及石碑，直到 2003 年，首都博物館曾搭建鋼架支撐的平頂遮陽棚，保護條件有所改善；2011 年 10 月，又重新規劃、整修，搭建成新的遮陽棚。編者認為，由於目前環境污染日趨嚴重，該棚依然難以達到最佳效果，尚須集思廣益，深入研究，採取更為先進和長遠的保護措施，為後人保存好這份珍貴的文化遺產。

另外，2011 年 8 月至 10 月，為更好地加以保護，對進士題名碑採取了扶正、歸安，加固地基等措施，10 月 11 日，為便於搭棚保護，將原刻立在西南角靠近乾隆御碑亭（乾隆三十二年重修先師廟碑）的兩通進士題名碑移至西南北數第一排東側清代末科碑東）；兩通碑分別為光緒十五年和十六年進士題名碑。（見折圖二　孔廟和國子監進士題名碑平面示意圖）

3. 新增碑刻

1957 年以後，孔廟國子監也新增加了一些碑刻，主要是從北京其他地方移至孔廟國子監保存和新發現的碑石。

（1）1952 年 8 月，北京市人民政府建設局在安定門東側城牆修改豁口工程時，在新開豁口內東北位置，發現了一塊碑石，碑額為篆書“太中大夫京畿都漕運使王公去思碑”（簡稱“漕運碑”），為元代碑刻。據專家推斷，這通元碑就存在於附近，可能是刻立於元代京畿都運使衙署。明代重建城牆時被用作基石埋於土中。[①]

1964 年 5 月 28 日，有一位路過豁口附近的市民，看見靠近東邊牆裡有一塊元朝漕運石碑，當時存放的碑室已破敗不堪，碑刻有被破壞的可能，因此立即寫信給市政府，為防止破壞，希望相關單位調查處理。市人民委員會辦公廳發函文化局：“現轉去人民來信，請查收處理，並答覆來信人。1964 年 6 月 12 日”並蓋有處理人民來信章[②]。當年 7 至 9 月間將

---

① 詳見容肇祖：《元京畿都漕運使王德常去思碑發現記》，《文物參考資料》，1953 年第 1 期和陳宇彤：《王德常去思碑所想》，《孔廟國子監叢刊》，2008 年，67—71 頁。

② 摘自檔案資料《文物工作隊人民來信第 14 號》，1964 年 6 月 29 日。

該碑移立於孔廟前院西北部（大成門西側進士碑第二排東數第一塊）保存。目前該碑依然立在原處，並蓋鐵皮玻璃罩加以保護。

（2）1975 年 10 月，老文物工作者趙迅先生《孔廟碑整理經過》一文的補記材料記錄：“本年 3 月 13 日，從地安門帽兒胡同運來（注：運至孔廟）一塊永樂十三年‘御制真武廟碑’和一塊同治八年的碑。這次又到帽兒胡同話劇團工地找到了碑座，把永樂十三年碑立於院內西邊靠北牆第八座的位置上（從東往西），同治八年的因為沒什麼價值，就平放在院內西門旁”①（注：所謂西門，應為持敬門，因當時此門處於封閉狀態。此碑亦應存放於五塔寺石刻博物館）。御制真武廟碑由於放置在進士題名碑林中，為恢復原貌，於 2011 年 10 月 11 日移置國子監前院西井亭西側（面北）。

（3）“1976 年 3 月，北京市文管處準備清理埋於海澱區祁家豁子的巴爾達奇碑……。該碑文中的‘猗裡下喇’就是今蘇（注：原蘇聯）境內的集雅河，是當時達斡爾族人生活的地方。說明那裡原是我國領土。這對研究東北少數民族和中蘇邊界問題都很重要。該碑現存孔廟。”② 後歸首都博物館收藏，1994 年 6 月移交五塔寺石刻博物館保藏。

（4）2004 年 4 月 1 日北京青年報記者報導在東郊將台路附近發現了清代乾隆石碑一通，碑文中可以辨認的文字與國子監有關。看到此文後的第二天，當時北京市少年兒童圖書館“古代教育博物館籌備處”的同志立即趕往發現地，認明此碑為乾隆二十四年“敕修御書樓碑”（文字有磨損，碑座已失），在《欽定國子監志》中有明確記載。民國年間御書樓已坍塌，此碑不知何時被運至東郊，將台路附近窯子村（姓孟的村民）村民用它作為房屋的基石，拆遷時才被發現。當天夜裡，籌備處同志就將其運回國子監。該碑碑額為篆書“敕修御書樓碑”，通高 1.69 米，寬 0.643 米，厚 0.215 米。先是放在太學門內西側，後移到敬一亭後牆台基上，現收藏於孔廟和國子監博物館保管部庫房內。此碑目前為國子監御書樓唯一倖存下來的物證（原在御書樓北樓一層前廊西牆，面東），是非常珍

---

① 孔廟和國子監博物館館藏“四有”檔案“孔廟碑整理經過”補記，趙迅記錄，1975 年。

② 北京市文物事業管理局編《北京文物博物館事業紀事》（上），1994 年，第 127 頁。

貴的。

（5）2005 年 9 月，北京市文物研究所考古工作人員進駐國子監，對東西兩廡（注：國子監後院敬一亭東西兩側院落）原有建築遺址進行考古勘察。勘察施工中，于東側原國子監祭酒辦公住所遺址內掘出一塊石碑，只有碑身，沒有碑座，碑身通高 1.6 米，寬 0.5 米，厚 0.1 米。碑額正中篆書"太學奉旨積分題名碑，碑身正文為小楷，主要記述太學率性堂監生考試積分的情況……"① 該碑為明代崇禎二年刻立，但明、清《國子監志》中均無記載，填補了相關文獻中的空白，是一件非常有價值的石刻文物，有待深入探究。後從東廡搬至太學門內西側暫放，再移至敬一亭後牆台基上，現收藏在孔廟和國子監博物館庫房內。

4. 碑刻的損壞與修復

孔廟國子監的碑刻在幾十年的歲月裡，也發生過自然和人為的損壞。

"1961 年 3 月 4 日國務院發出有關加強文物保護工作的三個文件，即《關於進一步加強文物保護管理工作的指示》《關於公佈第一批全國重點文物保護單位名單的通知》《關於發佈文物保護管理暫行條例的通知》（附條例）《第一批全國重點文物保護單位名單》（注：北京國子監被列入第一批重點文物保護單位名單）。"②

（1）1962 年 8 月，文物工作隊組成調查小組，對孔廟國子監的文物古建保護管理情況寫出《四有工作報告》。根據告中指出"孔廟進士題名碑已有倒撲危險，應在最近整理加固"。③

（2）1964 年 12 月 2 日，新華印刷廠（注：當時在孔廟院內設有書庫）裝運圖書的卡車不小心將大成門東側儀門左邊（注：前院東北角最西側）的三塊進士題名碑碰倒，分別是乾隆四十六年辛丑科進士題名碑、嘉慶六年辛酉科進士題名碑和嘉慶二十四年己卯科進士題名碑。三

---

① 　馬法柱：《記孔廟國子監修繕工程所遇到的幾件小事》，《孔廟國子監叢刊》，2007 年，第 7 頁。

② 　北京市文物事業管理局編：《北京文物博物館事業紀事》（上），1994 年，第 62 頁。

③ 　孔廟和國子監博物館藏"四有報告"。

塊石碑破損嚴重並有移位情況，嘉慶二十四年題名碑碑首掉落，乾隆四十六年題名碑碑身從中腰斷開，碑身與碑座處榫折斷，碑體碎成幾塊，嘉慶六年題名碑傾倒在松樹上。作為一次比較嚴重的損壞碑刻文物的事故，經呈報上級領導機關後，讓其進行了修復、扶正，並受到批評和處罰（附圖 1）。①

附圖 1　被碰倒的進士題名碑

　　文物工作隊的趙迅、于時功、喻震三人接到舉報與當日前往現場查看，並組織對石碑進行復原。當年的 12 月 7 日，新華印刷廠派總務科瓦木工組對石碑進行修復。工人利用鐵槁、倒鏈等工具將倒碑扶起，移位的扶正，又利用鐵鋸子將破碎的碑身釘牢，用洋灰封護，斷碑處用打眼方法下圓鐵兩根，接合後用洋灰砌住，三塊碑的碑身和碑座之間都用洋灰砌牢同。② 同

---

①　北京市文物研究所提供的檔案資料及圖片。

②　參趙迅《關於孔廟石碑被撞倒和修復經過》，1964 年 12 月 28 日。

月 26 日三塊題名修復完成並復位，但是乾隆四十六年題名碑斷裂部分的字跡卻被洋灰抹去，無法復原，現在該碑碑體兩側仍能看到當年所用的鐵鋸子。

（3）1975 年 4 月，文物管理處派遣趙迅先生等對孔廟院內的石碑進行了整修。10 月趙迅先生補記《孔廟石碑整理經過》，"為了防震的須要，鑒於孔廟內的石碑倒塌，斷裂，歪閃的都有，應該扶正，歸安，粘接，加固。三、四年前的雨季，已經有一塊嘉靖 39 年的進士題名碑倒在南牆上；去年雨季時，因為暴風雨把院內東邊靠北邊房檐的槐樹刮斷，樹枝掉下，把一塊順治 9 年的進士題名碑砸倒折斷。本年 2 月 19 日，東城區綠化隊在伐掉這棵斷樹時，又碰下一個斷枝，將一塊正統 8 年的題名碑砸斷倒地。其它歪閃，移位的情形也比較多的，因此，我們……從 1975 年 4 月 28 日開始至 5 月 6 日止，共扶正、歸安、粘結、加固進士題名碑等 32 塊……"[①]（具體碑石情況詳見原文）

（4）1976 年 7 月 28 日，河北唐山地區發生強烈地震。北京地區的文物古建在地震中也受到一定損傷。國子監（注：指十三經碑林）震倒 10 塊石碑，孔廟震倒石碑 27 塊（附表），院內西側一碑亭四面圍牆倒塌。1977 年 11 月 15 日，由趙迅、榮大為等文物工作隊人員參與的立碑工作開始，採用"倒鏈將碎碑及倒碑吊起，斷面刷淨、烘乾，將斷裂面間用環氧樹脂粘合，碑身與碑座、碑首之間用水泥沙漿粘合"的方法。根據趙迅的記載將地震中倒塌的碑刻按區域羅列如下：

附表 1　　　　唐山大地震中孔廟國子監院落震倒碑刻統計[②]

區域	名稱
孔廟第一進院落西南區域	同治十年辛未科進士題名碑
	同治十三年甲戌科進士題名碑（誤作"同治十年"）
	光緒六年庚辰科進士題名碑
	光緒十二年丙戌科進士題名碑
	光緒二十一年乙未科進士題名碑
	光緒二十九年癸卯科進士題名碑

---

①　摘自趙迅：《孔廟石碑整理經過補記》，1975 年。

②　同上。

續表

區域	名稱
孔廟第一進院落西北區域	順治十六年己亥科進士題名碑
	康熙二十七年戊戌科進士題名碑
	康熙三十九年庚辰科進士題名碑
	嘉慶十年乙丑科進士題名碑
	嘉慶二十五年庚辰科進士題名碑
	道光九年己丑科進士題名碑
	成化八年壬辰科進士題名碑
	康熙四十二年癸未科進士題名碑
孔廟第一進院落東北區域	順治四年丁亥科進士題名碑
	順治九年壬辰科進士題名碑
	康熙十三年癸丑科賜進士題名碑
	康熙十八年己未科進士題名碑
	雍正元年癸卯科進士題名碑（誤作"雍正九年"）
	乾隆元年丙辰科進士題名碑
	乾隆四年己未科進士題名碑
	乾隆四十年乙未科進士題名碑
	乾隆四十三年戊戌科進士題名碑（誤作"四十六年"）
	乾隆四十六年辛丑科進士題名碑
	乾隆五十八癸丑科進士題名碑
	嘉慶元年丙辰科進士題名碑（誤作"壬辰科"）
	嘉慶二十四年己卯恩科進士題名碑
	無年代進士題名碑一通
國子監十三經石刻區域	管理國子監事務國子監祭酒司業題名碑（誤作"總理國子監事務國子監祭酒"）
	左傳六冊一號，閔公二
	左傳十二冊一號
	左傳三十冊二號，"春秋左傳襄公九"
	左傳四十六冊一號，"昭公十一"
	左傳三十九冊一號，"春秋左傳昭公四"
	春秋穀梁傳宣公二，"穀梁七冊二號"
	禮記十二冊一號，"禮記內則"
	左傳五十二冊一號，"昭公十七"
	論語三冊一號，"論語·先進"

　　在此次碑刻修復工作中，還將在"文化大革命"中由太學門移到十三經刻石南邊的"文廟國子監圖碑""明洪武學制碑""明五朝上諭碑""重修國子監碑"四塊碑刻①重新立起，現仍存放在十三經碑林中。

　　此外，對於碑刻的保護，除前文提到的 1981 年和 2003 年對十三經碑林和進士題名碑搭建遮陽棚外，還為大成門階下東西兩側豎立的元代加封孔子的"加號詔書"和加封孔子父母，妻子以及顏、曾、思、孟四子的"加封制辭"兩塊碑搭建了三面鐵皮正面玻璃門的碑罩加以保護。

（修撰人：高彥）

---

①　這四塊碑在 1957 年移碑時沒有立起來，此時與修復石刻一起豎立起來。

附　　錄

一　國子監訪問記

高厚德　許夢瀛

北平國子監，是人人都知道古蹟（跡），研究中國教育史的，更不能不注意它。作者近來方從事中國上古教育史之研討，因而決定乘此機會，舊地重遊。

我們擇定九月六號（一九三九）上午從燕大出發，及抵成賢街孔廟門前，快是十一點了。國子監正在孔廟的右邊，院牆毗連，並肩而立，好像是一個機關，確切在過去也往往是"廟監"或"廟學"並稱[①]。

究竟是先有孔廟？還是先有國子監？國子監和孔廟有甚麼關係？為甚麼把這兩個機關放在一起？單就學校的立場而言，國子監當然是主體。然而在名義上或傳統的思想上，孔廟好像比國子監的地位更高。

從唐朝貞觀（AD. 六二七）以後，[②] 國學和孔廟就漸漸結了不解之緣。廟與學成了兩位一體，似乎缺一不可。單就現在北平的國子監和孔廟來談，究竟是怎樣的一種歷史關係？原來清朝的孔廟和國子監，是因襲元明兩朝的舊規模。按《元史》說："大德六年（一三〇三），建宣王廟於京師。十年（一三〇七）廟成，營國子監於西偏。"[③] 可見立孔廟在先，建國學在後。再在《乾隆三十二年重修文廟碑記》上說："國學始於元太祖置宣聖廟於燕京。由元及明，代有損益修葺，至本朝而崇奉，規模大

[①]　富明阿等編：《欽定國子監志·原志凡例》，頁一。

[②]　同上書，卷一，頁一。

[③]　宋濂等編：《欽定元史·成宗本紀》卷二〇，頁八。高厚德、許夢瀛：《國子監訪問記》，《教育學報（北平）》，燕京大學教育學會，1940 年第 5 期。

備。列聖右文臨雍，必事輪奐。"①

　　總之或先或後，還不是很重要的問題。我們尤要注意的是二者的關係何在？換句話說，為什麼有國學，還要有孔廟？這個道理也並不難追究。我們暫不討論孔子為甚麼最容易受歷代政治當局或皇帝們的歡迎。單就史實而諭，孔子向來被認為是中國文化的創造者，在某一種古書裏面有一段話，可以證明："五倫為百行之本，天地君親師，人所宜重，而天地君親之義，又賴師教以明，自古師道無過於孔子，誠首出之聖也。"② 這是中國"尊師"之說的理論根據。倡導文化，尊重教育，必先尊師，孔子為古今之"師宗"，所以尊崇孔子，就是尊崇教育，所謂"崇師重道"。隨便引個證據來說，譬如雍正二年給國子監祭酒司業的一個訓令："三月朔日親詣辟癰祇謁先師孔子，行釋奠禮。思以鼓勵羣英，丕隆文治，爾監臣宜嚴督諸生，善為導誘；爾諸生亦當殫心肄業，實踐躬行。秉端方以立身，敦忠孝以與誼。勿營奔競，勿事浮華；文必貴乎明經，學務期乎濟世，俾品成詣進，以副朕教育至意。"③ 謁先師行釋奠禮本身好像就足以鼓勵學生，盡其提倡教育的能事了。他在另一道訓令裏面還說過："文廟關繫學術人心，典至重也。宜復宜增，必詳加考證，折中盡善。"④ 就這幾句話，已經可以使我們知道，為甚麼有國學必有孔廟。所以在過去，不單皇帝要時常謁拜孔廟，"臨雍釋奠"，照當時國子監的規矩，各監生入監的第一天就要謁敬孔廟，並且隨後還得於每月初一十五，跟着祭酒司業行釋奠禮。現在到內地三家村私塾館裏去，還可以看到在塾師桌案上，供奉着一個孔子神位牌，學生背書或散學回家，都要先向牌位作揖，這較之國子監和孔廟，可以說是具體而微的設置了。

　　就在孔廟大門口，我們停了一會，來細看門頂上豎立的匾額，上面寫"先師廟"三個字，這是孔廟的正式稱呼（明永樂年間曾一度改作"文廟"）。大概"孔子廟"是最早的稱呼。魯哀公十七年給孔子蓋的家廟就叫做"孔子廟"⑤，唐太宗貞觀四年（六三一）令國學和州縣學設立的孔

---

① 富明阿等編：《欽定國子監志》卷二，頁七。
② 同上書卷首，頁十四。
③ 同上書，頁十九。
④ 同上書，頁二〇。
⑤ 王三聘著：《古今事物考》卷五，頁二一（見《續知不足齊叢書》）。

廟，還稱作“孔子廟”。① 明朝嘉靖（一五二二）年間曾尊孔子為“至聖先師”，② 清朝是倣照明朝的辦法，所以把孔廟（或文廟）正式定名為“先師廟”，但是普通還是稱“孔廟”或“文廟”的多。

走進院來，我們不及注意那許多參天的古木，就開始查看臚列成行的石碑。我們早已知道，在這些碑上，刻着歷代學者的姓名。他們都是經過國家最高級考試的成功者。不過現在我們希望挑選幾個，來仔細地研究一下。

很幸運的，在門口服務的嚮導，倒像是一個頗聰明而又很客氣的一位。他給我們的指示和意見，許多是很有幫助的，依着我們的要求，他首先引我們到西邊接近內院入口的地方，看一個殘缺模糊的石碑，上面所記載的時代，相當於公元一三五一年，已近元朝的末年。

這裏需要說明一下，那些碑上所載的學者姓名，一概是參加“殿試”得中的進士。此種考試普通每三年在京城舉行一次，而且是——至少在理論上是——由皇帝親自評閱試卷，藉以防止“禮部”主試的私弊，這還是唐代武后的發明呢。③

除了發見剛才說過的那個最古老的碑文，我們又借嚮導的協助，從明清兩朝的石碑當中，各找出最早的一個和最晚的一個。並摘錄主要的事實，作全部代表的材料。茲列述如下：

元順帝至正十一年（一三五一），到京會試成功的，來自國內各地者三百人，還有貴族學校（國子監）的學生（稱“生員”）參加者一百二十人，共計四百五十名。

明成祖永樂十六年（一四一九），得進士學位的，共二百五十名。

明思宗崇禎十五年（一六四一），得進士學位的，共一百六十三名。

清世祖順治九年（一六五三），得進士學位的，共有五十名，並分為下列三種等第：

一甲賜進士及第；

二甲賜進士出身；

三甲賜同進士出身。

---

① 王三聘著：《古今事物考》卷五，頁十九。

② 富明阿等編：《欽定國子監志》卷首一五。

③ 王三聘著：《古今事物考》卷五，頁二六。

　　三甲制度的發生，照《宋史》的記載，是在太宗太平興國八年（九八四）[1]。

　　還有一種說法，以為太宗時只有所謂"及第""出身""同出身"等名詞，到仁宗才稱為三甲，[2] 後一種說法似乎缺乏證據，暫不可信。

　　清德宗光緒三十年（一九〇四），得進士學位的，共有二百七十三人，也是照上面的三甲制度分列等第。

　　以上不過是一個籠統的說法，實際，在每一個碑上，不僅有各位進士的姓名，還有他們的省縣籍貫。更詳細的也有分成像上面說的三類等級。這種題名紀念的辦法，始於唐代。[3] 自唐中宗神龍（七〇五）以後，在杏園宴罷新中第的進士，再到慈恩寺塔下題名紀念。宋朝也採用同樣的辦法，在桂籍堂題名。元明清各朝照例在國子監（或文廟）立碑題名，以作紀念。現在這院裏的石碑，共約一二二通。所包括的時間，是五一三年。

　　後來我們又注意到東邊接近內院入口的地方，有一個龐大的古碑，叫做"加號詔書碑"，是明成宗大德十一年（一三〇七）立的。為紀念孔子，特別給他一個身後的爵號——"大成至聖文宣王"。同時對立在西邊路旁，又有一同樣的石碑，是元順帝至正十六年（一三五七）建立的，用以紀念復聖顏子、述聖子思子、宗聖曾子、亞聖孟子等四位。也就是普通所謂"四配"。在這個碑上，每人都給以特別爵號（稱"某國公"），所以叫做"加封敕辭碑"。這自然是從前的政治當局提倡儒學的一種手段，不過這種辦法也是從唐朝以來就有的，所不同者僅是爵號名稱的變化而已。譬如唐玄宗開元二十七年（AD. 八四〇）封孔子為"文宣王"，宋真宗大中祥符五年（AD. 一〇一三）加封"至聖文宣王"。現在元順帝又改為上面的名稱，到明朝嘉靖年間，改成"至聖先師孔子"。清朝順治十四年（AD. 一六五八）因給事中張文光的奏請，仍舊稱作"至聖先師孔子"。[4] 至於"四配"的名號，歷代常有更改，此刻所謂"復聖""述聖""宗聖""亞聖"都是元朝至順元年（AD. 一三三〇）的定制。

---

① 托克托等編：《欽定宋史・選舉志》卷一五五，頁五。

② 王三聘著：《古今事物考》卷五，頁二六。

③ 同上書，頁二七。

④ 富明阿等編：《欽定國子監志》卷三，頁五。

　　向北走，迎面是一個很壯觀的第二道門（有時也叫做戟門）。門廊下西邊，陳列十個小石鼓，是乾隆五十五年（AD. 一七九一）設置的。這大概是模倣周宣王石鼓的作品（周石鼓在前幾年，已經運往南京保存了）。石鼓旁邊有乾隆立的一個石碑，大概是關於周朝石鼓的發現，考證和保護的一片話，當我們剛要踏入內院的時候，又看見門頂上的"大成門"三個字。頭兩個字和內院"大成殿"匾額的頭兩個字正相同（"大成殿"名稱的起始是在宋徽宗崇寧三年（一一〇五））。"大成"的來源，顯然有兩個出處：孟軻讚揚孔子曾經這樣說過："……孔子之謂集大成，集大成也者，金聲而玉振之也。金聲也者，始條理也；玉振之也者，終條理也。始條理者，智之事也；終條理者，聖之事也。"① 第二個出處，似乎是《禮記》上的《學記篇》（《禮記》這部書大約在孟子以後，或出於漢代）。《學記篇》討論教育的話："……七年視論學取友，謂之小成。九年知類通達，強而不反，謂之大成"②。後來追尊孔子的稱呼，常常引用"大成"這兩個字。所以在這裏凡是重要的門和殿，都要連用這兩個字（在山東曲阜縣的孔廟，也是用這兩個字）。正足表示中國學者向來以為這兩個字，含有豐富的意義。

　　進了大成門，我們立刻注意到很好看的十一個碑亭子，排列在這個大院子前半截的東西兩旁，每個亭子裏面，藏着一個大的石碑，碑文都是皇帝們對於孔子或儒學的讚頌詞，其中最特殊的，是清代皇帝康熙、雍正和乾隆所立的那三個。

　　院子北部的重要建築，便是"大成殿"，着實偉大而典雅，可以代表中國最高尚的建築藝術。殿裏陳列很多重要的古代樂器和行禮時的用具，以備定期公祭孔子。關於這些陳列品，我們不願在這裏費詞，因為來參觀的人，都自然會注意到。

　　出了大成殿，我們又從西邊不常開的角門，走到大成殿的後院，幾棵老大陰森的古柏，滿地是些野草。再往北有一個小院落，頭門上掛着"崇聖祠"匾額。裏面向南一所正房，陳列孔子的祖先牌位。這個祠原是明朝嘉靖九年（一五三一）③ 建築的，本來叫做"啟圣祠"，專為供奉

---

① 　《孟子·萬章下》。

② 　陳澔著：《禮記集說》卷六，頁七三。

③ 　富明阿等編：《欽定國子監志》卷八，頁四。

"聖父叔梁公"的。清雍正元年（一七二三）又以王爵加封孔子五代，合祀一堂，改名為"崇聖祠"。

後來我們從前院西邊門，轉入國子監——這是我們此次參觀的真正目的。當時前院見有成羣的工人，地上散布許多建築用的材料，原來是市政府正在修理裏面的房屋，工作還沒完成。我們匆匆掠過，立刻向北走不幾步，進門便是一個大的院落——差不多有二十五畝的面積。就在我們進門相離不遠的地方，有一個華麗無比的琉璃牌樓。是乾隆時代的紀念物。看她的外表，很容易使我們聯想到西山的臥佛寺。牌樓前面有四個大字"環橋教澤"，正是說明"辟雍"的建築和牠的功用。後面再詳細地談。

辟雍殿正在這個大院落的中心。上面懸掛"辟雍"兩個大字的匾額，恰是一個正方形的廳堂，出簷兩層，四面都是走廊。差不多佔有六丈見方的面積。每一個橫樑豎柱和飛簷的排列佈置，以及其他一切中國式的裝潢修飾，處處代表最上等的建築藝術；而且整個用炫眼奪目的顏色，油漆一過，恰恰立在一個正方形的島上；每邊的長度，大約各有十二丈的樣子。四面有水池環繞，大約有四丈到五丈的寬度。水池的邊沿，一概用白色大理石砌成。雕工極精緻的石欄，依然是很完整，四面各有一個大的石橋，四通八達。

走進辟雍殿，只看見北邊一個講臺，臺上放着一個一個皇帝的大座椅，背後是一副木雕的屏山，此外再也沒有別的重要陳設。

這時候自然要發生疑問：究竟甚麼是"辟雍"？為甚麼她的建築像上面所說的那個樣子？

對於這問題，向來就有很多不同的解釋。想作一個完善的回答，實在需要把周代以來到現在的中國歷史上有關係的記載，重新澈底研討一番。現在我們只將幾個重要的爭論點提出來。

很明白的，關於辟雍的最早記載，見於《詩經·文王之什》的兩篇歌詞：

"虡業維樅，賁鼓維鏞，

於論鼓鍾，於樂辟廱；

於論鼓鍾，於樂辟廱，

鼉鼓逢逢，矇瞍奏公。"[1]

---

[1]　朱熹著：《詩經集注》卷六，頁十九。

　　單就字面看來，似乎說"辟癰"是一種樂器，或者是和樂器有關係的事物。不過向來在中國學術上最有權威的朱熹，竟把牠解作是皇帝的大學，所謂"天子之學"。① 從漢朝以後，辟癰確切曾經整個的或部分的，當做帝王的大學。辟雍的範圍，內容，以及她和別的幾種制度，究竟有什麼關係，又是一個很復雜的問題。這裏有關係的名詞，至少有四個。就是"太廟"（皇帝的家廟），"明堂"（皇帝聽政的地方），"太學"（就是大學）和"辟癰"。照過去一般著作家的意見，大致可分為兩派：一派可由後漢學者蔡邕（A. D. 133—192）作代表。他說這四個名詞還是指一個東西說的。他說："取其宗廟之清貌，則曰清廟，取其正室之貌，則曰太廟，取其堂，則曰明堂，取其四門之學，則曰太學，取其周水圓如璧，則曰辟癰；異名而同事，其實一也。"② 另一派的代表人物，可算是晉朝的袁準。他認為這四個名詞，各有所指。換句話說，每一個名詞，都代表一種特別的制度。所以他說："是故明堂者，大朝諸侯講禮之處；宗廟，享鬼神歲觀之宮；辟癰，大射養孤之處；太學，眾學之居……各有所為，非一體也。"③ 其他各家的討論還很多，眾說紛紜，莫衷一是。但至少有兩點是大家所公認的：第一，辟雍的功用，是一種高等學術機關，皇帝有時候要到這裏講說經典。第二，辟雍的建築，周圍用水環繞，四面各有橋樑；一般人士都可以站在橋的外邊，看看聽聽。例如《文獻通考》載："明帝永平三年……帝正坐自講，諸儒執經問難於前，冠帶搢紳之人，圜橋而觀聽者，蓋億萬計。"④ 所以這裏辟雍殿前面的牌樓上，有四個大字叫做"學海節觀"，正是這個意思。

　　關於這個問題的含義，"辟""雍"兩個字也許多少表示一點。這兩個字各有許多不同的寫法，可以互相借用，彼此解釋。《三輔黃圖》上說："辟雍……圓如璧，雍以水，象教化流行。"⑤ 蔡邕說："天子曰辟雍，謂流水四面如璧，以節觀者。"⑥ 《韓詩》說："辟雍者，天子之學，圓如

①　朱熹著：《詩經集注》卷六，十九。（見註解）。

②　蔡邕著：《明堂月令論》（見《漢學堂註解》）。

③　袁準著：《袁子正論》卷下，頁一（見《玉函山房輯佚書》）。

④　馬端臨著：《文獻通考》卷一〇，頁六。

⑤　孫星衍佼（校）：《三輔黃圖》，頁二八。

⑥　蔡邕著：《獨斷論》卷上，頁七。

璧，雍之以水，示圓；言辟，取譬有德，不言辟水，言辟癰者，取其癰和也，"① 《白虎通》上說："辟者，璧也，象璧圓，又以法天，於雍水側，象教化流行也。辟之言積也，積天下之道德也；雍之言壅也，壅天下之殘賊，故謂之辟雍也。"② 唐歸崇敬的解釋："以制言之，雍水環繞如璧然，以誼言之，以禮樂明和天下云爾。在禮為澤宮，故前世或曰璧池，或曰璧沼。"③ 清朝《欽定國子監志》的編者也有一段綜合的解釋："癰或作雍，說文無雍有癰，從廣，象對刺高屋之形。四方有水曰邕，故從邕，此均以形勢言之也。……或又謂辟者法之自出，本之以為禮；雍者，和之自生，本之以為樂，此均以義理言之也。……竊謂，以水而言，當從澼，以宮而言，當從癰，以協和誠和而言，當從雍。《周頌》曰：'振鷺於飛，於彼西澼。'《有聲之詩》曰：'鎬京辟癰'。繼又曰：'自南自東，自南自北，無思不服。'可謂深切著名矣。"④ 此外類似以上的解釋還很多，總之，"辟癰"是很富有"禮樂"或"教化"意義的一個名詞。

今天我們在國子監所見到的辟癰，正和以上大家公認的兩點相合。在那個大空房裏面，北邊一個富麗的寶坐，就是皇帝講經的所在。據我們嚮導說——他的話可以拿牆上和柱子上掛的對聯來證實——清朝一共有三個皇帝，曾經到這裏講過經書。第一個便是乾隆——這辟癰殿就是他創立的。顯明的證據，就是他自己寫的四字橫匾，和三十六個字的豎對，還在屋裏掛着。後來道光皇帝也照例來過一次，留下一掛匾和一付對。第三位來講書的皇帝是咸豐，一如前例。

關於大家公認的第二點——辟雍的建築或外表——也和現在所看見的相合。一進院就可看得很清楚，上面已經敘述過了。

十二點到了，我們就坐在辟雍殿北邊廊下的石階上面吃午飯；一邊嚼着，一邊欣賞眼前的景緻，我們整個被偉大的中國文化包圍了。池濠兩旁雕刻華麗的石欄，走廊上面繪畫如生的龍鳳。前面正北是一排簡樸整齊又全部配置極其合理的房屋。東西兩旁也有同樣的建築，並且各有出自經典的名稱。還有滿院子的古松。處處索引我們的目光，刺激我們的思想，增

---

① 韓嬰著：《韓詩說》（見《玉函山房輯佚書》卷一八，頁二）。

② 班固著：《白虎通》，卷之上，頁五十二。

③ 宋祁著：《新唐書·歸崇敬傳》卷一，頁六四。

④ 富明阿：《欽定國子監志》卷一九，頁五。

加我們談話的資料。

　　吃完午飯，走過橋的北邊，參觀一個正房——院子北部正中的一個房屋——房內懸這"彝倫堂"三字的匾額，是乾隆的手筆，經書《洪範》篇有"彝倫攸敘"一句話，大概就是這個匾文的出處。此外還有清朝其他皇帝所置的匾額。室內正中立着好幾塊大青石合併成為一排石碑（大約有十二尺寬）。是康熙三十三年（一六九五）親筆寫的《大學》第一章行書字，明白易讀。站在孔學和中國舊日教育學說的立場看來，把《大學》第一章刻成石碑，放在這個很重要的地方，倒覺得很合適的。因為國子監所代表的大學教育理想，正可借此而益加顯著。

　　室內的北部從東邊到西邊，有很整齊的一長排二十六個大石碑；碑上的字跡很細緻，都是乾隆自己寫他對於經書某章句的解釋。二十六個當中，只有一個是用滿文寫成的。

　　室內西邊，橫臥着三個小長方形的石碑，頗引起我們的注意。其中兩個是一種歷史記載，對我們的研究很有關係；當時曾經把牠們全部抄錄在筆記簿上。這是康熙五十七年（一七一九）國子祭酒李周望自己作文并書寫。標題叫做"崇實振雅二軒壁記"。我們來研究這個歷史上的制度，心目中自然會發生的問題就是：國子監到了甚麼時候，纔不是一種研究和教學的中心場所，而僅僅成了一種保存經典石碑的地方？現在李周望這兩塊石上的記載，對於這個問題，倒有一點幫助，現在可以引證他一段重要的話，作參考：

　　"京師為首善要地，師儒之官，海內圭表，典禮於是乎成，賢才於是乎出，而教習貢監，諸生之執經請益者，旅進旅退，曾無憩息之所，非所以居業也。季試月考，風雨寒暑，授簡摻筆，未及卒業，惴惴焉以禁城鎖鑰為憂，非所以敬事也。乃於彝倫堂後東廡左右，搆二楹，顏其東軒曰崇實，西軒曰振雅。明窗暖室、筆床茶竈、幾席籐幕之屬，纖悉異具。諸生校藝角勝，優游歡咏，思夫實則袪名，雅則遠俗，研精罩慮，一一以古人為準的，而不屑屑於凡近，則尋丈之地，不為無補焉。又惟人雜而事稠也，更廣葺宮舍而鼎新之，使諸司分曹勤事，庶幾各供厥職，無相凌奪之意也。"

　　照這段碑文的記載，當時大學生們的兩個齋舍，原來都是在國子監後院。我們原想從彝倫堂過廳，到後面查看當時李周望在康熙晚年建設的兩個學生齋舍。因為過廳門現已封鎖，不能通行。據我們的嚮導說，這些房屋在好多年前坍塌淹沒了。遺址也不容易看到。只留下兩塊石碑，現在前面彝倫堂保存。

我們此刻可以想象到，當時經過彝倫堂後們，便可直接進到這個後院。我們在參觀彝倫堂的時候，偶然轉身到《大學》石經背後，看見石碑後面刻"君，親，師"三個大字。在一個教育家的眼光看來，這正足表示在中國固有的思想裏面，教師和皇帝、父親有同等尊嚴的地位。所以特別把這三個字刻在這裏，以便師生往來走過的時候，隨時可以注意。

關於當時國子監的教育活動，上面的碑文，說得相當明白。確切像是真正的一個大學。在康熙晚年還有很多的學生和教授。當時大學生們的日常生活，載在這篇碑文上的，也很生動而有趣味。

另外還有一塊小長方形的石碑，性質和上面說的兩個完全不同。在這塊石碑上刻着很有意思的一位學者蔣湘帆先生的肖像。他曾經作過乾隆的老師，同時還是十三經碑文的寫者——這些石碑現在還貯存在國子監東西廂房裏面。這大概是他晚年的工作。我們也很便宜地買了一張從石上拓下來的像畫。繪書雕刻，俱甚精緻，表示出這位學者和藹可親的態度：攜着手杖，在風景很好的一塊地方散步。在這塊石碑上，還有他自己題的兩首七絕詩，讀來可以想見他當時抄寫十三經的生活狀況：

"寫經余暇每陶陶，曳杖開看致自高，
為問蘭亭脩禊日，豈因内史重濡豪？
修竹清流尺幅天，杜陵悵望好林泉，
他時我亦拈書買，白髮遙遙橐宇仙。"

我們出了彝倫堂，接着考察東西兩排的房屋。在東邊有屋三間，門頂上有一掛匾，寫着"繩愆廳"三字。我們的嚮導說，從前如果學生犯了錯，就在這裏記過。後來參考《清朝文獻通考》，[1] 在順治時代（一六四四）曾經往國子委派"監丞"一官，位置僅次於祭酒，有點像後來的訓育主任。專負糾查的責任。教師如果不盡心教育，學生行為有不端正的地方，都由他一人來考查（察）記錄。繩愆廳就是他的辦公室。同時西邊對面又有一個博士廳，形式和繩愆廳一樣。按《欽定國子監志》上記載，[2] 清朝國子監的章程，每月十五有一次平時試驗——所謂"大課"；

---

[1] 曹仁虎等編：《清朝文獻通考》卷六五，頁五四五三。

[2] 富明阿：《欽定國子監志》卷一二，頁一。

試後的成績卷子，都貯存博士廳。每月又有一次小考（大概在每月的頭十天內）——所謂“課堂”；試卷評定後，也須移交博士廳，轉呈“堂上官”（學校最高當局）。凡棱內生——所謂“內班諸生”；各有學業記錄簿，自行記載，每十天，迭交主管人稽核，每月初一十五，再由博士廳查驗兩次。這樣看來，博士廳好像現在的教務處。

博士廳的正中間，樹立數塊石碑，而且很緊湊地併並在一起，成功（為）一個平面。據嚮導說，是從後院振雅軒移來的。上面刻着一長篇文字，是乾隆五年（一七四一）作的，也是他寫的，內容論到當時一般在校學生對於科舉的態度。

乾隆感覺到當時一般學生，多半希望科舉成名，不能專心研究，所以他說：“科名聲利之習，深入人心，積重難返，士之所為，汲汲皇皇者，惟是之求，而未嘗有志於聖賢之道。不知國家以經義取士，使多士由聖賢之言，體聖賢之心，正慾使之而為聖賢之徒，而豈沾沾焉文藝之末哉？”他跟着又印證朱熹的話說：

朱子云：“非是科舉累人，人累科舉；若高見遠識之士，讀聖賢之書，據吾所見，為文以應之，得之置之度外，雖日日應舉，亦不累也。居今之世，雖孔子復生，也不免應舉，然豈能累孔子耶？”朱子此言，即是科舉中“為己”之學。誠能“為己”，則四書五經，皆聖賢之精蘊，體而行之，為聖賢而有余；不能“為己”，則雖舉經義治事，而督課之，亦糟粕陳言，無裨實用，浮偽與時文等耳。故學者莫先於樹志，志於“為己”者，聖賢之徒也；志於科名者，世俗之陋也。國家養育人才，將用以致君澤民，治國平天下；而囿於積習，不能奮然求至於聖賢，豈不謬哉？朕膺君師之任，有厚望於諸生。適讀朱子書，見其言切中士習流弊，故親切為諸生言之，俾司教者知所以教，而學者知所以學。

以上是乾隆把當時學校教育——特別是國子監——的目的和意義，說的倒是非常詳細懇切。但是國家考試和學校制度，怎樣才能互助為用，並行不悖，終久沒有解決，到現在這還是很值得研究的問題。

轉生又到國子監的中院，看一棵富有傳說的古槐。正在博士廳門前，有顆半枯半活的大槐樹。樹北邊的一間屋裏，立着一排石碑，上面刻着乾隆關於這棵古槐的敘述說：“國學古槐一株，元臣許衡所植，閱歲既久，枯而復榮。當辛未一枝再苗之初，適慈寧（乾隆母）六旬萬壽之歲。槐市諸生傳為瑞事。大學士蔣溥繪圖以紀，曾題六韻卷中。監臣觀保等請勒石講堂，垂示久遠；書以賜之。”碑上還刻着乾隆作的一首詩：

“黌宮嘉蔭樹，遺跡緬前賢。

初植至元歲，重榮辛未年；

奇同曲阜檜，靈紀易林乾；

徵瑞作人化，符祥介壽筵；

喬柯應芹藻，翠葉潤瓴編；

右相非绔繪，由来事可傳。”

原來漢朝以後，稱大學也叫做“槐市”，據《三輔黃圖》[①] 上說，漢時長安附近有一塊地方，周圍栽着許多大槐樹；當時的大學生們每月初一十五，都到這裏聚會，各自帶來土產物品，以及書籍、樂器之類，互相買賣，同時借這個機會，也可以談論學問。這猶之乎西洋的教育學術機關有時稱作 Academy，原來柏拉圖率領弟子朝夕講學的園地叫做 Academia。

說起來也很巧，在《曲阜縣志》[②] 上也記載，孔子生前手植的一棵檜樹，到隋煬帝大業十三年（A. D. 六一八）也曾經復活過，所以上面的一首詩上有“奇同曲阜檜”之句。

隨後又去查看東西廂房貯藏的十三經石刻。兩廡的建築，形式完全相同，都是帶有前簷走廊的平矮房屋。每排各有三十三間，又各分為三組，除了兩間作隔離之用，其余每組包含十間或十一間。這四間完全封閉。據我們的嚮導說，這四間完全用土填塞，目的是防備火災；如果有一間房屋被火燃燒，這些填塞的房間，就可阻止火災的蔓延。照現在的情形來看，這話似乎合理，畢竟還是疑問。每邊的房屋除了兩間例外，其余三十一間每間都存放三個刻着經文的石碑；碑上的字全是出自蔣湘帆的書法。每字大小約計一方寸，而且是依照書頁的形式刻在石上，各成獨立的段落。以便墨拓之後，可以裝訂成冊，我們大約計算一下，十三經全文大約共有五四八六〇〇個字，假若蔣先生每點鍾能寫三百個字，每天寫四小時，全部工作需要四百五十六天纔能完成。

① 畢沅校：《三輔黃圖（補遺）》，頁五。

② 潘相編：《曲阜縣志》卷二一，頁一七。

　　究竟這些房屋在沒有當做碑文貯藏室以前，是做甚麼用的？倒是一個有趣的問題。

　　原來東西兩排遙遙相對的六組房屋，門上各懸一隻扁額，都富有歷史和文學的意味。第一對東西互照的兩隻扁額，一個叫做“率性堂”，一個叫做“修道堂”。這“率性”和“修道”四個字顯然是來自《中庸》上的“率性之謂道，修道之謂教。”的兩句話。第二對東西相映的兩隻扁額，叫做“誠心堂”和“正義堂”。《大學》上有：“心誠求之，雖不重，不遠矣。”這大概是前一個名詞的出處。《禮記·樂記》篇有“仁以愛之，義以正之。”的話，大概是後一個名詞的來源。第三對東西相照的兩隻扁額，叫做“崇志堂”和“廣業堂”，這兩個名詞的出處是《尚書·周官》篇載的：“功崇惟志，業廣惟勤。”

　　這六堂還是明朝的遺物。元朝行的是“三齊”制，大體做照宋朝的“三舍法”，不在這裏多說。據《春明夢余錄》說：“洪武元年初設祭酒等官，掌教六堂，曰率性、修道、誠心、正義、崇志、廣業六堂。”①　並且說：“六堂乃諸生肄業之所。”再在《欽定國子監志》上載：“順治元年（一六四四）定《國子監條規》：朔望日，祭酒司業率屬生員諸生，拜謁聖廟，行釋菜禮，後升堂講書，祭酒、司業及六堂講《四書》《性理》《通鑑》；博士講《五經》。”②　又在同書裏面載明六堂是當時助教、學正、學錄的辦公室。可見明清兩朝國子監的講堂就是這個六堂。

　　不過明朝的六堂，表面上雖是六個班級，實際上等於三個年級。並且第一二年級各以一年半計算，這是和現在不同的。譬如說：“凡通《四書》未通經者，居正義、崇志、廣業。一年半以上，文理條暢者，升修道、誠心。又一年半經史兼通，文理俱優者，乃升率性，升至率性乃積分。……歲內積八分者位及格，與出身，不及格者仍坐堂肄業。”③　從這段記載可以知道當時國子監的修業年限，除去留級者例外，一共是四年。從入學到畢業，總共升級兩次。我們還可以知道當時最高級（第三年級）的學生一定很少。

　　到清朝便大不同了。從順治元年（一六四四）國子監的學生就有

　　①　富明阿：《欽定國子監志》卷一二，頁三三。

　　②　同上書，頁二。

　　③　同上書，卷一三，頁三三。

"内班"和"外班"之稱。① 前者像現在的"住宿生",後者像現在的
"走讀生"。各以若干名平均分配六堂,並沒有程度上的差別,而且各生
的修業年限,也極不一致。學生的來源又頗復雜,有的稱貢生,有的稱監
生。② 貢生又分為六種:歲貢、恩貢、拔貢、優貢、附貢、例貢;監生又
有恩監、廕監、優監、例監。就修業年限(坐監期限)來說,最長的是
二十四個月(如"例監生"),最短的是三個月(如"副榜準貢生"),其
余為八,六,十四,十六個月不等。③

自入清以來,政府對於六堂可以說不大注意,因之國子監的本色,漸
漸失掉,遠不如明朝的六堂整飭。譬如據《明史·選舉志》的記載:"入
國學者通謂之監生,其教之之法,嚴立規條,每旦祭酒、司業坐堂上,屬
官自監丞以下,依次序立。諸生揖畢,質問經史,拱立聽命。惟朔望給
假,余日升堂會講、復講、背書、輪課以為常。"④ 當時國子監的嚴整氣
象,可想而知。《明太祖實錄》載洪武十五年(一三八三)頒布國子監學
規第二項如下:

"背誦日期:初一:假;初二初三:會講,初四:背書;初五初
六:復講;初七:背書;初八:會講;初九初十:背書;十一:復
講;十二,十三:背書;十四:會講;十五:假;十六,十七:背
書;十八:復講;十九,二十:背書;二十一:會講;二十二,二十
三:背書;二十四:復講;二十五:會講;二十六:背書;二十七,
二十八:復講;二十九:背書;三十日:會講。"⑤

這簡直是一張很清楚的日課表,每月只有兩天假期。

一到清朝,國子監便入了厄運!自從雍正年間(一七二三)設內外
班的制度,就有一半學生不住監內。平時講課又很鬆懈。譬如,康熙三十
一年(一六九三)有一次禮部的議決案:"國子監季考月課,雖有成例,

---

① 富明阿:《欽定國子監志》卷一二,卷一一,頁二。
② 同上書,卷一二,頁一。
③ 同上書,卷一二,頁二。
④ 同上書,卷一二,頁三二。
⑤ 同上書,卷一二,頁三四。

恐日久廢弛，嗣後祭酒、司業務躬為督課，分別獎勵，每月朔望令滿漢監生，齊集講書，如視為具文，不實心舉行者，從重議處。"① 可見在這個時期連每月兩次的講書和小考，也不好維持了。再拿歷年住監的學生數來看更易明白：

雍正年間（一七二三）的情形："內班定額一百三十名，竝在監南學學舍居住，外班定額一百二十名，在外僦寓，每月赴監應課，內外班共計二百五十名。"②

乾隆三年（一七三九）的情形："兼管監事尚書趙國麟奏準，請將外班一百二十名額數裁去，止留內班一百八十名，俾諸生安心肄業。"③

乾隆六年（一七九八）的情形："兼管監事尚書劉吳龍奏準……請於內肄業一百八十缺之內，撥出二十四名作外肄業缺，計其公費可給百二十人。"④

嘉慶二年（一七九八）的情形："禮部覆準八旗及大宛肄業貢監生，概不准補內班。"⑤

就以上的情形看來，國子監的學生額數變化得很厲害。拿乾隆三年住監人數最多的時期來說，只有一百八十名；不過同時將外班完全裁去，後三年又減剩一百五十名。嘉慶二年連內班也完全取消了。以後所謂國子監生就慢慢僅成為名義的了。

再到同治年間，學規更其廢弛。下面的記載，又可以證明：

"同治八年（一八六四）論：內閣御史劉毓楠奏請整頓各學教習等語。據稱滿漢各學設立教習，統於國子監，現充教習者，傳補後，並無生徒肄業，期滿僅尋數人赴監，謂之交功課，其實並無功課可交，即可得官，各等語，著國子監堂教官查明認真整頓。稽覆功課之勤惰，分別勸懲，毋得有名無實，敷衍了事。"⑥

可見同治二年以後的國子監，已經是名存而實亡了。因為不但平時

---

① 富明阿：《欽定國子監志》，卷一二，頁八。

② 同上書，卷一一，頁二。

③ 同上書，卷一一，頁一二。

④ 同上書，頁一三。

⑤ 同上書，頁一六。

⑥ 席裕福：《皇朝政典類纂》卷二一八，頁四。

肄業期間，各監生不曾到校受課，臨到卒業的時期，也沒有一點成績可交。

話又說回來了，現在六堂的石碑究竟是甚麼時候立的？據《欽定國子監志》[1]的記載，先是蔣湘帆的《十三經》手抄本，在乾隆五十七年（一七九三）以前已經完成。同時就令採石招工，從事雕刻，一共費了三年工夫，乾隆六十年（一七九六）曾親到國子監舉行工竣典禮。並且還作詩紀念，"辭源上說這些石碑是在嘉慶八年立的，恐有錯誤"。

我們看完了貯存十三經碑文的東西廂房，又注意到院內的三個碑亭。西邊的一個是乾隆四十三年（一七七八）寫的《三老五更說》。內容討論古代養老的禮節。關於這種制度，向來有許多傳說。《禮記》的《文王世子篇》和《樂記篇》都有此項記載，而且是皇帝自己主持的。自漢而後，似乎不斷舉行這種禮節，一方面是皇帝的特權，另一方面又往往和國子監或太學發生關係，常常是皇帝親到太學，對三老五更行崇拜禮。在這碑文上，乾隆極端反對國子監有此項功用。他認為三老五更純是荒誕不經之談。

在東邊還有一個碑亭，是乾隆五十年（一七八六）立的。在這個碑上，乾隆又舊調重彈，發了一長篇關於三老五更的議論。說他二十八歲的時候，曾向大臣鄂爾泰、張廷玉討論恢復太學養老的古禮，因為張的反對，遂作罷論。四十年後忽然在舊檔案裏面，發現張廷玉關於三老五更的奏文，和他晚年的主張正相同。所以太學養老的制度，在清朝始終未曾恢復。

還有一個"辟雍建築工竣紀念碑"，放在第三個亭子裏面。據上面乾隆的碑文說，自從元朝在這裏設置國子監，當中經過明朝一直到他的時代，差不多有五百多年的長時期，僅有國子監，而無辟雍。他說這是"名實或不相稱"。意思是說有國子監，同時也必須有辟雍，所以在一七八三年的春天，就下令建築辟雍，一七八四年曾到國子監查看工程，一七八五年又到國子監主持工竣典禮。他的理由是："稽古國學之制，天子曰辟雍，所以行禮樂，宣德化，昭文明而流教澤，典至鉅也。"[2] 按前面所

---

[1]　富明阿：《欽定國子監志》卷首，頁一五。

[2]　曹仁虎等編：《清朝通典》卷五六，頁二四〇〇。

說的彝倫堂，本來就是皇帝講書的地方。但是他說："彝倫之堂，可謂之學，而不可謂之辟雍，以天子講書於彝倫堂，可謂之視學，而不可謂之臨雍。"① 原來《大戴禮》上有帝入東學、南學、北學太學的話，以為周朝京內一共有五學，正中的一個就是辟雍。現在國子監的辟雍殿，很顯明地表示出此種意思。

前面已經提到過，在我們參觀和參觀以後的研究當中，心裏不斷發生一個重要問題：國子監本來是一個國立大學或教學的機關，後來一變而為十三經石刻的貯藏室，就僅僅成歷史上的名詞了。這是甚麼原因，怎樣變化的，究竟是在甚麼時候？據以上的敘述，此刻可以暫作如下的結論：

第一，科舉制度，本是容許而且獎勵私人研究，但是後來差不多在一千多年當中，對於純粹以教學為目的的學校，漸漸發生壞的影響，甚至有壓倒學校的情勢。上面乾隆在一七四一年所發的一篇議論，很可以表示在他的時代，國子監正受此種壓迫。

第二，本來在元明兩朝，國子監學生照例須住監聽講。清初以來，漢族學生准許在家裏肄業，平日也不常到校受課，只是每月初一十五到國子監，跟着祭酒、司業舉行祀孔（釋奠禮）。此外祭酒每三個月有季考一次，便算完事。這樣一來，六堂房屋自然沒有甚麼用處，加以乾隆晚年急於要完成他的十三經石刻之偉大計劃，因而索性就把六堂當作十三經石碑的貯藏室了。

第三，在《皇朝掌故彙編》裏面記載：同治元年（一八二六）曾向國子監下過一道命令："嗣後於應課詩文外，兼課論策，以經史性理諸書命題，用覘實學。著該祭酒等，督飭各堂助教、學正、學錄，分日講說，獎勵精勤。"② 可見這時候的國子監，還是一個講學的地方。但是再看上面引證同治二年（一八六四）的學論，可以想見當時國子監的蕭條。我們還要知道，同治元年已經有中國第一個新式學校——同文館③應運而生。同治二年又有上海廣方言館④的設立，五年（一八六八）有福建船政

---

①　富明阿等編：《欽定國子監志》卷一九，頁七。
②　張壽鏞等編：《皇朝掌故彙編》卷三八，頁四七。
③　同上書，卷三九，頁一。
④　同上書，卷四〇，頁一。

學堂①，六年（一八七〇）有算學館②，以後便是所謂學堂新教育的世紀了。現在似乎可以假定地說，在一七九〇到一八七〇的幾十年當中，國子監已經漸漸失掉本來的特性，不能算是真正的一個國立大學了。直到光緒三十一年（一九〇六）學部③成立，遂取國子監而代之。

二　孔廟國子監紀略④

區　畫

孔廟在北平安定門內，與太學（國子監）合建於成賢街之北，廟在東，太學在西，街南為欽賜學舍。

廟垣制方，南面正中為欞星門，左右垣廣袤各十五丈，門內東為神廚、省牲亭，西為神庫、致齊所，西門一，曰持敬門，以通太學，北為大成門，北上為大成殿，旁為兩廡，殿後復垣一重，垣西有門亦通太學，垣堮復道，又後圍垣一重，為崇聖祠，正門三，左右門各一，再北為正殿，旁為兩廡。太學周垣前後與孔廟毘連，大門三楹，曰集賢門，左右柵欄門各一，東西垣門各一，東即持敬門，西達射圃，北為太學門，左右掖門各一，左掖門又東門一，用達孔廟與太學中間垣堮復道，門內為辟雍，辟雍後為彝倫堂，堂後垣一重，中為敬一亭，前為敬一之門，左為東廂，右為西廂（彝倫堂後敬一亭等處多已坍塌）。

御書樓，繚以周垣，中為正樓，兩旁為東西樓門，二門東西為典守房（此樓現已坍塌淨盡）。

射圃內看箭亭三間，外有月臺，前有井一（現已坍塌）。

欽賜學舍在街南，俗稱南學，周垣南北四十二丈，東西二十丈五尺，大門在方家胡同（此舍清末改建第一師範學校，民國改圖書館）。

建　築

孔廟　街門三間俗呼欞星門，外列木為柵，東西牌坊各一，下馬石牌各一，其內為大成門五間，崇基石欄，中三門前後三出陛，中為螭陛，左

---

①　陳青之著：《中國教育史》下冊，頁五六三。

②　張壽鏞等編：《皇朝掌故彙編》卷三九，頁一。

③　丁致聘編：《中國近七十年來教育記事》，頁一五。

④　內政部北平壇廟管理所編：《孔廟國子監紀略》，1933 年。

右各十三級，門內左右列戟二十有四，石鼓十，右石鼓音訓碣一（此件現已運京）。門外左右列乾隆新刊石鼓十，石鼓序石鼓歌碑各一，門鍾一，門鼓一，左右門各一，東西列舍各十有一間，均北向。

大成殿九楹，重檐黃瓦，崇基石欄，階廣八丈四尺一寸，深四丈三尺九寸，高六尺五寸，正中螭陛，左右各十六級，東西廡各十有九間，泥瓦綠緣。庭內西南，燎爐一，西北，瘞坎一。

甬道東碑亭六，西碑亭五，均重檐黃瓦，井一，在甬道西。

戟門外東神廚五間，宰牲亭三間，井亭一，西神庫五間，致齊所三間，更衣亭一間（今無），甬道東碑亭一綠瓦，甬道西碑亭二黃瓦。

太學　大門三間，名集賢門，北為太學門三間，門內琉璃坊一，碑亭二，鐘鼓亭二，中為辟雍，重頂方宇，重檐黃瓦，方五丈三尺，四面各顯三間，中央一間方二丈一尺，四正四間闊如之，深一丈六尺，四隅四間方如之，九間合為一宇。

圜水徑十九丈二尺，四達以橋，橋各長四丈，闊二丈二尺，周水護以石欄，池中噀水龍口四。

彝倫堂七間，堂左為典簿廳，堂右為典籍廳，均南向，再東為繩愆廳，為鼓房，有率性、誠心、崇志三堂，堂各十一間中貯石經，西為博士廳，為鐘房，有修道、正義、廣業三堂，堂各十一間中亦貯石經，堂各一階。匾皆御書。

崇聖祠　祠門三間，內崇聖殿五間，東西廡各三間，東南燎爐一。

敬一亭　亭五間，左東廂門內廳事五間，後軒五間，左右房各二間，西廂略同，惟最後有房五間，曰靜思堂，東西房各二間。

御書樓　正樓五間，東西樓各五間，門二，門東西為典守厔（今已盡圮）。

射圃　內有看箭亭三間（今已盡圮）。

欽賜學舍　門內左右房各六間，北向，其北，東西穿堂各三間，南向，西六堂為學舍，六堂之中有廳事三間，曰辰廳，廳後正軒三間，廳前垂花門一。

沿革

孔廟　元太祖定都燕京，命宣撫王檝建宣聖廟，至元二十四年成立，春秋率群臣行釋奠禮，明宣德四年修大成殿兩廡，萬曆二十八年易琉璃瓦，清乾隆二年門殿各瓦均易黃色，三十三年重修，光緒三十二年升孔子為大祀，正殿改建九楹五進（原系七楹三進），至民國五年工事始竣。

太學　元初燕京始定，承相鄂勒哲奏營廟學，乃於至元六年立國子學，宣撫王檝實董其事，二十四年設國子監，視為國家造士之所，即古太學遺意也。明洪武改為北平郡學，永樂朝仍為國子學，又改為國子監，清代仍之，乾隆四十九年增建辟雍圜水，崇飾益加美備。

彝倫堂　元仁宗皇慶二年始建崇文閣於國子監，以為藏書之所，明永樂朝改題曰彝倫堂，正堂七間，中一間列朝皇帝蒞學設座於此，東一間為祭酒座，面南，又司業座，面西。太學之堂凡七（東西六堂彝倫在中），以彝倫為會講之所，略如今講堂之制，余則諸生肄業之所，於此可見中國古時太學校之規模。

祀典

孔子廟祀，漢晋及隋或稱先師或稱先聖、宣尼、宣父，唐謚文宣王，宋加至聖號，元復加號大成。明洪武入江淮府首謁孔子廟，元年二月詔以太牢祀孔子於國學，三年革諸神封號，惟孔子封爵仍舊，七年詔天下通祀，十七年敕每月朔望祭酒以下行釋菜禮，郡縣長以下詣學行香。宣德三年禁天下祀孔子於釋老宮。嘉靖九年，別立啟圣祠於大成殿後，釐正封號，稱先師不稱王，祀宇稱廟，用木主，廢止塑像及大成文宣王之稱，從位去侯伯封號，改稱先賢先儒，改大成殿為先師廟，門曰廟門。清乾隆三十三年重加釐正，大殿仍稱大成殿，二門稱大成門，大門額曰先師廟。

大成殿正中一龕，祀至聖先師孔子（名丘）。

配位四，東配二龕祀復聖顏子（名回），述聖孔子（名伋），西配二龕，祀宗聖曾子（名參），亞聖孟子（名軻），是謂四配。東序各龕祀先賢閔子（名損），冉子（名雍），端木子（名賜），仲子（名由），卜子（名商），有子（名若），西序各龕祀先賢冉子（名耕），宰子（名予），冉子（名求），言子（名偃），顓孫子（名師），朱子（名熹）是謂十二哲。

兩廡從祀先賢凡七十九（東四十四西三十九），東廡先賢為公孫僑，林放，原憲，南宮括，商瞿，漆彫啟，司馬耕，梁鱣，冉孺，伯虔，冉季，漆彫徒父，漆彫哆，公西赤，任不齊，公良孺，公肩定，鄡單，罕父黑，榮旂，左人郢，鄭國，原亢，廉潔，叔仲會，公西與如，邦巽，陳亢，琴牢，步叔乘，秦非，顏噲，顏何，縣亶，牧皮，樂正克，萬章，周敦頤，程顥，邵雍。西廡祀先賢蘧瑗，澹臺滅明，處不齊，公冶長，公晳哀，高柴，樊須，高澤，巫馬施，顏辛，曹卹，公孫龍，秦商，顏高，壤駟赤，石作蜀，公夏首，后處，奚容蒧，顏祖，句井疆，秦祖，縣成，公祖句茲，燕伋，樂欬，狄黑，孔忠，公西蒧，顏之僕，施之常，申棖，左丘明，秦冉，公明儀，公都子，公孫丑，張載，程頤。

兩廡從祀先儒凡七十七人（東三十九西三十八）東廡祀先儒為公羊高，伏勝，毛亨，董仲舒，毛萇，杜子春，鄭玄，諸葛亮，王通，韓愈，胡瑗，韓琦，呂大臨，謝良佐，尹焞，胡安國，李侗，呂祖謙，袁燮，陳淳，蔡沈，魏了翁，王柏，陸秀夫，許衡，劉因，陳澔，方孝孺，薛瑄，胡居仁，羅欽順，呂柟，劉宗周，黃道周，陸世儀，顧炎武，湯斌，顏元，李塨。（顏李二儒民國入祀）

西廡祀先儒穀梁赤，高堂生，劉德，孔安國，后蒼，趙岐，許慎，范寧，陸贄，范仲淹，歐陽修，司馬光，游酢，楊時，羅從彥，李綱，張栻，陸九淵，黃幹，輔廣，真德秀，何基，文天祥，趙復，金履祥，吳澄，許謙，曹端，陳獻章，蔡清，王守仁，呂坤，孫奇逢，黃宗羲，張履祥，王夫之，陸隴其，張伯行。

崇聖祠正位為孔子前五世祖木金父，高祖祈父，曾祖防叔，祖伯夏，父叔梁紇，配位五，東配先賢孔孟皮（孔子之兄），曾點（曾參之父），孟孫激（孟軻之父），西配顏無繇（顏回之父），孔鯉（孔子之子）。

兩廡從祀先儒五，東廡程珦（程頤之父），張迪（張載之父），蔡元定（蔡沈之父），西廡周輔成（周敦頤之父），朱松（朱熹之父）。

祭時陳設大成殿正位配位哲位每位籩豆一案，兩廡每二位一案，正位案陳，爵三，登一，鉶二，簠簋各二，籩豆各十二，俎一，實牛羊豕，前設香案又前石座五設爐一，燭臺二，花瓶二，又前陳案一，上置周器，鼎，尊，卣，罍，爵，簠簋，壺，觚，洗各一，配位案陳，爵三，鉶二，簠簋各二，籩豆各八，俎一，實羊豕，哲位各案則爵三，鉶一，簠簋各一，籩豆各四，東西各統設俎一，實羊豕，兩廡每位爵一，各案上陳，鉶一，簠簋各一，籩豆各四，東西先賢先儒各統設俎一，實羊豕，崇聖祠正位每位一案，上陳爵三，鉶二，簠簋各二，籩豆各十，統設俎一，實牛羊豕，配位及兩廡東二案，西一案，每案上陳爵三，簠簋各一，籩豆各四，東西各統設俎一，實羊豕。

孔廟正位祭器陳設圖

爵
三

铏　　　登　　　铏
一　　　一　　　一
和　　　太　　　和
羹　　　羹　　　羹

　　　　簠　　　簋
豆　　　二　　　二　　　　　　籩
十　　　黍　　　稻　　　　　　十
二　　　稷　　　梁　　　　　　二

脾　芹　韭　　　　　　　　形　榛　白
析　菹　菹　　　　　　　　鹽　　　餅

豚　兔　醓　　　　　　　　槁　菱　黑
拍　醢　醢　　　　　　　　魚　　　餅

糁　笋　菁　　　　　　　　棗　芡　糗
食　菹　菹　　　　　　　　　　　　餌

酏　魚　鹿　　　　　　　　栗　鹿　粉
食　醢　醢　　　　　　　　　　脯　餈

篚
一
帛

俎
豕　牛　羊

案　　香

瓶　燭　爐　燭　瓶
　　臺　　　臺

孔廟配位祭器陳設圖

爵
三

鉶　　　　　鉶
一　　　　　一
和
羹

簠　　　簋
豆　二　　二　　　　　籩
八　黍　　稻　　　　　八
稷　　梁
芹　韭　　　　　　槁　菱
菹　菹　　　　　魚

兔　醓　　　　　棗　芡
醢　醢

笋　菁　　　　　栗　鹿
菹　菹　　　　　　　脯

魚　鹿　　　　　榛　形
醢　醢　　　　　　　鹽

篚
一
帛

俎
豕　　羊

案　　香

孔廟哲位祭器陳設圖

爵
三

鉶
一
和

羹

簋　　　簠

豆　一　　一　　籩
四　稷　　黍　　四

芹　菁　　　　　栗　形
菹　菹　　　　　　　鹽

醓　鹿　　　　　鹿　棗
醢　醢　　　　　　　脯

篚
一
帛
設東
一西
篚各
統

俎
豕　羊
設東
一西
俎各
統

案　香
設東
一西
案各
統

孔廟兩廡祭器陳設圖

爵
一
每
位
一
銅

```
                          一
                          和
                          羹

                    簋          簠
                    一          一
          豆        稷          黍              籩
          四                                    四

          芹  菁                          栗    形
          菹  菹                                鹽

          醓  鹿                          鹿    棗
          醢  醢                                脯


                          篚
                          一
                          各先
                          統賢
                          設先
                          一儒
                          篚東
                          西

                          俎

                    豕          羊
                    仝          仝
                    上          上

                    案          香
                    仝          仝
                    上          上
```

　　陳樂懸歌舞於大成殿階上，階下列鼉鼓一，甬道左右分列棕薦，為分獻各官拜位，其南為陪祭官拜位，皇帝親臨，則拜於殿中，遣親王恭代，則拜於檐下，遣大臣則拜於階下。

　　金石

　　十種周器　清乾隆三十年頒周器十種於曲阜，繼復頒十種於孔廟，計犧尊一，雷紋壺一，子爵一，內言卣一，康侯鼎一，盟簋一，召仲簠一，雷紋觚一，素洗一。犧首罍一，器皆范銅，古色盎然，祭時陳列於案（民國五年教育部交代孔廟廟時移去）。

周代石鼓　周宣王獵於岐陽，命史籀氏作文勒之於石，唐代末葉始出土於岐陽，鄒余慶遷之於鳳翔孔子廟，而亡其一。宋皇祐朝復搜訪而足之，則已由民間鑿為臼矣，徽宗朝移至汴梁，金人得之，輦至燕京。元大德朝置之大都路學，至皇慶元年移置聖廟門左右。明代仍之，清乾隆五十五年為立重欄，並集周石鼓字為歌十章，新刊石鼓十列於門外，其石鼓序及歌並另勒碑。民國五年幕以玻璃，以資保存，蓋已為二千七百余年前物矣（周代石鼓現已運至南京）。

元碑

元仁宗皇慶三年開科取士，舉人應禮部會試中式者曰進士，彙進士之姓名鐫於一石曰題名碑（此制始於唐代雁塔題名）立於廟前，明代悉取元進士碑磨去刻字，清康熙朝祭酒吳苑於啟聖祠掘土得加封孔子碑一，加封四子碑一，題名碑三，故元碑現只存五石。

明清兩代題名碑　永樂十年以前碑在南雍，十四年丙申科起，迄崇禎十六年癸未科止，共七十座；清題名碑自順治丙戌科起，至光緒甲辰科止，共一百一十八座。

明清碑亭

大成門外甬道東碑亭一，勒明英宗建太學碑，甬道西碑亭二，南勒《清乾隆三十四年重修先師廟並頒周彝器諭旨》，北勒《清道光九年平定回疆告成太學御製文》。

大成門內甬道東碑亭六，甬道西碑亭五，東一勒清康熙二十五年御製至聖先師孔子贊，西一勒康熙二十八年御製四子贊，西二勒康熙四十三年平定朔漠告成太學御製文，東二勒雍正三年平定青海告成太學御製文，西三勒雍正六年二月仲丁躬祭文廟御製詩，東三為乾隆四年臨雍紀事碑（又乾隆庚申甲子釋奠詩，俱勒於碑陰），西四勒乾隆十四年平定金川告成太學御製文（又乾隆癸酉丙子釋奠詩俱勒於碑陰），東四勒乾隆二十年平定準噶爾告成太學御製文（又乾隆二十三年平定伊犁御製文勒於碑陰），西五勒乾隆二十四年平定回部告成太學御製文，（又乾隆己丑釋奠詩勒於碑陰），東五勒乾隆四十一年平定兩金川告成太學御製文，（清字勒於碑陰），東六勒乾隆三十四年重修文廟御製文，（又乾隆癸卯己巳釋奠詩俱勒於碑陰），

太學辟雍南碑亭二　東勒乾隆四十九年御製辟雍圜水記，用漢文，碑陰勒御製三老五更說，用清文，西勒記用清文，碑陰用漢文。

欞星門外下馬石碑二東者前面勒字，中為清文，左為漢文，右為蒙文，後面中為托忒，左為藏文，右為回文，西者與之相反，字凡六體，俱官員人等至此下馬八字。

太學石經　清雍正朝，江蘇省金壇縣生員蔣衡（字湘帆）善書，立志手寫十三經，凡八十余萬言，閱十二年乃成，乾隆五年上之，藏其原書於大內懋勤殿，五十六年始命鑴石留於太學，而以墨拓頒行各省，至今豐碑林立，（凡一百九十座）為中華文獻之鉅觀。

趙松雪臨定午蘭亭樂毅論，明王同祖丁香花詩，及老彭觀井等石刻，原在欞星門內，清光緒庚子遺失。

明世宗御書程子四箴碑在敬一亭內。

古蹟（跡）

清代於大成殿內懸聯，其文曰。

氣備四時與天地鬼神日月合其德，
教垂萬世繼堯舜禹湯文武作之師。

又

齊家治國平天下味斯言也布在方策，
率性修道致中和得其門者譬之宮牆。

清代自康熙朝後，每一帝即位，臨雍禮成，即在大成殿懸匾一方，後雖不臨雍，亦一律懸匾，計萬世師表（康熙二十三年）生民未有（雍正五年）與天地參（乾隆二年）聖集大成（嘉慶四年）聖協時中（道光元年）德齊幬載（咸豐元年）聖神天縱（同治元年）斯文在茲（光緒元年）中和位育（宣統元年）民國五年，前教育總長范源濂將清聯匾全行取下，歸歷史博物館存貯，改懸黎元洪書道洽大同額於殿中。

古柏　大成殿階下西南有古柏一株，相傳為許衡手植，元順帝至元二十年十月朔，甘露降於此樹，元史記為祥瑞，至今已歷六百余年，鬱茂翁蔥，蔚為北平喬木之鉅觀。

　　古槐　　元世祖至元八年集賢殿大學士兼國子祭酒許衡手植槐於彝倫堂右典籍廳前，年湮代遠、節斷心空、枯敗已久，至清乾隆十六年辛未，欣然復有生意，始而萌芽驟茁，繼而枝葉交舒，竟獲重榮，乾隆帝詠詩以紀其事，並繪圖石刻於廳之北壁。

　　古井　　在大成殿前甬道西，水淺而甘冽。

　　元鏤板　　元國學鏤板有孟四元賦一百十三片，孟名宗獻，字友之，自號虛靜居士，金時於鄉於府於省御前每試皆魁，故號四元，其律賦為學者法（清代遺失）。

　　南學匾額　　南學（即欽賜學舍）舊有緬子回子琉球等館，皆海外留學之所，琉球館中有匾曰中山沐澤，下署琉球學生公立。惜自清宣統間撥歸師範學校，古蹟（跡）盡毀。

　　軼聞

　　崇禎辛巳臨雍典禮　　八月上丁釋奠禮畢，上仍至御幄更翼善冠黃袍，幸彝倫堂，諸生列於堂下，祭酒各官列於諸生之前，跪候駕過，起，北向立，上至彝倫堂，百官行一拜三叩頭禮，祭酒以下及諸生五拜三叩頭禮，有頃內贊，贊，進講，祭酒南居仁從東階升，由東小門入至堂中，北向立，執事官舉經案於御前，禮部官奏請授經於講官，祭酒跪，禮部以經立授祭酒置於講案，復至中，北向立，一拜三叩頭，上諭講官坐，祭酒承旨，就講案邊坐，上諭官人每（們）坐，百官承旨，武官都督以上文官三品以上及學士一拜三叩頭，坐，祭酒講皋陶謨，講畢，退出堂外，司業羅大任從西階升，由西小門入，一如祭酒禮，講《易·咸卦》，講畢，傳制官稱，有制，宣諭云：聖人之道如日中天，凡四語，祭酒司業學官習禮公侯伯諸生五拜三叩頭，尚膳監進茶，上諭官人（們）每吃茶，茶畢，出，百官一拜三叩頭，上賜五府六部都察院及衍聖公羊酒甜食盒。上入彝倫堂後敬一亭，觀世宗所立程子四箴諸碑，又令將廟學內各碑及石鼓俱摹揭進呈。

　　詞藻

　　劉藻臨雍禮成恭紀

　　聖世文明啟，敷天教澤宣，虞廷垂舊典。闕里溯薪傳，觀化人文盛，當陽雨露便，三雍欽矩矱，萬國荷陶甄，仰止心彌切，崇儒道必先，丹青新結構，金碧映堂筵，殿廡呆罳麗，宮牆棟宇連，赤螭分糾結，青鳳鬱聯翩，瓦燦黃云色，池流翠藻鮮，松筠含古澤，絲竹發真詮，仰見乾衷惕，頻聞巽命專，先期嚴飭備，屆日事明蠲，旭景浮金闕，晴光起玉泉，爐香仙仗外，扇彩禁城邊，上巳良辰近，三春淑氣妍，穠花輕著雨，細柳淡籠煙，燕翦當風掠，鶯梭拂露穿，戒塗森羽衛，在廟列宮懸，執豹皇情肅，凝旒睿志虔，馨香流碧荇，疏越發朱弦，分奠公卿逮，趨陪駕鷺聯，觀光州十二，習禮眾三千，祭酒橫經地，論鍾造士年，朱衣開絳帳，紫幄對青編，顧問龍顏喜，颺言虎拜拳，欽明稽古帝，性道紹前賢，大義昭如日，神機啟自天，恩波方浩爾，洽象益巍然，一德明良會，三階福履駢，聞風思鼓舞，名藝就雕鐫，典制垂千載，車書被八埏，小臣叨侍從，擬上辟雍篇。

吳苑古柏行

夫子廟柏數十株，託根自與尋常殊，霜實時時垂玉琲，風枝往往鳴笙竽，含貞挺節亭亭竦，儼如冠劍森相拱，小者猶留十數圍，交柯屈鐵煙濤湧，一株參天勢更奇。鬱蟠元氣何淋漓，磨抄歲月猶可識，許公手植非傳疑，蛟龍攫拿雷雨作，黛色翻從半空落，班鱗點畫秋後霜，百片青銅光灼燦，新甫山頭樵徑封，武侯祠堂碧草叢，西川東魯遠莫致，何由突兀撐晴空，當年元儒推第一，遺經辛苦窮編茸，嘉樹栽培用意深，周模孔楷千秋則，至今偃蓋拂云端，雍容子弟趨盤桓，豈徒材大資梁棟，直欲香清集鳳鸞，君不見上林崇臺，千尺高，青棠赤稗皆凌霄，若諭歲寒卓堅骨，坐使萬木慚豐標，離容管領真遭際，南榮歲歲涵蔥翠，蒼幹梀門映日寒，素華璧水縈波細，攀枝摘葉有所思，六館三舍應爾師，豫章七年人始知，不然丹漆將安施。

吳苑石鼓歌

辟雍鐘鼓羅俊奇，忝臨六館重皋比，廟楹灑掃釋菜畢，顧視石鼓環廡墀，彭亨菌蠢數盈十，刻畫文字無鼎彝，文百二行字五百，從甲至癸完無遺，始終記述漁狩事，中載策命諸臣詞，細文淺刻堅且好，閱三千載光娥曦，曾經決齧受風雨，豈用蟠負承黿螭，韋韓二蘇染大筆，助流寶氣長赫曦，周宣王時史籀作，車攻吉日堪肩隨，篇章排比類吉甫，體源質古超相斯，誰何小儒恣評駁，不究根本多然疑，先秦西魏駕空說，嗤點欲使成瘢痕，自來神物多隱見，晚出往往千秋垂，周官左氏佑六籍，卯金專門叢諆諆，至今首冠甲乙庫，儒生穮蓘如畬菑，撫茲鼓質最麗厚，琱琢山骨窮犧羲，雍城城南久托跡，蛟黿鸞鳳藏瓀姿，辭嚴義密難諷讀，句奇語重誰思維，鴻生鉅學茫不識，任春煙鎖秋風吹，縱敲牧火礪牛角，却免舁榻傷皮

肌，譬如深山石犖确，歲月久遠無成虧，文王紐在禹追蝕，其故豈屬聲音
為，自唐訖今始的皪，日星云漢光天迲，高駝巨艦凡四徙，終然碁置文宣
祠，百靈呵護神作合，傳萬萬世遝無期，方今天子闡絕學，玉函金版皆繙
披，詎惟瑰辭進雅頌，直使鐵畫伴縣芝，繡帷丹扆多制作，慶云五色紛葳
蕤，黃支烏弋遠受吏，海外來學航於茲，峨峨髦士拂芹茆，軌度肅整趨委
蛇，聖謨文治四洋溢，浩蕩匼匝無津涯，講蒐前制載編牒，或按周典揚戈
麾，威靈宣暢聲函夏，珝弓彤矢班陸離，從臣材藝敢誇詡，稽首拜獻成功
詩，天祿琳琅刻金石，潤色鴻業攀姚媯，炳麟煌煒照六合，焯然此事有職
司，研搜故實要參考，名為石鼓良乖宜，建康天發石三截，暨禹岣嶁堪旁
推，石形似鼓制非鼓，徇跡忘本差毫釐，摩挲彷彿古人意，定作閱武岐
陽碑。

查嗣瑮雜詠

陳跡摩挲亦典型，岐陽石鼓晉蘭亭，承平盛事若能記，兩座公侯聽
五經。

乾隆國學古槐詩

黌宮嘉蔭樹，遺跡緬前賢，初植至元歲，重榮辛未年，奇同曲阜檜，
靈記易林乾，徵瑞作人化，符祥介壽筵，喬柯應芹藻，翠葉潤觚編，古相
非誇繪，由來事可傳。

三　孔聖廟宇

內務部禮俗司

元太祖定都燕京，命宣撫王楫建宣聖廟。至元二十四年（西曆紀元
後一二八八年）成立，春秋率羣臣行釋奠禮。明宣德四年（西紀元後一
四二九年），修大成殿前兩廡。萬曆朝孔廟殿庭易為琉璃瓦。清乾隆二年
（西紀元後一七三七年），詔文廟門殿易蓋黃瓦；三十三年（西紀元後一
七六九年）重加修葺。每歲春秋皇帝躬親釋奠並頒陳列禮器十種，均周
代寶重器物。由元至清，孔廟祀典皆列中祀，至光緒三十二年冬（西紀
元後一九〇七年）始奏請升為大祀，沿及民國春秋上丁。

元首親臨祭祀禮儀極隆。

大成殿祀位之次序

大成殿為孔子廟堂，正殿殿中正位祀。

大成至聖先師孔子，（名丘）。配位四，東配復聖顏子（名回），述聖孔子（名伋）；西配宗聖曾子（名參），亞聖孟子（名軻）。其次哲位十二，東哲先賢閔子（名損），冉子（名雍），端木子（名賜），仲子（名由），卜子（名商），有子（名若）；西哲先賢冉子（名耕），宰子（名予），冉子（名求），言子（名偃），顓孫子（名師），朱子（名熹）。

崇聖祠祀位之次序

大成殿後為崇聖祠，係崇祀孔子先代之饗殿。正殿正位為孔子前五世祖木金父公、高祖祈父公、曾祖防叔公、祖伯夏公、父叔梁紇公。配位五：東配先賢孔孟皮（孔子之兄）、曾點（曾子之父）、孟孫激（孟子之父）；西配先賢顏無繇（顏子之父）、孔鯉（孔子之子）。

周代石鼓

周代宣王（西歷紀元前八二七年）獵於岐陽，命史籀氏作文勒之石鼓。至唐代末葉，始出土於岐陽，鄭余慶遷之於鳳翔孔子廟而亡其一。宋皇祐朝（西紀元後一〇四九年）復搜訪，而足之，則已由民間鑿為臼矣。徽宗朝移至汴梁，金人得之，輦至燕京。元大德朝（西紀元後一二九七年）置之大都路學。至皇慶元年（西紀元後一三一二年）移置聖廟門左右。明代仍之。清乾隆五十五年（西紀元後一七九〇年）為立重闌以資保存，蓋為兩千七百餘年前物也。

元碑

元仁宗皇慶三年開科取士，舉人應禮部會試中式者曰進士。彙進士之姓名鑴於一石曰題名碑（此制始於唐代）立於廟前。明代悉取元進士碑磨去刻字，康熙朝祭酒吳苑於啟聖祠掘土得加封孔子碑一、加封四子碑一、題名碑三，故元碑現存五石。

明清碑

明題名碑永樂十年以前在南雍，十四年丙申科起迄崇禎十六年癸未科止，共七十七座，清題名碑自順治丙戌科起至光緒甲辰科止，共一百一十八座。

大成殿柏

元順帝至元二十年（西紀元後一二八四年）十月朔，甘露降於大成殿前柏木，《元史》記為祥瑞，茲樹迄今已歷六百餘年，鬱茂翁蔥，蔚為京都喬木之鉅觀。

觸奸柏

明天啟朝，權閹魏忠賢入廟，徘徊樹下，樹枝忽折落傷魏額，狼狽退出。後人比樹為指佞草，故呼為摘奸樹云。

國子監沿革

元初燕京始定，丞相鄂勒哲奏營廟學。乃於至元六年（西紀元後一二六九年）立國子學，宣撫王楯實創立之，二十四年（西紀元後一二八八年）設國子監，視為國家造士之所，即今大學遺意也。明洪武朝（西紀元後一三六八年）改為北平郡學，永樂朝（西紀元後一四○三年）仍為國子學，又改為國子監。清代仍之，至乾隆中葉增建辟雍，而崇飾益加美麗。

辟雍圜水紀略

清乾隆四十八年（西紀元後一七八四年）始於國子監營造辟雍，蓋仿周代（西紀元前一一一五年）遺制，其制圓頂方宇重擔殿，槅扇四繞，各成三間，內合唯一。寬深皆五丈三尺，外周以廊深六尺八寸出擔四尺三寸，此辟雍之制度也。辟雍周以圜水，池內方基長寬皆十一丈二尺，池圓徑十九丈二尺四達以橋，橋各長四丈寬二丈二尺，周池以欄，所謂方殿圓池四出廣修如一也。次年冬竣工，又明年上丁釋典舉行皇帝臨雍典禮，儀節極隆。

彝倫堂歷史

元仁宗皇慶二年（西紀元後一三一三年），建崇文閣於國子監，以為藏書之所。至明永樂朝（西紀元後一四○三年）改題曰彝倫堂。正堂七間，中一間列朝皇帝蒞學設座於此。東一間為祭酒座，面南；又司業座，面西（二官皆管理國子監者）。堂左右為繩愆、博士二廳率性修道、誠心正義、崇志、廣業六堂鐘鼓二房。太學之堂有七，彝倫為會講之所，略如今講堂之制，余堂則諸生肄業之所。於此具見中國大學校之規模云。

太學古槐記

元至元八年（西紀元後一二七一年）以集賢大學士許衡兼國子祭酒，許公手植槐於彝倫堂前，年湮代遠，節斷心空，枯敗已久。至清乾隆十六年辛未（西紀元後一七五二年）此樹欣然復有生意，始而萌芽驟茁，繼而枝葉交舒，竟獲重榮。乾隆帝有詩以紀其事且繪圖焉。樹至今存諭者比之曲阜檜樹同稱瑞事云。

石經始刊紀略

　　清代雍正朝江蘇省金壇生員蔣衡善書，立志手寫十三經凡八十余萬言，閱十二年乃成。乾隆五年（西紀元後一七四〇年）上之，藏其書於大內懋勤殿，五十六年（西紀元後一七九一年）始命鐫石留於太學，而以墨刻頒行各省。至今豐碑林立為中華文獻之鉅觀。

　　　　　　　　　　　　　　　中華民國十七年二月□日

參考文獻

一　圖書

1. 北京師聯教育科學研究所編:《（民國）魯迅（1881 年—1936 年）教育批判思想與教育論著選讀》第 4 輯第 18 卷,中國環境科學出版社、學苑音像出版社 2006 年版。

2. 北京市檔案館編:《北京檔案史料》2003 年第 3 期,新華出版社 2003 年版。

3. 北京市檔案館編:《北京檔案史料》2008 年第 3 期,新華出版社 2008 年版。

4. 雷夢水輯:《北京風俗雜詠續編》,北京古籍出版社 1987 年版。

5. 北京特別市公署社會局觀光科編輯:《北京景觀:［攝影集]》,北京特別市公署發行,民國 29 年（1940）。

6. 馬芷庠編:《北京旅行指南》,新華書局,民國 30 年（1941）。

7. 湯世雄、王國華主編:《北京師範學校史料彙編 1906—1948》,北京教育出版社 1995 年版。

8. 北京圖書館業務研究委員會編:《北京圖書館館史資料滙編(1909—1949)》下冊,書目文獻出版社 1992 年版。

9. 《北平市壇廟調查報告》,內政部調查,1961 年。

10. 中國史學會、中國社會科學院近代史研究所編,主編章伯鋒、李宗一:《北洋軍閥（1912—1928)》第二卷,武漢出版社 1990 年版。

11. 張黎輝等編:《北洋軍閥史料·黎元洪卷》,天津古籍出版社 1996 年版。

12. 陳瑞芳、王會娟編:《北洋軍閥史料　袁世凱卷》,天津古籍出版社 1996 年版。

13. 蘇鴻圖撰：《北游吟草》（出版者不詳），1958 年版。

14. 高平叔編，叢書責任編輯呂達：《蔡元培教育論著選》，北京人民教育部出版社 1991 年版。

15. 魯迅著：《而已集》，人民文學出版社 1980 年版。

16.《黃遠生遺著》，中國科學公司，1938 年

17. 李升培著：《京師孔廟紀略》（內務部禮俗司），1928 年版。

18. 內政部北平壇廟管理所編：《孔廟國子監紀略》，內政部北平壇廟管理所，1933 年。

19.《魯迅全集·日記》，人民文學出版社 1998 年版。

20. 張研、孫燕京主編：《民國史料叢刊·教育法令彙編》，大象出版社 2009 年版。

21. 北京市檔案館編：《那桐日記一八九〇至一九二五年》下冊，新華出版社 2006 年版。

22. 徐世昌輯：《祀孔典禮》，政事堂制禮館，民國 3 年（1914）。

23.《祀孔典禮》（出版者不詳），民國 26 年（1937）。

24. 袁嘉谷著：《袁嘉谷文集（一）》，雲南人民出版社 2001 年版。

25. 中國博物館協會：《中國博物館一覽》，1936 年。

26. 十洲古籍書畫社編：《中國近代教育史料彙編·民國卷·教育部公報（一）》，全國圖書館文獻縮微復製中心，2006 年。

27. 十洲古籍書畫社編：《中國近代教育史料彙編·民國卷·法規資料彙編（三）》，全國圖書館文獻縮微復製中心，2006 年。

28. 十洲古籍書畫社編：《中國近代教育史料彙編·民國卷·教育公報（三）》，全國圖書館文獻縮微復製中心，2006 年。

29. 十洲古籍書畫社編：《中國近代教育史料彙編·晚清卷》，全國圖書館文獻縮微復製中心，2006 年。

30. 遼寧省檔案館編：《中國近代社會生活檔案（東北卷一）》，廣西師範大學出版社 2005 年版。

31. 中國圖書館協會執行部編：《中國圖書館協會會報》，國家圖書館出版社。

32. 中國文物研究所編：《中國文物研究所七十年（1935—2005）》，文物出版社 2005 年版。

33. 中國第二歷史檔案館編：《中華民國檔案史資料彙編 北洋政府

文化》，南京江蘇古籍出版社 1991 年版。

34. 中國第二歷史檔案館編：《中華民國史檔案資料彙編》 第五輯，第一編，文化·二，江蘇古籍出版社 1994 年版。

35. 河南省滑縣地方誌編委會：《重修滑縣誌》（標注本），1986 年。

36. 老羞校印：《最新京都新竹枝詞》 （出版者不詳），民國二年（1913 年）。

二　報紙

1.《愛國白話報》

2.《北京日報》

3.《北平晨報》

4.《北平日報》

5.《北平新報》

6.《北平週報》

7.《晨報》

8.《晨鐘報》

9.《大公報》

10.《道報》

11.《華北日報》

12.《紀事報》

13.《進報》

14.《京報》

15.《經世日報》

16.《立言報》

17.《民強報》

18.《民眾報》

19.《全民報》

20.《群強報》

21.《人民日報》

22.《申報》

23.《時務報》

24.《時言報》

25. 《實報》

26. 《實事白話報》

27. 《實事白話遊藝報》

28. 《世界日報》

29. 《世界晚報》

30. 《順天時報》

31. 《文匯報》

32. 《文哲學報》

33. 《武德報》

34. 《新北京》

35. 《新北京報》

36. 《新北京報》

37. 《新北平》

38. 《新民報》

39. 《新民報晚刊》

40. 《新生報》

41. 《益世報》

42. 《中央日報》

43. 《中央夜報》

三　期刊

1. 《北辰雜誌》

2. 《北京高等師範學校校友會雜誌》

3. 《北京畫報》

4. 《北京教育志叢刊》

5. 《北京文藝》

6. 《北平市市政公報》

7. 《北平特別市市政公報》

8. 《北平（偽）中華民國臨時政府公報》

9. 《北洋官報》

10. 《大學院公報》

11. 《東方雜誌》

12. 《獨立評論》

13. 《法令週刊》

14. 《法政學報》（《北京法政同志》研究會）

15. 《富強報》

16. 《工商半月刊》

17. 《國立北平研究院務彙報》

18. 《國立華北編譯館館刊》

19. 《國民政府公報》

20. 《國學季刊》

21. 《好朋友》

22. 《華北政務委員會公報》

23. 《教育學報》（北平）

24. 《教育雜誌》

25. 《教育雜誌》（商務）

26. 《京話日報》

27. 《京師教育週報》

28. 《京師圖畫週刊》

29. 《老實話》

30. 《立言畫刊》

31. 《留美學生季報》

32. 《旅行家》

33. 《漫畫界》

34. 《內閣官報》

35. 《南洋官報》

36. 《青鶴》

37. 《三六九畫報》

38. 《市政評論》

39. 《圖書館學通訊》

40. 《文物》

41. 《文物參考資料》

42. 《憲法新聞》

43. 《新運月刊》

44. 《學部官報》

45. 《燕都》

46. 《燕京學報》（專號）

47. 《音樂雜誌》（北京 1920）

48. 《庸言》

49. 《永生》

50. 《宇宙風》

51. 《月報》

52. 《政府公報》

53. 《政治官報》

54. 《政治官報》

55. 《中大季刊》

56. 《中華婦女界》

57. 《中華教育界》

58. 《中心評論》

59. 《中央黨務月刊》

後　　記

　　中國是重視自己歷史的國家，有著悠久的修訂史書的傳統。北京國子監是元、明、清三代最高學府和國家管理教育的行政機構。明清兩代統治者都非常重視國子監，主持編修國子監志書。明代主要有《國子監通志》《國子監續志》《皇明太學志》等；清代有乾隆四十三年敕修《欽定國子監志》、道光十三年的《欽定國子監志》和光緒二十三年的補刊重印本。目前所見國子監志下限為道光十三年（1833 年）。2015 年出版的《續修國子監志》即續寫道光十四年（1834 年）至宣統三年（1911 年）北京孔廟國子監這段歷史。在此基礎上，我們再接再厲，現在姊妹篇《新編國子監志》又將付梓出版，編修民國初年至中華人民共和國成立初期（1912—1956 年）這段歷史。

　　自漢武帝採納董仲舒的建議，在都城長安建立國家最高學府——"太學"以來，各個朝代皆在都城建有國家級最高學府。西晉咸寧二年（276 年）創立國子學（"國學"是國子學的簡稱），國子學專門接受貴族子弟，而太學則教育低級官吏及平民的子弟。北齊改國子學為國子寺。隋大業三年（607 年）將國子寺改稱為國子監，成為國家主管教育的機構。唐朝沿用隋朝舊制，國子監是國家最高學府也是全國教育行政的最高主管機構。國子監的功能、職責一直延續到清朝末年。從國子監本身的發展歷史來看，續寫歷史，填補空白，使得對國子監的記載完整而全面也是十分必要的。梁啟超在《中國近三百年學術史》中說："舊史皆詳於政事而略于文化……今宜補者如……重要建築物成立及破壞……此類若成，為治國史之助實不細。"北京國子監作為世界上唯一保存至今的古代大學遺址，是中國近七百年來最具文化底蘊之地，續寫歷史，傳承文明，研究國子監的興衰，研究中國教育制度的變革，"為國史取材"。梁啟超認為："志須繼續增修，而資料非隨時保存整理，則過此將散失不可復理。"在資料尚不甚缺的情況下，編寫民國時期國子監的歷史是及時和必要的，《新編國子監志》為我們今後深入研究民國年間國子監的歷史提供詳盡的一手資料，意義非凡！

在编寫《續修國子監志》時，因為接觸很多民國時期國子監的史料，所以我们才有了繼續編寫志書的想法。雖然民國時期離我們不遠，但因政權更迭，戰爭頻仍，很多方面的資料並不全面。《續修國子監志》按照清代道光版《欽定國子志》體例編寫，而民國時期，國家政體發生變化，相應志書也無現成體例可循。我們只能根據國子監的實際情況，編製體例，幾易其稿，煞費心思。《新編國子監志》主要包括民國時期孔廟國子監的管理，民國時期孔廟國子監祭孔、講經，民國時期孔廟國子監文物狀況，民國時期主要人物及建國初期的孔廟和國子監；書末還附上民國時期一些關於孔廟國子監的文章如《國子監訪問記》等。高彦同志作為"續修國子監志"的項目負責人，主持了本書的編寫工作，制定本書的體例和框架；鄒鑫同志負責撰第一章；常會營同志負責撰寫第二章；鄒鑫、王琳琳同志負責第三章撰寫；董黯梅同志撰寫了第四章；高彦同志完成第五章的撰寫；李曉頓同志完成大量的錄入和校對工作。他們為此付出了辛勞與智慧。

孔廟和國子監博物館將"新編國子監志"作為本館的一項重要"文化工程"，在資金、人力等方面全力支持。雖然該書成果填補了孔廟國子監研究的歷史空白，得到專家的肯定和好評，但我們深知，由於認知有限，資料欠缺，《新編國子監志》還有很多不盡如人意的地方，比如在孔廟國子監的管理方面尤其是在民國時期的維修情況，我們資料掌握得並不完全。希望隨著今後科研工作的不斷深入，可以彌補《新編國子監志》的不足。

本人在中共北京市委宣傳部研究室工作期間對編寫志書有了独特情懷。2008 年 6 月我出任孔廟和國子監博物館首任館長至今，秉承"國學聖地，德化天下"的理念，在任内能夠團結大家共同完成《新編國子監志》，立德建言，倍感榮幸！此時此刻讓我想起了丙寅初夏為鑄造孔廟紀念銅鐘所作銘文。鐘上銘文的內容充分表達了我對孔廟國子監的歷史認知與時代豪情，今以此文向參與本書編寫工作的專家學者、業内同仁表示敬意和期盼。銘文曰《孔廟太學頌》，即："帝都太學，皇城孔廟，左廟右學，古韻悠長。世祖初創，永樂更張。嘉靖改制，康雍馨香，乾隆文彩，崇譽無雙。光緒大祀，儒林之光。迤邐民國，迄於新邦。貞下紀元，來復一陽。適逢奧運，粲然新妝。聖像赫立，天安一方。祭孔釋奠，威儀華章。大成樂舞，羽衣霓裳。仁義智信，福壽安康。首善教化，文明流芳。中華禮儀，世代傳揚！幸甚至哉，歌以永饗！" 贅述片語，幾行駢文，言吾心志，是為後記。

吳志友

2016 年 12 月